급수별
**일본어
한자**
제대로 끝내기

급수별

일본어
한자

제대로 끝내기

제일어학

책머리에

일본어 공부를 시작한 학습자들이 어려워하는 부분 중에 하나가 한자입니다. 또한 한자를 익히지 않고 일본어를 마스터할 수 없다는 것은 상식이지요.

한글세대인 학습자들이 한자를 어려워하고 숨막혀하는 것은 당연한 일일 것입니다.

그러나 한국도 오랜 기간 한자문화권에 있었던 만큼, 우리도 셀 수 없이 많은 한자어 속에 살고 있습니다. 일본어와의 차이점이라면 대다수의 사람들이 한글로 그 음을 대신 표현한다는 것이겠지요.

따라서 일본어의 한자 사용은 우리가 일본어에 강해질 수 있는 최대의 장점이기도 합니다. 왜냐하면 일본어의 어원이 전혀 생소한 것이 아니라, 우리와 동일한 한자(漢字)이기 때문입니다.

그렇다면 일본인들은 왜 한자에 강할까요?

그것은 한자가 모국어를 표현하는 문자로 쓰이고, 초등학교 시절부터 필수한자라 하여 교과과정 중에 단계별로 반드시 이수하도록 하고 있습니다.

이 책에서는 일본어 능력시험의 급수별 출제한자를 기준으로 하여 쉬운 한자부터 어려운 한자까지 단계적으로 익히도록 했습니다.

즉, 한자에 난이도의 구분을 지어 능률 있게 공부하고, 실제로 잘 쓰는 한자를 더욱 빨리 익히도록 했습니다.

이 책이 여러분의 일본어 학습에 도움이 되기를 바랍니다.

■ 일본어 한자의 특징

1. 한자를 크게 음독과 훈독으로 읽습니다.
   (중국한자의 발음을 따서 읽는 방법과, 고유 일본어를 붙여 읽는 방법)
2. 一字多音이라 하여 한자 하나에 여러 가지의 읽는 방식이 존재합니다.
   (우리는 一字一音)
3. 대체로 원래의 한자가 아닌, 약자(新字体)를 사용합니다. (廣→広, 學→学)
4. 일본 고유의 한자가 존재합니다. (込, 働, 畑, 峠 등)

일러두기

2000여자의 한자를 난이도 순으로 정리했습니다.

교육용 한자와 상용한자를 수록했습니다.

일본어 능력시험 4급, 3급, 2급, 1급 한자 전체를 수록했습니다.

기본한자 600자에 필순을 첨가하여 작문 시에 유용하도록 했습니다.

일본어 한자읽기사전 기능을 합니다.

실제로 사용하는 한자단어와 예문을 수록했습니다.

JPT, JLPT 대비용 한 · 자 · 학 · 습 · 서

초등학교 3학년 필수 한자임을 표시함

필순을 넣어 작문시에 유용하도록 함

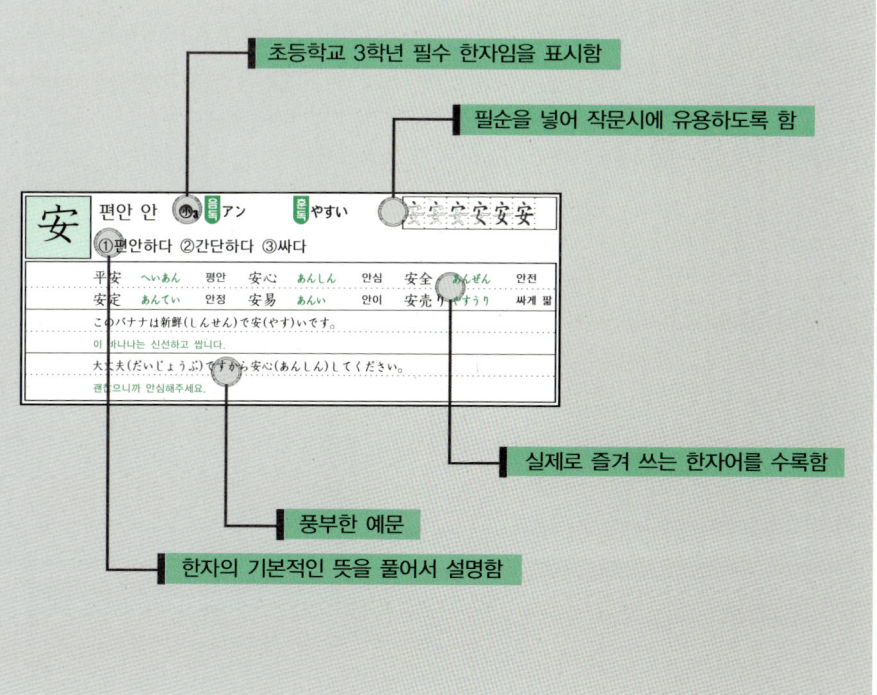

실제로 즐겨 쓰는 한자어를 수록함

풍부한 예문

한자의 기본적인 뜻을 풀어서 설명함

가나다순 한자찾기

15

급수별

일본어
한자

제대로 끝내기

4급

安

편안 안 小3 음독 アン　훈독 やすい

①편안하다　②간단하다　③싸다

| 平安 | へいあん | 평안 | 安心 | あんしん | 안심 | 安全 | あんぜん | 안전 |
| 安定 | あんてい | 안정 | 安易 | あんい | 안이 | 安売り | やすうり | 싸게 팖 |

このバナナは新鮮(しんせん)で安(やす)いです。

이 바나나는 신선하고 쌉니다.

大丈夫(だいじょうぶ)ですから安心(あんしん)してください。

괜찮으니까 안심해주세요.

一

하나 일 小1 음독 イチ・イツ　훈독 ひとつ

①일/하나　②처음　③모두

| 一 | いち | 일 | 一つ | ひとつ | 하나 | 一番 | いちばん | 가장 |
| 第一 | だいいち | 제일 | 一生 | いっしょう | 일생 | 一気 | いっき | 단숨 |

ここで一休(ひとやす)みしましょうか。

여기서 잠깐 쉴까요?

机(つくえ)の上(うえ)にボールペンが一本(いっぽん)あります。

책상 위에 볼펜이 한 자루 있습니다.

飲

마실 음 小3 음독 イン　훈독 のむ

①마시다

| 飲用 | いんよう | 음용 | 飲み物 | のみもの | 음료수 |
| 飲料水 | いんりょうすい | 음료수 | | | |

薬(くすり)を飲(の)んだ方(ほう)がいいですよ。

약을 먹는 편이 낫습니다.

飲(の)み物(もの)の中(なか)で何(なに)が好(す)きですか。

음료수 중에서 무엇을 좋아합니까?

右

오른쪽 우 小1 음독 ウ・ユウ　훈독 みぎ

①오른쪽　②위의 지위　③사상, 정치상의 우익

| 右 | みぎ | 오른쪽 | 右側 | みぎがわ | 오른쪽 | 右折 | うせつ | 우회전 |
| 左右 | さゆう | 좌우 | 右派 | うは | 우파 | 右翼 | うよく | 우익 |

その右(みぎ)に出(で)るものはない.

그것에 능가하는 것은 없다.

デパートはまっすぐ行(い)けば右側(みぎがわ)にあります。

백화점은 똑바로 가면 오른쪽에 있습니다.

雨

비 우 　음독 ウ　훈독 あめ・あま

①비

| 雨 | あめ | 비 | 雨期 | うき | 우기 | 大雨 | おおあめ | 큰비 |
| 雨傘 | あまがさ | 우산 | 雨戸 | あまど | 덧문 | 小雨 | こさめ | 가랑비 |

雨(あめ)に降(ふ)られて風(かぜ)に吹(ふ)かれて本当(ほんとう)についていません。

비를 맞고 바람도 심하고 정말로 재수가 없습니다.

雨期(うき)に入(はい)ると毎日(まいにち)じめじめします。

우기에 들어가면 매일 축축합니다.

駅

역 역 　음독 エキ　훈독

①마굿간 ②역

| 駅 | えき | 역 | 駅前 | えきまえ | 역전 | 駅員 | えきいん | 역원 |

まもなく終着駅(しゅうちゃくえき)です。

곧 종착역입니다.

駅(えき)に近(ちか)ければ近(ちか)いほど家賃(やちん)は高(たか)くなります。

역에 가까우면 가까울수록 집세는 비싸집니다.

円

둥글 원 　음독 エン　훈독 まるい

①둥근 것 ②일본의 돈 단위 ③부드럽고 빠진 부분이 없는 것

| 円形 | えんけい | 원형 | 円卓 | えんたく | 원탁 | 一万円 | いちまんえん | 만엥 |
| 円満 | えんまん | 원만 | 円滑 | えんかつ | 원활 | 円い | まるい | 둥글다 |

彼女(かのじょ)の顔(かお)は円(まる)いです。

그녀의 얼굴은 둥급니다.

すまないけど、一万円(いちまんえん)貸(か)してくれない。

미안하지만, 만엥 빌려주지 않을래?

下

아래 하 　음독 カ・ゲ　훈독 した・しも・くだる

①아래/낮은 곳 ②내려가다 ③나오다

| 下 | した | 아래 | 地下鉄 | ちかてつ | 지하철 | 下級 | かきゅう | 하급 |
| 川下 | かわしも | 하류 | 下車 | げしゃ | 하차 | 下る | くだる | 내려가다 |

足下(あしもと)を探(さが)してみてください。

발 밑을 찾아 봐주세요.

荷物(にもつ)を下(お)ろしてください。

짐을 내려주세요.

29

火	불 화	カ	**훈독** ひ	火火火火

①불 ②화재 ③등불 ④불같이 격렬한 모습

火力	かりょく	화력	火山	かざん	화산	火事	かじ	화재
放火	ほうか	방화	灯火	とうか	등화	烈火	れっか	열화

消防士(しょうぼうし)が火(ひ)を消(け)しています。

소방수가 불을 끄고 있습니다.

花火(はなび)を見(み)に行(い)きましょうか。

불꽃놀이를 보러 갈까요?

何	어찌 하	**음독** カ	**훈독** なに・なん	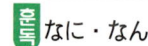 何何何何何

①모르는 것을 가리키는 말

何曜日	なんようび	무슨 요일	何本	なんぼん	몇 자루
何年生	なんねんせい	몇 학년	何枚	なんまい	몇 장

失礼(しつれい)ですが、お名前(なまえ)は何(なん)ですか。

실례입니다만, 이름이 어떻게 됩니까?

今日(きょう)は何曜日(なんようび)ですか。

오늘은 몇요일입니까?

花	꽃 화	**음독** カ	**훈독** はな	花花花花花花花

①꽃 ②꽃과 같은 아름다운 것 ③가장 좋은 시절

花	はな	꽃	花束	はなたば	꽃다발	造花	ぞうか	조화
花嫁	はなよめ	신부	花火	はなび	불꽃놀이	花畑	はなばたけ	꽃밭

本当(ほんとう)に本物(ほんもの)のように見(み)える造花(ぞうか)です。

정말로 진짜처럼 보이는 조화입니다.

このごろ花粉症(かふんしょう)が激(はげ)しいです。

요즘 꽃가루 알레르기가 심합니다.

会	만날 회	**음독** カイ・エ	**훈독** あう	

①만나다 ②모임 ③때

会話	かいわ	회화	会長	かいちょう	회장	会社	かいしゃ	회사
会得	えとく	터득	会釈	えしゃく	인사	機会	きかい	기회

記者会見(きしゃかいけん)を開(ひら)いて事実(じじつ)を話(はな)しました。

기자회견을 열어 사실을 이야기했습니다.

昨日(きのう)の夜(よる)、友達(ともだち)に会(あ)ってお酒(さけ)を飲(の)みに行(い)きました。

어젯밤 친구를 만나 술을 마시러 갔습니다.

外

바깥 외　小2　음독 ガイ・ゲ　훈독 そと・ほか・はずす　外ケタ外外

①밖 ②떼다 ③그 외의 옆

| 外 | そと | 밖 | 外見 | がいけん | 외견 | 除外 | じょがい | 제외 |
| 疎外感 | そがいかん | 소외감 | 外国 | がいこく | 외국 | 外出 | がいしゅつ | 외출 |

壁(かべ)に貼(は)っているポスターを外(はず)してください。

벽에 붙어 있는 포스터를 떼어주세요.

外(ほか)のものを見(み)せてくれない。

다른 것을 보여주지 않을래?

学

배울 학　小1　음독 ガく　훈독 まなぶ　学学学学学学

①배워 익히다

| 学習 | がくしゅう | 학습 | 学者 | がくしゃ | 학자 | 医学 | いがく | 의학 |
| 入学 | にゅうがく | 입학 | 退学 | たいがく | 퇴학 | 学生 | がくせい | 학생 |

医学部(いがくぶ)に入(はい)りたいです。

의과대학에 들어가고 싶습니다.

大学時代(だいがくじだい)から日本語(にほんご)を学(まな)びました。

대학시절부터 일본어를 배웠습니다.

間

사이 간　小2　음독 カン・ケン　훈독 あいだ・ま　間間間間間間間

①사이 ②한정된 시간 ③방 ④인간사이

| 間食 | かんしょく | 간식 | 空間 | くうかん | 공간 | 時間 | じかん | 시간 |
| 夜間 | やかん | 야간 | 居間 | いま | 거실 | 客間 | きゃくま | 응접실 |

ビルの間(あいだ)を車(くるま)が走(はし)っています。

빌딩 사이를 차가 달리고 있습니다.

世間(せけん)の人々(ひとびと)に迷惑(めいわく)をかけてはいけません。

세상사람들에게 폐를 끼쳐서는 안됩니다.

気

기운 기　小1　음독 キ・ケ　훈독 　気気気気気

①기체 ②공기 ③숨 ④자연계 현상 ⑤기분 ⑥모양

| 気体 | きたい | 기체 | 蒸気 | じょうき | 증기 | 空気 | くうき | 공기 |
| 気温 | きおん | 기온 | 天気 | てんき | 날씨 | 気候 | きこう | 기후 |

最近(さいきん)の韓国(かんこく)の景気(けいき)はいかがですか。

최근의 한국의 경기는 어떻습니까?

夜中(よなか)に人(ひと)の気配(けはい)がしてびっくりしました。

한밤중에 인기척이 나서 깜짝 놀랐습니다.

九	아홉 구  음독 キュウ・ク 훈독 ここのつ	九九

①구/아홉 ②숫자가 많은 것

九つ	ここのつ	9	九月	くがつ	9월	九十	きゅうじゅう	90
九九	くく	구구단	九死一生	きゅうしいっしょう	구사일생			

りんごが九(ここの)つ残(のこ)っています。

사과가 9개 남아 있습니다.

来週(らいしゅう)までには九九(くく)を覚(おぼ)えなさい。

다음주까지는 구구단을 외우세요.

休	쉴 휴 小1 음독 キュウ 훈독 やすむ	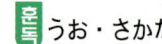

①쉬다

休日	きゅうじつ	휴일	休息	きゅうそく	휴식	休学	きゅうがく	휴학
休暇	きゅうか	휴가	休み	やすみ	휴일	連休	れんきゅう	연휴

冬休(ふゆやす)みに中国(ちゅうごく)へ行(い)くつもりです。

겨울방학에 중국에 갈 생각입니다.

今日(きょう)休(やす)ませていただきたいです。

오늘 쉬고싶습니다.

魚	생선 어 小2 음독 ギョ 훈독 うお・さかな	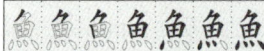

①생선 / 물고기

魚	うお	물고기	魚	さかな	생선	熱帯魚	ねったいぎょ	열대어
漁船	ぎょせん	어선	魚屋	さかなや	생선가게	魚市場	うおいちば	생선시장

魚(さかな)の中(なか)でさんまは私(わたし)の好物(こうぶつ)です。

생선 중에 꽁치는 내가 좋아하는 음식입니다.

今晩(こんばん)一緒(いっしょ)に魚釣(さかなつ)りに行(い)きましょう。

오늘밤 같이 낚시하러 갑시다.

金	쇠 금 小1 음독 キン・コン 훈독 かね・かな	

①금 ②철 ③돈 ④금과 같이 가치가 있는 것

金	きん	금	黄金	おうごん	황금	金	かね	쇠
金属	きんぞく	금속	現金	げんきん	현금	金言	きんげん	금언

あの彫刻(ちょうこく)の材料(ざいりょう)は金(きん)です。

저 조각의 재료는 금입니다.

黄金(おうごん)を手(て)にした途端(とたん)、目(め)の色(いろ)を変(か)えた。

황금을 손에 넣자마자 눈빛을 바꿨다.

空

하늘 공 小1 음독 クウ 훈독 そら・から・あく 空空空空空空空

①하늘 ②아무것도 없다 ③허구 ④쓸데없는 것 ⑤항공기의 약자

| 空 | そら | 하늘 | 上空 | じょうくう | 상공 | 空白 | くうはく | 공백 |
| 空想 | くうそう | 공상 | 空費 | くうひ | 공비 | 空く | あく | 비다 |

将来(しょうらい)空軍(くうぐん)に入(はい)りたいです。

장래에 공군에 들어가고 싶습니다.

空(そら)を飛(と)びたくて空軍(くうぐん)に入(はい)りました。

하늘을 날고싶어서 공군에 들어갔습니다.

月

달 월 小1 음독 ゲツ・ガツ 훈독 つき

①달 ②일년의 12단위

| 月 | つき | 달 | 満月 | まんげつ | 만월 | 月夜 | つきよ | 달밤 |
| お正月 | しょうがつ | 정월 | 今月 | こんげつ | 이번달 | 月刊誌 | げっかんし | 월간지 |

二月(にがつ)の次(つぎ)の月(つき)は三月(さんがつ)です。

2월의 다음달은 3월입니다.

母(はは)の日(ひ)は五月(ごがつ)の第二(だいに)日曜日(にちようび)です。

어머니날은 5월 둘째주 일요일입니다.

見

볼 견 小1 음독 ケン 훈독 みる・みえる みせる 見見見見見見見

①보다 ②생각

| 発見 | はっけん | 발견 | 見学 | けんがく | 견학 | 外見 | がいけん | 외견 |
| 見解 | けんかい | 견해 | 意見 | いけん | 이견 | 見る | みる | 보다 |

その資料(しりょう)を見(み)せてください。

그 자료를 보여주세요.

華(はな)やかなチューリップを見(み)ました。

화려한 튜울립을 보았습니다.

言

말씀 언 小3 음독 ゲン・ゴン 훈독 いう・こと 言言言言言言言

①말

| 言語 | げんご | 언어 | 予言 | よげん | 예언 | 名言 | めいげん | 명언 |
| 言葉 | ことば | 말 | 伝言 | でんごん | 전언 | 言う | いう | 말하다 |

専攻(せんこう)は言語学(げんごがく)です。

전공은 언어학입니다.

事情(じじょう)も調(しら)べずにそういうふうに言(い)わないでください。

사정도 알아보지 않고 그런 식으로 말하지 말아주세요.

古

예 고 음독 コ / 훈독 ふるい

① 오래되다

古代	こだい	고대	古典	こてん	고전	古墳	こふん	고분
古来	こらい	예로부터	古跡	こせき	고적	古い	ふるい	오래되다

これは古代(こだい)からの遺跡(いせき)です。

이것은 고대로부터의 유적입니다.

これは古(ふる)くから伝(つた)わる物語(ものがたり)です。

이것은 옛날부터 전해지는 이야기입니다.

五

다섯 오 음독 ゴ / 훈독 いつつ

① 오 / 다섯

五	ご	오	五つ	いつつ	다섯	五人	ごにん	5명
五階	ごかい	5층	五羽	ごわ	5마리	五線紙	ごせんし	오선지

バナナを五(いつ)つずつもらいました。

바나나를 다섯 개씩 받았습니다.

五(ご)から二(に)を引(ひ)くと三(さん)になります。

5에서 2를 빼면 3이 됩니다.

午

낮 오 음독 ゴ / 훈독

① 낮

午前	ごぜん	오전	午後	ごご	오후	正午	しょうご	정오

いまは午後(ごご)9時(くじ)です。

지금은 오후 9시입니다.

午前(ごぜん)八時(はちじ)から授業(じゅぎょう)が始(はじ)まります。

오전 8시부터 수업이 시작됩니다.

後

뒤 후  음독 ゴ・コウ / 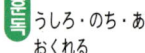 훈독 うしろ・のち・あと おくれる

① 늦다 ② 뒤 ③ 나중

後進	こうしん	후진	後方	こうほう	후방	前後	ぜんご	전후
後ろ	うしろ	뒤	最後	さいご	최후	後れる	おくれる	늦다

後(あと)で本当(ほんとう)のことを話(はな)すつもりでした。

나중에 사실을 말할 생각이었습니다.

流行(りゅうこう)に後(おく)れてしまった。

유행에 뒤져버렸다.

語

말씀 어 小2 음독 ゴ 훈독 かたる

①이야기하다 ②말

語語語語語語語

| 語学 | ごがく | 어학 | 語り手 | かたりて | 말하는 사람 | 物語 | ものがたり | 이야기 |
| 日本語 | にほんご | 일본어 | フランス語 | フランスご | 불어 | 口語 | こうご | 구어 |

姉(あね)にフランス語(ご)を教(おそ)わっています。

언니에게 불어를 배우고 있습니다.

教壇(きょうだん)に立(た)ってアメリカでの思(おも)い出(で)を語(かた)りました。

교단에 서서 미국에서의 추억을 이야기했습니다.

口

입 구 小1 음독 コウ・ク 훈독 くち

①입 ②말 ③입구

口口口

| 口 | くち | 입 | 口紅 | くちべに | 립스틱 | 口癖 | くちぐせ | 입버릇 |
| 口腔 | こうこう | 구강 | 口答え | くちごたえ | 말대답 | 出口 | でぐち | 출구 |

悪口(わるくち)を言(い)う習慣(しゅうかん)は捨(す)てなければいけません。

욕을 하는 습관을 버리지 않으면 안 됩니다.

デパートの入(い)り口(ぐち)で会(あ)いましょう。

백화점 입구에서 만납시다.

行

갈 행 小2 음독 コウ・ギョウ 훈독 いく・ゆく・おこなう

①가다/걷다 ②행하다 ③글자의 열 ④가게

行行行行行行

| 旅行 | りょこう | 여행 | 進行 | しんこう | 진행 | 行動 | こうどう | 행동 |
| 行事 | ぎょうじ | 행사 | 行く | いく | 가다 | 行う | おこなう | 행하다 |

送別会(そうべつかい)を行(おこな)うことにしました。

송별회를 하기로 했습니다.

次(つぎ)は成田(なりた)行(ゆ)きの便(びん)です。

다음은 나리타행 비행기입니다.

校

교정 교 小1 음독 コウ 훈독

①학교 ②조사하다 / 바로잡다

校校校校校校校

| 学校 | がっこう | 학교 | 校内 | こうない | 교내 | 校門 | こうもん | 교문 |
| 校正 | こうせい | 교정 | 登校 | とうこう | 등교 | 高校 | こうこう | 고교 |

今日(きょう)は学校(がっこう)の開校記念日(かいこうきねんび)です。

오늘은 학교의 개교기념일입니다.

校庭(こうてい)に木蓮(もくれん)が咲(さ)いています。

교정에 목련이 피어 있습니다.

高

높을 고 　 小2 音독 コウ　　訓독 たかい　　高高高高高高高

①높다 ②비싸다 ③정도가 높다 ④훌륭하다

| 高低 | こうてい | 고저 | 高価 | こうか | 고가 | 高速 | こうそく | 고속 |
| 高貴 | こうき | 고귀 | 崇高 | すうこう | 숭고 | 高級 | こうきゅう | 고급 |

値段(ねだん)が高(たか)すぎて迷(まよ)っています。

가격이 너무 비싸서 망설이고 있습니다.

世界(せかい)で一番(いちばん)高(たか)い山(やま)はエベレスト山(さん)です。

세계에서 가장 높은 산은 에베레스트산입니다.

国

나라 국 　 小2 音독 コク　　訓독 くに　　国国国国国国

①나라 ②고향

| 国語 | こくご | 국어 | 国民 | こくみん | 국민 | 国土 | こくど | 국토 |
| 国 | くに | 나라/고향 | 母国 | ぼこく | 모국 | 祖国 | そこく | 조국 |

国語(こくご)の先生(せんせい)が大好(だいす)きです。

국어 선생님을 많이 좋아합니다.

母国語(ぼこくご)との違(ちが)いで間違(まちが)いやすい所(ところ)があります。

모국어와의 차이로 틀리기 쉬운 점이 있습니다.

今

이제 금 　 小2 音독 コン・キン　訓독 いま　　今今今今

①지금 ②이 ③금방

| 今日 | こんにち | 요즘 | 今後 | こんご | 앞으로 | 今朝 | けさ | 오늘 아침 |
| 今日 | きょう | 오늘 | 今月 | こんげつ | 이번 달 | 只今 | ただいま | 지금 막 |

すみませんが、今(いま)何時(なんじ)ですか。

미안합니다만, 지금 몇 시입니까?

たった今(いま)電話(でんわ)をもらったところだった。

지금 막 전화를 받았다.

左

왼 좌 　 小1 音독 サ　　訓독 ひだり　　左左左左左

①왼쪽 ②돕다 ③공산, 사회주의의 사고방식

| 左目 | ひだりめ | 왼쪽 눈 | 左右 | さゆう | 좌우 | 左手 | ひだりて | 왼손 |
| 左遷 | させん | 좌천 | 左派 | さは | 좌파 | 左翼 | さよく | 좌익 |

私(わたし)は左利(ひだりき)きです。

나는 왼손잡이입니다.

運転手(うんてんしゅ)さん、左(ひだり)の方(ほう)に曲(ま)がってください。

운전수아저씨, 왼쪽으로 돌아 주세요.

三	석 삼 みっつ	三 三 三

① 삼 / 세 개 ② 종종

三	さん	3	三次	さんじ	3차	三番	さんばん	3번
三回	さんかい	세 번	三月	さんがつ	삼월	再三	さいさん	여러번

子供(こども)の年(とし)は三(みっ)つです。

아이의 나이는 세살입니다.

お弁当(べんとう)におにぎりを三(みっ)つ作(つく)りました。

도시락으로 주먹밥을 세 개 만들었습니다.

山	산 산 サン やま	山 山 山

①산 ②중요한 부분

山	やま	산	富士山	ふじさん	후지산	山脈	さんみゃく	산맥
山林	さんりん	삼림	火山	かざん	화산	山場	やまば	고비

山(やま)を越(こ)しました。

고비를 넘겼습니다.

私(わたし)は山登(やまのぼ)りが趣味(しゅみ)ですが、田中(たなか)さんはどうですか。

나는 등산이 취미입니다만, 다나카씨는 어떻습니까?

子	아들 자 小1 シ・ス こ	子 子 子

①아이 ②씨앗 ③나누어져 나온 것 ④작은 것 ⑤훌륭한 남자

男子	だんし	남자	女子	じょし	여자	種子	しゅし	종자
利子	りし	이자	電子	でんし	전자	原子	げんし	원자

五月(ごがつ)五日(いつか)は子供(こども)の日(ひ)です。

5월 5일은 어린이날입니다.

体(からだ)の調子(ちょうし)が悪(わる)いし、先(さき)に帰(かえ)ります。

몸 상태도 나쁘고 해서, 먼저 돌아가겠습니다.

四	넉 사 シ 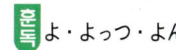よ・よっつ・よん	四 四 四 四 四

①사 / 네 개

四	よん	4	四枚	よんまい	네 장	四月	しがつ	사월
四方	しほう	사방	四季	しき	사계절	四苦八苦	しくはっく	온갖고통

韓国(かんこく)は四季(しき)がはっきりしている。

한국은 사계절이 확실합니다.

いつも会議(かいぎ)は四時(よじ)に開(ひら)かれます。

언제나 회의는 4시에 열립니다.

時	때 시	小2 음독 ジ	훈독 とき	時時時時時時時

①때 ②그 당시

時	とき	때	時間	じかん	시간	時差	じさ	시차
時代	じだい	시대	当時	とうじ	당시	時針	じしん	시침

当時(とうじ)の私(わたし)には無理(むり)なことでした。

그 당시의 나에게는 무리한 일이었습니다.

大学時代(だいがくじだい)の時(とき)から日本語(にほんご)に興味(きょうみ)を持(も)ち始(はじ)めました。　대학시절부터 일본어에 흥미를 갖기 시작했습니다.

耳	귀 이	小1 음독 ジ	훈독 みみ	耳耳耳耳耳耳

①귀 ②듣다

耳	みみ	귀	初耳	はつみみ	처음 들음	耳鼻科	じびか	이비인후과
空耳	そらみみ	잘못 들음	耳障り	みみざわり	귀에 거슬림			

私(わたし)の話(はなし)に耳(みみ)を傾(かたむ)けてください。

내 이야기에 귀를 기울여 주세요.

その話(はなし)は初耳(はつみみ)です。

그 얘기는 처음 듣습니다.

七	일곱 칠	小1 음독 シチ	훈독 なな・なの	七七

①일곱 / 칠

七月	しちがつ	7월	七時	しちじ	7시	七枚	しちまい	7장
七日	なのか	7일	七つ	ななつ	7개/7살	七割	ななわり	70퍼센트

七月(しちがつ)七日(なのか)旅行(りょこう)に行(い)くつもりです。

7월 7일에 여행갈 생각입니다.

上位(じょうい)の七割(ななわり)を占(し)めています。

상위 70%를 차지하고 있습니다.

社	모일 사	小2 음독 シャ	훈독 やしろ	ラネネ社社社

①토지 신 ②같은 일에 종사하는 사람들 모임 ③세상

神社	じんじゃ	신사	大社	たいしゃ	저명한 신사	会社	かいしゃ	회사
社内旅行	しゃないりょこう	사내여행	社会	しゃかい	사회	社	やしろ	신사

会社(かいしゃ)に出勤(しゅっきん)しました。

회사에 출근했습니다.

社内旅行(しゃないりょこう)に何(なに)を持(も)っていきますか。

사내여행에는 무엇을 들고 갈겁니까?

車

차 차　小1 **음독** シャ　**훈독** くるま

車車車車車車車

①차/탈 것 ②축을 중심으로 회전하는 것

| 自転車 | じてんしゃ | 자전거 | 乗車 | じょうしゃ | 승차 | 汽車 | きしゃ | 기차 |
| 風車 | ふうしゃ | 풍차 | 車輪 | しゃりん | 수레바퀴 | 車軸 | しゃじく | 차축 |

自動車(じどうしゃ)がほしいです。

자동차를 갖고 싶습니다.

信号(しんごう)の前(まえ)で車(くるま)が止(と)まっています。

신호등 앞에서 차가 멈춰 있습니다.

手

손 수　小1 **음독** シュ　**훈독** て

手手手手

①손 ②자기 것으로 하다 ③방법 ④솜씨 ⑤사람

| 手袋 | てぶくろ | 장갑 | 手術 | しゅじゅつ | 수술 | 手段 | しゅだん | 수단 |
| 手法 | しゅほう | 수법 | 妙手 | みょうしゅ | 묘수 | 歌手 | かしゅ | 가수 |

道路(どうろ)で運転手(うんてんしゅ)が喧嘩(けんか)をしています。

도로에서 운전수가 싸움을 하고 있습니다.

政治家(せいじか)が人々(ひとびと)と握手(あくしゅ)を交(か)わしている。

정치인이 사람들과 악수를 나누고 있다.

集

모일 집　小3 **음독** シュウ　**훈독** あつまる・あつめる

集集集集集集集

①모으다 ②모임 ③문집

| 集合 | しゅうごう | 집합 | 召集 | しょうしゅう | 소집 | 採集 | さいしゅう | 채집 |
| 集会 | しゅうかい | 집회 | 群集 | ぐんしゅう | 군집 | 文集 | ぶんしゅう | 문집 |

詩集(ししゅう)を集(あつ)めています。

시집을 모으고 있습니다.

卒業文集(そつぎょうぶんしゅう)を作(つく)りましょう。

졸업문집을 만듭시다.

十

열 십　小1 **음독** ジュウ・ジッ　**훈독** とお・と

十十

①십 / 열 ②전부 ③수가 많은 것 ④십자모양

| 十八 | じゅうはち | 18 | 十倍 | じゅうばい | 열배 | 十戒 | じっかい | 십계 |
| 十分 | じゅうぶん | 충분 | 十人十色 | じゅうにんといろ | 십인십색 | 十字架 | じゅうじか | 십자가 |

私(わたし)の十八番(じゅうはちばん)はアイラブユーです。

내가 잘 부르는 노래는 아이러브유입니다.

娘(むすめ)は今年(ことし)十(とお)になります。

딸은 올해 10살이 됩니다.

出

날 출 **음독** シュツ・スイ **훈독** でる・だす

①나가다/꺼내다 ②나아가다 ③나타나다

外出	がいしゅつ	외출	出席	しゅっせき	출석	出発	しゅっぱつ	출발
進出	しんしゅつ	진출	出版	しゅっぱん	출판	出現	しゅつげん	출현

午後(ごご)一時(いちじ)に出(で)かけるつもりです。

오후 1시에 외출할 작정입니다.

水曜日(すいようび)までにレポートを出(だ)してください。

수요일까지 레포트를 내주세요.

書

글 서 **음독** ショ **훈독** かく

①글 쓰다 ②쓴 것 ③책

書体	しょたい	서체	書道	しょどう	서예	書類	しょるい	서류
領収書	りょうしゅうしょ	영수증	書店	しょてん	서점	読書	どくしょ	독서

書類(しょるい)を机(つくえ)の上(うえ)に置(お)いておいてください。

서류를 책상 위에 놔둬주세요.

教科書(きょうかしょ)に名前(なまえ)が書(か)いてありますか。

교과서에 이름이 써여 있습니까?

女

여자 녀 **음독** ジョ・ニョ **훈독** おんな・め

①여자

女	おんな	계집	少女	しょうじょ	소녀	女王	じょおう	여왕
女優	じょゆう	여배우	長女	ちょうじょ	장녀	次女	じじょ	차녀

私(わたし)は次女(じじょ)です。

나는 차녀입니다.

伊藤(いとう)さんは女(おんな)の子(こ)が一人(ひとり)いらっしゃいますよね。

이토씨는 따님이 한 분 계시네요.

小

작을 소 **음독** ショウ **훈독** ちいさい・こ・お

①작다

小雨	こさめ	이슬비	小学生	しょうがくせい	초등학생	小川	おがわ	시내
小僧	こぞう	어린 중	小銭	こぜに	잔돈		小さい	ちいさい	작다

彼(かれ)の背(せ)は小(ちい)さ過(す)ぎます。

그는 키가 너무 작습니다.

山(やま)に雨(あめ)が降(ふ)って、小川(おがわ)ができました。

산에 비가 와서 시내가 생겼습니다.

少 적을 소 小2 [음독] ショウ [훈독] すくない・すこし 少小小少

①적다

少し	すこし	조금	少年	しょうねん	소년	少々	しょうしょう	잠시
少額	しょうがく	소액	少年時代	しょうねんじだい	어린 시절

劇場(げきじょう)に集(あつ)まった人(ひと)は少(すく)なかったです。
극장에 모인 사람은 적었습니다.

少(すこ)し待(ま)っていただけませんか。
조금 기다려 주시지 않겠습니까?

上 위 상 小1 [음독] ジョウ・ショウ [훈독] うえ・かみ・あげる 上上上

①위/높은 곳 ②처음 부분 ③올리다

上	うえ	위	屋上	おくじょう	옥상	上空	じょうくう	상공
上品	じょうひん	고상함	上質	じょうしつ	좋은 질	上げる	あげる	올리다

旗(はた)を上(あ)げています。
깃발을 올리고 있습니다.

上(のぼ)りの汽車(きしゃ)に乗(の)りました。
상행선 기차에 탔습니다.

食 먹을 식 小2 [음독] ショク・ジキ [훈독] くう・たべる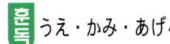

①먹다 ②태양이나 달이 보이지 않게 되다 ③좀먹다

食事	しょくじ	식사	食卓	しょくたく	식탁	日食	にっしょく	일식
月食	げっしょく	월식	侵食	しんしょく	침식	食べる	たべる	먹다

あの政治家(せいじか)は突然(とつぜん)断食(だんじき)を始(はじ)めた。
그 정치가는 갑자기 단식을 시작했다.

昼食(ちゅうしょく)はまだ食(た)べていません。
점심식사는 아직 먹지 않았습니다.

新 새로울 신 小2 [음독] シン [훈독] あたらしい あらただ 新新新新新新新

①새롭다 ②싱싱하다 ③바로잡다

新年	しんねん	신년	新人	しんじん	신인	新鮮	しんせん	신선
新緑	しんりょく	신록	革新	かくしん	혁신	一新	いっしん	일신

新(あら)たに制度(せいど)を変(か)えようとしている。
새롭게 제도를 바꾸려고 한다.

こちらは今度(こんど)新(あたら)しく赴任(ふにん)した木村(きむら)さんです。
이분은 이번에 새로 부임한 기무라씨입니다.

人

사람 인 ジン・ニン 훈독 ひと

①사람 / 인간

| 人 | ひと | 사람 | 老人 | ろうじん | 노인 | 人格 | じんかく | 인격 |
| 人口 | じんこう | 인구 | 人間 | にんげん | 인간 | 人数 | にんずう | 사람수 |

ここは人口(じんこう)千万(せんまん)を越(こ)える大都会(だいとかい)です。

이곳은 인구 천만을 넘는 대도시입니다.

大勢(おおぜい)の人々(ひとびと)が集(あつ)まっています。

많은 사람들이 모여 있습니다.

水

물 수 スイ 훈독 みず

①물

| 水 | みず | 물 | 水泳 | すいえい | 수영 | 水分 | すいぶん | 수분 |
| 水量 | すいりょう | 수량 | 水薬 | みずぐすり | 안약 | 海水浴 | かいすいよく | 해수욕 |

水槽(すいそう)に水(みず)が入(はい)っている。

수조에 물이 들어 있다.

冷(つめ)たい水(みず)が飲(の)みたいなあ。

차가운 물을 마시고싶다.

生

날 생 セイ・ショウ 훈독 いきる・うまれる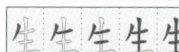

①살다 ②일어나나 ③생명 ④생활 ⑤공부하는 사람

| 野生 | やせい | 야생 | 生成 | せいせい | 생성 | 生命 | せいめい | 생명 |
| 生活 | せいかつ | 생활 | 生徒 | せいと | 학생 | 生きる | いきる | 살다 |

生(なま)クリームを泡立(あわだ)てて入(い)れてください。

생크림을 거품 내어 넣어주세요.

才能(さいのう)を生(い)かして作品(さくひん)を完成(かんせい)させました。

재능을 살려서 작품을 완성시켰습니다.

西

서쪽 서 セイ・サイ 훈독 にし 西西西西西西

①서쪽 ②유럽

| 西 | にし | 서쪽 | 東西 | とうざい | 동서 | 西部 | せいぶ | 서부 |
| 西洋 | せいよう | 서양 | 西欧 | せいおう | 서구 | 西暦 | せいれき | 서력 |

西洋人(せいようじん)は背(せ)が高(たか)くてすらっとしている。

서양사람은 키가 크고 날씬하다.

西(にし)の方(ほう)から風(かぜ)がいきなり吹(ふ)いてきた。

서쪽에서부터 바람이 갑자기 불어 왔다.

| 千 | 일천 천 | 小1 | 음독 セン | 훈독 ち | 千 千 千 |

①천 ②숫자가 많은 것

| 千円 | せんえん | 천엔 | 一千万 | いっせんまん | 천만 | 二千年 | にせんねん | 2천년 |
| 千代 | ちよ | 영원 | 千差万別 | せんさばんべつ | 천차만별 | | | |

ちょうど千円(せんえん)足(た)りないです。

딱 천엥이 부족합니다.

人の好(この)みは千差万別(せんさばんべつ)です。

사람의 취향은 천차만별입니다.

| 川 | 내 천 | 小1 | 음독 セン | 훈독 かわ | 川 川 川 |

①강

| 川 | かわ | 강 | 川上 | かわかみ | 상류 | 河川 | かせん | 하천 |

川(かわ)に沿(そ)って歩(ある)きました。

강을 따라 걸었습니다.

小(ちい)さな小川(おがわ)に鯉(こい)が五匹(ごひき)います。

작은 시내에 잉어가 5마리 있습니다.

| 先 | 먼저 선 | 小1 | 음독 セン | 훈독 さき | 先 先 先 先 先 先 |

①먼저 ②지난/앞

| 先月 | せんげつ | 저번달 | 先週 | せんしゅう | 저번주 | 先日 | せんじつ | 저번날 |
| 先頭 | せんとう | 선두 | 優先 | ゆうせん | 우선 | 勤務先 | きんむさき | 근무처 |

先進国(せんしんこく)としての義務(ぎむ)があると思(おも)います。

선진국으로서의 의무가 있다고 생각합니다.

アルバイト先(さき)を教(おし)えてください。

아르바이트하는 곳을 가르쳐 주세요.

| 前 | 앞 전 | 小2 | 음독 ゼン | 훈독 まえ | 前 前 前 前 前 前 前 |

①앞/먼저 ②원래/옛날

| 前 | まえ | 앞 | 前方 | ぜんぽう | 전방 | 前後 | ぜんご | 전후 |
| 午前 | ごぜん | 오전 | 以前 | いぜん | 이전 | 紀元前 | きげんぜん | 기원전 |

暴風(ぼうふう)で前(まえ)に進(すす)もうとしても進(すす)めません。

폭풍으로 앞으로 나아가려 해도 나아갈 수 없습니다.

この線(せん)の前(まえ)に一列(いちれつ)に並(なら)んでください。

이 선 앞으로 한 줄로 서 주세요.

足	다리 족	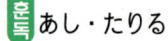ソク	あし・たりる	足足足足足足足

①발 ②걷는 것 ③충분한 것 ④더하는 것

足	あし	발	遠足	えんそく	소풍	満足	まんぞく	만족
不足	ふそく	부족	足算	たしざん	더하기	足りる	たりる	충분하다

足下(あしもと)にご注意(ちゅうい)ください。

발 밑에 주의하세요.

一万円(いちまんえん)足(た)りないんですが、貸(か)してくださいませんか。

만엥 부족합니다만, 빌려주시지 않겠습니까?

多	많을 다	タ	おおい	多多多多多

①많다

多少	たしょう	다소	多数	たすう	다수	多様	たよう	다양
多数決	たすうけつ	다수결	多い	おおい	많다			

そうしたら多数決(たすうけつ)で決(き)めましょう。

그러면 다수결로 정합시다.

パーティーに集(あつ)まった人(ひと)が多(おお)すぎます。

파티에 모인 사람이 너무 많습니다.

大	클 대	ダイ・タイ	おおきい	大大大

①크다 ②많다 ③뛰어나다 ④거의 ⑤위치/지위

大小	だいしょう	대소	大地	だいち	대지	大量	たいりょう	대량
大金	たいきん	대금	偉大	いだい	위대	大作	たいさく	대작

大(おお)きな波(なみ)が打(う)ち寄(よ)せます。

큰 파도가 밀어닥칩니다.

大(おお)いによろしいです。

매우 좋습니다.

男	사내 남	ダン・ナン	おとこ	男男男男男男男

①남자 ②아들

男	おとこ	사내	男の人	おとこのひと	남자	男性	だんせい	남성
男女	だんじょ	남녀	長男	ちょうなん	장남	次男	じなん	차남

男(おとこ)らしく行動(こうどう)しなさい。

남자답게 행동하시오.

これは男性用(だんせいよう)のものです。

이것은 남성용입니다.

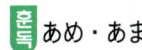

中 가운데 중 | 음독 チュウ | 훈독 なか | 中中中

①중심/가운데 ②안/사이 ③맞추다

| 中心 | ちゅうしん | 중심 | 中央 | ちゅうおう | 중앙 | 中級 | ちゅうきゅう | 중급 |
| 中間 | ちゅうかん | 중간 | 命中 | めいちゅう | 명중 | 中毒 | ちゅうどく | 중독 |

部屋(へや)の中(なか)に学生(がくせい)が三人(さんにん)います。

방안에 학생이 3명 있습니다.

世(よ)の中(なか)には色々(いろいろ)な職業(しょくぎょう)があります。

세상에는 여러 가지 직업이 있습니다.

長 길 장 | 小2 | 음독 チョウ | 훈독 ながい | 長長長長長長長

①길다, 길이 ②자라다 ③가장 위 ④연장자

| 長さ | ながさ | 길이 | 長編 | ちょうへん | 장편 | 成長 | せいちょう | 성장 |
| 長女 | ちょうじょ | 장녀 | 会長 | かいちょう | 회장 | 年長者 | ねんちょうしゃ | 연장자 |

どれが一番(いちばん)長(なが)いですか。

어느 것이 가장 깁니까?

人間(にんげん)には長生(ながい)きしたいという願(ねが)いがあるものだ。

인간에게는 오래 살고싶다는 소망이 있는 법이다.

天 하늘 천 | 小1 | 음독 テン | 훈독 あめ・あま | 天天天天

①하늘 ②자연의 힘 ③타고난 성격

| 天気 | てんき | 날씨 | 天文学 | てんもんがく | 천문학 | 天災 | てんさい | 천재지변 |
| 天然 | てんねん | 천연 | 天才 | てんさい | 천재 | 天職 | てんしょく | 천직 |

まるで天国(てんごく)のような景色(けしき)だ。

마치 천국과도 같은 경치다.

天(あま)の川(がわ)はまるで牛乳(ぎゅうにゅう)をこぼしたようだね。

은하수는 마치 우유를 흘려놓은 것 같네요.

店 가게 점 | 小2 | 음독 テン | 훈독 みせ | 店店店店店店店

①가게

| 店 | みせ | 가게 | 店員 | てんいん | 점원 | 店長 | てんちょう | 점장 |
| 書店 | しょてん | 서점 | 商店 | しょうてん | 상점 | 宝石店 | ほうせきてん | 보석점 |

書店(しょてん)で働(はたら)いています。

서점에서 일하고 있습니다.

この店(みせ)の店長(てんちょう)呼(よ)んでちょうだい。

이 가게의 점장을 불러 줘요.

電

번개 전　 小2　음독 デン　훈독

①번개 ②전기

| 電気 | でんき | 전기 | 電光 | でんこう | 전광 | 電力 | でんりょく | 전력 |
| 電源 | でんげん | 전원 | 電子 | でんし | 전자 | 電気製品 | でんきせいひん | 전기제품 |

どこに行(い)けば安(やす)い電気製品(でんきせいひん)が買(か)えますか。

어디에 가면 싼 전기제품을 살 수 있습니까?

アメリカに留学中(りゅうがくちゅう)の友達(ともだち)から電話(でんわ)がかかってきた。

미국에 유학 중인 친구에게서 전화가 걸려 왔다.

土

흙 토　음독 ド・ト　훈독 つち　

①토지 ②육지

| 土 | つち | 흙 | 土器 | どき | 도기 | 土質 | どしつ | 토질 |
| 土地 | とち | 토지 | 国土 | こくど | 국토 | 土曜日 | どようび | 토요일 |

土地(とち)の値段(ねだん)が急(きゅう)に高(たか)くなりました。

토지가격이 갑자기 비싸졌습니다.

土(つち)の上(うえ)を馬(うま)が走(はし)っている。

땅 위를 말이 달리고 있다.

東

동쪽 동　음독 トウ　훈독 ひがし

①동쪽 ②유럽에서 볼 때 동쪽

| 東 | ひがし | 동쪽 | 関東地方 | かんとうちほう | 관동지방(동경근교) |
| 東洋 | とうよう | 동양 | 東京 | とうきょう | 동경 | 中東 | ちゅうとう | 중동 |

日(ひ)は東(ひがし)から西(にし)へ移(うつ)っています。

해는 동쪽에서 서쪽으로 이동합니다.

東南(とうなん)アジアにはタイやシンガポールやベトナムなどがある。

동남아시아에는 태국이나 싱가폴이나 베트남 등이 있다.

道

길 도　음독 ドウ・トウ　훈독 みち

①도로 ②바른 길 ③전문 기술

| 道 | みち | 길 | 道路 | どうろ | 도로 | 道徳 | どうとく | 도덕 |
| 正道 | せいどう | 정도 | 書道 | しょどう | 서예 | 茶道 | さどう | 다도 |

道(みち)に迷(まよ)って困(こま)っています。

길을 잃어 난처합니다.

神道(しんとう)は日本(にほん)の伝統的(でんとうてき)な宗教(しゅうきょう)である。

신토는 일본의 전통적인 종교이다.

読

읽을 독 〈小2〉 음독 ドク・トク 훈독 よむ

① 읽다 / 낭독하다

読書	どくしょ	독서	音読	おんどく	음독	読解	どっかい	독해
朗読	ろうどく	낭독	読む	よむ	읽다	読み方	よみかた	읽는 법

漢字(かんじ)は音読(おんどく)と訓読(くんどく)の読(よ)み方(かた)があります。

한자는 음독과 훈독의 읽는 방법이 있습니다.

楽(たの)しそうに漫画(まんが)を読(よ)んでいる。

즐겁게 만화를 읽고 있다.

南

남쪽 남 〈小2〉 음독 ナン 훈독 みなみ

① 남쪽

南	みなみ	남	南側	みなみがわ	남쪽	南極	なんきょく	남극
南国	なんごく	남국	南北	なんぼく	남북	東南	とうなん	동남

韓国(かんこく)は南朝鮮(みなみちょうせん)とも呼(よ)ばれます。

한국은 남조선이라고도 불립니다.

パパイヤには南国(なんごく)ならではの味(あじ)がある。

파파야에는 남국특유의 맛이 있다.

二

두 이 〈小1〉 음독 ニ 훈독 ふた・ふたつ

① 둘 ② 다음 / 두번째

二つ	ふたつ	둘	二日	ふつか	2일	二倍	にばい	2배
二学期	にがっき	2학기	二次会	にじかい	이차술자리	二階	にかい	2층

二次会(にじかい)まで行(い)きましょう。

이차까지 갑시다.

二(ふた)つの理論(りろん)がありえます。

두 가지의 이론이 있을 수 있습니다.

日

날 일 〈小1〉 음독 ニチ・ジツ 훈독 ひ・か

① 해/태양 ② 점심 ③ 하루 ④ 일본

日	ひ	해	日光	にっこう	일광	日中	にっちゅう	낮동안
一日	いちにち	하루	毎日	まいにち	매일	日韓	にっかん	일한

日曜日(にちようび)は休日(きゅうじつ)です。

일요일은 휴일입니다.

ひな祭(まつ)りは三月(さんがつ)三日(みっか)です。

히나마츠리는 3월 3일입니다.

들 입 <small>小1</small> **음독** ニュウ **훈독** いる・いれる はいる

①들어가다/넣다 ②필요하다

| 収入 | しゅうにゅう | 수입 | 入学 | にゅうがく | 입학 | 出入国 | しゅつにゅうこく | 출입국 |
| 入費 | にゅうひ | 입비 | 入り口 | いりぐち | 입구 | 入る | はいる | 들어가다 |

電車(でんしゃ)の中(なか)に人(ひと)が入(はい)ります。

전철 안으로 사람이 들어갑니다.

引(ひ)き出(だ)しに書類(しょるい)が入(い)れてあります。

서랍에 서류가 넣어져 있습니다.

 해 년 <small>小1</small> **음독** ネン **훈독** とし

①일년 ②나이

| 去年 | きょねん | 작년 | 年賀状 | ねんがじょう | 연하장 | 青年 | せいねん | 청년 |
| 中年 | ちゅうねん | 중년 | 少年 | しょうねん | 소년 | 年寄 | としより | 노인 |

今年(ことし)三年生(さんねんせい)になります。

올해 3학년이 됩니다.

毎年(まいとし)行(おこな)われています。

매년 행해지고 있습니다.

 살 매 <small>小2</small> **음독** バイ **훈독** かう

①사다

| 買い物 | かいもの | 쇼핑 | 購買 | こうばい | 구매 | 買収 | ばいしゅう | 매수 |
| 売買 | ばいばい | 매매 | 不買 | ふばい | 불매 | 競売 | きょうばい | 경매 |

恋人(こいびと)と一緒(いっしょ)に買(か)い物(もの)に行(い)きました。

애인과 함께 쇼핑하러 갔습니다.

休(やす)みの日(ひ)、ステレオを買(か)いにデパートへ行(い)った。

휴일에 스테레오를 사러 백화점에 갔다.

 흴 백 <small>小1</small> **음독** ハク・ビャク **훈독** しろ・しろい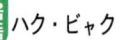

①흰색 ②밝다 ③말하다

| 白人 | はくじん | 백인 | 白米 | はくまい | 백미 | 白夜 | びゃくや | 백야 |
| 白衣 | はくい | 백의 | 明白 | めいはく | 명백 | 潔白 | けっぱく | 결백 |

自白(じはく)をしなさい。

자백을 하세요.

白(しろ)いクレヨンを使(つか)ってえがきました。

흰 크레용을 사용해서 그렸습니다.

八

여덟 팔   小1 음독 ハチ 훈독 や·やっつ·よう 八八

①여덟 ②많은 수

八	はち	팔	八十	はちじゅう	팔십	八人	はちにん	여덟 명
八つ	やっつ	팔	八方美人	はっぽうびじん	팔방미인	八重	やえ	여러 겹

今年(ことし)八(やっ)つになります。
올해 8살이 됩니다.

誕生日(たんじょうび)は十二月(じゅうにがつ)八日(ようか)です。
생일은 12월 8일입니다.

半

반 반   小2 음독 ハン  훈독 なかば   半半半半半

①반, 가운데 ②대체

半ば	なかば	중간	半分	はんぶん	반	半島	はんとう	반도
半年	はんとし	반년	過半数	かはんすう	과반수	大半	たいはん	태반

いまは午後(ごご)八時半(はちじはん)です。
지금은 오후 8시 반입니다.

冬(ふゆ)も半(なか)ば過(す)ぎると、暖(あたた)かくなってくる。
겨울도 절반을 지나면 따뜻해진다.

百

일백 백   小1 음독 ヒャク   훈독 百百百百百百

①백 ②굉장히 많음

百	ひゃく	백	百枚	ひゃくまい	백장	百年	ひゃくねん	백년
百科事典	ひゃっかじてん	백과사전	百害	ひゃくがい	백해		

二十(にじゅう)かける五(ご)は百(ひゃく)になります。
20 곱하기 5는 100입니다.

プレゼントに百本(ひゃっぽん)のバラをもらいました。
선물로 100송이 장미를 받았습니다.

父

아비 부   小2 음독 フ   훈독 ちち 父父父父

①아버지

父	ちち	아버지	父親	ちちおや	부친	父母	ふぼ	부모
父兄	ふけい	부형	父子	ふし	부자	お父さん	おとうさん	아버지

今日(きょう)は父(ちち)の命日(めいにち)です。
오늘은 아버지의 기일입니다.

他人(たにん)の前(まえ)では自分(じぶん)のお父(とう)さんを父(ちち)と呼(よ)びます。
다른 사람 앞에서는 자신의 아버지를 'ちち'라고 합니다.

分 | 나눌 분 小2 음독 ブン・フン 훈독 わかる

分分分分

①나누다 ②분량 ③비율단위

| 半分 | はんぶん | 반 | 分量 | ぶんりょう | 분량 | 分割 | ぶんかつ | 분할 |
| 身分 | みぶん | 신분 | 三分の一 | さんぶんのいち | 3분의 1 | 分かる | わかる | 알다 |

十時(じゅうじ)二十分(にじゅっぷん)ごろ待(ま)ち合(あ)わせしましょう。

10시 20분 경 만납시다.

はい、分(わ)かりました。

예, 알겠습니다.

聞 | 들을 문 小2 음독 ブン・モン 훈독 きく・きこえる

聞聞聞聞聞聞聞

①듣다 ②평판, 소문

| 新聞 | しんぶん | 신문 | 伝聞 | でんぶん | 전문 | 見聞 | けんぶん | 견문 |
| 風聞 | ふうぶん | 풍문 | 聴聞 | ちょうもん | 청문 | 聞く | きく | 듣다 |

母(はは)の小言(こごと)を聞(き)かせられた。

어머니의 잔소리를 들었습니다.

前代未聞(ぜんだいみもん)の話(はな)しだから、よく聞(き)きなさい。

전대미문의 이야기이니까 잘 들으세요.

母 | 어미 모 小2 음독 ボ 훈독 はは

母母母母母

①어머니 ②태어난 곳

| 母 | はは | 어머니 | 母親 | ははおや | 모친 | 母乳 | ぼにゅう | 모유 |
| 母校 | ぼこう | 모교 | 母系 | ぼけい | 모계 | お母さん | おかあさん | 어머니 |

私(わたし)の母国語(ぼこくご)は韓国語(かんこくご)です。

나의 모국어는 한국어입니다.

母校(ぼこう)の同級生(どうきゅうせい)の集(あつ)まりが始(はじ)まった。

모교의 동창생모임이 시작되었다.

北 | 북쪽 북 小2 음독 ホク 훈독 きた

北北北北北

①북쪽 ②등지다

| 北 | きた | 북 | 北側 | きたがわ | 북쪽 | 東北 | とうほく | 동북 |
| 北極 | ほっきょく | 북극 | 南北 | なんぼく | 남북 | 敗北 | はいぼく | 패배 |

北(きた)へ行(い)けば行(い)くほど寒(さむ)くなります。

북으로 가면 갈수록 추워집니다.

夜空(よぞら)の北(きた)の方(ほう)に北斗七星(ほくとしちせい)が見(み)える。

밤하늘의 북쪽에 북두칠성이 보인다.

木

나무 목 小1 음독 ボク・モク 훈독 き・こ

木 木 木 木

①나무 ②목재

| 木 | き | 나무 | 木の葉 | このは | 나뭇잎 | 植木 | うえき | 분재 |
| 原木 | げんぼく | 원목 | 材木 | ざいもく | 목재 | 木造 | もくぞう | 목조 |

木(こ)の葉(は)が落(お)ちてしまった。

나뭇잎이 떨어져버렸다.

木造(もくぞう)二階立(にかいだ)ての家(いえ)に住(す)んでいます。

목조 2층집에 살고 있습니다.

本

근본 본 小1 음독 ホン 훈독 もと

本 木 木 本

①근본 ②중심 ③원래부터 ④서적

| 基本 | きほん | 기본 | 根本 | ねもと | 뿌리 | 本店 | ほんてん | 본점 |
| 本校 | ほんこう | 본교 | 本能 | ほんのう | 본능 | 本質 | ほんしつ | 본질 |

本屋(ほんや)で科学(かがく)の本(ほん)を探(さが)しています。

서점에서 과학책을 찾고 있습니다.

子供(こども)は絵本(えほん)を欲(ほ)しがっています。

아이는 그림책을 갖고싶어합니다.

毎

매 매 小2 음독 マイ 훈독

ク ケ 毎 毎 毎

①매번

| 毎朝 | まいあさ | 매일아침 | 毎日 | まいにち | 매일 | 毎度 | まいど | 매번 |
| 毎年 | まいねん | 매년 | 毎晩 | まいばん | 매일밤 | 毎週 | まいしゅう | 매주 |

毎度(まいど)ありがとうございます。

매번 감사합니다.

毎朝(まいあさ)朝御飯(あさごはん)の代(かわ)りにミルクを飲(の)んでいます。

매일아침 아침식사 대신에 우유를 마시고 있습니다.

名

이름 명 小1 음독 メイ・ミョウ 훈독 な

名 名 名 名 名 名

①이름 ②뛰어나다 ③사람 수

| 名字 | みょうじ | 이름 | 名詞 | めいし | 명사 | 名物 | めいぶつ | 명물 |
| 名所 | めいしょ | 명소 | 四名 | よんめい | 4명 | 何名 | なんめい | 몇 명 |

今日(きょう)は名詞(めいし)について習(なら)いました。

오늘은 명사에 대해서 배웠습니다.

失礼(しつれい)ですが、お名前(なまえ)は何(なん)ですか。

실례합니다만, 성함이 무엇입니까?

目

눈 목 小1 음독 モク・ボク 훈독 め・ま

目目目目目

①눈 ②표제 ③목표

| 目 | め | 눈 | 科目 | かもく | 과목 | 目次 | もくじ | 목차 |
| 目的 | もくてき | 목적 | 目標 | もくひょう | 목표 | 面目 | めんぼく | 면목 |

薬屋(くすりや)で目薬(めぐすり)を買(か)ってきました。

약국에서 안약을 사왔습니다.

事故(じこ)を目(ま)のあたりにする。

사고를 눈앞에 보다.

万

만 만 小3 음독 マン・バン 훈독

万万万

①수가 많음 ②만 ③모두

| 万国 | ばんこく | 만국 | 万人 | ばんにん | 만인 | 万年雪 | まんねんゆき | 만년설 |
| 一万 | いちまん | 만 | 万事 | ばんじ | 만사 | 万全 | ばんぜん | 만전 |

百万(ひゃくまん)の人(ひと)が集(あつ)まって祭(まつ)りをしています。

백만의 사람이 모여서 축제를 합니다.

一万円(いちまんえん)がほしいです。

만엥이 필요합니다.

友

친구 우 小2 음독 ユウ 훈독 とも

友友友友

①친구 ②사이가 좋다

| 友 | とも | 친구 | 友達 | ともだち | 친구 | 友人 | ゆうじん | 친구 |
| 親友 | しんゆう | 친한 친구 | 友好 | ゆうこう | 우호 | 友情 | ゆうじょう | 우정 |

友達(ともだち)と市内(しない)に映画(えいが)を見(み)に行(い)きました。

친구와 시내에 영화를 보러 갔습니다.

友好(ゆうこう)の印(しるし)に中国(ちゅうごく)からパンダが贈(おく)られた。

우호의 표시로 중국에서 팬더가 보내졌다.

来

올 래 小2 음독 ライ 훈독 くる・きたる

来来来来来来

①오다 ②지금까지 ③앞으로도

| 来店 | らいてん | 내점 | 往来 | おうらい | 왕래 | 以来 | いらい | 이래 |
| 来年 | らいねん | 내년 | 将来 | しょうらい | 장래 | 来る | くる | 오다 |

来(きた)る四月(しがつ)一日(ついたち)は開校記念日(かいこうきねんび)だ。

오는 4월 1일은 개교기념일이다.

なるべく朝(あさ)早(はや)く来(く)るようにしてください。

가능한 한 아침 일찍 오도록 하세요.

立

설 립 小1 음독 リツ・リュウ 훈독 たつ・たてる

立 立 立 立 立

①서다 ②만들다 ③시작되다

| 起立 | きりつ | 기립 | 立志 | りっし | 입지 | 設立 | せつりつ | 설립 |
| 立法 | りっぽう | 입법 | 独立 | どくりつ | 독립 | 立つ | たつ | 서다 |

先生(せんせい)の質問(しつもん)に立(た)って答(こた)えました。
선생님의 질문에 서서 대답했습니다.

お寺(てら)を建立(こんりゅう)しようとしています。
절을 건립하려고 합니다.

六

여섯 륙 小1 음독 ロク 훈독 む・むっつ

六 六 六 六

①육 / 여섯

| 六 | ろく | 6 | 六月 | ろくがつ | 6월 | 六時 | ろくじ | 여섯시 |
| 六回 | ろっかい | 6회 | 六つ | むっつ | 6개/6살 | 六日 | むいか | 6일 |

今月(こんげつ)六日(むいか)は休(やす)みの日(ひ)です。
이번 달 6일은 휴일입니다.

みかんを六(むっ)つも食(た)べました。
귤을 6개나 먹었습니다.

話

말할 화 小2 음독 ワ 훈독 はなす

話 話 話 話 話 話 話

①이야기하다 ②이야기

| 会話 | かいわ | 회화 | 話題 | わだい | 화제 | 話 | はなし | 이야기 |
| 童話 | どうわ | 동화 | 昔話 | むかしばなし | 옛날이야기 | 話す | はなす | 이야기하다 |

部長(ぶちょう)はいま電話中(でんわちゅう)ですので、少々(しょうしょう)お待(ま)ちください。
부장님은 지금 통화중이니까 잠시만 기다려 주십시오.

この本(ほん)がいま話題(わだい)になっている本(ほん)です。
이 책이 지금 화제가 되고 있는 책입니다.

급수별

일본어
한자

제대로 끝내기

3급

悪

악할 악 <small>小3</small> **음독** アク・オ **훈독** わるい

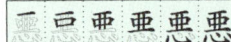

① 나쁘다 ② 싫은 ③ 미워하다

| 悪人 | あくにん | 악인 | 悪名 | あくめい | 악명 | 悪質 | あくしつ | 악질 |
| 悪寒 | おかん | 악한 | 嫌悪 | けんお | 혐오 | 悪い | わるい | 나쁘다 |

気持(きも)ちが悪(わる)いので、先(さき)に帰(かえ)ります。

기분이 나쁘니까 먼저 돌아가겠습니다.

悪名(あくめい)高(たか)い人(ひと)です。

악명 높은 사람입니다.

暗

어두울 암 <small>小3</small> **음독** アン **훈독** くらい

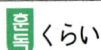

① 어둡다 ② 바보같다 ③ 조용히 ④ 보이지 않는 것

| 暗室 | あんしつ | 암실 | 明暗 | めいあん | 명암 | 暗黙 | あんもく | 암묵 |
| 暗殺 | あんさつ | 암살 | 暗号 | あんごう | 암호 | 暗い | くらい | 어둡다 |

暗証番号(あんしょうばんごう)を押(お)してください。

비밀번호를 눌러주세요.

暗算(あんざん)で数(かず)を足(た)しました。

암산으로 숫자를 더했습니다.

以

써 이 <small>小4</small> **음독** イ **훈독**

① 사용해서 ② ~부터

| 以心伝心 | いしんでんしん | 이심전심 | 以前 | いぜん | 이전 | 以内 | いない | 이내 |

引(ひ)っ越(こ)しして以来(いらい)、体(からだ)がだんだんよくなった。

이사한 이래, 건강이 점점 좋아졌다.

一週間(いっしゅうかん)以内(いない)に結論(けつろん)を出(だ)してくれ。

일주일 이내에 결론을 내줘.

医

의원 의 <small>小3</small> **음독** イ **훈독**

① 의원

| 医師 | いし | 의사 | 医者 | いしゃ | 의사 | 医学 | いがく | 의학 |
| 医術 | いじゅつ | 의술 | 医薬 | いやく | 의약 | 外科医 | げかい | 외과의사 |

お医者(いしゃ)さんが回診(かいしん)していらっしゃいます。

의사선생님이 회진하시고 계십니다.

希望(きぼう)した医学部(いがくぶ)に入(はい)ることになりました。

희망했던 의과대학에 들어가게 되었습니다.

意

뜻 의 小3 음독 イ 훈독

①뜻 ②의미

| 意思 | いし | 의사 | 意見 | いけん | 의견 | 決意 | けつい | 결의 |
| 故意 | こい | 고의 | 意味 | いみ | 의미 | 意義 | いぎ | 의의 |

もっと意思(いし)をはっきり示(しめ)してください。

좀더 의사를 확실히 보여 주세요.

この言葉(ことば)の意味(いみ)が分(わ)かりますか。

이 단어의 의미를 알겠습니까?

3급
1과 단계별로 정리한 기출한자

員

관원 원 小3 음독 イン 훈독

①수 ②인원

| 定員 | ていいん | 정원 | 満員 | まんいん | 만원 | 員数 | いんすう | 원수 |
| 社員 | しゃいん | 사원 | 委員 | いいん | 위원 | 公務員 | こうむいん | 공무원 |

いつまでも平社員(ひらしゃいん)なんてごめんだ。

언제까지나 평사원이라니 싫다.

ラッシュアワーの電車(でんしゃ)はいつも満員(まんいん)です。

출퇴근시간의 전차는 언제나 만원입니다.

院

집 원 小3 음독 イン 훈독

①관청 ②사원 ③집

| 衆議院 | しゅうぎいん | 중의원 | 参議院 | さんぎいん | 참의원 | 寺院 | じいん | 사원 |
| 病院 | びょういん | 병원 | 退院 | たいいん | 퇴원 | 院長 | いんちょう | 원장 |

救急車(きゅうきゅうしゃ)で病院(びょういん)に行(い)きました。

응급차로 병원에 갔습니다.

入院(にゅういん)と退院(たいいん)を繰(く)り返(かえ)しています。

입원과 퇴원을 반복하고 있습니다.

引

끌 인 小2 음독 イン 훈독 ひく・ひける

①끌다 ②그만두다 ③사전 등에서 찾다

| 引用 | いんよう | 인용 | 引力 | いんりょく | 인력 | 綱引き | つなひき | 밧줄당기기 |
| 引き算 | ひきざん | 빼기 | 引退 | いんたい | 은퇴 | 引く | ひく | 끌다 |

会議(かいぎ)が長引(ながび)いています。

회의가 길어지고 있습니다.

格好(かっこう)いい彼(かれ)に引(ひ)かれました。

멋있는 그에게 끌렸습니다.

57

運

운전할 운 小3 ウン / はこぶ

①옮기다 ②움직이다 ③운명

運運運軍軍運

| 運賃 | うんちん | 운임 | 運送 | うんそう | 운송 | 運動 | うんどう | 운동 |
| 運転 | うんてん | 운전 | 運命 | うんめい | 운명 | 運ぶ | はこぶ | 운반하다 |

ただ運(うん)がよかっただけです。

단지 운이 좋았을 뿐입니다.

荷物(にもつ)を二(ふた)つに分(わ)けて運(はこ)びましょう。

짐을 두 개로 나누어 옮깁시다.

英

뛰어날 영 小4 エイ

①뛰어나다 ②영국

英英英英英英英

| 英雄 | えいゆう | 영웅 | 英才 | えいさい | 영재 | 育英 | いくえい | 육영 |
| 英語 | えいご | 영어 | 英国 | えいこく | 영국 | 英傑 | えいけつ | 영걸 |

英語(えいご)は難(むずか)しいので大嫌(だいきら)いです。

영어는 어려워서 정말 싫어합니다.

イギリスと英国(えいこく)は同(おな)じ国(くに)です。

'이기리스'와 영국은 같은 나라입니다.

映

비칠 영 小6 エイ / うつる・うつす

①비치다 ②상영하다

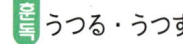

| 映画 | えいが | 영화 | 映写 | えいしゃ | 영사 | 反映 | はんえい | 반영 |
| 上映 | じょうえい | 상영 | 映像 | えいぞう | 영상 | 映す | うつす | 비추다 |

湖(みずうみ)に映(うつ)る景色(けしき)がとても素晴(すば)らしいです。

호수에 비치는 경치가 아주 멋있습니다.

こちらを映(うつ)してください。

이쪽을 비추어주세요.

遠

멀 원 小2 エン・オン / とおい

①멀다 ②시간이 떨어져 있다 ③연결이 약하다

| 遠洋 | えんよう | 원양 | 遠足 | えんそく | 소풍 | 遠征 | えんせい | 원정 |
| 永遠 | えいえん | 영원 | 遠近 | えんきん | 원근 | 遠い | とおい | 멀다 |

遠(とお)くまで泳(およ)ぎに行(い)きました。

멀리까지 수영하러 갔습니다.

駅(えき)から遠(とお)ければ遠(とお)いほど家賃(やちん)は安(やす)くなります。

역에서 멀면 멀수록 집세는 싸집니다.

屋 가옥 옥 小3 음독 オク 훈독 や

屋屋屋屋屋屋屋

①집 ②지붕 ③가게

| 家屋 | かおく | 가옥 | 社屋 | しゃおく | 사옥 | 部屋 | へや | 방 |
| 屋上 | おくじょう | 옥상 | 屋根 | やね | 지붕 | 本屋 | ほんや | 책방 |

大雨(おおあめ)で屋根(やね)が崩(くず)れました。

큰 비로 지붕이 무너졌습니다.

八百屋(やおや)でキュウリと大根(だいこん)を買(か)って漬物(つけもの)をつけました。

야채가게에서 무를 사서 절임을 했습니다.

音 소리 음 小1 음독 オン・イン 훈독 おと・ね

音音立音音音音

①소리 ②음색

| 音声 | おんせい | 음성 | 母音 | ぼいん | 모음 | 音楽 | おんがく | 음악 |
| 音色 | ねいろ | 음색 | 雑音 | ざつおん | 잡음 | 音質 | おんしつ | 음질 |

母音(ぼいん)と子音(しいん)は発音(はつおん)の基(もと)になります。

모음과 자음은 발음의 기본이 됩니다.

お坊(ぼう)さんが鐘(かね)を打(う)つと音(おと)がしました。

스님이 종을 치니 소리가 났습니다.

夏 여름 하 小2 음독 カ・ゲ 훈독 なつ

夏夏夏夏夏夏夏

①여름

| 夏 | なつ | 여름 | 真夏 | まなつ | 한여름 | 初夏 | しょか | 초여름 |
| 夏期 | かき | 하기 | 夏至 | げし | 하지 | 盛夏 | せいか | 성하 |

春(はる)なのに真夏(まなつ)のように暑(あつ)いです。

봄인데도 한여름같이 덥습니다.

夏休(なつやす)みに語学研修(ごがくけんしゅう)に行(い)く予定(よてい)です。

여름방학에 어학연수하러 갈 예정입니다.

家 집 가 小2 음독 カ・ケ 훈독 いえ・や

家家家家家家家

①집 ②가족 ③혈통 ④전문가

| 家 | いえ | 집 | 家具 | かぐ | 가구 | 家族 | かぞく | 가족 |
| 家門 | かもん | 가문 | 作家 | さっか | 작가 | 建築家 | けんちくか | 건축가 |

家賃(やちん)をもう少(すこ)し安(やす)くしてもらえませんか。

집세를 좀더 싸게 해주시면 안될까요?

家出(いえで)した猫(ねこ)が昨日(きのう)帰(かえ)って来(き)ました。

가출한 고양이가 어제 돌아왔습니다.

노래 가 <small>小2</small> **음독** カ **훈독** うた・うたう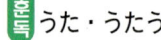

①노래 ②일본 시조

| 歌 | うた | 노래 | 歌手 | かしゅ | 가수 | 歌謡曲 | かようきょく | 가요 |
| 短歌 | たんか | 단가 | 和歌 | わか | 와카(일본 고유의 시) | | | |

歌手(かしゅ)になりたかったんですが、親(おや)の反対(はんたい)で諦(あきら)めました。

가수가 되고싶었습니다만, 부모님의 반대로 포기했습니다.

皆(みんな)の前(まえ)で悲(かな)しい歌(うた)を歌(うた)いました。

모두 앞에서 슬픈 노래를 불렀습니다.

 그림 화
그을 획 <small>小2</small> **음독** ガ・カク **훈독**

①구역 ②그림 ③계획 ④한자의 획, 수

| 区画 | くかく | 구획 | 映画 | えいが | 영화 | 画家 | がか | 화가 |
| 計画 | けいかく | 계획 | 企画 | きかく | 기획 | 画数 | かくすう | 획수 |

水彩画(すいさいが)の展覧会(てんらんかい)に行(い)ってきました。

수채화 전람회에 다녀왔습니다.

一日中(いちにちじゅう)旅行(りょこう)の計画(けいかく)を立(た)てました。

하루종일 여행계획을 세웠습니다.

 돌 회 <small>小2</small> **음독** カイ・エ **훈독** まわる・まわす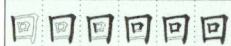

①돌다 ②되돌리다 ③회

| 回転 | かいてん | 회전 | 巡回 | じゅんかい | 순회 | 回想 | かいそう | 회상 |
| 回送 | かいそう | 회송 | 何回 | なんかい | 몇 회 | 回る | まわる | 돌다 |

風車(ふうしゃ)がぐるぐる回(まわ)っています。

풍차가 빙글빙글 돌고 있습니다.

ハンドルを右(みぎ)の方(ほう)に回(まわ)してください。

핸들을 오른쪽으로 돌려주세요.

 바다 해 <small>小2</small> **음독** カイ **훈독** うみ

①바다 ②일면으로 펼쳐진 것

| 海 | うみ | 바다 | 海岸 | かいがん | 해안 | 海洋 | かいよう | 해양 |
| 人海 | じんかい | 인해 | 雲海 | うんかい | 운해 | 深海 | しんかい | 심해 |

海(うみ)のにおいを嗅(か)いでみたいです。

바다내음을 맡아보고 싶습니다.

海辺(うみべ)に立(た)っていると、まるでそこが天国(てんごく)のようでした。

해변에 서 있으면, 마치 그곳이 천국 같았습니다.

界 경계 계 小3 カイ 훈독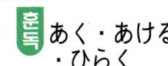

①경계 ②장소 ③사람들 무리

| 限界 | げんかい | 한계 | 境界 | きょうかい | 경계 | 視界 | しかい | 시계 |
| 世界 | せかい | 세계 | 他界 | たかい | 타계 | 学界 | がっかい | 학계 |

芸能界(げいのうかい)で一番(いちばん)有名(ゆうめい)な女優(じょゆう)になりました。

연예계에서 가장 유명한 여자배우가 되었습니다.

世界(せかい)が一(ひと)つの町(まち)だったらいいのに。

세계가 하나의 마을이었다면 좋을텐데.

開 열 개 小3 음독 カイ 훈독 あく・あける・ひらく

①열리다 ②열다 ③시작하다

| 開放 | かいほう | 개방 | 公開 | こうかい | 공개 | 展開 | てんかい | 전개 |
| 開発 | かいはつ | 개발 | 開幕 | かいまく | 개막 | 開く | あく | 열리다 |

全(すべ)ての分野(ぶんや)で開放(かいほう)が進(すす)められました。

모든 분야에서 개방이 진행되었습니다.

パリで国連(こくれん)の会議(かいぎ)が開(ひら)かれました。

파리에서 UN 회의가 열렸습니다.

 楽 즐길 락/ 음악 악 小2 음독 ガク・ラク 훈독 たのしい たのしむ

①즐겁다 ②음악

| 楽園 | らくえん | 낙원 | 楽天的 | らくてんてき | 낙천적 | 極楽 | ごくらく | 극락 |
| 楽器 | がっき | 악기 | 音楽 | おんがく | 음악 | 楽しい | たのしい | 즐겁다 |

また会(あ)える日(ひ)を楽(たの)しみにしております。

또 만날 날을 기대하고 있겠습니다.

音楽(おんがく)の先生(せんせい)が好(す)きです。

음악선생님을 좋아합니다.

 寒 추울 한 小3 음독 カン 훈독 さむい

①춥다 ②절기 ③궁핍하다

| 寒冷 | かんれい | 한랭 | 寒気 | かんき | 한기 | 寒帯 | かんたい | 한대 |
| 小寒 | しょうかん | 소한 | 大寒 | だいかん | 대한 | 寒い | さむい | 춥다 |

寒気(さむけ)がするので、先(さき)に帰(かえ)って休(やす)みます。

오한이 들기 때문에, 먼저 돌아가서 쉬겠습니다.

寒(さむ)がりやすですので、冬(ふゆ)が来(く)るのが嫌(いや)です。

추위를 잘 타는 사람이기에 겨울이 오는 것이 싫습니다.

漢

한나라 한 小4 음독 カン　훈독

①중국 한나라 ②중국 ③남자

漢漢漢漢漢漢漢

| 漢代 | かんだい | 한나라대 | 漢字 | かんじ | 한자 | 漢方薬 | かんぽうやく | 한약 |
| 悪漢 | あっかん | 악한 | 痴漢 | ちかん | 치한 | 漢文 | かんぶん | 한문 |

漢方薬(かんぽうやく)を煎(せん)じて飲(の)みました。

한약을 다려 먹었습니다.

地下鉄(ちかてつ)で痴漢(ちかん)に遭(あ)いました。

지하철에서 치한을 만났습니다.

館

집 관 小3 음독 カン　훈독

①집 ②관청

𠂤 𠆢 𠆢 食 館 館 館 館

| 映画館 | えいがかん | 영화관 | 旅館 | りょかん | 여관 | 会館 | かいかん | 회관 |
| 図書館 | としょかん | 도서관 | 大使館 | たいしかん | 대사관 | 博物館 | はくぶつかん | 박물관 |

会館(かいかん)で版画(はんが)の展示(てんじ)を開(ひら)いています。

회관에서 판화 전시를 열고 있습니다.

都内(とない)に文化会館(ぶんかかいかん)が数(かず)多(おお)くあります。

동경도내에 문화회관이 수많이 있습니다.

顔

얼굴 안 小2 음독 ガン　훈독 かお

①얼굴 ②잘 알려져 있다

产 立 产 彦 彦 顔 顔

| 顔 | かお | 얼굴 | 顔色 | かおいろ | 안색 | 笑顔 | えがお | 웃는 얼굴 |
| 顔洗い | かおあらい | 세수 | 顔役 | かおやく | 지역유지 | | | |

田村(たむら)さんは顔(かお)が広(ひろ)いです。

다무라씨는 발이 넓습니다.

洗顔剤(せんがんざい)できれいに顔(かお)を洗(あら)ってください。

세안제로 깨끗하게 얼굴을 씻어 주세요.

起

일어날 기 小3 음독 キ　훈독 おきる・おこる

①일어나다 ②시작하다

起 起 起 起 走 起 起

| 起立 | きりつ | 기립 | 起工 | きこう | 기공 | 起床 | きしょう | 기상 |
| 再起 | さいき | 재기 | 起因 | きいん | 기인 | 起きる | おきる | 일어나다 |

あっというまに事故(じこ)が起(お)りました。

순식간에 사고가 일어났습니다.

朝(あさ)何時頃(なんじごろ)起(お)きますか。

아침에 몇 시경에 일어납니까?

| 帰 | 돌아갈 귀 (小)2 [음독]キ | [훈독]かえる・かえす | リ刂刂刂帰帰帰 |

①돌아가다 ②결론이 나다

| 帰国 | きこく | 귀국 | 帰省 | きせい | 귀성 | 帰郷 | ききょう | 귀향 |
| 帰結 | きけつ | 귀결 | 帰着 | きちゃく | 귀착 | 帰る | かえる | 돌아가다 |

二十年(にじゅうねん)ぶりに帰国(きこく)しました。

20년 만에 귀국했습니다.

そろそろ家(いえ)に帰(かえ)る時間(じかん)だ。

슬슬 집으로 돌아갈 시간이다.

| 究 | 궁구할 구 (小)3 [음독]キュウ | [훈독]きわめる | 究究究究究究究 |

①연구하다 ②극도로

| 研究 | けんきゅう 연구 | 究明 | きゅうめい | 규명 | 究極 | きゅうきょく | 궁극 |
| 論究 | ろんきゅう 깊이 밝히어 연구함 | 探究 | たんきゅう | 탐구 | 究める | きわめる | 깊이 연구하다 |

大学(だいがく)に残(のこ)って学問(がくもん)を究(きわ)めています。

대학에 남아서 학문을 연구하고 있습니다.

外国語(がいこくご)をマスターするためには追求心(ついきゅうしん)が必要(ひつよう)です。

외국어를 마스터하기에는 추구심이 필요합니다.

| 急 | 급할 급 (小)3 [음독]キュウ | [훈독]いそぐ | 急急急急急急急 |

①서두르다 ②빠르다

| 至急 | しきゅう | 매우 급함 | 急務 | きゅうむ | 급한 용무 | 救急車 | きゅうきゅうしゃ | 응급차 |
| 急激 | きゅうげき | 급격 | 急行 | きゅうこう | 급행 | 急変 | きゅうへん | 급변 |

急(いそ)ぎに急(いそ)いで仕事(しごと)を済(す)ました。

아주 급하게 일을 끝냈다.

母(はは)の手紙(てがみ)を読(よ)んで急(いそ)いで国(くに)へ帰(かえ)りました。

어머니의 편지를 받고 급히 고향으로 돌아갔습니다.

| 牛 | 소 우 (小)2 [음독]ギュウ | [훈독]うし | 牛午牛牛 |

①소

| 牛 | うし | 소 | 牛乳 | ぎゅうにゅう | 우유 | 牛肉 | ぎゅうにく | 소고기 |

このごろは牛乳(ぎゅうにゅう)をミルクとも言(い)います。

요즈음은 우유를 '밀크'라고도 합니다.

牛肉(ぎゅうにく)しか食(た)べられません。

소고기밖에 먹을 수 없습니다.

去

갈 거 小3 **음독** キョウ・コ **훈독** さる

去 去 去 去 去

①가버리다 ②제거하다 ③시간이 가다

死去	しきょ	사망	退去	たいきょ	퇴거	除去 じょきょ 제거
撤去	てっきょ	철거	去勢	きょせい	거세	過去 かこ 과거

去年(きょねん)のことでしたのでもう過(す)ぎ去(さ)ったことです。

작년의 일이었기 때문에 이미 지나간 일입니다.

過去形(かこけい)を現在形(げんざいけい)にしてください。

과거형을 현재형으로 만들어 주세요.

京

서울 경 小2 **음독** キョウ・ケイ **훈독**

京 京 京 京 京 京 京

①수도 ②교토의 약자

東京	とうきょう	동경	上京	じょうきょう	상경	帰京 ききょう 귀경
京都	きょうと	교토	京阪神	けいはんしん	교토, 오오사카, 코베의 준말	

東京(とうきょう)はいまの首都(しゅと)で、京都(きょうと)は古(ふる)い都(みやこ)です。

동경은 지금의 수도이고, 교토는 옛날 수도입니다.

あれが東京(とうきょう)タワーです。

저것이 동경타워입니다.

強

강할 강 小2 **음독** キョウ・ゴウ **훈독** つよい

強 強 強 強 強 強

①강하다 ②무리하게 하다

強力	きょうりょく	강력	強者	きょうしゃ	강자	強調 きょうちょう 강조
強制	きょうせい	강제	勉強	べんきょう	공부	強い つよい 강하다

両親(りょうしん)からむりやりに強(し)いられて、お見合(みあ)いの席(せき)に出(で)た。

부모에게 억지로 떠밀려 맞선장소에 나갔다.

祖父(そふ)は昔(むかし)は力(ちから)が強(つよ)かったそうですが、今(いま)は弱(よわ)いです。

할아버지는 옛날에는 힘이 세었다고 하나, 지금은 약합니다.

教

가르칠 교 小2 **음독** キョウ **훈독** おしえる

 教 教 教 教 教 教

①가르치다 ②종교의 가르침

教育	きょういく	교육	教師	きょうし	교사	教授 きょうじゅ 교수
仏教	ぶっきょう	불교	キリスト教	キリストきょう	기독교	教える おしえる 가르치다

早稲田(わせだ)大学(だいがく)で学生(がくせい)たちを教(おし)えています。

와세다대학에서 학생들을 가르치고 있습니다.

教室(きょうしつ)で学生(がくせい)が自習(じしゅう)をしています。

교실에서 학생이 자습하고 있습니다.

業

일 업 小3 음독 ギョウ・ゴウ 훈독 わざ

①일 ②생활 ③근무 ④불교의 업

| 農業 | のうぎょう | 농업 | 工業 | こうぎょう | 공업 | 休業 | きゅうぎょう | 휴업 |
| 職業 | しょくぎょう | 직업 | 作業 | さぎょう | 작업 | 業 | わざ | 행위 |

決(けっ)して人間(にんげん)の仕業(しわざ)には見(み)えません。

결코 인간의 소행라고는 보이지 않습니다.

本日(ほんじつ)休業中(きゅうぎょうちゅう)です。

오늘 휴업중입니다.

近

가까울 근 小2 음독 キン 훈독 ちかい

①가깝다 ②최근 ③사이가 좋다

| 近所 | きんじょ | 근처 | 近道 | ちかみち | 지름길 | 最近 | さいきん | 최근 |
| 近頃 | ちかごろ | 요새 | 親近感 | しんきんかん | 친근감 | 近い | ちかい | 가깝다 |

最近(さいきん)体(からだ)が弱(よわ)くなりました。

최근 몸이 약해졌습니다.

ここから一番(いちばん)近(ちか)い郵便局(ゆうびんきょく)はどこにありますか。

여기서 가장 가까운 우체국은 어디에 있습니까?

銀

은 은 小3 음독 ギン 훈독

①은 ②돈 ③하얀 것

| 銀 | ぎん | 은 | 銀色 | ぎんいろ | 은색 | 銀製 | ぎんせい | 은제 |
| 銀行 | ぎんこう | 은행 | 銀盤 | ぎんばん | 은반 | 銀河 | ぎんが | 은하 |

銀製(ぎんせい)の食器(しょっき)を磨(みが)いています。

은제품 식기를 닦고 있습니다.

銀河鉄道(ぎんがてつどう)の夜(よる)。

은하철도의 밤

区

나눌 구 小4 음독 ク 훈독

①구역

| 区域 | くいき | 구역 | 区内 | くない | 구내 | 区別 | くべつ | 구별 |

それぞれの選挙区(せんきょく)で選挙演説(せんきょえんぜつ)が行(おこな)われています。

각 선거구에서 선거연설이 행해지고 있습니다.

色落(いろお)ちするものとは、区別(くべつ)して洗(あら)ってください。

색이 빠지는 것하고는 구별해서 빨아주세요.

兄

형 형 　**음독** ケイ・キョウ　**훈독** あに

①형 / 오빠

兄兄兄兄兄

| 兄 | あに | 형/오빠 | 兄弟 | きょうだい | 형제 | お兄さん | おにいさん | 형/오빠 |

お兄(にい)ちゃん、お菓子(かし)買(か)ってきて。
오빠(형), 과자 사다줘.

兄(あに)が一人(ひとり)おります。
오빠(형)이 한명 있습니다.

計

셈할 계 　**음독** ケイ　**훈독** はかる

①세다 ②길이, 무게를 재다

計計計計計計

| 計算 | けいさん | 계산 | 家計簿 | かけいぼ | 가계부 | 温度計 | おんどけい | 온도계 |
| 体温計 | たいおんけい | 체온계 | 計画 | けいかく | 계획 | 計る | はかる | 재다 |

子供部屋(こどもべや)を一番(いちばん)広(ひろ)く設計(せっけい)してください。
아이방을 가장 넓게 설계해주세요.

かかった時間(じかん)を計(はか)ってみてください。
걸린 시간을 재 봐주세요.

軽

가벼울 경 　**음독** ケイ　**훈독** かるい・かろやかだ

①가볍다 ②간단하다 ③경솔하다 ④가볍게 취급하다

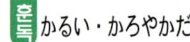一 日 車 車 軽 軽 軽

| 軽量 | けいりょう | 경량 | 軽減 | けいげん | 경감 | 軽食 | けいしょく | 경식 |
| 軽率 | けいそつ | 경솔 | 軽薄 | けいはく | 경박 | 軽い | かるい | 가볍다 |

荷物(にもつ)を二(ふた)つに分(わ)けて軽(かる)くしましょう。
짐을 두 개로 나누어 가볍게 합시다.

彼女(かのじょ)に軽蔑(けいべつ)されてしまった。
그녀에게 경멸을 받았다.

犬

개 견 　**음독** ケン　**훈독** いぬ

①개

犬犬犬犬

| 犬 | いぬ | 개 | 子犬 | こいぬ | 강아지 | 愛犬 | あいけん | 애견 |

病気(びょうき)にかかった犬(いぬ)がうなっています。
병에 걸린 개가 짓고 있습니다.

ペットに犬(いぬ)を飼(か)っています。
애완동물로 개를 기르고 있습니다.

建

세울 건　小4　음독 ケン・コン　훈독 たてる・たつ　

①세우다 ②의견을 내다

| 建設 | けんせつ | 건설 | 建国 | けんこく | 건국 | 再建 | さいけん | 재건 |
| 建立 | こんりゅう | 건립 | 建造物 | けんぞうぶつ | 건조물 | 建てる | たてる | 세우다 |

建築家(けんちくか)が建物(たてもの)を建(た)てています。

건축가가 건물을 짓고 있습니다.

寺(てら)を建立(こんりゅう)する。

절을 건립하다.

研

연구 연　小3　음독 ケン　훈독 とぐ　

①닦다 ②연구하다

| 研磨 | けんま | 연마 | 研究 | けんきゅう | 연구 | 研修 | けんしゅう | 연수 |
| 研ぐ | とぐ | (칼 등을)갈다 | | | | | | |

鈍(にぶ)くなった包丁(ほうちょう)を研(と)ぎました。

물러진 칼을 갈았습니다.

研磨剤(けんまざい)で磨(みが)きました。

연마제로 갈고 닦았습니다.

県

고을 현　小3　음독 ケン　훈독

①현(일본 행정구역)

| 県庁 | けんちょう | 현청 | 県民 | けんみん | 현민 | 県内 | けんない | 현내 |

私(わたし)の生(う)まれた所(ところ)は鳥取県(とっとりけん)です。

내가 태어난 곳은 '돗토리현'입니다.

今日(きょう)は県民(けんみん)の日(ひ)で休(やす)みです。

오늘은 현민의 날이어서 휴일입니다.

験

경험 험　小4　음독 ケン・ゲン　훈독

①시도하다 ②효험

| 試験 | しけん | 시험 | 実験 | じっけん | 실험 | 経験 | けいけん | 경험 |
| 体験 | たいけん | 체험 | 効験 | こうけん | 효험 | | | |

受験生(じゅけんせい)になりましたので、勉強(べんきょう)せざるを得(え)ないです。

수험생이 되었기 때문에 공부하지 않을 수 없습니다.

経験(けいけん)豊富(ほうふ)な田中(たなか)さんに聞(き)いてみたら。

경험이 풍부한 다나까씨에게 물어보면 어떻겠니?

元

으뜸 원 小2 음독 ゲン・ガン 훈독 もと

元 元 元 元

①시작 ②사물을 이루고 있는 것 ③우두머리

元	もと	원래	元日	がんじつ	설날	元来	がんらい	원래
元素	げんそ	원소	根元	こんげん	근원	元首	げんしゅ	원수

お久(ひさ)しぶりですね、お元気(げんき)ですか。

오래간만이군요. 건강합니까?

元通(もとどお)りに直(なお)したらどうですか。

원래대로 고치면 어떻습니까?

工

장인 공 小2 음독 コウ・ク 훈독

工 工 工

①물건을 만들다 ②물건 만드는 사람

工事	こうじ	공사	工場	こうじょう	공장	加工	かこう	가공
工業	こうぎょう	공업	大工	だいく	목수	細工	さいく	세공

工事(こうじ)をしているので、ご注意(ちゅうい)ください。

공사를 하고 있으니까 주의해 주세요.

これは私(わたし)が工夫(くふう)をこらして作(つく)った作品(さくひん)です。

이것은 내가 심혈을 기울여 만든 작품입니다.

広

넓을 광 小2 음독 コウ 훈독 ひろい

広 広 広 広

①넓다 ②넓히다

広場	ひろば	광장	広野	こうや	광야	広域	こういき	광역
広告	こうこく	광고	広報	こうほう	홍보	広い	ひろい	넓다

広場(ひろば)でデモがありました。

광장에서 데모가 있었습니다.

あっというまに噂(うわさ)が広(ひろ)がってしまいました。

순식간에 소문이 퍼져 버렸습니다.

光

빛 광 小2 음독 コウ 훈독 ひかる・ひかり

光 光 光 光 光 光

①빛 ②형식 ③명예 ④시간

日光	にっこう	일광	光線	こうせん	광선	光学	こうがく	광학
光栄	こうえい	영광	光年	こうねん	광년	光る	ひかる	비치다

私(わたくし)こそ光栄(こうえい)です。

저야말로 영광입니다.

夜空(よぞら)に星(ほし)がぴかぴか光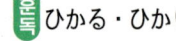(ひか)っています。

밤하늘에 별이 반짝반짝 빛나고 있습니다.

好	좋아할 호 小6 음독 コウ 훈독 このむ・すく	

①좋아하다 ②즐기다

好意	こうい	호의	好感	こうかん	호감	好奇心	こうきしん	호기심
好物	こうぶつ	즐기는 음식	好み	このみ	취향	好む	このむ	즐기다

好意(こうい)を抱(いだ)いています。

호의를 품고 있습니다.

それは好(この)ましい行動(こうどう)です。

그것은 바람직한 행동입니다.

考	생각할 고 小2 음독 コウ 훈독 かんがえる	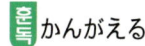

①생각하다 ②연구하다

思考	しこう	사고	考慮	こうりょ	고려	再考	さいこう	재고
考古学	こうこがく	고고학	参考	さんこう	참고	考える	かんがえる	생각하다

彼(かれ)はとても思考深(しこうぶか)い人(ひと)だ。

그는 매우 생각이 깊은 사람입니다.

将来(しょうらい)のことについて考(かんが)えてみたことがありますか。

장래에 대해 생각해 본 적이 있습니까?

合	합할 합 小2 음독 ゴウ・ガツ 훈독 あう	

①만나다 ②맞추다 ③섞다

合計	ごうけい	합계	合格	ごうかく	합격	合法	ごうほう	합법
合理	ごうり	합리	配合	はいごう	배합	合う	あう	합쳐지다

答(こた)えを合(あ)わせてください。

답을 맞춰 주세요.

合(あ)っているか間違(まちが)っているか教(おし)えてください。

맞는지 틀리는지 가르쳐 주세요.

黒	검을 흑 小2 음독 コク 훈독 くろ・くろい	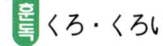

①검다 ②나쁜 것

黒色	くろいろ	검정색	黒板	こくばん	칠판	黒人	こくじん	흑인
黒幕	くろまく	흑막	黒白	こくびゃく	흑백	黒い	くろい	검다

黒(くろ)ずくめの服装(ふくそう)です。

검은색 일색인 복장입니다.

火事(かじ)が起(お)きてもくもくと黒(くろ)い煙(けむり)が出(で)ています。

화재가 일어나서 뭉게뭉게 검은 연기가 나오고 있습니다.

菜

야채 채　小4　음독 サイ　훈독 な

① 야채 ② 반찬

菜菜菜菜菜菜菜

| 野菜 | やさい | 야채 | 白菜 | はくさい | 배추 | 青菜 | あおな | 푸성귀 |
| 菜の花 | なのはな | 유채꽃 | 前菜 | ぜんさい | 전채 | 総菜 | そうさい | 반찬 |

菜食主義(さいしょくしゅぎ)の人(ひと)なので、肉(にく)を食(た)べようともしない。

채식주의 사람이기 때문에 고기를 먹으려고도 하지 않는다.

菜(な)の花(はな)は黄色(きいろ)いです。

유채꽃은 노랗습니다.

作

만들 작　小2　음독 サク・サ　훈독 つくる

① 만들다/준비하다 ② 만들어진 것 ③ 행동

作作作作作作作

| 作成 | さくせい | 작성 | 名作 | めいさく | 명작 | 作用 | さよう | 작용 |
| 作法 | さほう | 예의범절 | 動作 | どうさ | 동작 | 作る | つくる | 만들다 |

週(しゅう)に一回(いっかい)先生(せんせい)に作文(さくぶん)を出(だ)しています。

일주일에 한 번 선생님에게 작문을 제출하고 있습니다.

残(のこ)りのご飯(はん)でチャーハンを作(つく)ってみてください。

남은 밥으로 볶음밥을 만들어 주세요.

産

낳을 산　小4　음독 サン　훈독 うむ・うまれる

① 낳다 ② 재산

産産産産産産産

| 出産 | しゅっさん | 출산 | 生産 | せいさん | 생산 | 産業 | さんぎょう | 산업 |
| 資産 | しさん | 자산 | 財産 | ざいさん | 재산 | 産まれる | うまれる | 태어나다 |

母親(ははおや)は無事(ぶじ)に赤(あか)ちゃんを産(う)みました。

어머니는 무사히 아기를 낳았습니다.

財産(ざいさん)がなくなりました。

재산이 없어졌습니다.

止

그칠 지　小2　음독 シ　훈독 とまる・とめる　やめる

① 멈추다 ② 세우다 ③ 그만두다

止止止止

| 停止 | ていし | 정지 | 終止形 | しゅうしけい | 종지형 | 禁止 | きんし | 금지 |
| 防止 | ぼうし | 방지 | 中止 | ちゅうし | 중지 | 止める | とめる | 멈추다 |

事故(じこ)のため、電車(でんしゃ)が止(と)まってしまいました。

사고 때문에 전차가 멈춰져 버렸습니다.

仕事(しごと)の手(て)を止(と)めてそのことについて考(かんが)え始(はじ)めました。

일손을 멈추고 그 일에 대해 생각하기 시작했습니다.

仕

벼슬 사　小3　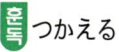음독 シ・ジ　훈독 つかえる　仕仕仕仕仕

①섬기다 ②일하다

| 奉仕 | ほうし | 봉사 | 給仕 | きゅうじ | 급사 | 仕事 | しごと | 일 |
| 仕方 | しかた | 방법 | 仕入れ | しいれ | 매입 | 仕える | つかえる | 섬기다 |

あの子(こ)は親(おや)によく仕(つか)えている。

저 아이는 부모를 잘 섬긴다.

ワイシャツを仕上(しあ)げました。

와이셔츠를 완성했습니다.

市

시장 시　小2　음독 シ　훈독 いち　市市市市市

①시장 ②마을 ④시

| 市場 | いちば | 시장 | 魚市場 | うおいちば | 생선시장 | 市況 | しきょう | 시황 |
| 都市 | とし | 도시 | 市長 | しちょう | 시장 | 市役所 | しやくしょ | 시청 |

この製品(せいひん)はもう市販(しはん)されています。

이 제품은 아직 시판되고 있습니다.

魚市場(うおいちば)へ魚(さかな)を買(か)いに行(い)きましょう。

생선시장으로 생선을 사러 갔습니다.

死

죽을 사　小3　음독 シ　훈독 しぬ　死死死死死死

①죽다 ②필사적으로

| 死因 | しいん | 사인 | 急死 | きゅうし | 급사 | 病死 | びょうし | 급병 |
| 必死 | ひっし | 필사 | 死守 | ししゅ | 사수 | 死ぬ | しぬ | 죽다 |

姉(あね)は父(ちち)に死(し)なれて悲(かな)しみに落(お)ちいています。

언니(누나)는 아버지가 죽어 슬픔에 빠져 있습니다.

死(し)ぬ気(き)で頑張(がんば)っています。

죽는 심정으로 힘내고 있습니다.

私

나 사　小6　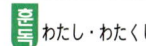음독 シ　훈독 わたし・わたくし　私私私私私私私

①나 ②저

| 私 | わたし | 나 | 私 | わたくし | 저 | 私立 | しりつ | 사립 |
| 私有 | しゆう | 사유 | 私見 | しけん | 사견 | 私設 | しせつ | 사설 |

私立高校(しりつこうこう)に通(かよ)っています。

사립학교에 다니고 있습니다.

私(わたくし)はキムと申(もう)します。

저는 김이라고 합니다.

使

시킬 사 小3 음독 シ 훈독 つかう

 使 使 使 使 使 使

①사용하다 ②대리인

| 使用 | しよう | 사용 | 行使 | こうし | 행사 | 使役 | しえき | 사역 |
| 使者 | ししゃ | 사신 | 大使 | たいし | 대사 | 使う | つかう | 사용하다 |

これ使(つか)ってもいいですか。

이거 사용해도 됩니까?

使用(しよう)したら必(かなら)ず元(もと)に戻(もど)してくださいね。

사용하면 반드시 원래대로 되돌려 주세요.

始

시작 시 小3 음독 シ 훈독 はじめる はじまる

 始 始 始 始 始 始

①시작

| 原始 | げんし | 원시 | 開始 | かいし | 개시 | 年始 | ねんし | 연시 |
| 始発 | しはつ | 처음으로 출발 | 始終 | しじゅう | 시종 | 始める | はじめる | 시작하다 |

そろそろ夏休(なつやす)みが始(はじ)まろうとしている。

슬슬 여름방학이 시작되려고 한다.

もう始末(しまつ)に負(お)えないよ。

이제 나쁜 사정에 지지 않아.

姉

손위 누이 자 小4 음독 シ 훈독 あね

女 女 女 女 姉 姉 姉

①언니, 누나

| 姉妹 | しまい | 자매 | 姉 | あね | 언니/누나 |
| お姉さん | ねえさん | 언니/누나 |

今月(こんげつ)日本(にほん)から姉妹学校(しまいがっこう)が訪問(ほうもん)しました。

이달 일본에서 자매학교가 방문했습니다.

お姉(ねえ)さんは結婚(けっこん)していらっしゃいますか。

언니(누나)는 결혼하셨습니까?

思

생각 사 小2 음독 シ 훈독 おもう

思 思 思 思 思 思

①생각하다

| 思想 | しそう | 사상 | 意思 | いし | 의사 | 思案 | しあん | 생각/궁리 |
| 思考 | しこう | 사고 | 思う | おもう | 생각하다 |

そういうふうに思(おも)わないでください。

그런 식으로 생각하지 말아 주세요.

来週(らいしゅう)まで思案(しあん)をまとめてください。

다음 주까지 시안을 정리해 주세요.

紙　종이 지　小2　음독 シ　훈독 かみ

①종이 ②글자가 씌여 있는 종이

| 紙 | かみ | 종이 | 白紙 | はくし | 백지 | 用紙 | ようし | 용지 |
| 紙面 | しめん | 지면 | 表紙 | ひょうし | 표지 | 新聞紙 | しんぶんし | 신문지 |

壁紙(かべがみ)を張(は)り替(か)えたいです。

벽지를 바꿔 붙이고 싶습니다.

紙(かみ)で色々(いろいろ)な動物(どうぶつ)を折(お)りたいなあ。

종이로 여러 가지 동물을 접고 싶다.

試　시도할 시　小4　음독 シ　훈독 こころみる・ためす

①시도하다 ②시험보다

| 試案 | しあん | 시안 | 試乗 | しじょう | 시승 | 試食 | ししょく | 시식 |
| 試験 | しけん | 시험 | 考試 | こうし | 고시 | 試す | ためす | 시도하다 |

高速道路(こうそくどうろ)で試運転(しうんてん)してみました。

고속도로에서 시운전을 해보았습니다.

一度(いちど)試(ため)してみてください。

한번 시도해봐 주세요.

字　글 자　小1　음독 ジ　훈독 あざ

①글자 / 한자

| 数字 | すうじ | 숫자 | 字幕 | じまく | 자막 | 漢字 | かんじ | 한자 |

きれいに字(じ)を書(か)いてください。

예쁘게 글씨를 써 주세요.

日本語(にほんご)の文字(もじ)はみみずのように見(み)えます。

일본어 글자는 지렁이같이 보입니다.

自　스스로 자　小2　음독 ジ・シ　훈독 みずから

①자신 ②저절로

| 自分 | じぶん | 자신 | 独自 | どくじ | 독자 | 自己 | じこ | 자기 |
| 自由 | じゆう | 자유 | 自然 | しぜん | 자연 | 自ら | みずから | 스스로 |

自由(じゆう)に自分(じぶん)の書(か)きたいことを書(か)いてください。

자유롭게 자신이 쓰고싶은 것을 써 주세요.

確(たし)かに自然(しぜん)に恵(めぐ)まれた地域(ちいき)ですね。

확실히 자연에 혜택 받은 지역입니다.

73

事

일 사 　음독 **ジ・ズ**　훈독 **こと**

① 사건

事事事事事事事

事業	じぎょう	사업	事件	じけん	사건	事故	じこ	사고
火事	かじ	화재	用事	ようじ	일	仕事	しごと	일

大切(たいせつ)な事(こと)を忘(わす)れてしまった。

중요한 일을 잊어버렸다.

何(なに)か用事(ようじ)でもありますか。

무안가 일이라도 있습니까?

持

가질 지　음독 **ジ**　훈독 **もつ**

① 들다 ② 유지하다

持持持持持持持

持論	じろん	지론	支持	しじ	지지	所持	しょじ	소지
持参	じさん	지참	持続	じぞく	지속	持つ	もつ	가지다

これをどうやって持(も)って行(い)くんですか。

이것을 어떻게 가지고 갈겁니까?

お弁当(べんとう)を持参(じさん)して来(き)てください。

도시락을 지참해 와 주세요.

室

집 실　음독 **シツ**　훈독 **むろ**

① 집 ② 부인

室室室室室室室

温室	おんしつ	온실	教室	きょうしつ	교실	室内	しつない	실내
皇室	こうしつ	황실	音楽室	おんがくしつ	음악실	氷室	ひむろ	빙고

温室(おんしつ)に花(はな)が育(そだ)っています。

온실에 꽃이 자라고 있습니다.

温度(おんど)の差(さ)があまり大(おお)きいと風邪(かぜ)を引(ひ)きやすいです。

온도차가 너무 크면 감기에 걸리기 쉽습니다.

質

질 질　음독 **シツ・シツ・チ**　훈독

① 약속의 표시 ② 질 ③ 성질 ④ 검소 ⑤ 질문하다

質質質質質質質

質屋	しちや	전당포	良質	りょうしつ	양질	物質	ぶっしつ	물질
人質	ひとじち	인질	性質	せいしつ	성질	質素	しっそ	검소

皆(みな)さん、質問(しつもん)ありませんか。

여러분, 질문은 없습니까?

皆(みな)それぞれの体質(たいしつ)を持(も)っています。

다 각자의 체질을 가지고 있습니다.

写

베낄 사　小3　음독 シャ　훈독 うつす・うつる　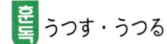

①베끼다 ②묘사하다 ③사진, 영화

| 書写 | しょしゃ | 글씨를 베낌 | 写本 | しゃほん | 사본 | 描写 | びょうしゃ | 묘사 |
| 映写 | えいしゃ | 영사 | 写真 | しゃしん | 사진 | 写す | うつす | 베끼다 |

きれいに写(うつ)っています。

예쁘게 베끼고 있습니다.

映画(えいが)の試写会(ししゃかい)のチケットが当(あ)たりました。

영화시사회 티켓이 당첨되었습니다.

者

놈 자　小3　음독 シャ　훈독 もの　　

①사람

| 学者 | がくしゃ | 학자 | 記者 | きしゃ | 기자 | 読者 | どくしゃ | 독자 |
| 著者 | ちょしゃ | 저자 | 第三者 | だいさんしゃ | 제3자 | 前者 | ぜんしゃ | 전자 |

地下街(ちかがい)は若者(わかもの)ばかり集(あつ)まっています。

지하상가는 젊은이들만 모여있습니다.

読者(どくしゃ)の皆(みな)さんはいかがお考(かんが)えですか。

독자 여러분은 어떻게 생각하십니까?

借

빌릴 차　小4　음독 シャク　훈독 かりる　

①빌리다

| 借金 | しゃっきん | 빚 | 借家 | しゃくや | 셋집 | 借用 | しゃくよう | 차용 |
| 借りる | かりる | 빌리다 | | | | | | |

一万円(いちまんえん)借(か)りたいんですが。

만엥 빌리고 싶은데요.

借金(しゃっきん)が一千万円(いっせんまんえん)を超(こ)える。

빚이 천만엔을 넘는다.

弱

약할 약　小2　음독 ジャク　훈독 よわい　

①약하다 ②어리다

| 弱者 | じゃくしゃ | 약자 | 弱点 | じゃくてん | 약점 | 軟弱 | なんじゃく | 연약 |
| 弱年 | じゃくねん | 젊음 | 弱国 | じゃっこく | 약국 | 弱い | よわい | 약하다 |

まだ体(からだ)が弱(よわ)っていますから、気(き)を付(つ)けてください。

아직 몸이 약하기 때문에, 신경을 써 주세요.

時間(じかん)が経(た)つにつれ、体(からだ)の調子(ちょうし)がだんだん悪(わる)くなります。

시간이 지남에 따라, 몸 상태가 점점 나빠집니다.

主	주인 주	小3	음독 シュ・ス	훈독 ぬし・おも	

①주인 ②중심이 되는 사람 ③중요한

主人	しゅじん	남편	家主	やぬし	집주인	主婦	しゅふ	주부
主役	しゅやく	주역	主事	しゅじ	주사	主だ	おもだ	주요하다

主(おも)な用事(ようじ)は終(お)わりました。

중요한 일은 끝났습니다.

毎月(まいつき)主婦(しゅふ)の友(とも)を読(よ)んでいます。

매월 '주부의 친구'를 읽고 있습니다.

首	머리 수	小2	음독 シュ	훈독 くび	

①머리/목 ②우두머리 ③처음 ④중심

首	くび	목	首相	しゅしょう	수상	首脳会	しゅのうかいだん	수뇌회담
首席	しゅせき	수석	首都	しゅと	수도	首輪	くびわ	목걸이

韓国(かんこく)の首都(しゅと)はソウルです。

한국의 수도는 서울입니다.

会社(かいしゃ)を首(くび)になって胸(むね)がつぶれる思(おも)いでした。

회사를 잘려서 가슴이 메어졌습니다.

秋	가을 추	小2	음독 シュウ	훈독 あき	

①가을

秋	あき	가을	秋風	あきかぜ	가을바람	秋分	しゅうぶん	추분
初秋	しょしゅう	초가을	晩秋	ばんしゅう	늦은 가을			

私(わたし)が一番(いちばん)好(す)きな季節(きせつ)は秋(あき)です。

내가 제일 좋아하는 계절은 가을입니다.

春分(しゅんぶん)と秋分(しゅうぶん)の一週間(いっしゅうかん)を彼岸(ひがん)と言(い)う。

춘분과 추분의 일주일을 '히간'이라고 한다.

終	마칠 종	小3	음독 シュウ	훈독 おわる・おえる	

①끝나다 ②죽다

終末	しゅうまつ	종말	終了	しゅうりょう	종료	終戦	しゅうせん	종전
最終	さいしゅう	최종	終電	しゅうでん	마지막 전철	終わる	おわる	끝나다

授業(じゅぎょう)が終(お)わったらお茶(ちゃ)でも飲(の)みに行(い)きましょうか。

수업이 끝나면 차라도 마시러 갈까요?

最終列車(さいしゅうれっしゃ)に乗(の)り遅(おく)れてタクシーで帰(かえ)った。

마지막 열차에 늦어서 택시로 돌아갔다.

習 익힐 습 小3 음독 シュウ 훈독 ならう

①배우다 ②관습

| 習得 | しゅうとく | 습득 | 学習 | がくしゅう | 학습 | 習字 | しゅうじ | 습자 |
| 練習 | れんしゅう | 연습 | 慣習 | かんしゅう | 관습 | 習う | ならう | 배우다 |

今年(ことし)は車(くるま)の運転(うんてん)を習(なら)うつもりです。

올해는 차운전을 배울 생각입니다.

必(かなら)ず予習(よしゅう)と復習(ふくしゅう)をやってください。

반드시 예습과 복습을 해주세요.

週 주일 주 小3 음독 シュウ 훈독

①일주일

| 週末 | しゅうまつ | 주말 | 週刊誌 | しゅうかんし | 주간지 | 今週 | こんしゅう | 이번 주 |

今週(こんしゅう)の日曜日(にちようび)に遊園地(ゆうえんち)に行(い)くつもりです。

이번 주 일요일에 유원지에 갈 생각입니다.

うちの会社(かいしゃ)は週休二日制(しゅうきゅうふつかせい)です。

우리 회사는 주 5일제입니다.

住 살 주 小3 음독 ジュウ 훈독 すむ・すまう

①살다

| 住所 | じゅうしょ | 주소 | 住宅 | じゅうたく | 주택 | 住民 | じゅうみん | 주민 |
| 移住 | いじゅう | 이주 | 安住 | あんじゅう | 안주 | 住む | すむ | 살다 |

アメリカには元々(もともと)先住民(せんじゅうみん)たちが住(す)んでいました。

미국에는 원래 선주민들이 살고 있었습니다.

住所(じゅうしょ)が変(か)わりましたので、お知(し)らせいたします。

주소가 바뀌었으므로 알려드립니다.

重 무거울 중 小3 음독 ジュウ・チョウ 훈독 え・おもい かさねる・かさなる

①무겁다 ②심하다 ③중요시하다 ④겹치다

| 体重 | たいじゅう | 체중 | 重量 | じゅうりょう | 중량 | 重病 | じゅうびょう | 중병 |
| 尊重 | そんちょう | 존중 | 重い | おもい | 무겁다 | 重なる | かさなる | 겹치다 |

だんだん母(はは)の姿(すがた)と重(かさ)なっていきます。

점점 어머니의 모습과 겹쳐져 갑니다.

生徒(せいと)は重(おも)い鞄(かばん)を背負(せお)っています。

학생은 무거운 가방을 짊어지고 있습니다.

春

봄 춘　　シュン　　훈독 はる

春春春春春春春

①봄 ②일년의 처음 ③젊고 건강한 때

| 春 | はる | 봄 | 春風 | はるかぜ | 봄바람 | 春雨 | はるさめ | 봄비 |
| 新春 | しんしゅん | 신춘 | 青春 | せいしゅん | 청춘 | 思春期 | ししゅんき | 사춘기 |

春(はる)降(ふ)る雨(あめ)を春雨(はるさめ)と言(い)います。

봄에 오는 비를 봄비라고 합니다.

だれにでも青春時代(せいしゅんじだい)があるはずです。

누구라도 청춘시절이 있을 것입니다.

所

장소 소　　ショ　　훈독 ところ

所戸戸所所所所

①장소 ②관청

| 所 | ところ | 장소 | 場所 | ばしょ | 장소 | 近所 | きんじょ | 근처 |
| 役所 | やくしょ | 관청 | 所信 | しょしん | 소신 | 所得 | しょとく | 소득 |

東京(とうきょう)に土地(とち)を所有(しょゆう)している。

동경에 토지를 소유하고 있습니다.

交通(こうつう)の便利(べんり)な所(ところ)に住(す)みたいです。

교통이 편리한 곳에 살고싶습니다.

暑

더울 서　　ショ　　훈독 あつい

暑暑暑暑暑暑暑

①덥다 ②여름의 18일간

| 暑気 | しょき | 여름 더위 | 残暑 | ざんしょ | 잔서 | 避暑 | ひしょ | 피서 |
| 暑中 | しょちゅう | 삼복 때 | 暑い | あつい | 덥다 |

日本(にほん)の夏(なつ)は蒸(む)し暑(あつ)いです。

일본의 여름은 푹푹 찝니다.

残暑(ざんしょ)お見舞(みま)い申(もう)し上(あ)げます。

문안드립니다.(여름 늦더위 인사)

乗

탈 승　　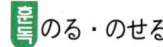ジョウ　　훈독 のる・のせる

乗乗乗乗乗乗乗

①타다 ②곱하다

| 乗車 | じょうしゃ | 승차 | 乗馬 | じょうば | 승마 | 乗客 | じょうきゃく | 승객 |
| 乗船 | じょうせん | 승선 | 乗法 | じょうほう | 곱하기 | 乗る | のる | 타다 |

観光(かんこう)バスに乗(の)って見物(けんぶつ)をしました。

관광버스를 타고 구경했습니다.

乗車券(じょうしゃけん)を拝見(はいけん)いたします。

승차권을 보겠습니다.

場

장소 장　 음독 ジョウ　훈독 ば

場 場 場 場 場 場

①장소 ②때

| 工場 | こうじょう | 공장 | 登場 | とうじょう | 등장 | 場合 | ばあい | 경우 |
| 場所 | ばしょ | 장소 | 開場 | かいじょう | 개장 | 入場 | にゅうじょう | 입장 |

駐車場(ちゅうしゃじょう)の場所(ばしょ)を決(き)めましょう。

주차장장소를 결정합시다.

あの小説(しょうせつ)の登場人物(とうじょうじんぶつ)は実在人物(じつざいじんぶつ)です。

그 소설의 등장인물은 실존인물입니다.

色

색 색　음독 ショク・シキ　훈독 いろ

色 色 色 色 色 色

①색깔 ②모양

| 色 | いろ | 색깔 | 赤色 | あかいろ | 빨강색 | 染色 | せんしょく | 염색 |
| 特色 | とくしょく | 특색 | 景色 | けしき | 경치 | 色彩 | しきさい | 색채 |

紙(かみ)をワイン色(いろ)に染色(せんしょく)してください。

종이를 와인색으로 염색해 주세요.

色(いろ)の中(なか)でどんな色(いろ)が好(す)きですか、緑色(みどりいろ)です。

색깔 중에서 어떤 색을 좋아합니까? 녹색입니다.

心

마음 심　음독 シン　훈독 こころ

心 心 心 心

①심장 ②마음, 정신 ③중심

| 心臓 | しんぞう | 심장 | 心 | こころ | 마음 | 安心 | あんしん | 안심 |
| 感心 | かんしん | 감탄 | 中心 | ちゅうしん | 중심 | 核心 | かくしん | 핵심 |

あの絵(え)を見(み)て本当(ほんとう)に感心(かんしん)しました。

저 그림을 보고 정말로 놀랐습니다.

もう治(なお)りましたから、心配(しんぱい)しないでください。

이제 나았으니까 걱정하지 말아 주세요.

真

진실 진　음독 シン　훈독 ま

真 真 真 真 真 真

①진실 ②자연그대로

| 真実 | しんじつ | 진실 | 真理 | しんり | 진리 | 写真 | しゃしん | 사진 |
| 真心 | まごころ | 진심 | 純真 | じゅんしん | 순진 | | | |

恋人(こいびと)たちは真夜中(まよなか)砂浜(すなはま)を歩(ある)いた。

연인들은 한밤중에 모래사장은 거닐었다.

写真(しゃしん)を一枚(いちまい)とっていただけませんか。

사진은 한 장 찍어 주실 수 있습니까?

進	나아갈 진 小3 음독 シン	훈독 すすむ・すすめる	

①나아가다 ②오르다

進行	しんこう	진행	進出	しんしゅつ	진출	推進	すいしん	추진
進歩	しんぽ	진보	昇進	しょうしん	승진	進む	すすむ	나아가다

前(まえ)に進(すす)むしかないです。

앞으로 나아갈 수 밖에 없습니다.

少(すこ)しの進歩(しんぽ)もありません。

조금의 진보도 없습니다.

森	삼림 삼 小1 음독 シン	훈독 もり	

①숲

森	もり	숲	森林	しんりん	삼림	青森県	あおもりけん	아오모리현

森(もり)の奥(おく)にリスが住(す)んでいます。

숲속에 다람쥐가 살고 있습니다.

森林破壊(しんりんはかい)は深刻(しんこく)な問題(もんだい)だ。

삼림파괴는 심각한 문제이다.

親	친할 친 小2 음독 シン	훈독 おや・したしい	

①부모 ②친척 ③친하다

親	おや	부모	両親	りょうしん	양친	親戚	しんせき	친척
親類	しんるい	친척	親切	しんせつ	친절	親しい	したしい	친하다

優(やさ)しいし、親切(しんせつ)だし、彼(かれ)を結婚相手(けっこんあいて)に選(えら)ぶことにした。

상냥하고 친절하고 해서, 그를 결혼상대로 고르기로 했다.

一番(いちばん)親(した)しい親類(しんるい)がやってきました。

가장 친한 친척이 찾아 왔습니다.

図	그림 도 小2 음독 ズ・ト	훈독 はかる	

①그림 ②계획하다

地図	ちず	지도	図式	ずしき	도식	図形	ずけい	도형
図案	ずあん	도안	意図	いと	의도	企図	きと	기도

両国(りょうこく)の争(あらそ)いの解決(かいけつ)を図(はか)らなければならない。

양국의 싸움 해결을 노력해야만 한다.

教室(きょうしつ)の後(うし)ろに地図(ちず)が貼(は)ってあります。

교실 뒤에 지도가 붙여져 있습니다.

世

세상 세　小3　음독 セイ・セ　훈독 よ

世世世世世

①시대　②세대　③세상

| 世紀 | せいき | 세기 | 近世 | きんせい | 근세 | 後世 | こうせい | 후세 |
| 世代 | せだい | 세대 | 世間 | せけん | 세상 | 世界 | せかい | 세계 |

世(よ)の中(なか)の人(ひと)に白(しろ)い目(め)で見(み)られた。

세상사람들이 안 좋은 눈으로 보았다.

世界中(せかいじゅう)の人(ひと)と友達(ともだち)になれたらいいのに。

온 세계의 사람들과 친구가 될 수 있으면 좋을텐데.

正

바를 정　小1　음독 セイ・ショウ　훈독 ただしい

正正正正正

①바르다　②꼭 맞다

| 正確 | せいかく | 정확 | 正解 | せいかい | 정답 | 正義 | せいぎ | 정의 |
| 正午 | しょうご | 정오 | 正反対 | せいはんたい | 정반대 | 正しい | ただしい | 올바르다 |

正(まさ)にその通(とお)りです。

실로 그렇습니다.

正(ただ)しい答(こた)えを選(えら)んで書(か)いてください。

올바른 답을 골라 써 주세요.

声

소리 성　小2　음독 セイ　훈독 こえ

声声声声声声声

①목소리　②평판/소문

| 声 | こえ | 목소리 | 音声 | おんせい | 음성 | 声楽 | せいがく | 성악 |
| 声援 | せいえん | 성원 | 発声 | はっせい | 발성 | 名声 | めいせい | 명성 |

音声学(おんせいがく)を研究(けんきゅう)しています。

음성학을 연구하고 있습니다.

もっと大(おお)きな声(こえ)で話(はな)してくれない。

좀더 큰 목소리로 얘기해주세요.

青

푸를 청　小1　음독 セイ・ショウ　훈독 あお・あおい

青青青青青青

①파랗다　②젊다

| 青空 | あおぞら | 파란 하늘 | 青色 | あおいろ | 파란색 | 青銅 | せいどう | 청동 |
| 青年 | せいねん | 청년 | 青春 | せいしゅん | 청춘 | 青い | あおい | 파랗다 |

青(あお)い海(うみ)が見(み)たいです。

파란 바다가 보고싶습니다.

秋(あき)になって青空(あおぞら)が広(ひろ)がっています。

가을이 되어 파란하늘이 펼쳐 있습니다.

저녁 석 小1 음독 セキ 훈독 ゆう タ タ タ

①저녁/해질녘

夕御飯	ゆうごはん	저녁식사	夕暮れ	ゆうぐれ	저녁	夕焼け	ゆうやけ	저녁노을

夕御飯(ゆうごはん)は何(なに)にしましょうか。

저녁식사는 무엇을 하시겠습니까?

夕暮(ゆうぐ)れ時(どき)に海辺(うみべ)に立(た)っていると、夕日(ゆうひ)が見(み)られます。

해질 무렵 해변에 서면, 노을을 볼 수 있습니다.

 붉을 적 小1 음독 セキ・シャク 훈독 あか・あかい 赤 赤 赤 赤 赤 赤 赤

①붉다 ②적나라 ③공산주의 상징

赤色	あかいろ	빨간색	赤飯	せきはん	팥밥	赤信号	あかしんごう	빨간 신호
赤裸々	せきらら	적나라	赤化	せっか	적화	赤い	あかい	빨갛다

恥(はず)かしくて顔(かお)が真(ま)っ赤(か)になりました。

창피해서 얼굴이 새빨갛게 되었습니다.

赤(あか)の他人(たにん)だ。

생판 모르는 타인이다.

 끊을 절 小2 음독 セツ・サイ 훈독 きる・きれる 切 切 切 切

①자르다 ②진심으로 ③모든

切断	せつだん	단절	切開	せっかい	절개	切実	せつじつ	절실
親切	しんせつ	친절	切る	きる	자르다	一切	いっさい	일체

明日(あした)手術(しゅじゅつ)ですから、一切(いっさい)食(た)べないでください。

내일 수술이니까, 일체 먹지 말아 주세요.

これらは切(き)っても切(き)れない関係(かんけい)である。

이것들은 끊을래야 끊을 수 없는 관계입니다.

説 말씀 설 小4 음독 セツ・ゼイ 훈독 とく 説 説 説 説 説 説

①설명하다 ②이야기 ③의견

説明	せつめい	설명	演説	えんぜつ	연설	解説	かいせつ	해설
小説	しょうせつ	소설	伝説	でんせつ	전설	説く	とく	말하다

母(はは)に説得(せっとく)されて医学部(いがくぶ)に進学(しんがく)しました。

어머니에게 설득을 받아 의과대학에 진학했습니다.

もう少(すこ)し説明(せつめい)を付(つ)け加(くわ)えます。

좀더 설명을 덧붙이겠습니다.

洗

씻을 세　小6　음독 セン　훈독 あらう　洗洗洗洗洗洗洗

①씻다 ②빨다

洗濯	せんたく	세탁	洗濯物	せんたくもの	빨래	洗う	あらう	씻다
洗練	せんれん	세련	洗顔	せんがん	세안	洗剤	せんざい	세제

家(いえ)に帰(かえ)ったら手(て)を洗(あら)ってください。

집으로 돌아가면 손을 씻어 주세요.

洗面器(せんめんき)が壊(こわ)れています。

세면기가 고장났습니다.

早

이를 조　小1　음독 ソウ・サッ　훈독 はやい・はやまる　早早早早早早

①이르다 ②빠르다

早退	そうたい	조퇴	早朝	そうちょう	이른 아침	早春	そうしゅん	이른 봄
早口	はやくち	말이 빠름	早速	さっそく	즉시	早い	はやい	이르다

なるべく早(はや)めに召(め)し上(あ)がってください。

가능한 한 빨리 드셔 주세요.

早(はや)く来(き)てください。

빨리 와 주세요.

走

달릴 주　小2　음독 ソウ　훈독 はしる　走走走走走走走

①달리다 ②도망가다

競走	きょうそう	경쟁	滑走路	かっそうろ	활주로	走る	はしる	달리다
逃走	とうそう	도주	脱走	だっそう	탈주			

グランドで走(はし)り回(まわ)っている子供(こども)たち。

운동장에서 달리고 있는 아이들.

向(むこ)うの木(き)まで競走(きょうそう)しようぜ。

저쪽 나무까지 경주하자.

送

보낼 송　小3　음독 ソウ　훈독 おくる　送送送送送送送

①보내다

送別	そうべつ	송별	送迎	そうげい	보내고 맞이함	送金	そうきん	송금
運送	うんそう	운송	輸送	ゆそう	수송	送る	おくる	보내다

母(はは)の日(ひ)にスカーフを送(おく)りました。

어머니날에 스카프를 보냈습니다.

送別会(そうべつかい)は午後(ごご)六時(ろくじ)に行(おこな)われます。

송별회는 오후 6시에 행해집니다.

族

가족 족　小3　**음독** ゾク　**훈독**

①가족

| 家族 | かぞく | 가족 | 民族 | みんぞく | 민족 | 氏族 | しぞく | 씨족 |
| 部族 | ぶぞく | 부족 | 親族 | しんぞく | 친족 | 皇族 | こうぞく | 황족 |

民族衣装(みんぞくいしょう)に着替(きが)えてパーティーへ行(い)きました。

민족의상으로 갈아입고 파티에 갔습니다.

彼(かれ)は部族(ぶぞく)の長(ちょう)である。

그는 부족의 우두머리입니다.

村

마을 촌　小1　**음독** ソン　**훈독** むら

①마을 ②시골

| 村 | むら | 마을 | 農村 | のうそん | 농촌 | 漁村 | ぎょそん | 어촌 |
| 村里 | むらざと | 시골마을 | 山村 | さんそん | 산촌 | | | |

村人(むらびと)が集(あつ)まって村長(そんちょう)を決(き)めました。

마을사람들이 모여 촌장을 정했습니다.

両親(りょうしん)は漁村(ぎょそん)に住(す)んでいます。

부모님은 어촌에서 살고 있습니다.

太

클 태　小2　**음독** タイ・タ　**훈독** ふとい・ふとる

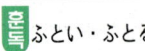

①크다 ②두껍다 ③굉장히

| 太陽 | たいよう | 태양 | 太鼓 | たいこ | 큰북 | 肉太 | にくぶと | 글씨 획이 굵음 |
| 太古 | たいこ | 태고 | 太平洋 | たいへいよう | 태평양 | 太い | ふとい | 굵다 |

太平洋(たいへいよう)戦争(せんそう)が起(おこ)りました。

태평양전쟁이 일어났습니다.

近(ちか)ごろずいぶん太(ふと)ったので、ダイエットすることにした。

요새 너무 살쪄서 다이어트를 하기로 했다.

体

몸 체　小2　**음독** タイ・テイ　**훈독** からだ

①몸 ②모습 ③몸에 익히다 ④전체

| 体 | からだ | 몸 | 体育 | たいいく | 체육 | 体型 | たいけい | 체형 |
| 体験 | たいけん | 체험 | 天体 | てんたい | 천체 | 物体 | ぶったい | 물체 |

他(ほか)の人(ひと)にはできない体験(たいけん)をしました。

다른 사람에게는 할 수 없는 체험을 했습니다.

易(やさ)しい体操(たいそう)をして体(からだ)を柔(やわ)らかくしましょう。

쉬운 체조를 익혀서 몸을 부드럽게 합시다.

待

기다릴 대 小3 음독 タイ 훈독 まつ

待待待待待待

①기다리다 ②대접하다

期待 きたい 기대	待機 たいき 대기	接待 せったい 접대
招待 しょうたい 초대	待遇 たいぐう 대접	待つ まつ 기다리다

お待(ま)ち遠(どお)さまでした。
오래 기다리셨습니다.

そしたら二時(にじ)にロビーで待(ま)っています。
그러면 2시에 로비에서 기다리고 있겠습니다.

貸

임대 대 小5 음독 タイ 훈독 かす

貸貸代代貸貸貸

①빌려주다

貸与 たいよ 대여	貸借 たいしゃく 대차	貸本 かしほん 빌린 책
賃貸 ちんたい 임대	貸し出し かしだし 대출	貸し主 かしぬし 대주

一万円(いちまんえん)貸(か)していただきたいですが。
만엥 빌리고 싶습니다만.

貸(か)し借(か)りを清算(せいさん)する。
대차를 청산하다.

代

대신 대 小3 음독 ダイ・タイ 훈독 かわる・かえる

代代代代代

①대신하다 ②가격 ③연령

代表 だいひょう 대표	代理 だいり 대리	代金 だいきん 대금
世代 せだい 세대	先代 せんだい 선대	代る かわる 대신하다

一日(いちにち)三回(さんかい)交代(こうたい)します。
하루에 3번 교대합니다.

これは家(いえ)に代々(だいだい)伝(つた)わる家宝(かほう)です。
이것은 집에 대대로 전해지는 가보입니다.

台

토대 대 小2 음독 ダイ・タイ 훈독

台台台台台

①높고 평평한 곳 ②높고 사방이 잘 보이는 건물 ③물건을 얹는 곳

台地 だいち 대지	灯台 とうだい 등대	舞台 ぶたい 무대
寝台 しんだい 침대	土台 どだい 토대	台本 だいほん 대본

このごろは寝台(しんだい)と言(い)わずにベッドと呼(よ)びます。
요즘은 'しんだい'라고 하지 않고, '베드'라고 부릅니다.

台風(たいふう)が迫(せま)ってきて、屋台(やね)が台風(たいふう)に巻(ま)き込(こ)まれた。
태풍이 밀려와서, 지붕이 태풍에 휩쓸려갔다.

85

題

제목 제 小3 ダイ 훈독

題題題題題題題

①표제 ②이야기의 중심이 되는 것 ③문제

| 題名 | だいめい | 제목 | 表題 | ひょうだい | 표제 | 題目 | だいもく | 제목 |
| 主題 | しゅだい | 주제 | 話題 | わだい | 화제 | 宿題 | しゅくだい | 숙제 |

今度(こんど)のテストに出題(しゅつだい)するから、覚(おぼ)えておいてください。

이번 테스트에 출제할거니까 외워두세요.

宿題(しゅくだい)が終(お)わってから遊(あそ)びます。

숙제가 끝나고 나서 놉니다.

短

짧을 단 小3 음독タン 훈독みじかい

①부족하다 ②짧다

| 短所 | たんしょ | 단점 | 短気 | たんき | 급한 성격 | 長短 | ちょうたん | 장단 |
| 短縮 | たんしゅく | 단축 | 短期大学 | たんきだいがく | 전문대학 | 短い | みじかい | 짧다 |

私(わたし)は足(あし)が短(みじか)いです。

나는 다리가 짧습니다.

彼(かれ)はとても短気(たんき)な人(ひと)だ。

그는 매우 성격이 급한 사람입니다.

地

땅 지 小2 음독チ・ジ 훈독

①땅 ②장소 ③입장 ④출신 ⑤면

| 地上 | ちじょう | 지상 | 地方 | ちほう | 지방 | 地位 | ちい | 지위 |
| 生地 | きじ | 원단 | 無地 | むじ | 무지 | 布地 | ぬのじ | 면 |

雨(あめ)のせいで地面(じめん)がぬめぬめする。

비 때문에 지면이 미끌거립니다.

地下街(ちかがい)の売(う)り場(ば)がもっとにぎやかです。

지하상가의 매장이 훨씬 더 북적거립니다.

池

연못 지 小2 음독チ 훈독いけ

①연못 ②모아둔 곳

| 池 | いけ | 연못 | 古池 | ふるいけ | 오래된 연못 | 電池 | でんち | 전지 |
| 貯水池 | ちょうすいち | 저수지 | 乾電池 | かんでんち | 건전지 | | | |

池(いけ)の中(なか)に蛙(かえる)がいます。

연못 안에 개구리가 있습니다.

昔(むかし)はこの池(いけ)の水(みず)が飲(の)めました。

옛날에는 이 연못의 물을 마실 수 있었습니다.

知	알 지	小2	음독 チ	훈독 しる

①알다 ②알림

知恵	ちえ	지혜	知識	ちしき	지식	知能	ちのう	지능
知性	ちせい	지성	通知	つうち	통지	告知	こくち	고지

合格(ごうかく)の通知(つうち)がありました。

합격의 통지가 있었습니다.

私(わたし)の知(し)り合(あ)いですので、気(き)になさらないでください。

제가 아는 사람이니까 신경 쓰지 말아주세요.

茶	차 차	小2	음독 チャ・サ	훈독

①차나무 ②차 ③갈색

茶畑	ちゃばたけ	차밭	茶園	ちゃえん	다원	喫茶店	きっさてん	찻집
緑茶	りょくちゃ	녹차	茶道	さどう	다도	茶色	ちゃいろ	갈색

茶道(さどう)を習(なら)いたいです。

차도를 배우고싶습니다.

あのう、お茶(ちゃ)でも飲(の)みに行(い)きませんか。

저, 차라도 마시지 않겠습니까?

着	도착할 착	小3	음독 チャク・ジャク	훈독 きる・つく

①입다 ②도착하다 ③착수하다 ④생각나다

下着	したぎ	속옷	着用	ちゃくよう	착용	着席	ちゃくせき	착석
着陸	ちゃくりく	착륙	着く	つく	도착하다	着る	きる	입다

値段(ねだん)の高(たか)い水着(みずぎ)を買(か)ってしまいました。

가격이 비싼 수영복을 사버렸습니다.

日本(にほん)に着(つ)いたら電話(でんわ)します。

일본에 도착하면 전화하겠습니다.

注	부을 주	小3	음독 チュウ	훈독 そそぐ

①붓다 ②주목하다 ③알기 쉽게 설명하다 ④주문하다

注射	ちゅうしゃ	주사	注入	ちゅうにゅう	주입	注意	ちゅうい	주의
注目	ちゅうもく	주목	注釈	ちゅうしゃく	주석	注ぐ	そそぐ	붓다

お酒(さけ)をグラスに注(そそ)ぎました。

술을 유리컵에 부었습니다.

あっ、危(あぶ)ない。注意(ちゅうい)して。

앗, 위험해. 주의해요.

昼

낮 주 · 小2 · 음독 チュウ · 훈독 ひる

①낮/점심

| 昼 | ひる | 낮 | 昼間 | ひるま | 낮 | 昼寝 | ひるね | 낮잠 |
| 昼食 | ちゅうしょく | 점심식사 | 昼夜 | ちゅうや | 주야 | 昼休み | ひるやすみ | 점심시간 |

まだ昼食(ちゅうしょく)はしていません。

아직 점심을 안 먹었습니다.

疲(つか)れたので昼寝(ひるね)をしました。

지쳐서 낮잠을 잤습니다.

町

마을 정 · 小1 · 음독 チョウ · 훈독 まち

①번화한 곳(사람/가게) ②시/군/구 단위

| 町 | まち | 마을 | 町角 | まちかど | 길모퉁이 | 町人 | ちょうにん | 마을사람 |
| 町民 | ちょうみん | 마을사람 | 町長 | ちょうちょう | 마을이장 | | | |

友達(ともだち)と町(まち)へ出(で)かけました。

친구와 마을로 외출했습니다.

日本(にほん)の行政区域(ぎょうせいくいき)は都道府県町(とどうふけんちょう)です。

일본의 행정구역은 도, 도, 부, 현, 정입니다.

鳥

새 조 · 小2 · 음독 チョウ · 훈독 とり

①새

| 鳥 | とり | 새 | 小鳥 | ことり | 작은 새 | 渡り鳥 | わたりどり | 철새 |
| 野鳥 | やちょう | 야생 조류 | 鳥類 | ちょうるい | 조류 | | | |

それは一石二鳥(いっせきにちょう)だ。

그것은 일석이조다.

毎朝(まいあさ)小鳥(ことり)の鳴(な)き声(ごえ)が聞(き)こえます。

아침마다 작은 새의 지저귀는 소리가 들립니다.

朝

아침 조 · 小2 · 음독 チョウ · 훈독 あさ

①아침 ②정치하는 곳

| 朝日 | あさひ | 아침해 | 朝刊 | ちょうかん | 조간 | 朝食 | ちょうしょく | 아침식사 |
| 早朝 | そうちょう | 이른 아침 | 王朝 | おうちょう | 왕조 | 朝廷 | ちょうてい | 조정 |

新聞(しんぶん)は朝刊(ちょうかん)をとっています。

신문은 조간을 보고 있습니다.

夜更(よふ)かしをして朝寝坊(あさねぼう)をしてしまいました。

밤샘을 해서 늦잠을 자버렸습니다.

通

통할 통　小2　음독 ツウ　훈독 とおる・かよう

7 月 月 甬 涌 涌 通

①거리 ②통하다 ③다니다

| 通り | とおり | 거리 | 通路 | つうろ | 통로 | 不通 | ふつう | 불통 |
| 通勤 | つうきん | 통근 | 通る | とおる | 통과하다 | 通う | かよう | 다니다 |

行(ゆ)き先(さき)を通(とお)りすぎてしまった。

목적지를 지나쳐버렸습니다.

弟(おとうと)は週(しゅう)に五回(ごかい)塾(じゅく)に通(かよ)っている。

남동생은 일주일에 5번 학원에 다니고 있다.

低

낮을 저　小4　음독 テイ　훈독 ひくい・ひくめる ひくまる

低 低 低 低 低 低 低

①낮다

| 低気圧 | ていきあつ | 저기압 | 低温 | ていおん | 저온 | 低音 | ていおん | 저음 |
| 低い | ひくい | 낮다 | 低める | ひくめる | 낮추다 | | | |

最低(さいてい)です。

최저(최악)입니다.

気温(きおん)が下(さ)がり、水温(すいおん)がだんだん低(ひく)くなってきました。

기온이 내려가고 수온이 점점 낮아졌습니다.

弟

아우 제　小2　음독 テイ・ダイ・デ　훈독 おとうと

弟 弟 弟 弟 弟 弟 弟

①남동생 ②제자

| 弟 | おとうと | 남동생 | 兄弟 | きょうだい | 형제 |
| 弟子 | でし | 제자 | 師弟 | してい | 사제 |

私(わたし)と弟(おとうと)は瓜二(うりふた)つです。

나와 남동생은 꼭 닮았습니다.

先生(せんせい)の弟子(でし)になって本当(ほんとう)によかったと思(おも)います。

선생님의 제자가 되길 정말로 잘했다고 생각합니다.

転

구를 전　小3　음독 テン　훈독 ころがる ころげる ころぶ

車 車 車 車 転 転 転

①변하다 ②구르다 ③돌다

| 転校 | てんこう | 전학 | 移転 | いてん | 이전 | 転勤 | てんきん | 전근 |
| 転落 | てんらく | 전락 | 逆転 | ぎゃくてん | 역전 | 転ぶ | ころぶ | 넘어지다 |

石(いし)につまずいて転(ころ)んでしまって怪我(けが)をしました。

돌에 채어 넘어져 다쳤습니다.

父(ちち)の転勤(てんきん)で横浜(よこはま)へ引(ひ)っ越(こ)した。

아버지의 전근으로 요꼬하마로 이사갔다.

田

밭 전 小1 음독 デン 훈독 た

田田田田田

① 밭 ② 채취 장소

| 田園 | でんえん | 전원 | 田植え | たうえ | 모내기 | 油田 | ゆでん | 유전 |
| 炭田 | たんでん | 탄전 | | | | | | |

田植(たう)えの時期(じき)だ。

모내기의 시기입니다.

わが国(くに)にも油田(ゆでん)が見(み)つかりました。

우리나라에도 유전이 발견되었습니다.

都

도읍 도 小3 음독 ト・ツ 훈독 みやこ

一十土耂者都都

① 도시 ② 수도 ③ 동경의 약자

| 都 | みやこ | 수도 | 都会 | とかい | 도시 | 首都 | しゅと | 수도 |
| 古都 | こと | 오래된 도시 | 都内 | とない | 동경도 내 | 都合 | つごう | 사정 |

今日(きょう)は都合(つごう)が悪(わる)いので、欠席(けっせき)します。

오늘은 사정이 나빠서 결석하겠습니다.

都知事(とちじ)が発言(はつげん)した通(とお)りです。

도지사가 발언한대로 입니다.

度

때 도 小3 음독 ド・ト 훈독 たび

度度度度度度度

① 눈금 ② 정도 ③ 회수 ④ 도량 ⑤ 모양

| 速度 | そくど | 속도 | 温度 | おんど | 온도 | 緯度 | いど | 위도 |
| 程度 | ていど | 정도 | 限度 | げんど | 한도 | 毎度 | まいど | 매번 |

態度(たいど)で示(しめ)してください。

태도로 나타내 주세요.

奥様(おくさん)は訪(たず)ねる度(たび)にいつもごちそうをしてくださる。

부인은 방문할 때마다 언제나 대접을 잘해주신다.

冬

겨울 동 小2 음독 トウ 훈독 ふゆ

冬冬冬冬冬

① 겨울

| 冬 | ふゆ | 겨울 | 冬休み | ふゆやすみ | 겨울방학 | 真冬 | まふゆ | 한겨울 |
| 冬眠 | とうみん | 동면 | 冬至 | とうじ | 동지 | 越冬 | えっとう | 월동 |

冬(ふゆ)はスキーのシーズンです。

겨울은 스키의 시즌입니다.

冬休(ふゆやす)みには運転(うんてん)を習(なら)おう思(おも)います。

겨울방학에는 운전을 배우려고 합니다.

90

答

答 대답할 답 (小2) 음독 トウ　훈독 こたえる · こたえ　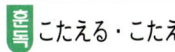

①대답하다 ②문제를 풀다

答え	こたえ	대답	問答	もんどう	문답	答礼	とうれい	답례
応答	おうとう	응답	解答	かいとう	해답	答える	こたえる	대답하다

先生(せんせい)の質問(しつもん)に答(こた)えました。

선생님의 질문에 대답했습니다.

次(つぎ)は卒業生(そつぎょうせい)の答辞(とうじ)です。

다음은 졸업생의 답사입니다.

頭

 頭 머리 두 (小2) 음독 トウ · ズ　훈독 あたま · かしら　頭 頭 頭 頭 頭 頭 頭

①머리 ②앞쪽 ③위에 선 사람 ④근처

頭	あたま	머리	頭痛	ずつう	두통	先頭	せんとう	선두
年頭	ねんとう	연두	教頭	きょうとう	교감	店頭	てんとう	점포 앞

頭(あたま)に来(き)て喧嘩(けんか)をしました。

화가 나서 싸웠습니다.

頭(あたま)が痛(いた)いので薬(くすり)を飲(の)みました。

머리가 아파서 약을 먹었습니다.

同

同 같을 동 (小2) 음독 ドウ　훈독 おなじだ　同 同 同 同 同 同

①같다 ②함께 하다

同一	どういつ	동일	同時	どうじ	동시	同点	どうてん	동점
同居	どうきょ	동거	同行	どうこう	동행	同じだ	おなじだ	같다

久(ひさ)しぶりに同窓会(どうそうかい)に行(い)きました。

오래간만에 동창회에 나갔습니다.

二人(ふたり)は同居(どうきょ)しています。

둘은 동거하고 있습니다.

動

動 움직일 동 (小3) 음독 ドウ　훈독 うごく · うごかす　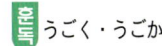

①움직이다 ②일하다 ③행동 ④놀라다

活動	かつどう	활동	自動	じどう	자동	動力	どうりょく	동력
動作	どうさ	동작	行動	こうどう	행동	動く	うごく	움직이다

写真(しゃしん)を撮(と)るから、動(うご)かないでください。

사진을 찍으니까 움직이지 말아 주세요.

行動的(こうどうてき)な性格(せいかく)だ。

행동파적인 성격이다.

働

일본한자 일하다 小4 음독 ドウ 훈독 はたらく

①일하다 ②활동하다

稼働	かどう	가동	労働	ろうどう	노동	実働	じつどう	실제로 노동함
共働き	ともばたらき	맞벌이	働き	はたらき	활동	働く	はたらく	일하다

どこで働(はたら)いていますか。
어디에서 일하고 있습니까?

労働(ろうどう)によって生活(せいかつ)している。
노동에 의해 생활하고 있다.

堂

집 당 小4 음독 ドウ 훈독

①훌륭한 건물 ②훌륭한 모습

聖堂	せいどう	성당	本堂	ほんどう	본당	殿堂	でんどう	전당
食堂	しょくどう	식당	講堂	こうどう	강당	堂々	どうどう	당당

代議員(だいぎいん)が議事堂(ぎじどう)に堂々(どうどう)と入(はい)りました。
국회의원이 의사당으로 낭낭히 들어있습니다.

学校(がっこう)の食堂(しょくどう)はいかがですか。
학교식당은 어떻습니까?

特

다를 특 小5 음독 トク 훈독

特特特特特特特

①특별하다

特別	とくべつ	특별	独特	どくとく	독특	特殊	とくしゅ	특수
特性	とくせい	특성	特色	とくしょく	특색	特徴	とくちょう	특징

特別(とくべつ)気(き)に入(い)るものはありません。
특별히 마음에 드는 것은 없습니다.

私(わたし)の特技(とくぎ)はチェロです。
나의 특기는 첼로입니다.

肉

고기 육 小3 음독 ニク 훈독

①고기 ②과육 ③혈연

肉類	にくるい	육류	牛肉	ぎゅうにく	소고기	果肉	かにく	과육
肉声	にくせい	육성	肉親	にくしん	육신	骨肉	こつにく	육친

スーパーで肉(にく)と果物(くだもの)を買(か)っておきました。
슈퍼에서 고기와 과일을 사 두었습니다.

肉類(にくるい)はあまり好(す)きではありません。
육류는 그다지 좋아하지 않습니다.

売

팔 매 小2 음독 バイ 훈독 うる・うれる

元 売 売 売 売 売 売

① 팔다 ② 파는 물건

| 売店 | ばいてん | 매점 | 商売 | しょうばい | 장사 | 発売 | はつばい | 발매 |
| 売国 | ばいこく | 매국 | 売れっ子 | うれっこ | 인기 있는 사람 | 売る | うる | 팔다 |

新製品(しんせいひん)の水着(みずぎ)を売(う)り出(だ)した。

신제품 수영복을 팔기 시작했다.

申(もう)し訳(わけ)ありませんが、その製品(せいひん)は売(う)り切(き)れました。

죄송합니다만, 그 제품은 매진되었습니다.

発

쏠 발 小3 음독 ハツ・ホツ 훈독

丿 丿 癶 癶 癶 兊 発

① 출발하다 ② 치다 ③ 발생하다 ④ 시작하다 ⑤ 명확히 하다

| 出発 | しゅっぱつ | 출발 | 発砲 | はっぽう | 발포 | 発病 | はつびょう | 발병 |
| 発売 | はつばい | 발매 | 発表 | はっぴょう | 발표 | 発達 | はったつ | 발달 |

芸能人(げいのうじん)の結婚発表(けっこんはっぴょう)がありました。

연예인의 결혼발표가 있었습니다.

さあ、出発(しゅっぱつ)しましょうか。

자 출발할까요?

飯

밥 반 小4 음독 ハン 훈독 めし

𩙿 今 今 食 飣 飯 飯

① 밥, 식사

| ご飯 | ごはん | 밥 | 飯 | めし | 밥 | 朝ご飯 | あさごはん | 아침식사 |
| 飯粒 | めしつぶ | 밥알 | 赤飯 | せきはん | 팥밥 | 釜飯 | かまめし | 가마솥밥 |

皆(みな)夕御飯(ゆうごはん)に焼(や)き飯(めし)を食(た)べました。

모두 저녁으로 볶은밥을 먹었습니다.

飯粒(めしつぶ)をつぶします。

밥알을 으깹니다.

病

병 병 小3 음독 ビョウ ヘイ 훈독 やむ・やまい

病 病 病 病 病 病 病

① 병

| 病気 | びょうき | 병 | 病 | やまい | 병 | 病院 | びょういん | 병원 |
| 病死 | びょうし | 병사 | 病因 | びょういん | 병원인 | 病人 | びょうにん | 병자 |

はしかの発病(はつびょう)。

홍역의 발병.

病気(びょうき)で欠席(けっせき)しました。

아파서 결석했습니다.

品

품질 품 小3 음독 ヒン 훈독 しな

①물건 ②품성 ③품질

商品	しょうひん	상품	品物	しなもの	물건	品性	ひんせい	품성
上品	じょうひん	고상	品種	ひんしゅ	품종	品質	ひんしつ	품질

品質(ひんしつ)はいいですが、値段(ねだん)が高(たか)すぎる。

품질은 좋습니다만, 가격이 너무 비쌉니다.

中村(なかむら)さんは上品(じょうひん)です。

나까무라씨는 고상합니다.

不

아니 부/아닐 불 小4 음독 フ・ブ 훈독

①부정하는 말

不安	ふあん	불안	不正	ふせい	부정	不幸	ふこう	불행
不愉快	ふゆかい	불유쾌	不景気	ふけいき	불경기	不信	ふしん	불신

昨日(きのう)から子供(こども)が行方不明(ゆくえふめい)になった。

어제부터 아이가 행방불명이 되었다.

彼(かれ)がいなくなって不安(ふあん)です。

그가 없어져서 불안합니다.

風

바람 풍 小2 음독 フウ 훈독 かぜ・かざ

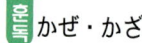

①바람 ②경치 ③관습

風力	ふうりょく	풍력	風速	ふうそく	풍속	風景	ふうけい	풍경
風俗	ふうぞく	풍속	風習	ふうしゅう	풍습	風潮	ふうちょう	풍조

周(まわ)りの風景(ふうけい)を眺(なが)めた。

주위의 경치를 바라보았다.

風(かぜ)に吹(ふ)かれて雨(あめ)に降(ふ)られて、今日(きょう)はついていません。

바람이 불고 비를 맞고, 오늘은 재수가 없습니다.

服

의복 복 小3 음독 フク 훈독

①복종하다 ②복용하다 ③옷

服従	ふくじゅう	복종	克服	こくふく	극복	服役	ふくえき	복역
衣服	いふく	의복	服装	ふくそう	복장	制服	せいふく	제복

風邪薬(かぜぐすり)を一日三回(いちにちさんかい)食後(しょくご)に服用(ふくよう)しなさい。

감기약을 하루 세 번 식후에 복용하세요.

警察官(けいさつかん)は制服(せいふく)を着(き)ている。

경찰관은 제복을 입고 있다.

物

물건 물 小3 **음독** ブツ・モツ **훈독** もの

物物物物物物物

①물건 ②모습

| 物質 | ぶっしつ | 물질 | 生物 | せいぶつ | 생물 | 動物 | どうぶつ | 동물 |
| 物 | もの | 물건 | 物価 | ぶっか | 물가 | 禁物 | きんもつ | 금물 |

このお菓子(かし)は私(わたし)の好物(こうぶつ)です。

이 과자는 내가 좋아하는 과자입니다.

物価(ぶっか)が急(きゅう)に高(たか)くなりました。

물가가 갑자기 비싸졌습니다.

文

문장 문 小1 **음독** ブン・モン **훈독** ふみ

文文文文

①모양 ②글/글자 ③문화

| 文 | ふみ | 편지 | 天文学 | てんもんがく | 천문학 | 文字 | もじ | 글자 |
| 文章 | ぶんしょう | 문장 | 文化 | ぶんか | 문화 | 文明 | ぶんめい | 문명 |

陰暦(いんれき)の七月(しちがつ)を文月(ふみづき)ともいいます。

음력 7월을 '후미즈키'라고도 합니다.

文化(ぶんか)を受(う)け継(つ)ぐのは義務(ぎむ)だと言(い)えます。

문화를 계승하는 것은 의무라고 할 수 있습니다.

別

다를 별 小4 **음독** ベツ **훈독** わかれる

別別別別別別別

①나누다 ②다른

| 判別 | はんべつ | 판별 | 差別 | さべつ | 차별 | 区別 | くべつ | 구별 |
| 別荘 | べっそう | 별장 | 別冊 | べっさつ | 별책 | 別れる | わかれる | 헤어지다 |

彼女(かのじょ)とはもう分(わ)かれようと思(おも)います。

그녀와는 이제 헤어지려고 합니다.

外国人(がいこくじん)はいまだに差別(さべつ)を受(う)けています。

외국인은 아직도 차별을 받고 있습니다.

便

편할 편 小4 **음독** ベン・ビン **훈독** たより

便便便便便便便

①편리하다 ②소식 ③변

| 便利 | べんり | 편리 | 便宜上 | べんぎじょう | 편의상 | 便せん | びんせん | 편지지 |
| 郵便 | ゆうびん | 우편 | 大便 | だいべん | 대변 | 便り | たより | 소식 |

死(し)んだお母(かあ)さんからの便(たよ)りかな。

돌아가신 어머님이 보내신 소식일까?

地下鉄(ちかてつ)は便利(べんり)だと思(おも)います。

지하철은 편리하다고 생각합니다.

勉 힘쓸 면 小3 ベン 勉勉勉勉免免勉

①힘쓰다

勉強	べんきょう	공부	勉学	べんがく	면학	勤勉	きんべん	근면

勉強家　べんきょうか　열심히 공부하는 사람

毎日(まいにち)一時間(いちじかん)ずつ勉強(べんきょう)しています。

매일 한시간씩 공부하고 있습니다.

日本人(にほんじん)は勤勉(きんべん)だと思(おも)います。

일본인은 근면한 것 같습니다.

歩 걸을 보 小2 음독ホ・ブ・フ 훈독あるく・あゆむ 丨 ⺊ ⺊ 步 步 歩 歩

①걷다 ②경위 ③비율

歩道	ほどう	보도	散歩	さんぽ	산책	徒歩	とほ	도보
進歩	しんぽ	진보	退歩	たいほ	퇴보	歩く	あるく	걷다

歩道橋(ほどうきょう)を渡(わた)ろうとしている。

육교를 선너려고 힙니다.

科学(かがく)は進歩(しんぽ)を重(かさ)ねています。

과학은 진보를 거듭하고 있습니다.

方 방향 방 小2 음독ホウ 훈독かた 方方方方

①방향 ②방법 ③사각형

方向	ほうこう	방향	北方	ほっぽう	북방	方法	ほうほう	방법
方針	ほうしん	방침	正方形	せいほうけい	정사각형	直方体	ちょくほうたい	직사각형

解決(かいけつ)の方法(ほうほう)を思(おも)いつきました。

해결의 방법이 생각났습니다.

国(くに)の方針(ほうしん)が知(し)りたいです。

나라의 방침을 알고 싶습니다.

妹 누이 매 小2 음독マイ 훈독いもうと 妹妹妹妹妹妹妹

①여동생

妹	いもうと	여동생	姉妹	しまい	자매	弟妹	ていまい	남동생과 여동생

昔(むかし)妹(いもうと)とよく喧嘩(けんか)したものだ。

옛날이 여동생과 잘 싸우곤 했다.

お姉(ねえ)さんと妹(いもうと)は姉妹(しまい)です。

언니와 여동생은 자매입니다.

味

맛 미　小3　음독 ミ　훈독 あじ・あじわう　味味味味味味

①맛 ②흥미 ③사이

| 味 | あじ | 맛 | 苦味 | にがみ | 쓴맛 | 調味料 | ちょうみりょう | 조미료 |
| 興味 | きょうみ | 흥미 | 趣味 | しゅみ | 취미 | 味わう | あじわう | 맛보다 |

美味(おい)しい地中海(ちちゅうかい)料理(りょうり)を十分(じゅうぶん)味(あじ)わおう。

맛있는 지중해요리를 충분히 맛보자.

大学時代(だいがくじだい)から写真(しゃしん)に興味(きょうみ)を感(かん)じました。

대학시절부터 사진에 흥미를 느꼈습니다.

民

백성 민　小4　음독 ミン　훈독 たみ　民民民民民

①일반 사람

| 住民 | じゅうみん | 주민 | 市民 | しみん | 시민 | 都民 | とみん | 도민 |
| 民族 | みんぞく | 민족 | 民主主義 | みんしゅしゅぎ | 민주주의 | | | |

アメリカへ移民(いみん)したいです。

미국으로 이민가고 싶습니다.

韓国(かんこく)は民主主義(みんしゅしゅぎ)の社会(しゃかい)です。

한국은 민주주의 사회입니다.

明

밝을 명　小2　음독 メイ・ミョウ　훈독 あかり・あかるい　明明明明明明明

①밝다 ②확실하다 ③현명하다 ④다음

| 明暗 | めいあん | 명암 | 照明 | しょうめい | 조명 | 明示 | めいじ | 명시 |
| 聡明 | そうめい | 총명 | 明日 | みょうにち | 내일 | 明るい | あかるい | 밝다 |

彼(かれ)が無実(むじつ)なのは明(あき)らかである。

그가 죄가 없음은 분명하다.

明暗(めいあん)がはっきりしている絵(え)です。

명암이 확연한 그림입니다.

門

문 문　小2　음독 モン　훈독 かど　門門門門門門門

①문 ②학문 ③선생님을 중심으로 한 사이 ④가문

| 正門 | せいもん | 정문 | 門番 | もんばん | 문지기 | 学問 | がくもん | 학문 |
| 専門 | せんもん | 전문 | 門人 | もんじん | 문하생 | 名門 | めいもん | 명문 |

各部門(かくぶもん)から選(えら)ばれた名人(めいじん)たちが集(あつ)まりました。

각 분야로부터 선발된 명인들이 모였습니다.

正門(せいもん)の前(まえ)で会(あ)いましょう。

정문 앞에서 만납시다.

問

물을 문 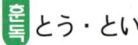 ①묻다 ②방문하다

| 問題 | もんだい | 문제 | 疑問 | ぎもん | 의문 | 質問 | しつもん | 질문 |
| 問屋 | とんや | 도매상 | 訪問 | ほうもん | 방문 | 問う | とう | 묻다 |

学問(がくもん)にいそしむ。

학문에 힘쓰다.

これ以上(いじょう)は何(なに)も問(と)わないでほしいです。

더 이상은 아무것도 묻지 않았으면 합니다.

夜

밤 야 ①밤

| 夜 | よる | 밤 | 夜中 | よなか | 한밤중 | 今夜 | こんや | 오늘밤 |

夜中(よなか)に会社(かいしゃ)から急(きゅう)に呼(よ)び出(だ)されました。

한밤중에 회사에 급히 불려갔습니다.

ここから見(み)える夜景(やけい)は素晴(すば)らしいです。

여기에서 보이는 야경은 멋집니다.

野

들 야  ①들 ②자연 그대로 ③야만 ④정치

| 野原 | のはら | 들판 | 広野 | こうや | 광야 | 野生 | やせい | 야생 |
| 野蛮 | やばん | 야만 | 野心 | やしん | 야심 | 野党 | やとう | 야당 |

野生(やせい)のたぬきがうちに現(あらわ)れました。

야생 너구리가 집에 나타났습니다.

一緒(いっしょ)に野球(やきゅう)の試合(しあい)を見(み)に行(い)きましょう。

함께 야구시합을 보러 갑시다.

薬

약 약 ①약 ②화약

| 薬 | くすり | 약 | 薬品 | やくひん | 약품 | 薬局 | やっきょく | 약국 |
| 薬屋 | くすりや | 약국 | 毒薬 | どくやく | 독약 | 火薬 | かやく | 화약 |

水薬(みずぐすり)と粉薬(こなぐすり)の両方(りょうほう)を用意(ようい)してきました。

물약과 가루약을 두 개 준비해 왔습니다.

薬(くすり)を飲(の)んだほうがいいですよ。

약을 먹는 편이 좋습니다.

有

있을 유 小3 음독 ユウ・ウ 훈독 ある

①있다 ②가지다

有 有 有 有 有 有

| 有効 | ゆうこう | 유효 | 有料 | ゆうりょう | 유료 | 有能 | ゆうのう | 유능 |
| 共有 | きょうゆう | 공유 | 所有 | しょゆう | 소유 | 有無 | うむ | 유무 |

富士山(ふじさん)や名古屋(なごや)は固有名詞(こゆうめいし)です。

후지산이나 나고야는 고유명사입니다.

見物(けんぶつ)は有料(ゆうりょう)ですか。

구경은 유료입니까?

用

쓸 용 小2 음독 ヨウ 훈독 もちいる

①사용하다 ②도움이 되다 ③일

用 用 用 用 用

| 応用 | おうよう | 응용 | 活用 | かつよう | 활용 | 有用 | ゆうよう | 유용 |
| 作用 | さよう | 작용 | 用件 | ようけん | 용건 | 用いる | もちいる | 사용하다 |

動詞(どうし)を用(もち)いてください。

동사를 사용해 주세요.

作文(さくぶん)を原稿用紙(げんこうようし)に書(か)いてください。

작문을 원고지에 써 주세요.

洋

바다 양 小3 음독 ヨウ 훈독

①대양 ②넓은 모양 ③세계를 둘로 나눔

洋 洋 洋 洋 洋 洋 洋

| 大洋 | たいよう | 대양 | 太平洋 | たいへいよう | 태평양 | 東洋 | とうよう | 동양 |
| 洋洋 | ようよう | 양양 | 洋食 | ようしょく | 양식 | 洋酒 | ようしゅ | 양주 |

和食(わしょく)と洋食(ようしょく)とどちらが好(す)きですか。

일식과 양식 중에 어느 쪽을 좋아합니까?

東洋(とうよう)の文化(ぶんか)が知(し)りたいです。

동양문화를 알고싶습니다.

曜

요일 요 小2 음독 ヨウ 훈독

①요일

日 日 日 日 日 曜 曜

| 月曜日 | げつようび | 월요일 | 何曜日 | なにようび | 몇 요일 | 日曜 | にちよう | 일요일 |

毎週(まいしゅう)水曜日(すいようび)は教会(きょうかい)に行(い)っています。

메주 수요일에 교회에 다닙니다.

それでは、来週(らいしゅう)の土曜日(どようび)に会(あ)いましょうね。

그러면 다음주 토요일에 만납시다.

理

이치 리 　小2 　음독 リ 　훈독

① 이치 ② 정돈 ③ 표면

| 道理 | どうり | 도리 | 理論 | りろん | 이론 | 真理 | しんり | 진리 |
| 修理 | しゅうり | 수리 | 理事長 | りじちょう | 이사장 | 大理石 | だいりせき | 대리석 |

理由(りゆう)をちゃんと話(はな)してみてください。

이유를 제대로 이야기해봐 주세요.

垣(かき)の修理(しゅうり)を頼(たの)みます。

담의 수리를 부탁합니다.

旅

여행 여 　小3 　음독 リョ 　훈독 たび

① 여행하다

| 旅行 | りょこう | 여행 | 旅 | たび | 여행 | 旅館 | りょかん | 여관 |
| 旅人 | たびびと | 여행객 | 旅程 | りょてい | 여정 | 旅客船 | りょかくせん | 여객선 |

もう今度(こんど)の旅先(たびさき)は決(き)めましたか。

이미 다음 어행지를 정했습니까?

旅行(りょこう)の計画(けいかく)をたてている。

여행계획을 세우고 있다.

料

재료 료 　小4 　음독 リョウ 　훈독

① 재료 ② 요금

| 材料 | ざいりょう | 재료 | 食料 | しょくりょう | 식재료 | 調味料 | ちょうみりょう | 조미료 |
| 原料 | げんりょう | 원료 | 料金 | りょうきん | 요금 | 有料 | ゆうりょう | 유료 |

草花(くさばな)に肥料(ひりょう)をやりました。

화초에 비료를 주었습니다.

塩(しお)は調味料(ちょうみりょう)です。

소금은 조미료입니다.

力

힘 력 　小1 　음독 リョク・リキ 　훈독 ちから

① 움직이는 것 ② 힘껏 하는 것

| 力 | ちから | 힘 | 能力 | のうりょく | 능력 | 人力 | いんりょく | 인력 |
| 努力 | どりょく | 노력 | 力作 | りきさく | 역작 | | | |

私(わたし)の力(ちから)になってください。

내 힘이 되어주세요.

能力(のうりょく)を見(み)せてください。

능력을 보여주세요.

수풀 림  음독 リン　　훈독 はやし　　　　林 林 林 林 林 林 林

①수풀 ②물건의 모임

| 林 | はやし | 수풀 | 山林 | さんりん | 산림 | 原始林 | げんしりん | 원시림 |

森林(しんりん)がうっそうとしている。

삼림이 울창합니다.

昔(むかし)から家(いえ)の後(うしろ)に竹林(たけばやし)がありました。

옛날부터 집 뒤에 대나무숲이 있었습니다.

101

급수별
일본어
한자
제대로 끝내기

2급

 사랑 애  小4 음독 アイ

훈독

①귀여워하다, 진심으로 생각하다

| 愛情 | あいじょう | 애정 | 親愛 | しんあい | 친애 | 愛国心 | あいこくしん | 애국심 |

あなたのこと愛(あい)しています。
君(きみ)のだらしなさには愛想(あいそう)がついたよ。

 누를 압 小5 음독 アツ

훈독

①누르다

| 気圧 | きあつ | 기압 | 血圧 | けつあつ | 혈압 | 電圧 | でんあつ | 전압 |
| 鎮圧 | ちんあつ | 진압 | 圧迫 | あっぱく | 압박 | 圧力 | あつりょく | 압력 |

気圧(きあつ)の変化(へんか)で耳(みみ)がキーとする。
低血圧(ていけつあつ)で朝(あさ)起(お)きるのがつらい。

 생각 안 小4 음독 アン

훈독

①생각

| 案外 | あんがい | 의외 | 名案 | めいあん | 명안 | 議案 | ぎあん | 의안 |

ソウルを案内(あんない)してください。
案外(あんがい)、君(きみ)もきつい性格(せいかく)だなあ。

 옷 의 小4 음독 イ

 훈독 ころも

①옷

| 衣 | ころも | 옷 | 衣装 | いしょう | 의상 | 衣類 | いるい | 의류 |

人間(にんげん)と衣食住(いしょくじゅう)との関係(かんけい)についてどう思(おも)いますか。
てんぷらの衣(ころも)を作(つく)りました。

位

지위 위  イ

くらい

①장소 ②신분 ③수

位置	いち	위치	方位	ほうい	방위	地位	ちい	지위
王位	おうい	왕위	位取り	くらいどり	자릿수 정함	単位	たんい	단위

彼(かれ)の成績(せいせき)は年中(ねんじゅう)上位(じょうい)を占(し)めています。

二人(ふたり)の王子(おうじ)は王位(おうい)を争(あらそ)った。

囲

주위 위  イ

かこむ・かこう

①둘러싸다 / 둘레

周囲	しゅうい	주의	範囲	はんい	범위	包囲	ほうい	포위
囲む	かこむ	둘러싸다	囲う	かこう	둘러싸다			

いつもファンに囲(かこ)まれている有名人(ゆうめいじん)。

周囲(しゅうい)は真(ま)っ暗(くら)です。

依

의지할 의  イ・エ

①의지하다 ②의존하다

依頼	いらい	의뢰	依存	いぞん	의존	依託	いたく	의탁
帰依	きえ	귀의	依然	いぜん	여전			

依頼(いらい)しました。

結局(けっきょく)キリスト教(きょう)に帰依(きえ)しました。

委

맡길 위  イ

①맡기다 ②줄어들다

委任	いにん	위임	委員	いいん	위원	委嘱	いしょく	위촉
委託	いたく	위탁	委細	いさい	자세한 내용	委縮	いしゅく	위축

急(きゅう)に委員会(いいんかい)が開(ひら)かれて皆(みんな)が集(あつ)まった。

他社(たしゃ)に生産(せいさん)を委託(いたく)する。

胃

위 위　　　　 イ

①위장

胃腸	いちょう	위장	胃炎	いえん	위염	胃酸	いさん	위산

悪(わる)い食習慣(しょくしゅうかん)は胃癌(いがん)を引(ひ)き起(お)こします。
最近(さいきん)飲(の)みすぎて胃(い)の調子(ちょうし)が悪(わる)い。

移

이동 이　　　 イ

うつる・うつす

①옮기다

移動	いどう	이동	移転	いてん	이전	移住	いじゅう	이주
移植	いしょく	이식	転移	てんい	전이	移籍	いせき	이적

風邪(かぜ)を妹(いもうと)に移(うつ)しました。
会社(かいしゃ)の工場(こうじょう)が郊外(こうがい)に移転(いてん)した。

偉

위대할 위　　　 イ

えらい

①위대하다 ②신분이 높다 ③엄청나다

偉大	いだい	위대	偉人	いじん	위인	偉業	いぎょう	위업
偉功	いこう	위대한 공로	偉い	えらい	훌륭하다			

本当(ほんとう)に偉(えら)いですね。
子供(こども)の頃(ころ)偉人伝(いじんでん)を読(よ)んだものだ。

違

다를 위　　　 イ

ちがう・ちがえる

①다르다 ②잘못되다 ③어긋나다

違反	いはん	위반	違法	いほう	위법	違約	いやく	위약
違憲	いけん	위헌	違う	ちがう	다르다			

法規(ほうき)に違反(いはん)しました。
彼(かれ)とは性格(せいかく)が違(ちが)います。

異　다를 이　 음독 イ

훈독 ことなる

①다르다

| 異議 | いぎ | 이의 | 異質 | いしつ | 이질 | 異質感 | いしつかん | 이질감 |
| 異文化 | いぶんか | 이문화 | 小異 | しょうい | 소이 | 異なる | ことなる | 다르다 |

私(わたし)の聞(き)いた話(はなし)とは異(こと)なっています。

異文化(いぶんか)も受(う)け入(い)れましょう。

 域　지역 역　 음독 イキ

 훈독

①경계 ②구역

| 地域 | ちいき | 지역 | 区域 | くいき | 구역 | 領域 | りょういき | 영역 |
| 流域 | りゅういき | 유역 | 域内 | いきない | 역내 | | | |

自分(じぶん)の領域(りょういき)をはっきりする。

地域(ちいき)の情報(じょうほう)をお知(し)らせください。

 育　자랄 육　 음독 イク

 훈독 そだつ・そだてる

①기르다 ②자라다

| 教育 | きょういく | 교육 | 育成 | いくせい | 육성 | 体育 | たいいく | 체육 |
| 飼育 | しいく | 사육 | 生育 | せいいく | 생육 | 育つ | そだつ | 자라다 |

育児(いくじ)のために会社(かいしゃ)をやめさせていただきました。

教育心理学(きょういくしんりがく)の授業(じゅぎょう)です。

 印　도장 인　 음독 イン

 훈독 しるし

①도장 ②표시 ③인쇄

| 印象 | いんしょう | 인상 | 印鑑 | いんかん | 인감 | 印 | しるし | 표 |
| 星印 | ほしじるし | 별표 | 印紙 | いんし | 인지 | 印刷 | いんさつ | 인쇄 |

まことに印象的(いんしょうてき)な絵(え)です。

プリンターに印刷用紙(いんさつようし)をセットしてください。

107

因 원인 인　　 音독 イン

音독 よる

①원인

| 因果 | いんが | 인과 | 原因 | げんいん | 원인 | 勝因 | しょういん | 승인 |
| 要因 | よういん | 요인 | 因子 | いんし | 인자 | 因る | よる | 의하다 |

努力次第(どりょくしだい)に因(よ)りますので、頑張(がんば)ってください。

故障(こしょう)の原因(げんいん)を探(さぐ)る。

 宇 집 우　　 音독 ウ

 훈독

①집

| 宇宙 | うちゅう | 우주 | | 宇宙人 | うちゅうじん | 외계인 |
| 宇宙飛行士 | うちゅうひこうし | 우주비행사 | | 宇宙船 | うちゅうせん | 우주선 |

宇宙飛行士(うちゅうひこうし)を目指(めざ)しています。

宇宙(うちゅう)の神秘(しんぴ)を探(さぐ)っています。

 羽 날개 우　　 音독 ウ

 훈독 は・はね

①날개 ②깃털

| 羽 | はね | 날개 | 羽毛 | うもう | 깃털 | 羽音 | はおと | 날개소리 |

烏(からす)は羽(はね)を広(ひろ)げた。

鳥(とり)は羽音(はおと)を立(た)てて空(そら)を飛(と)んでいる。

 雲 구름 운　　 音독 ウン

 훈독 くも

①구름

| 雲 | くも | 구름 | 暗雲 | あんうん | 암운 | 星雲 | せいうん | 성운 |
| 風雲 | ふううん | 풍운 | | | | | | |

雲行(くもゆ)きが怪(あや)しいです。

今日(きょう)は雲(くも)が一杯(いっぱい)かかっています。

 길 영　　　음독 エイ

훈독 ながい

①길다 ②오래 되다

| 永遠 | えいえん | 영원 | 永久 | えいきゅう 영구 | 永年 | えいねん | 오랜 기간 |
| 永眠 | えいみん | 죽음 | 永別 | えいべつ | 영 이별 | 永住 | えいじゅう | 영주 |

永(なが)い歳月(さいげつ)を経(へ)て、作(つく)り上(あ)げた。

他(ほか)の土地(とち)に永住(えいじゅう)する。

 수영 영　　　음독 エイ

훈독 およぐ

①수영하다

| 水泳 | すいえい | 수영 | 平泳ぎ | ひらおよぎ 평영 | 背泳 | はいえい | 배영 |
| 泳ぐ | およぐ | 수영하다 | | | | |

昔(むかし)はこの川(かわ)で泳(およ)いだのに。

背泳(はいえい)って背泳(せおよ)ぎのことだよねぇ。

 번영한 영　　　음독 エイ

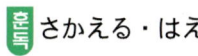훈독 さかえる・はえ

①번영하다 ②명예

| 繁栄 | はんえい | 번영 | 栄転 | えいてん | 영전 | 栄養 | えいよう | 영양 |
| 光栄 | こうえい | 영광 | 栄誉 | えいよ | 영예 | 栄える | さかえる | 번영하다 |

ここは、最近(さいきん)栄(さか)えている都市(とし)だと言(い)われています。

お目(め)にかかれて光栄(こうえい)です。

 경영 영　　　음독 エイ

훈독 いとなむ

①장소 ②경영하다

| 兵営 | へいえい | 병영 | 陣営 | じんえい | 진영 | 野営 | やえい | 야영 |
| 経営 | けいえい | 경영 | 営業中 | えいぎょうちゅう 영업중 | 営む | いとなむ 경영하다 |

農業(のうぎょう)で生活(せいかつ)を営(いとな)んでいます。

今(いま)は営業中(えいぎょうちゅう)です。

鋭

날카로울 예

 エイ

 するどい

①날카롭다 ②예리하다

| 鋭敏 | えいびん | 예민 | 鋭利 | えいり | 예리 | 精鋭 | せいえい | 정예 |
| 気鋭 | きえい | 기예 | 鋭い | するどい | 날카롭다 | | | |

鋭(するど)い目(め)つきだ。

田村(たむら)さんは鋭敏(えいびん)な頭脳(ずのう)の持(も)ち主(ぬし)だ。

易

쉬울 이/바꿀 역

  エキ・イ

 やさしい

①쉽다 ②바꾸다

| 交易 | こうえき | 교역 | 貿易 | ぼうえき | 무역 | 安易 | あんい | 안이 |
| 容易 | ようい | 용이 | 易しい | やさしい | 쉽다 | | | |

日本語(にほんご)が易(やさ)しくなりました。

中国(ちゅうごく)との貿易(ぼうえき)が盛(さか)んになりました。

液

액체 액

小5 エキ

 훈독

①액체

| 液体 | えきたい | 액체 | 血液 | けつえき | 혈액 | 胃液 | いえき | 위액 |
| 液化 | えきか | 액화 | 液状 | えきじょう | 액상 | 樹液 | じゅえき | 수액 |

私(わたし)の血液型(けつえきがた)はA型(がた)です。

固体(こたい)が溶(と)けて液体(えきたい)になった。

越

넘을 월

  エツ

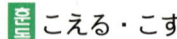 こえる・こす

①넘다 ②건너다 ③초월하다

| 超越 | ちょうえつ | 초월 | 優越 | ゆうえつ | 우월 | 卓越 | たくえつ | 탁월 |
| 越境 | えっきょう | 월경 | 越える | こえる | 넘다 | 越す | こす | 넘다 |

鈴木(すずき)さんは卓越(たくえつ)した学者(がくしゃ)です。

思(おも)い切(き)って国境(こっきょう)を越(こ)えました。

끌 연  エン

후독 のびる・のばす

①길게 하다 ②늘이다

| 延期 | えんき | 연기 | 延長 | えんちょう | 연장 | 遅延 | ちえん | 지연 |
| 延びる | のびる | 늘어나다 | 延ばす | のばす | 늘리다 | | | |

開会式(かいかいしき)を延期(えんき)しました。

開場(かいじょう)は一(いっ)か月(げつ)ほど延(の)びました。

 동산 원  エン

 その

①정원 ②공원 ③보육원

| 園芸 | えんげい | 원예 | 農園 | のうえん | 농원 | 果樹園 | かじゅえん | 과수원 |
| 公園 | こうえん | 공원 | 楽園 | らくえん | 낙원 | 幼稚園 | ようちえん | 유치원 |

ここは動物園(どうぶつえん)と植物園(しょくぶつえん)を備(そな)えている遊園地(ゆうえんち)です。

公園(こうえん)に遊(あそ)びに行(い)きましょう。

 연기 연 エン

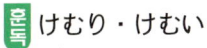 けむり・けむい

①연기

| 煙 | けむり | 연기 | 煙い | けむい | 냅다 | 禁煙 | きんえん | 금연 |
| 喫煙 | きつえん | 흡연 | 煙突 | えんとつ | 굴뚝 | 煙幕 | えんまく | 연막 |

ここは禁煙(きんえん)ですから、煙草(たばこ)は吸(す)わないでください。

喫煙室(きつえんしつ)はどこですか。

 소금 염  エン

 しお

①소금 ②염소

| 塩 | しお | 소금 | 塩分 | えんぶん | 염분 | 塩田 | えんでん | 염전 |
| 塩酸 | えんさん | 염산 | 塩類 | えんるい | 염류 | 塩化 | えんか | 염화 |

最後(さいご)に塩(しお)を振(ふ)りかけると出来上(できあ)がりです。

塩分(えんぶん)のとりすぎは体(からだ)に悪(わる)いです。

演

연기 연  小5   음독 エン

훈독

①연기하다 ②연설하다

| 演技 | えんぎ | 연기 | 演劇 | えんげき | 연극 | 出演 | しゅつえん | 출연 |
| 演習 | えんしゅう | 연습 | 演説 | えんぜつ | 연설 | 公演 | こうえん | 공연 |

主演(しゅえん)は決(き)まっているけど、助演(じょえん)はまだ決(き)まっていません。

あの映画(えいが)に出演(しゅつえん)して本当(ほんとう)によかったと思(おも)います。

汚

더러울 오 음독 オ

훈독 けがす・よごす・きたない

①더럽다 ②추잡하다

| 汚染 | おせん | 오염 | 汚名 | おめい | 오명 | 汚職 | おしょく | 오직 |
| 汚点 | おてん | 오점 | 汚す | けがす | 더럽히다 | 汚い | きたない | 더럽다 |

汚(きたな)い。捨(す)てろ。

水(みず)が汚染(おせん)しています。

王

왕 왕 小1 음독 オウ

훈독

①왕 ②왕자 ③가장 뛰어난 사람

| 国王 | こくおう | 국왕 | 女王 | じょおう | 여왕 | 王子 | おうじ | 왕자 |
| 親王 | しんのう | 친왕 | 発明王 | はつめいおう | 발명왕 |

ライオンは百獣(ひゃくじゅう)の王(おう)です。

王様(おうさま)に伺(うかが)いました。

央

중앙 앙 小4 음독 オウ

훈독

①중심

| 中央 | ちゅうおう | 중앙 | 震央 | しんおう | 진앙 |

中央(ちゅうおう)アジア諸国(しょこく)は雨期(うき)に入(はい)りました。

中央(ちゅうおう)から地方(ちほう)へ行(い)きます。

 **応** 응할 응　　 **음독** オウ

훈독

①상대하다 ②어울리다 ③들어맞다

| 応接 | おうせつ | 응접 | 応募 | おうぼ | 응모 | 応対 | おうたい | 응대 |
| 反応 | はんのう | 반응 | 対応 | たいおう | 대응 | 応用 | おうよう | 응용 |

周(まわ)りの環境(かんきょう)にだんだん適応(てきおう)してきました。
応接間(おうせつま)にいらっしゃってください。

 押 누를 압　　 **음독** オウ

훈독 おす・おさえる

①누르다 ②강요하다

| 押収 | おうしゅう | 압수 | 押韻 | おういん | 운율을 다는 것 | 押印 | おういん | 날인 |
| 押し売り | おしうり | 강매 | 押す | おす | 밀다 | 押える | おさえる | 누르다 |

ドアを押(お)してください。
人(ひと)の主張(しゅちょう)を押(お)さえるな。

 欧 토할 구　　 **음독** オウ

훈독

①유럽 ②토하다

| 欧米 | おうべい | 구미 | 西欧 | せいおう | 서구 | 欧州 | おうしゅう | 유럽 |

欧米(おうべい)の人々(ひとびと)にも愛(あい)されている製品(せいひん)だ。
西欧文化(せいおうぶんか)について興味(きょうみ)があります。

 奥 속 오　　 **음독** オウ

훈독 おく

①안 ②속 ③남의 부인

| 奥 | おく | 속 | 奥さん | おくさん | 부인 | 奥地 | おくち | 오지 |
| 深奥 | しんおう | 심오 | 奥歯 | おくば | 어금니 | 奥妙 | おうみょう | 오묘 |

奥(おく)さん、お変(か)わりありませんか。
奥(おく)の知(し)れない男(おとこ)だ。

横

가로 횡　　小3　음독 オウ

훈독 よこ

①가로 ②자기멋대로

| 横 | よこ | 가로 | 横顔 | よこがお | 옆얼굴 | 横断 | おうだん | 횡단 |
| 横書き | よこがき | 가로쓰기 | 横行 | おうこう | 횡행 | 横暴 | おうぼう | 횡포 |

横目(よこめ)で見(み)ましたが、見(み)えませんでした。

まったく横暴(おうぼう)なやつだ。

億

억 억　　小4　음독 オク

훈독

①억 ②많은 수

| 億断 | おくだん | 악측 | 億万 | おくまん | 억만 | 億兆 | おくちょう | 억조 |
| 一億 | いちおく | 일억 | 十億 | じゅうおく | 십억 |

六十五億(ろくじゅうごおく)以上(いじょう)の人々(ひとびと)が住(す)んでいます。

もし、一億円(いちおくえん)あったら何(なに)をしますか。

温

따뜻할 온　　小3　음독 オン

훈독 あたたかい・あたたまる・あたためる

①따뜻하다 ②따뜻함 ③어른스럽다 ④배우다

| 温室 | おんしつ | 온실 | 温度 | おんど | 온도 | 気温 | きおん | 기온 |
| 温和 | おんわ | 온화 | 温順 | おんじゅん | 온순 | 温かい | あたたかい | 따뜻하다 |

温泉(おんせん)に行(い)って温(あたた)かいお湯(ゆ)につかった。

温和(おんわ)な性格(せいかく)です。

化

변화 화　　小3　음독 カ・ケ

훈독 ばける・ばかす

①변하다 ②좋게 변하다

| 化粧品 | けしょうひん | 화장품 | 変化 | へんか | 변화 | 消化 | しょうか | 소화 |
| 進化 | しんか | 진화 | 退化 | たいか | 퇴화 | 化ける | ばける | 둔갑하다 |

文化遺跡(ぶんかいせき)を守(まも)って未来(みらい)へ伝(つた)えましょう。

きつねが人(ひと)に化(ば)けました。

加

더할 가

 小4 음독 カ

훈독 くわえる・くわわる

①더하다

参加	さんか	참가	追加	ついか	추가	増加	ぞうか	증가
加える	くわえる	더하다	加わる	くわわる	가해지다			

チキンスープにもっと水(みず)を加(くわ)えてください。

失業者(しつぎょうしゃ)は増加(ぞうか)する一方(いっぽう)だ。

可

옳을 가

 小6 음독 カ

 훈독

①옳다 ②허락하다 ③가능하다

可決	かけつ	가결	可能	かのう	가능	許可	きょか	허가
認可	にんか	인가	可愛い	かわいい	귀엽다			

許可(きょか)を得(え)て行(おこな)いました。

そんなこと私(わたし)たちに可能(かのう)だと思(おも)いますか。

仮

거짓 가

 小5 음독 カ・ケ

 훈독 かり

①거짓 ②가짜

仮名	かめい	가명	仮説	かせつ	가설	仮称	かしょう	가칭
仮寝	かりね	선잠	仮面	かめん	가면	仮病	けびょう	꾀병

一応(いちおう)仮契約(かりけいやく)を書(か)きましょうか。

仮病(けびょう)を使(つか)って学校(がっこう)を休(やす)みました。

果

열매 과

 小5 음독 カ

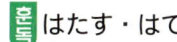 훈독 はたす・はて

①끝 ②과일 ③과감

因果	いんが	인과	効果	こうか	효과	結果	けっか	결과
果実	かじつ	과실	果樹園	かじゅえん	과수원	果たす	はたす	완수하다

地(ち)の果(は)てまで追(お)いかける。

果物(くだもの)の中(なか)でりんごが大好(だいす)きです。

河 강 하  음독 カ

훈독 かわ

①강

| 河川 | かせん | 하천 | 山河 | さんが | 산하 | 河口 | かこう | 하구 |
| 運河 | うんが | 운하 | 氷河 | ひょうが | 빙하 | 銀河 | ぎんが | 은하 |

広(ひろ)い河(かわ)を遊覧船(ゆうらんせん)が通(とお)ります。

氷河期(ひょうがき)のことでした。

 科 과목 과  음독 カ

 훈독

①나눈 것 ②자세히 알아보다 ③생물을 나눈 것 ④죄

| 科目 | かもく | 과목 | 内科 | ないか | 내과 | 科学 | かがく | 과학 |
| ばら科 | ばらか | 장미과 | 前科 | ぜんか | 전과 |

科目(かもく)の中(なか)で何(なに)が一番(いちばん)好(す)きですか。

姉(あね)の大学(だいがく)での専攻(せんこう)は科学(かがく)です。

 荷 짐 하 음독 カ

훈독 に

①짐 ②맡다

| 荷物 | にもつ | 짐 | 出荷 | しゅっか | 출하 | 入荷 | にゅうか | 입하 |
| 荷造り | にづくり | 짐싸기 | 荷役 | にやく | 하역 | 重荷 | おもに | 무거운 짐 |

旅行(りょこう)の荷造(にづく)りをしておきました。

君(きみ)のお荷物(にもつ)になりたくない。

 菓 과자 과 음독 カ

훈독

①과자

| お菓子 | おかし | 과자 | 製菓 | せいか | 제과 | 茶菓 | さか | 다과 |

お土産(みやげ)にお菓子(かし)を持(も)ってきました。

製菓会社(せいかがいしゃ)に勤(つと)めています。

貨　재화 화　카

①돈, 재산 ②짐, 물건

| 貨幣 | かへい | 화폐 | 通貨 | つうか | 통화 | 金貨 | きんか | 금화 |
| 財貨 | ざいか | 재화 | 貨物 | かもつ | 화물 | 雑貨 | ざっか | 잡화 |

貨物列車(かもつれっしゃ)が駅(えき)に着(つ)きました。

東京(とうきょう)には可愛(かわい)い雑貨屋(ざっかや)がたくさんありますね。

過　지나갈 과　カ

すぎる・すごす・あやまつ

①지나가다 ②도를 넘다 ③실수하다

| 経過 | けいか | 경과 | 通過 | つうか | 통과 | 過程 | かてい | 과정 |
| 過去 | かこ | 과거 | 過ぎる | すぎる | 지나가다 | 過つ | あやまつ | 실수하다 |

週末(しゅうまつ)は何(なに)をしながら過(す)ごしていますか。

過去(かこ)のことだから許(ゆる)してくださいませんか。

靴　구두 화　カ

くつ

①구두

| 靴 | くつ | 신발 | 靴下 | くつした | 양말 | 軍靴 | ぐんか | 군화 |
| 製靴 | せいか | 제화 | 革靴 | かわぐつ | 가죽구두 | | | |

靴(くつ)を脱(ぬ)いでからお入(はい)りください。

靴下(くつした)の色(いろ)が華(はな)やかです。

課　부과할 과　カ

①할당하다 ②회사 등의 부서

| 日課 | にっか | 일과 | 課題 | かだい | 과제 | 課税 | かぜい | 과세 |
| 課長 | かちょう | 과장 | 経理課 | けいりか | 경리과 | 人事課 | じんじか | 인사과 |

放課後(ほうかご)にピンポンをするのが樂(たの)しみです。

毎日(まいにち)ジョギングするのが私(わたし)の日課(にっか)です。

価 값 가

 小5 음독 カ

훈독 あたい

①값어치 ②가격

価値	かち	가치	評価	ひょうか	평가	価格	かかく	가격
物価	ぶっか	물가	定価	ていか	정가	原価	げんか	원가

あれに値(あたい)するものはありません。

この製品(せいひん)の原価(げんか)が知(し)りたいです。

介 끼일 개

 음독 カイ

훈독

①개입하다 ②중개하다

介入	かいにゅう	개입	紹介	しょうかい	소개	仲介	ちゅうかい	중개

自己紹介(じこしょうかい)をさせていただきます。

急(きゅう)に紛争(ふんそう)に介入(かいにゅう)することになった。

灰 재 회

 小6 음독 カイ

훈독 はい

①재

灰	はい	재	灰皿	はいざら	재떨이	灰色	はいいろ	회색
石灰	せっかい	석회	火山灰	かざんばい	화산재			

雲(くも)を灰色(はいいろ)に描(えが)きました。

灰皿(はいざら)をちょうだい。

快 유쾌 쾌

 小5 음독 カイ

훈독 こころよい

①기분 좋다 ②쾌유하다 ③빠르다

快活	かいかつ	쾌활	快感	かいかん	쾌감	痛快	つうかい	통쾌
愉快	ゆかい	유쾌	全快	ぜんかい	완쾌	快い	こころよい	상쾌하다

快(こころよ)く手伝(てつだ)ってくださいました。

すっかり全快(ぜんかい)しました。

改　고칠 개　　　小4 음독 カイ

훈독 あらためる・あらたまる

①고치다　②조사하다

| 改革 | かいかく | 개혁 | 改善 | かいぜん | 개선 | 改造 | かいぞう | 개조 |
| 改訂 | かいてい | 개정 | 改築 | かいちく | 개축 | 改める | あらためる | 고치다 |

自分勝手(じぶんかって)な態度(たいど)を改(あらた)めてください。

最近(さいきん)ほとんどの駅(えき)が自動改札(じどうかいさつ)です。

皆　모두 개　　　음독 カイ

훈독 みな

①편안하다　②간단하다　③싸다

| 皆 | みな | 모두 | 皆さん | みなさん | 여러분 | 皆 | みんな | 모두 |
| 皆無 | かいむ | 전무 | 皆勤 | かいきん | 개근 | | | |

皆(みな)さん、お元気(げんき)ですか。

卒業式(そつぎょうしき)に皆勤賞(かいきんしょう)をもらいました。

械　기계 계　　　小4 음독 カイ

훈독

①기계

| 機械 | きかい | 기계 | 機械化 | きかいか | 기계화 | 器械 | きかい | 기계 |

印刷(いんさつ)の機械(きかい)が壊(こわ)れている。

世(よ)の中(なか)は機械化(きかいか)が進(すす)んでいる。

絵　그림 회　　　小2 음독 カイ・エ

훈독

①그림/그리다

| 絵画 | かいが | 회화 | 絵葉書 | えはがき | 그림엽서 | 油絵 | あぶらえ | 유화 |

旅行先(りょこうさき)で絵葉書(えはがき)を買(か)って友人(ゆうじん)に出(だ)しました。

明日(あした)は絵(え)の具(ぐ)を用意(ようい)して持(も)ってきてください。

119

階

계단 계 　　　　小3 カイ

①계단 ②층 ③신분의 상하

| 階段 | かいだん | 계단 | 音階 | おんかい | 음계 | 三階 | さんがい | 3층 |
| 階級 | かいきゅう | 계급 | 階層 | かいそう | 계층 | 段階 | だんかい | 단계 |

五階立(ごかいだ)てのビルだ。

下(した)の階(かい)がうるさいぞ。

解

풀 해 　　　　小5 カイ・ゲ

とく・とかす・とける

①풀다 ②알다

| 解剖 | かいぼう | 해부 | 解散 | かいさん | 해산 | 解決 | かいけつ | 해결 |
| 解消 | かいしょう | 해소 | 解毒 | げどく | 해독 | 解く | とく | 풀다 |

クイズの問題(もんだい)を解(と)いてご覧(らん)なさい。

全然(ぜんぜん)解決(かいけつ)の見込(みこ)みが見(み)えないです。

貝

조개 패 　　　　小2 かい

①조개

| 貝 | かい | 조개 | 貝殻 | かいがら | 조개껍질 | 真珠貝 | しんじゅがい | 진주조개 |

貝殻(かいがら)はここに捨(す)ててください。

母(はは)はオーブンで貝(かい)を焼(や)いています。

害

해칠 해 　　　　小4 ガイ

①재앙 ②망치다

| 害虫 | がいちゅう | 해충 | 殺害 | さつがい | 살해 | 損害 | そんがい | 손해 |

栄養(えいよう)の取(と)りすぎは体(からだ)を害(がい)します。

事故(じこ)の損害賠償(そんがいばいしょう)を要求(ようきゅう)する。

各 각자 각　　 음독 カク

훈독 おのおの

①각각

各人	かくじん	각사람	各地	かくち	각지	各自	かくじ	각자

お弁当(べんとう)は各々(おのおの)が用意(ようい)するようにしてください。

全国各地(ぜんこくかくち)からのど自慢(じまん)たちが集(あつ)まった。

角 뿔 각　　 음독 カク

훈독 かど・つの

①각 ②각진 것 ③각도

角	つの	뿔	角	かど	모퉁이	三角	さんかく	삼각
直角	ちょっかく	직각	角度	かくど	각도	鈍角	どんかく	둔각

角(かど)を回(まわ)ったらすぐ見(み)えますから。

角材(かくざい)を車(くるま)につんだ。

  Z급

格 격식 격　　 음독 カク・コウ

훈독

①규격 ②격식 ③골격 ④특별히 ⑤치다

規格	きかく	규격	合格	ごうかく	합격	格差	かくさ	격차
格式	かくしき	격식	体格	たいかく	체격	格闘	かくとう	격투

格別(かくべつ)に注意(ちゅうい)しなさい。

やっと希望(きぼう)した大学(だいがく)に合格(ごうかく)した。

革 가죽 혁　　 음독 カク

 훈독 かわ

①가죽 ②새롭다

革	かわ	가죽	革新	かくしん	혁신	革命	かくめい	혁명
改革	かいかく	개혁	皮革	ひかく	피혁			

市民(しみん)革命(かくめい)が一斉(いっせい)に起(お)こった。

牛(うし)の革(かわ)で作(つく)った鞄(かばん)です。

覚

깨달을 각 　小4 カク

 おぼえる・さます・さめる

①기억하다　②느끼다　③깨닫다　④정신차리다

覚える おぼえる	기억하다	感覚 かんかく	감각	味覚 みかく	미각
覚悟 かくご	각오	自覚 じかく	자각	覚醒 かくせい	각성

味覚障害(みかくしょうがい)って知(し)っていますか。

身(み)の覚(おぼ)えのないことで責(せ)められても困(こま)る。

拡

늘릴 확 　小6 カク

①넓어지다　②늘이다

拡大 かくだい	확대	拡張 かくちょう	확장
拡大鏡 かくだいきょう	확대경	拡充 かくじゅう	확충

写真(しゃしん)を二倍(にばい)に拡大(かくだい)した。

事業(じぎょう)の拡張(かくちょう)を図(はか)った。

較

비교할 교 　음독 カク

훈독

①비교하다　②겨루다

比較 ひかく	비교	較差 かくさ	최대와 최소의 차이

詳(くわ)しく比較(ひかく)してみなさい。

気温(きおん)較差(かくさ)が激(はげ)しいです。

確

확실 확 　小5 カク

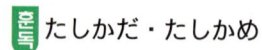 たしかだ・たしかめる

①확실하다　②확고하다

確実 かくじつ	확실	確認 かくにん	확인	的確 てきかく	정확
確立 かくりつ	확립	確保 かくほ	확보	確かめる たしかめる	확인하다

もう一度(いちど)確(たし)かめてください。

確(たし)かに合(あ)っていますが。

이마 액 ガク

ひたい

①이마 ②수량

| 額 | ひたい | 이마 | 金額 | きんがく | 금액 | 価額 | かがく | 값 |
| 総額 | そうがく | 총액 | 半額 | はんがく | 반액 | 差額 | さがく | 차액 |

総額(そうがく)を計算(けいさん)してみてください。

額(ひたい)に傷(きず)を受(う)けました。

 살 활 カツ

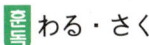

①살다 ②생활하다 ③생생하다

| 復活 | ふっかつ | 부활 | 活用 | かつよう | 활용 | 生活 | せいかつ | 생활 |
| 自活 | じかつ | 자활 | 活動 | かつどう | 활동 | 活躍 | かつやく | 활약 |

快活(かいかつ)な性格(せいかく)の持(も)ち主(ぬし)です。

彼女(かのじょ)の活躍(かつやく)ぶりのすごさに目(め)を見張(みは)るほどだ。

 나눌 할 カツ

わる・さく

①나누다 ②찢다

| 割腹 | かっぷく | 할복 | 割拠 | かっきょ | 할거 | 割愛 | かつあい | 할애 |
| 分割 | ぶんかつ | 분할 | 割合 | わりあい | 비율 | 割る | わる | 나누다 |

三(さん)か月(げつ)の分割(ぶんかつ)にしてください。

その割合(わりあい)を教(おし)えてほしいです。

干 방패 간 カン

ほす・ひる

①말리다

| 干満 | かんまん | 간만 | 干潮 | かんちょう | 썰물 | 若干 | じゃっかん | 약간 |
| 干物 | ひもの | 건어물 | 干す | ほす | 말리다 | 干る | ひる | 마르다 |

海苔(のり)を一日中(いちにちじゅう)干(ほ)しています。

市場(いちば)で干物(ひもの)を買(か)って来(き)ました。

刊 간행 간  カン

①간행하다

刊行	かんこう	간행	新刊	しんかん	신간	夕刊	ゆうかん	석간

昔(むかし)は有名(ゆうめい)な雑誌(ざっし)でしたが、いまは廃刊(はいかん)になりました。
気(き)に入(い)った週刊誌(しゅうかんし)はありますか。

甘 달 감 カン

あまい・あまえる

①달다 ②무르다

甘言	かんげん	감언	甘露	かんろ	감로	甘受	かんじゅ	감수
甘味料	かんみりょう	감미료	甘い	あまい	달다	甘える	あまえる	응석부리다

この柿(かき)、本当(ほんとう)に甘(あま)いですね。
子供(こども)が母親(ははおや)に甘(あま)える。

汗 땀 한 カン

あせ

①땀

汗	あせ	땀	冷や汗	ひやあせ	식은땀	汗腺	かんせん	땀샘
発汗	はっかん	발한	脂汗	あぶらあせ	비지땀			

汗(あせ)をかきながら山(やま)に登(のぼ)りました。
びっくりして冷(ひ)や汗(あせ)をかきました。

完 완전할 완   カン

①완전히 ②끝나다

完全	かんぜん	완전	完璧	かんぺき	완벽	完備	かんぴ	완비
完了	かんりょう	완료	未完	みかん	미완	完成	かんせい	완성

完勝(かんしょう)を成(な)し遂(と)げた。
まだ完全(かんぜん)に病気(びょうき)が治(なお)ったわけではない。

官

관청 관　小4　음독 カン

훈독

①공공의, 공공기관 ②몸의 기관

| 長官 | ちょうかん | 장관 | 官僚 | かんりょう | 관료 | 裁判官 | さいばんかん | 재판관 |
| 器官 | きかん | 기관 | 五官 | ごかん | 오관 | 官能 | かんのう | 관능 |

人間(にんげん)には五(いつ)つの器官(きかん)が備(そな)わっている。 これを五官(ごかん)という。

内閣官房長官(ないかくかんぼうちょうかん)に任命(にんめい)された。

巻

책 권　小6　음독 カン

훈독 まく

①말다 ②싸다 ③책

| 巻末 | かんまつ | 권말 | 巻頭 | かんとう | 권두 |
| 巻き物 | まきもの | 두루마리 | 巻く | まく | 감다 |

右(みぎ)の方(ほう)に巻(ま)いてください。

あの事件(じけん)にあっという間(ま)に巻(ま)き込(こ)まれました。

看

볼 간　小6　음독 カン

훈독

①보다 ②보살피다

| 看病 | かんびょう | 간병 | 看板 | かんばん | 간판 |
| 看破 | かんぱ | 간파 | 看護婦 | かんごふ | 간호원 |

将来(しょうらい)看護婦(かんごふ)になりたいです。

焼(や)き肉(にく)料理(りょうり)を看板(かんばん)にしている店(みせ)だ。

乾

마를 건　음독 カン

훈독 かわく

①마르다 ②말리다

| 乾杯 | かんぱい | 건배 | 乾電池 | かんでんち | 건전지 | 乾季 | かんき | 건기 |
| 乾物 | かんぶつ | 마른 식품 | 乾く | かわく | 마르다 |

さあ、乾杯(かんぱい)しましょうか。

雨期(うき)が終(お)わって乾季(かんき)に入(はい)りました。

125

바꿀 환 　　 カン

　　かえる

①바꾸다

| 交換 | こうかん | 교환 | 転換 | てんかん | 전환 | 換気 | かんき | 환기 |
| 換言 | かんげん | 환언 | 換える | かえる | 바꾸다 | | | |

あのう、これを交換(こうかん)したいのですが。

物(もの)をお金(かね)に換(か)えた。

 감정 감 　　小3 カン

①느끼다

| 感心 | かんしん | 감탄 | 感情 | かんじょう | 감정 | 感覚 | かんかく | 감각 |
| 敏感 | びんかん | 민감 | 感染 | かんせん | 감염 | 感化 | かんか | 감화 |

皆(みな)さんに感謝(かんしゃ)します。

近(ちか)ごろの若者(わかもの)にしては良(よ)くできていて感心(かんしん)だ。

 익숙할 관 　　小5 カン

　　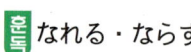 なれる・ならす

①관습

| 慣用句 | かんようく | 관용구 | 慣習 | かんしゅう | 관습 | 慣例 | かんれい | 관례 |
| 習慣 | しゅうかん | 습관 | 慣行 | かんこう | 관행 | 慣れる | なれる | 익숙해지다 |

日本(にほん)の生活(せいかつ)にはもう慣(な)れましたか。

朝寝坊(あさねぼう)する習慣(しゅうかん)があります。

 대롱 관 　　小4 カン

　　 くだ

①피리 ②관

| 木管 | もっかん | 목관 | 金管 | きんかん | 금관 | 管 | くだ | 관 |
| 血管 | けっかん | 혈관 | 保管 | ほかん | 보관 | 管理 | かんり | 관리 |

水道管(すいどうかん)が破裂(はれつ)しました。

あれは金管樂器(きんかんがっき)です。

関

関係 관  カン

せき

①出入口 ②関係하다

玄関	げんかん	현관	税関	ぜいかん	세관	関節	かんせつ	관절
機関	きかん	기관	関係	かんけい	관계	関所	せきしょ	난관

玄関(げんかん)の掃除(そうじ)をお願(ねが)いね。

昔(むかし)は関所(せきしょ)が至(いた)る所(ところ)に設(もう)けられていた。

環

고리 환   カン

훈독

①고리

環境	かんきょう	환경	循環	じゅんかん	순환
環視	かんし	환시	帰還	きかん	귀환

これは環境問題(かんきょうもんだい)に関(かか)わる本(ほん)です。

バスが同(おな)じコースを循環(じゅんかん)する。

簡

편지 간   カン

훈독

①편지 ②간략하다

簡潔	かんけつ	간결	簡単	かんたん	간단	簡略	かんりゃく	간략
書簡	しょかん	편지	簡素	かんそ	간소	簡便	かんべん	간편

簡潔(かんけつ)に書(か)いてください。

もっと簡単(かんたん)に説明(せつめい)していただけませんか。

観

볼 관   カン

훈독

①잘 보다 ②견해 ③조망

観光	かんこう	관광	観察	かんさつ	관찰	人生観	じんせいかん	인생관
観点	かんてん	관점	景観	けいかん	경관	外観	がいかん	외관

あの人(ひと)に会(あ)ってから人生観(じんせいかん)が変(か)わった。

町(まち)の美観(びかん)が損(そこ)なわれるので建物(たてもの)の規制(きせい)が激(はげ)しい。

둥글 환  小6 음독 ガン

훈독 まるい

①둥글다 ②동그라미

| 丸 | まる | 동그라미 | 丸薬 | がんやく | 환약 | 弾丸 | だんがん | 탄환 |
| 砲丸 | ほうがん | 포환 | 丸顔 | まるがお | 둥근 얼굴 | 丸い | まるい | 둥글다 |

あの丸(まる)い顔(かお)をしている子(こ)が美恵(みえ)ちゃんです。

正解(せいかい)に丸(まる)を付(つ)けてください。

 머금을 함 음독 ガン

훈독 ふくむ・ふくめる

①포함하다 ②품다

| 含有 | がんゆう | 함유 | 含蓄 | がんちく | 함축 | 包含 | ほうがん | 포함 |
| 含む | ふくむ | 포함되다 | 含める | ふくめる | 포함하다 | | | |

レモンにはビタミンCがたくさん含(ふく)まれています。

彼(かれ)はなかなか含蓄(がんちく)のある話(はなし)をする。

 언덕 안  小3 음독 ガン

훈독 きし

①언덕

| 海岸 | かいがん | 해안 | 沿岸 | えんがん | 연안 | 岸 | きし | 물가 |

暑(あつ)さ寒(さん)さも彼岸(ひがん)までということわざがあります。

やっと岸(きし)にたどり着(つ)いた。

 바위 암  小3 음독 ガン

훈독 いわ

①바위

| 岩 | いわ | 바위 | 岩石 | がんせき | 암석 | 溶岩 | ようがん | 용암 |

岩壁(がんぺき)に登(のぼ)りました。

岩(いわ)が砕(くだ)けて石(いし)になりました。

128

願 　바랄 원　　　小4　음독 ガン

호독 ねがう

①바라다 ②신께 빌다

| 念願 | ねんがん | 염원 | 願望 | がんぼう | 바람 | 志願 | しがん | 지원 |
| 願書 | がんしょ | 원서 | 祈願 | きがん | 기원 | 願う | ねがう | 바라다 |

私(わたし)こそお願(ねが)いします。

念願(ねんがん)の大学(だいがく)に合格(ごうかく)した。

 危 　위험 위　　　小6　음독 キ

호독 あぶない

①위태롭다 ②불안하다

| 危険 | きけん | 위험 | 危機 | きき | 위기 | 危急 | ききゅう | 위급 |
| 危機一髪 | ききいっぱつ | 위기일발 | 安危 | あんき | 안위 | 危ない | あぶない | 위험하다 |

危(あぶ)ない。近(ちか)づくな。

毎日(まいにち)危険(きけん)な仕事(しごと)をやっています。

 机 　책상 궤　　　음독 キ

호독 つくえ

①책상

| 机 | つくえ | 책상 | 机上 | きじょう | 탁상 | 勉強机 | べんきょうづくえ | 공부책상 |

机(つくえ)の上(うえ)にコンピューターが置(お)いてあります。

家(いえ)に帰(かえ)ったらすぐ机(つくえ)に向(む)かいます。

希 　바랄 희　　　小4　음독 キ

호독

①드물다 ②바라다

| 希薄 | きはく | 희박 | 希少 | きしょう | 희소 | 古希 | こき | 고희(70세) |
| 希望 | きぼう | 희망 | 希求 | ききゅう | 희구 | | | |

希望者(きぼうしゃ)は申(もう)し込(こ)んでください。

このような時計(とけい)は希少価値(きしょうかち)が高(たか)い。

祈

빌 기

음독 キ

훈독 いのる

①빌다 ②기도

| 祈願 | きがん | 기원 | 祈念 | きねん | 기원 |
| 祈祷 | きとう | 기도 | 祈る | いのる | 기도하다 |

あなたの成功(せいこう)を祈(いの)ります。

神仏(しんぶつ)に祈願(きがん)する。

季

계절 계

小4 음독 キ

훈독

①계절 ②때

| 季春 | きしゅん | 만춘 | 季節 | きせつ | 계절 | 四季 | しき | 사계절 |
| 冬季 | とうき | 동계 | 雨季 | うき | 우기 | 季刊 | きかん | 계간 |

韓国(かんこく)は四季(しき)がはっきりとしている。

日本(にほん)では雨季(うき)をつゆと言(い)ったり梅雨(ばいう)と言(い)ったりします。

記

적을 기

小2 음독 キ

훈독 しるす

①적다 ②외우다 ③사실을 그대로 서술하다 ④표시

| 記者 | きしゃ | 기자 | 記入 | きにゅう | 기입 | 記憶 | きおく | 기억 |
| 暗記 | あんき | 암기 | 記事 | きじ | 기사 | 日記 | にっき | 일기 |

伝記(でんき)を書(か)いています。

書類(しょるい)の右側(みぎがわ)に名前(なまえ)を記(しる)してください。

寄

더불어 살 기

小5 음독 キ

훈독 よる・よせる

①더불어 살다 ②기부하다

| 寄生 | きせい | 기생 | 寄港 | きこう | 기항 | 寄留 | きりゅう | 기류 |
| 寄付 | きふ | 기부 | 寄る | よる | 들르다 | 寄贈 | きぞう | 기증 |

本屋(ほんや)に行(い)くついでに、近所(きんじょ)の友達(ともだち)の家(いえ)に寄(よ)った。

伊藤(いとう)さんは全(すべ)ての財産(ざいさん)を大学(だいがく)に寄付(きふ)したそうだ。

規　법규 규　 小5　음독 キ

훈독

①규정 ②바르게 하다

| 規定 | きてい | 규정 | 規則 | きそく | 규칙 | 法規 | ほうき | 법규 |
| 規律 | きりつ | 규율 | 規制 | きせい | 규제 | 規正 | きせい | 규정 |

寮(りょう)で規則正(きそくただ)しい生活(せいかつ)を送(おく)っています。

法律(ほうりつ)で規制(きせい)します。

喜　기쁠 희　 小4　음독 キ

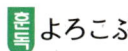 훈독 よろこぶ

①기쁘다

| 喜色 | きしょく | 희색 | 歓喜 | かんき | 환희 | 喜悦 | きえつ | 희열 |
| 喜ぶ | よろこぶ | 기뻐하다 | | | | | | |

私(わたし)も喜(よろこ)んで行(い)くわ。

木村(きむら)さんは喜怒哀樂(きどあいらく)が激(はげ)しい人(ひと)です。

期　기약 기　 小3　음독 キ・ゴ

 훈독

①기일 ②기다리다

| 期間 | きかん | 기간 | 期限 | きげん | 기한 | 時期 | じき | 시기 |
| 学期 | がっき | 학기 | 期待 | きたい | 기대 | 最期 | さいご | 최후 |

定期入(ていきい)れを盗(ぬす)まれてしまいました。

会議(かいぎ)は延期(えんき)することにしました。

器　그릇 기　 小4　음독 キ

 훈독 うつわ

①그릇 ②도구 ③재능 ④동물의 활동 기관

| 食器 | しょっき | 식기 | 容器 | ようき | 용기 | 器具 | きぐ | 기구 |
| 武器 | ぶき | 무기 | 器用 | きょう | 재주가 있음 | 器 | うつわ | 그릇 |

器(うつわ)にケーキと果物(くだもの)を盛(も)ります。

田中(たなか)さんのガールフレンドはとても不器用(ぶきよう)で何(なに)もできないそうだ。

機

기계 기    キ

 はた

①기계 ②계기 ③기능 ④비행기의 약자

| 機械 | きかい | 기계 | 危機 | きき | 위기 | 動機 | どうき | 동기 |
| 機能 | きのう | 기능 | 機敏 | きびん | 기민 | 機長 | きちょう | 기장 |

機会(きかい)があったら一度(いちど)食事(しょくじ)でもどうですか。

その機械(きかい)の主(おも)な機能(きのう)は何(なん)ですか。

基

기초 기    キ

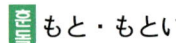 もと・もとい

①기초 ②토대

| 基金 | ききん | 기금 | 基礎 | きそ | 기초 | 基準 | きじゅん | 기준 |
| 基本 | きほん | 기본 | 基盤 | きばん | 기반 | 基 | もと | 근본 |

事実(じじつ)に基(もと)づいて調(しら)べろ。

基礎(きそ)を固(かた)めましょう。

技

기술 기    ギ

 わざ

①기술 ②솜씨 ③스포츠

| 技術 | ぎじゅつ | 기술 | 特技 | とくぎ | 특기 | 演技 | えんぎ | 연기 |
| 技量 | ぎりょう | 기량 | 競技 | きょうぎ | 경기 | 技 | わざ | 솜씨 |

職人(しょくにん)の技(わざ)を生(い)かした作品(さくひん)です。

あなたの特技(とくぎ)は何(なん)ですか。

疑

의심 의   ギ

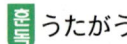 うたがう

①의심하다

| 疑問 | ぎもん | 의문 | 疑惑 | ぎわく | 의혹 | 容疑 | ようぎ | 용의 |
| 容疑者 | ようぎしゃ | 용의자 | 質疑 | しつぎ | 질의 | 疑う | うたがう | 의심하다 |

その日(ひ)皆(みんな)に疑(うたが)われました。

警察(けいさつ)は容疑者(ようぎしゃ)を逮捕(たいほ)しました。

議 의논 의 小4 음독 ギ
훈독

①의논하다 ②회의 ③의견

| 議論 | ぎろん | 의논 | 協議 | きょうぎ | 협의 | 決議 | けつぎ | 결의 |
| 会議 | かいぎ | 회의 | 議題 | ぎだい | 의제 | 異議 | いぎ | 이의 |

会議(かいぎ)の議題(ぎだい)について話(はな)し合(あ)います。

異議(いぎ)のある人(ひと)は手(て)を挙(あ)げてください。

喫 마실 끽 음독 キツ
훈독

①마시다 ②피다

| 喫煙 | きつえん | 흡연 | 喫煙室 | きつえんしつ | 흡연실 |
| 満喫 | まんきつ | 만끽 | 喫茶店 | きっさてん | 찻집 |

喫茶店(きっさてん)で待(ま)ち合(あ)わせをしました。

自然(しぜん)を十分(じゅうぶん)満喫(まんきつ)してください。

 詰 힐난할 힐 음독 キツ
훈독 つめる

①가득하다 ②막히다

| 詰問 | きつもん | 힐문 | 難詰 | なんきつ | 힐난 |
| 缶詰 | かんづめ | 통조림 | 詰める | つめる | 채우다 |

箱(はこ)に商品(しょうひん)を詰(つ)めています。

牛肉(ぎゅうにく)の缶詰(かんづめ)が要(い)りますが。

 客 손님 객 小3 음독 キャク・カク
훈독

①손님 ②이용객 ③다른 입장 ④사람

| 来客 | らいきゃく | 내방객 | 乗客 | じょうきゃく | 승객 | 観客 | かんきゃく | 관객 |
| 旅客機 | りょかくき | 여객기 | 客観的 | きゃっかんてき | 객관적 | 剣客 | けんかく | 검객 |

お客(きゃく)さんが来(く)るから、部屋(へや)を片付(かたづ)けなさい。

客観的(きゃっかんてき)に物事(ものごと)を考(かんが)えてみる必要(ひつよう)がある。

逆 반대 역　小5　음독 ギャク　훈독 さか・さからう

①거스르다

逆に	ぎゃくに	거꾸로	逆行	ぎゃっこう	역행	反逆 はんぎゃく 반역
逆転	ぎゃくてん	역전	逆流	ぎゃくりゅう	역류	逆らう さからう 거스르다

いつも親(おや)の意見(いけん)に逆(さか)らいました。

代表的(だいひょうてき)な逆接(ぎゃくせつ)の接続詞(せつぞくし)にしかしがあります。

久 오랠 구　小5　음독 キュウ・ク　훈독 ひさしい

①시간이 오래 지나다

永久	えいきゅう	영구	久々 ひさびさ	오래간만	持久力 じきゅうりょく 지구력
耐久	たいきゅう	내구	悠久 ゆうきゅう	유구	久しい ひさしい 오래간만이다

お久(ひさ)しぶりですね。

毎日(まいにち)のマラソンで持久力(じきゅうりょく)を養(やしな)っています。

旧 옛 구　小5　음독 キュウ

①오래되다 ②음력의 약자

旧友	きゅうゆう	옛친구	旧跡	きゅうせき	옛 유적	旧称 きゅうしょう 구칭
復旧	ふっきゅう	복구	旧暦	きゅうれき	음력	旧正月 きゅうしょうがつ 음력설날

旧式(きゅうしき)の建物(たてもの)です。

復旧作業(ふっきゅうさぎょう)を開始(かいし)しました。

吸 마실 흡　小6　음독 キュウ　훈독 すう

①들이마시다 ②마시다

吸収	きゅうしゅう	흡수	吸入	きゅうにゅう	흡입	吸引 きゅういん 흡인
呼吸	こきゅう	호흡	吸う	すう	들이마시다	

新鮮(しんせん)な空気(くうき)を吸(す)いたいです。

綿(わた)が水(みず)を全部(ぜんぶ)吸収(きゅうしゅう)した。

求 구할 구 小4 음독 キュウ / 훈독 もとめる

①구하다, 찾다

求人	きゅうじん	구인	求職	きゅうしょく	구직	要求	ようきゅう	요구
求める	もとめる	구하다						

一体(いったい)何(なに)を求(もと)めていますか。

年齢性別(ねんれいせいべつ)を問(と)わず、真面目(まじめ)な方(かた)を求(もと)めています。

泣 울 읍 小6 음독 キュウ / 훈독 なく

①울다 ②참다

鳴き声	なきごえ	울음소리	感泣	かんきゅう	감격하며 움	泣く	なく	울다

私(わたし)のためにこれ以上(いじょう)は泣(な)かないでください。

子供(こども)の泣(な)き声(ごえ)がします。

級 차례 급 小3 음독 キュウ / 훈독

①반 ②차례

上級	じょうきゅう	상급	同級生	どうきゅうせい	동급생	学級	がっきゅう	학급
階級	かいきゅう	계급	特級	とっきゅう	특급	高級	こうきゅう	고급

初級(しょきゅう)のクラスだから、易(やさ)しく教(おし)えてあげなきゃ。

これから学級会(がっきゅうかい)を開(ひら)きます。

救 구원할 구 小4 음독 キュウ / 훈독 すくう

①구하다, 살리다

救助	きゅうじょ	구조	救援	きゅうえん	구원	救出	きゅうしゅつ	구출
救う	すくう	구하다						

救急車(きゅうきゅうしゃ)に乗(の)って病院(びょういん)に運(はこ)ばれました。

海(うみ)に落(お)ちた子供(こども)を救(すく)って自分(じぶん)は死(し)んでしまった。

球

지구 구 　　 음독 キュウ

훈독 たま

①원형 ②공 ③야구의 약자

| 地球 | ちきゅう | 지구 | 電球 | でんきゅう | 전구 | 眼球 | がんきゅう | 안구 |
| 球技 | きゅうぎ | 구기 | 卓球 | たっきゅう | 탁구 | 球 | たま | 공 |

地球儀(ちきゅうぎ)をくるくる回(まわ)した。

電球(でんきゅう)の球(たま)が切(き)れた。

給

줄 급 　　 음독 キュウ

 훈독

①주다 ②급여

| 支給 | しきゅう | 지급 | 給食 | きゅうしょく | 급식 | 供給 | きょうきゅう | 공급 |
| 月給 | げっきゅう | 월급 | 給料 | きゅうりょう | 월급 | 週給 | しゅうきゅう | 주급 |

今日(きょう)は待(ま)ちに待(ま)った給料日(きゅうりょうび)だ。

需要(じゅよう)と供給(きょうきゅう)のバランスが大切(たいせつ)です。

巨

클 거 　　 음독 キョ

훈독

①크다

| 巨大 | きょだい | 거대 | 巨人 | きょじん | 거인 | 巨頭 | きょとう | 거두 |
| 巨額 | きょがく | 거액 | 巨木 | きょぼく | 거목 |

巨大(きょだい)な惑星(わくせい)が近(ちか)づいている。

忘(わす)れていた借金(しゃっきん)は巨額(きょがく)になりました。

居

거할 거 　　 음독 キョ

 훈독 いる

①거하다

| 居室 | きょしつ | 거실 | 居住 | きょじゅう | 거주 | 隠居 | いんきょ | 은거 |
| 住居 | じゅうきょ | 주거 | 同居 | どうきょ | 동거 | 別居 | べっきょ | 별거 |

居間(いま)でお客(きゃく)さんとお茶(ちゃ)を飲(の)みました。

あの夫婦(ふうふ)は別居(べっきょ)にしています。

許 허락 허 キョ ゆるす

①허락하다

許可 きょか	허가	許容 きょよう	허용	特許 とっきょ	특허	
免許 めんきょ	면허	許諾 きょだく	허락	許す ゆるす	허락하다	

今年(ことし)はぜひ運転免許(うんてんめんきょ)を取(と)りたいです。

今回(こんかい)だけ許(ゆる)してあげましょう。

御 모실 어 ギョ・ゴ おん

①모시다

御飯 ごはん	밥	制御 せいぎょ	제어	御礼 おんれい・おれい	사례

朝御飯(あさごはん)は主(おも)に何(なに)を食(た)べますか。

欲望(よくぼう)を制御(せいぎょ)する。

漁 고기잡을 어 ギョ・リョウ

①물고기를 잡다

漁師 りょうし	어부	漁業 ぎょぎょう	어업	漁村 ぎょそん	어촌	
漁船 ぎょせん	어선					

父(ちち)は田舎(いなか)で漁業(ぎょぎょう)を営(いとな)んでおります。

ここは、まぐろ漁(りょう)が盛(さか)んです。

共 함께 공 キョウ とも

①함께 하다

共同 きょうどう	공동	共有 きょうゆう	공유	共演 きょうえん	공연	
共に ともに	함께					

最近(さいきん)は男女共学(だんじょきょうがく)が増(ふ)えつつある。

親子(おやこ)共々(ともども)お世話(せわ)になります。

부르짖을 규 キョウ

さけぶ

①외치다 ②울부짖다

| 叫喚 | きょうかん | 규환 | 絶叫 | ぜっきょう | 절규 |
| 叫び声 | さけびごえ | 큰 소리 | 叫ぶ | さけぶ | 외치다 |

子供(こども)たちが大声(おおごえ)で何(なに)かを叫(さけ)んでいます。

体育館(たいいくかん)から叫(さけ)び声(ごえ)がした。

 이바지할 공 小6 キョウ・ク

そなえる

①바치다 ②올리다

| 供給 | きょうきゅう | 공급 | 供出 | きょうしゅつ | 공출 | 提供 | ていきょう | 제공 |
| 供養 | くよう | 공양 | 供える | そなえる | 바치다 |

神棚(かみだな)に花(はな)を供(そな)えました。

需要(じゅよう)と供給(きょうきゅう)が一致(いっち)しています。

 도울 협 小4 キョウ

①힘을 합치다

| 協力 | きょうりょく | 협력 | 妥協 | だきょう | 타협 | 協定 | きょうてい | 협정 |

皆(みんな)で協力(きょうりょく)し合(あ)いましょう。

そんなに簡単(かんたん)に妥協(だきょう)できない。

 형편 황  キョウ

①형편 ②상황

| 状況 | じょうきょう | 상황 | 近況 | きんきょう | 근황 | 実況 | じっきょう | 실황 |
| 好況 | こうきょう | 호황 | 不況 | ふきょう | 불황 |

今(いま)韓国(かんこく)は不況期(ふきょうき)です。

その時(とき)の状況(じょうきょう)を説明(せつめい)してください。

挟　낄 협　　　음독 キョウ

　　　　　　　　　　　훈독 はさむ

①끼다

| 挟撃 | きょうげき | 협공 | 挟む | はさむ | 끼우다 |

紙(かみ)の中(なか)にそれを挟(はさ)んでください。
前後(ぜんご)から挟撃(きょうげき)しました。

 狭　좁을 협　　　음독 キョウ

　　　　　　　　　　훈독 せまい・せばまる

①좁다

| 狭義 | きょうぎ | 협의 | 広狭 | こうきょう | 넓음과 좁음 | | |
| 偏狭 | へんきょう | 편협 | 狭い | せまい | 좁다 | 狭まる せばまる | 좁아지다 |

ここは狭(せま)すぎる所(ところ)だ。
狭義(きょうぎ)に解(かい)する。

 恐　두려울 공　　　음독 キョウ

　　　　　　　　　　훈독 おそれる・おそろしい

①두려워하다 ②걱정하다

| 恐怖 | きょうふ | 공포 | 恐慌 | きょうこう | 공황 | 恐喝 | きょうかつ | 공갈 |
| 恐縮 | きょうしゅく | 황공함 | 恐れる | おそれる | 무서워하다 | 恐ろしい | おそろしい | 무섭다 |

恐(おそ)れなくてもいいです。安心(あんしん)してください。
恐怖(きょうふ)に襲(おそ)われました。

胸　가슴 흉　　小6　음독 キョウ

　　　　　　　　　훈독 むね・むな

①가슴 ②마음

| 胸 | むね | 가슴 | 胸部 | きょうぶ | 흉부 | 胸像 | きょうぞう | 흉상 |
| 胸囲 | きょうい | 가슴둘레 | 胸板 | むないた | 앞가슴 | 胸焼け | むねやけ | 가슴앓이 |

胸(むね)がむかむかします。
創立者(そうりつしゃ)の胸像(きょうぞう)が置(お)いてあります。

境

경계 경 　　　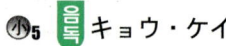 **음독** キョウ・ケイ

　　　　　　　　훈독 さかい

①경계 ②장소 ③운명

国境	こっきょう	국경	境界	きょうかい	경계	境内	けいだい	사찰의 경내
境	さかい	경계	境遇	きょうぐう	경우	心境	しんきょう	심경

土地(とち)の境(さかい)を境界(きょうかい)と言(い)います。
寺(てら)の敷地(しきち)の中(なか)を境内(けいだい)と言(い)います。

橋

다리 교 　　　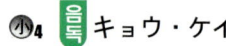 **음독** キョウ

　　　　　　　　훈독 はし

①다리

橋	はし	다리	石橋	いしばし	돌다리	歩道橋	ほどうきょう	육교
つり橋	つりばし	매단 다리	架け橋	かけはし	가교	鉄橋	てっきょう	철교

これから日本(にほん)と韓国(かんこく)との架(か)け橋(はし)になりたいです。
昔(むかし)ここに石橋(いしばし)がありました。

競

경쟁할 경 　　　**음독** キョウ・ケイ

　　　　　　　　훈독 きそう・せる

①경쟁하다

競争	きょうそう	경쟁	競技	きょうぎ	경기	競馬	けいば	경마
競う	きそう	경쟁하다						

スピーチコンテストで出場者(しゅつじょうしゃ)たちが競(きそ)いあっている。
彼(かれ)はお金(かね)を全部(ぜんぶ)競馬(けいば)につぎ込(こ)んでしまった。

曲

굽을 곡 　　　 **음독** キョク

　　　　　　　　훈독 まがる・まげる

①굽다 ②음악

曲線	きょくせん	곡선	屈曲	くっきょく	굴곡	作曲	さっきょく	작곡
歌謡曲	かようきょく	가요	名曲	めいきょく	명곡	曲技	きょくぎ	곡예기술

突当(つきあた)りまで行(い)って右(みぎ)に曲(ま)がるとすぐ見(み)えますよ。
名曲集(めいきょくしゅう)のCDを買(か)いました。

局 국 국  キョク

①일부분 ②근무구분 ③끝 ④과정

局部	きょくぶ	국부	局地	きょくち	국지	薬局	やっきょく	약국
終局	しゅうきょく	종국	政局	せいきょく	정국	時局	じきょく	시국

電話局(でんわきょく)で電報(でんぽう)を打(う)った。

手術(しゅじゅつ)の前(まえ)に局部麻酔(きょくぶますい)を行(おこな)った。

 極 지극 극 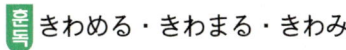 キョク・ゴク

きわめる・きわまる・きわみ

①정점

究極	きゅうきょく	궁극	南極	なんきょく	남극	極楽	ごくらく	극락
極める	きわめる	끝까지 가다				極まる	きわまる 극히 ~하다	

美人(びじん)の京子(きょうこ)さんにしようか、それともかわいい花(はな)ちゃんにしようか

究極(きゅうきょく)の選択(せんたく)だ。　工事(こうじ)は困難(こんなん)を極(きわ)めた。

 玉 구슬 옥  ギョウ たま

①구슬/옥 ②예쁜 것의 비유 ③둥근 형태

玉	ぎょく	옥	玉石	ぎょくせき	옥석	金科玉条	きんかぎょくじょう	금과옥조
目玉	めだま	눈알	玉	たま	구슬	飴玉	あめだま	눈알사탕

目玉焼(めだまや)きを作(つく)って皆(みんな)仲良(なかよ)く食(た)べました。

飴玉(あめだま)が大好(だいす)きです。

 均 균등할 균  キン

①같다 ②갖추다

均一	きんいつ	균일	均等	きんとう	균등	平均	へいきん	평균
均整	きんせい	균형	均衡	きんこう	균형	均分	きんぶん	균등히 분배

均整(きんせい)のとれた建築物(けんちくぶつ)です。

平均寿命(へいきんじゅみょう)は女性(じょせい)が長(なが)いです。

勤 부지런할 근

小6 음독 キン

훈독 つとめる

①부지런하다 ②근무하다

| 勤務 | きんむ | 근무 | 勤務先 | きんむさき | 근무처 | 勤労 | きんろう | 근로 |
| 勤勉 | きんべん | 근면 | 通勤 | つうきん | 통근 | 勤める | つとめる | 근무하다 |

貿易会社(ぼうえきがいしゃ)に勤(つと)めています。

勤務先(きんむさき)を教(おし)えてください。

禁 금할 금

小5 음독 キン

훈독

①금지하다 ②가두다 ③금기시하다

| 禁止 | きんし | 금지 | 禁煙 | きんえん | 금연 | 禁猟 | きんりょう | 사냥금지 |
| 監禁 | かんきん | 감금 | 禁固 | きんこ | 금고 | 禁忌 | きんき | 금기 |

禁煙席(きんえんせき)でお願(ねが)いします。

未成年(みせいねん)の飲酒(いんしゅ)は禁(きん)じられている。

苦 쓸 고

小3 음독 ク

훈독 くるしい・くるしむ・にがい

①쓰다 ②재미없다 ③괴롭다

| 苦味 | にがみ | 씀 | 苦情 | くじょう | 고충 | 苦痛 | くつう | 고통 |
| 苦難 | くなん | 고난 | 苦しい | くるしい | 괴롭다 | 苦しむ | くるしむ | 괴로워하다 |

ご苦労(くろう)さまでした。

どんな苦難(くなん)でもたえてみせます。

具 기구 구

小3 음독 グ

훈독

①구비하다 ②도구

| 具備 | ぐび | 구비 | 具体的 | ぐたいてき | 구체적 | 家具 | かぐ | 가구 |
| 道具 | どうぐ | 도구 | 農具 | のうぐ | 농기구 | 雨具 | あまぐ | 우비 |

体(からだ)の具合(ぐあい)が悪(わる)いんですが、先(さき)に帰(かえ)ってもいいですか。

もっと具体的(ぐたいてき)にお願(ねが)いします。

| 偶 | 짝 우 | グウ |
| | | |

①짝 ②우연

| 偶然 | ぐうぜん | 우연 | 偶像 | ぐうぞう | 우상 | 偶発 | ぐうはつ | 우발 |
| 配偶者 | はいぐうしゃ | 배우자 | 偶数 | ぐうすう | 짝수 | | | |

偶然(ぐうぜん)別(わか)れた恋人(こいびと)に会(あ)いました。

二(に)で割(わ)れる数字(すうじ)を偶数(ぐうすう)といいます。

| 隅 | 모퉁이 우 | グウ |
| | | すみ |

①귀퉁이 ②구석

| 隅 | すみ | 모퉁이 | 一隅 | いちぐう | 한구석 |
| 片隅 | かたすみ | 한쪽 구석 | 隅々 | すみずみ | 구석구석 |

隅(すみ)から隅(すみ)まで探(さが)します。

名前(なまえ)が全国(ぜんこく)隅々(すみずみ)まで響(ひび)いた。

| 掘 | 팔 굴 | クツ |
| | | ほる |

①파다 ②뚫다 ③캐다

| 発掘 | はっくつ | 발굴 | 採掘 | さいくつ | 채굴 | 掘削 | くっさく | 굴착 |
| 掘進 | くっしん | 굴진 | 掘る | ほる | 파다 | | | |

発掘(はっくつ)調査(ちょうさ)が行(おこな)われた。

犬(いぬ)は前足(まえあし)でしきりに穴(あな)を掘(ほ)りました。

| 君 | 자네 군 | ⓼3  クン |
| | | きみ |

①군주 ②훌륭한 사람 ③친구나 손아래 사람의 호칭

| 君主 | くんしゅ | 군주 | 君臣 | くんしん | 군신 | 君子 | くんし | 군자 |
| 名君 | めいくん | 명군 | 諸君 | しょくん | 제군 | 君 | きみ | 너 |

山田君(やまだくん)、お元気(げんき)ですか。

生徒諸君(せいとしょくん)! お早(はよ)う。

가르칠 훈 クン

①가르치다 ②한자의 훈독

| 訓練 | くんれん | 훈련 | 訓示 | くんじ | 훈시 | 訓戒 | くんかい | 훈계 |
| 教訓 | きょうくん | 교훈 | 訓読み | くんよみ | 훈독 | 訓読 | くんどく | 훈독 |

うちの教訓(きょうくん)は誠実(せいじつ)です。

漢字(かんじ)の読(よ)み方(かた)には音読(おんよ)みと訓読(くんよ)みがあります。

 군대 군 グン

①군대

| 軍隊 | ぐんたい | 군대 | 陸軍 | りくぐん | 육군 | 海軍 | かいぐん | 해군 |
| 空軍 | くうぐん | 공군 | 将軍 | しょうぐん | 장군 |

軍縮会議(ぐんしゅくかいぎ)を開(ひら)きましたが、決裂(けつれつ)しました。

軍手(ぐんて)をはめて庭作業(にわさぎょう)をします。

 무리 군 グン
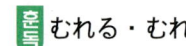むれる・むれ

①무리를 지다

| 群集 | ぐんしゅう | 군집 | 群落 | ぐんらく | 군락 | 群衆 | ぐんしゅう | 군중 |
| 群舞 | ぐんぶ | 군무 | 群島 | ぐんとう | 군도 | 群れる | むれる | 떼를 지다 |

お菓子(かし)にありが群(むら)がっています。

つばめが群(む)れを成(な)して飛(と)んでいきます。

 형태 형 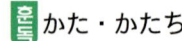ケイ・ギョウ
かた・かたち

①형태 ②모양

| 形式 | けいしき | 형식 | 有形 | ゆうけい | 유형 | 三角形 | さんかくけい | 삼각형 |
| 人形 | にんぎょう | 인형 | 奇形 | きけい | 기형 | 形 | かたち | 형태 |

人形遊(にんぎょうあそ)びをしようよ。

もっとファッショナブルな形(かたち)のものを見(み)せてください。

係

관계 계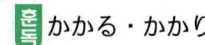

음독 ケイ

훈독 かかる・かかり

①관계하다 ②연결하다 ③담당

関係	かんけい	관계	連係	れんけい	연계	係留	けいりゅう	계류
案内係	あんないがかり	안내담당	営業係	えいぎょうがかり	영업담당			

君(きみ)には関係(かんけい)ないことだよ。

今(いま)、係(かか)りの者(もの)が案内(あんない)いたしますのでお待(ま)ちください。

型

모양 형

음독 ケイ

훈독 かた

①형태 ②본보기

小型	こがた	소형	原型	げんけい	원형	新型	しんがた	신형
典型	てんけい	전형	模型	もけい	모형	型	かた	본

軽自動車(けいじどうしゃ)は小型(こがた)自動車(じどうしゃ)より小(ちい)さいです。

大型(おおがた)の台風(たいふう)が日本列島(にほんれっとう)に近(ちか)づいてきた。

経

경과 경

음독 ケイ・キョウ

훈독 へる

①세로 ②경과하다 ③경영하다 ④경전

経度	けいど	경도	経緯	けいい	경위	経過	けいか	경과
経由	けいゆ	경유	経営	けいえい	경영	経る	へる	경과하다

その他(ほか)に経歴(けいれき)はありますか。

アシスタントを経(へ)てフリーのカメラマンとして独立(どくりつ)した。

敬

공경 경

음독 ケイ

훈독 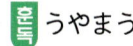 うやまう

①공경하다

敬語	けいご	경어	敬愛	けいあい	경애	敬意	けいい	경의
尊敬	そんけい	존경	敬う	うやまう	공경하다			

今日(きょう)は敬老(けいろう)の日(ひ)です。

わが国(くに)のお年(とし)よりを敬(うやま)います。

景

경치 경　　　　　小4　음독 ケイ

훈독

①경치

| 景色 | けしき | 경치 | 光景 | こうけい | 광경 | 風景 | ふうけい | 풍경 |
| 景気 | けいき | 경기 | 景品 | けいひん | 경품 | | | |

もう十年前(じゅうねんまえ)から不景気(ふけいき)だ。

窓(まど)の景色(けしき)が気(き)に入(い)り、この部屋(へや)にしました。

傾

기울어질 경　　　　音독 ケイ

훈독 かたむく

①기울어지다 ②경사

| 傾向 | けいこう | 경향 | 傾斜 | けいしゃ | 경사 | 傾聴 | けいちょう | 경청 |
| 左傾 | さけい | 좌경 | 傾く | かたむく | 기울어지다 | | | |

30度(ど)の傾斜(けいしゃ)です。

柱(はしら)が右(みぎ)の方(ほう)に傾(かたむ)いています。

警

경계할 경　　　　小6　음독 ケイ

훈독

①경계하다 ②깨우치다

| 警察 | けいさつ | 경찰 | 警告 | けいこく | 경고 | 警官 | けいかん | 경관 |
| 警戒 | けいかい | 경계 | 警備 | けいび | 경비 | | | |

助(たす)けてください。警察(けいさつ)を呼(よ)んでください。

あの人(ひと)は警戒(けいかい)すべき人物(じんぶつ)だ。

恵

은혜 혜　　　　音독 ケイ・エ

훈독 めぐむ

①베풀다 ②혜택 ③풍족

| 恩恵 | おんけい | 은혜 | 知恵 | ちえ | 지혜 | 恵む | めぐむ | 베풀다 |

この辺(あた)りは自然(しぜん)に恵(めぐ)まれています。

ない知恵(ちえ)を絞(しぼ)っています。

芸

예술 예  음독 ゲイ

훈독

①원예 ②기술

園芸	えんげい	원예	農芸	のうげい	농예	芸術	げいじゅつ	예술
芸能人	げいのうじん	연예인	文芸	ぶんげい	문예	学芸	がくげい	학예

学芸会(がくげいかい)で赤(あか)ずきんちゃんを演(えん)じました。

毎日(まいにち)、同(おな)じ芸(げい)をしている。

迎

맞을 영 음독 ゲイ

훈독 むかえる

①맞이하다 ②모시다

歓迎	かんげい	환영	歓迎会	かんげいかい	환영회	送迎	そうげい	송영
迎春	げいしゅん	새해를 맞음	出迎え	でむかえ	출영	迎える	むかえる	맞이하다

空港(くうこう)まで迎(むか)えに行(い)きました。

歓迎会(かんげいかい)を開(ひら)きました。

劇

연극 극 음독 ゲキ

훈독

①극

劇	げき	극	演劇	えんげき	연극	劇団	げきだん	극단
喜劇	きげき	희극	劇薬	げきやく	극약		

劇団(げきだん)に入(はい)る予定(よてい)です。

演劇(えんげき)を芝居(しばい)ともいいます。

欠

부족할 결  음독 ケツ

훈독 かける・かく

①부족하다 ②좋지 않다 ③빠지다

欠員	けついん	결원	欠格	けっかく	결격	欠陥	けっかん	결함
欠点	けってん	결점	欠席	けっせき	결석	欠勤	けっきん	결근

それは欠(か)かせないものだ。

人(ひと)の欠点(けってん)を言(い)う前(まえ)に自分(じぶん)の欠点(けってん)を直(なお)せよ。

147

血

피 혈　　小3　음독 ケツ

훈독 ち

①피 ②혈통 ③기운 ④험하다

| 血液 | けつえき | 혈액 | 輸血 | ゆけつ | 수혈 | 血統 | けっとう | 혈통 |
| 血縁 | けつえん | 혈연 | 血気 | けっき | 혈기 | 血栓 | けっせん | 혈전 |

私(わたし)の血液型(けつえきがた)はA型(がた)です。

この犬(いぬ)は由緒正(ゆいしょただ)しい血統(けっとう)を持(も)っています。

決

정할 결　　小3　음독 ケツ

훈독 きめる・きまる

①자르다 ②결정하다 ③단호히

| 決裂 | けつれつ | 결렬 | 決壊 | けっかい | 터져 무너짐 | 解決 | かいけつ | 해결 |
| 判決 | はんけつ | 판결 | 多数決 | たすうけつ | 다수결 | 決起 | けっき | 궐기 |

出張(しゅっちょう)の日(ひ)がとうとう決(き)まりました。

多数決(たすうけつ)で決(き)まりました。

結

맺을 결　　小4　음독 ケツ

훈독 むすぶ・ゆう・ゆわえる

①매듭짓다 ②끝내다 ③맺다 ④굳게 하다

| 結び目 | むすびめ | 매듭 | 結局 | けっきょく | 결국 | 結果 | けっか | 결과 |
| 結集 | けっしゅう | 결집 | 結成 | けっせい | 결성 | 結ぶ | むすぶ | 연결하다 |

堅(かた)く結(むす)んでください。

結局(けっきょく)やめることにした。

件

사건 건　　小5　음독 ケン

훈독

①사건

| 事件 | じけん | 사건 | 用件 | ようけん | 용건 | 人件費 | じんけんひ | 인건비 |
| 条件 | じょうけん | 조건 | 要件 | ようけん | 요건 | 物件 | ぶっけん | 물건 |

何(なに)かご用件(ようけん)でもありますか。

先進国(せんしんこく)だけあって、人件費(じんけんひ)が高(たか)くなります。

券 권 권  음독 ケン

훈독

①권

| 証券 | しょうけん | 증권 | 商品券 | しょうひんけん | 상품권 | 旅券 | りょけん | 여권 |
| 食券 | しょっけん | 식권 | 定期券 | ていきけん | 정기권 | 入場券 | にゅうじょうけん | 입장권 |

旅券(りょけん)を作(つく)りに大使館(たいしかん)へ行(い)きました。

コンサートの招待券(しょうたいけん)を購入(こうにゅう)しました。

 肩 어깨 견 음독 ケン

훈독 かた

①어깨

| 肩 | かた | 어깨 | 肩章 | けんしょう | 견장 | 比肩 | ひけん | 비견 |
| 肩書き | かたがき | 직함 | 肩車 | かたぐるま | 목마 |

肩(かた)をたたきました。

名刺(めいし)に肩書(かたが)きが並(なら)べている。

 軒 추녀 헌 음독 ケン

훈독 のき

①처마

| 軒 | のき | 처마 | 軒下 | のきした | 처마 밑 | 軒先 | のきさき | 처마끝 |
| 一軒 | いっけん | 한채 | 軒数 | けんすう | 집채수 |

事業(じぎょう)は軒(のき)が傾(かたむ)きかけていた。

村(むら)はずれの一軒家(いっけんや)です。

険 험할 험 음독 ケン

훈독 けわしい

①험하다 ②위험하다

| 険悪 | けんあく | 험악 | 陰険 | いんけん | 음험 | 険阻 | けんそ | 지세가 험함 |
| 危険 | きけん | 위험 | 保険 | ほけん | 보험 | 険しい | けわしい | 험하다 |

健康保険(けんこうほけん)に加入(かにゅう)しました。

険(けわ)しい山道(やまみち)を登(のぼ)って山(やま)の頂上(ちょうじょう)に着(つ)いた。

検 검사 검 小5  ケン

①조사하다 ②검사하다

探検	たんけん	탐험	検算	けんざん	검산	検査	けんさ	검사
検察	けんさつ	검찰	検出	けんしゅつ	검출	検問	けんもん	검문

それでは検討(けんとう)してみます。

血液(けつえき)検査(けんさ)が行(おこな)われました。

権 권세 권 小6  ケン

①권력 ②권리

権力	けんりょく	권력	権利	けんり	권리
権威	けんい	권위	人権	じんけん	인권

権力(けんりょく)のせいで倒(たお)れました。

人権(じんけん)についての会議(かいぎ)が開(ひら)かれた。

賢 어질 현 ケン 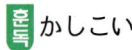 かしこい

①현명하다

賢母	けんぼ	현모	賢人	けんじん	현인	賢明	けんめい	현명
先賢	せんけん	선현	賢い	かしこい	현명하다			

あの生徒(せいと)は賢(かしこ)いです。

さすが良妻賢母(りょうさいけんぼ)だ。

健 건강 건 小4  ケン  すこやかだ

①건강하다 ②강하다

健康	けんこう	건강	保健	ほけん	보건	健在	けんざい	건재
健全	けんぜん	건전	健児	けんじ	건아	健闘	けんとう	건투

健(すこ)やかに成長(せいちょう)した。

我々(われわれ)の健闘(けんとう)を祈(いの)り乾杯(かんぱい)!

限 한정할 한  ゲン

 かぎる

①한정하다

限界	げんかい	한계	制限	せいげん	제한	無限	むげん	무한
有限	ゆうげん	유한	期限	きげん	기한	限る	かぎる	제한하다

あなたの家(いえ)には門限(もんげん)がありますか。

それは国内(こくない)に限(かぎ)ったことではありません。

 原 들판 원  ゲン

 はら

①들판 ②원래

野原	のはら	들판	草原	そうげん	초원	原因	げんいん	원인
原子	げんし	원자	原油	げんゆ	원유	原産地	げんさんち	원산지

原因(げんいん)を詳(くわ)しく調(しら)べてください。

僕(ぼく)の夢(ゆめ)は高原(こうげん)で野菜(やさい)を栽培(さいばい)することです。

 現 나타날 현  ゲン

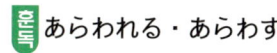 あらわれる・あらわす

①나타나다 ②현재

現象	げんしょう	현상	出現	しゅつげん	출현	実現	じつげん	실현
現在	げんざい	현재	現代	げんだい	현대	現金	げんきん	현금

雲(くも)の切(き)れ間(ま)から、島(しま)が現(あらわ)れてきました。

現在(げんざい)の売(う)れ行(ゆ)きはどうですか。

 減 뺄 감  ゲン

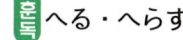 へる・へらす

①빼다

減少	げんしょう	감소	減税	げんぜい	감세	減点	げんてん	감점
加減	かげん	가감	減量	げんりょう	감량	減る	へる	빼다

輸出(ゆしゅつ)のおかげで赤字(あかじ)が減(へ)りました。

ジョギングをしながら体重(たいじゅう)を減(へ)らしています。

151

 문 호 　　　　　小2 음독 コ

훈독 と

①문 ②집

戸	と	문	ガラス戸	ガラスど	유리문	戸締り	とじまり	문단속
戸主	こしゅ	호주	戸数	こすう	호수	戸籍	こせき	호적

戸籍(こせき)を拝見(はいけん)していただけませんか。

家(うち)はいつも父(ちち)が戸締(とじま)りをしております。

 부를 호 　　　　　小6 음독 コ

훈독 よぶ

①부르다 ②호소하다

呼吸	こきゅう	호흡	呼称	こしょう	호칭	呼応	こおう	호응
点呼	てんこ	점호	呼ぶ	よぶ	부르다			

新鮮(しんせん)な空気(くうき)を呼吸(こきゅう)します。

節電(せつでん)を呼(よ)び掛(か)けています。

 딱딱할 고 　　　小4 음독 コ

훈독 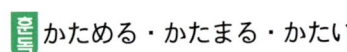かためる・かたまる・かたい

①딱딱하다 ②원래부터

強固	きょうこ	굳음	堅固	けんご	견고	固形	こけい	고형
頑固	がんこ	완고	固定	こてい	고정	固い	かたい	딱딱하다

もう考(かんが)えを固(かた)めました。

うちの父(ちち)はとても頑固(がんこ)だ。

 마를 고 　　　　　음독 コ

훈독 かれる

①마르다 ②시들다

枯死	こし	고사	枯れ木	かれき	고목	枯れる	かれる	마르다

枯(か)れ木(き)に花(はな)。

草木(くさき)が枯(か)れました。

152

個

낱 개　　　 コ

①한개

| 個人 | こじん | 개인 | 個性 | こせい | 개성 | 個人差 | こじんさ | 개인차 |
| 個室 | こしつ | 개인실 | 個人主義 | こじんしゅぎ | 개인주의 | | | |

りんごを二個(にこ)ください。

子供(こども)たちの個性(こせい)を大事(だいじ)にしてください。

庫

창고 고　　　 コ・ク

①창고 ②공공의 돈

| 車庫 | しゃこ | 차고 | 金庫 | きんこ | 금고 | 文庫本 | ぶんこぼん | 문고본 |
| 倉庫 | そうこ | 창고 | 国庫 | こっこ | 국고 | | | |

ビールは冷蔵庫(れいぞうこ)に冷(ひ)やしてあります。

文庫本(ぶんこぼん)を五冊(ごさつ)も買(か)いました。

湖

호수 호　　　 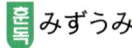 コ

みずうみ

①호수

| 湖 | みずうみ | 호수 | 湖畔 | こはん | 호반 | 湖面 | こめん | 호수면 |

湖上(こじょう)に写(うつ)る月(つき)は美(うつく)しいです。

静(しず)かな湖畔(こはん)の村(むら)でした。

雇

품팔 고　　　 コ

 やとう

①고용하다

| 雇用 | こよう | 고용 | 解雇 | かいこ | 해고 | 雇い主 | やといぬし | 고용주 |
| 雇う | やとう | 고용하다 | 日雇い | ひやとい | 날품팔이 | | | |

どんな人(ひと)を雇(やと)いたいのですか。

会社(かいしゃ)がつぶれて解雇(かいこ)されました。

153

故 연고 고　　　 음독 コ

훈독 ゆえ

①오래되다 ②죽은 것 ③일부러 ④사고 ⑤원인

| 故郷 | こきょう | 고향 | 故人 | こじん | 고인 | 縁故 | えんこ | 연고 |
| 故意 | こい | 고의 | 故障 | こしょう | 고장 | 故に | ゆえに | 때문에 |

事故(じこ)のせいで交通渋滞(こうつうじゅうたい)です。

お盆(ぼん)で皆(みんな)故郷(ふるさと)に帰(かえ)ります。

 互 서로 호　　　 음독 ゴ

 훈독 たがい

①서로

| お互い | おたがい | 서로 | 互恵 | ごけい | 호혜 | 相互 | そうご | 상호 |

お互(たが)いにちゃんと話(はな)しましょう。

相互(そうご)の利益(りえき)を図(はか)ります。

 誤 그르칠 오　　　 음독 ゴ

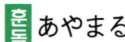 훈독 あやまる

①실수하다 ②실패하다 ③잘못하다

| 誤解 | ごかい | 오해 | 誤報 | ごほう | 오보 | 錯誤 | さくご | 착오 |
| 誤差 | ごさ | 오차 | 誤る | あやまる | 실수하다 | | | |

話(はな)し合(あ)って誤解(ごかい)を解(と)きました。

答(こた)えを誤(あやま)りました。

 交 사귈 교　　　 음독 コウ

훈독 まじわる・まじえる・かわす

①섞이다 ②사귀다 ③바꾸다

| 交通 | こうつう | 교통 | 交流 | こうりゅう | 교류 | 交際 | こうさい | 교제 |
| 外交 | がいこう | 외교 | 交替 | こうたい | 교체 | 交わる | まじわる | 교차하다 |

国際交流基金(こくさいこうりゅうききん)からの知(し)らせです。

隣(となり)の席(せき)の人(ひと)と言葉(ことば)を交(かわ)した。

向	향할 향	小3 음독 コウ
		훈독 むく・むかう・むこう

①향하다 ②경향

向上	こうじょう	향상	方向	ほうこう	방향	動向	どうこう	동향
傾向	けいこう	경향	意向	いこう	의향	向かう	むかう	향하다

若者向(わかものむ)きの衣類会社(いるいがいしゃ)に勤(つと)めています。
私(わたし)は方向音痴(ほうこうおんち)です。

更	고칠 경/다시 갱	음독 コウ
		훈독 さら

①고치다 ②다시 ③새롭다

更に	さらに	재차	今更	いまさら	새삼스레	更新	こうしん	갱신
更正	こうせい	경정	更迭	こうてつ	경질			

更(さら)に暑(あつ)くなりました。
今更(いまさら)ですけど、それが事実(じじつ)です。

効	보람 효	小5 음독 コウ
•		훈독 きく

①효과

効果	こうか	효과	効能	こうのう	효능	効力	こうりょく	효력
薬効	やっこう	약효	実行	じっこう	실행	効く	きく	효과가 있다

この薬(くすり)は効(き)き目(め)がありません。
この薬(くすり)は頭痛(ずつう)によく利(き)きます。

幸	행복 행	小3 음독 コウ
		훈독 さいわい・さち・しあわせ

①행복

幸運	こううん	행운	幸福	こうふく	행복	不幸	ふこう	불행
幸い	さいわい	다행	幸せだ	しあわせだ	행복하다			

もっと幸(しあわ)せになりたい。
幸(しあわ)なことに助(たす)かりました。

肯 긍정 긍

 コウ

①수긍하다 ②승낙하다

肯定	こうてい	긍정	首肯	しゅこう	수긍

肯定的(こうていてき)な意見(いけん)はありませんか。

首肯(しゅこう)し難(がた)い提案(ていあん)です。

厚 두터울 후

 小5

 コウ

 あつい

①두껍다 ②마음이 담기다 ③뻔뻔하다

厚着	あつぎ	두꺼운 옷	濃厚	のうこう	농후	温厚	おんこう	온후
厚意	こうい	후의	厚情	こうじょう	두터운 정	厚い	あつい	두껍다

学生(がくせい)からの厚(あつ)い友情(ゆうじょう)を大切(たいせつ)にしたい。

寒(さむ)いですから厚着(あつぎ)をしたほうがいいですよ。

紅 붉을 홍

 小6

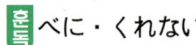 コウ・ク

べに・くれない

①주홍색

紅	べに	연지	口紅	くちべに	립스틱	紅	くれない	주홍색
紅葉	こうよう	단풍	紅白	こうはく	홍백	真紅	しんく	진홍색

ピンクの口紅(くちべに)がほしいです。

韓国(かんこく)の秋(あき)は紅葉(こうよう)が美(うつく)しいです。

荒 거칠 황

 コウ

あらい・あれる

①거칠다 ②난폭하다

荒野	こうや	황야	荒地	こうち	황무지	荒天	こうてん	악천후
荒波	あらなみ	거친 파도	荒い	あらい	거칠다	荒れる	あれる	거칠어지다

西部(せいぶ)の荒野(こうや)。

荒(あら)い手触(てざわ)りです。

156

郊 들 교

음독 コウ

훈독

①들 ②시외 ③문 밖

郊外	こうがい	교외	近郊	きんこう	근교

郊外(こうがい)へ遠足(えんそく)に行(い)きましょう。

ずっと東京(とうきょう)の近郊(きんこう)に住(す)んでいます。

香 향기 향

음독 コウ

훈독 かおる・かおり

①향기 ②냄새

香水	こうすい	향수	香料	こうりょう	향료	線香	せんこう	모기향
香り	かおり	향기	香る	かおる	향기나다		

どこかでいい香(かお)りがする。

デパートで気(き)に入(い)った香水(こうすい)を買(か)いました。

候 기후 후

小4 음독 コウ

훈독 そうろう

①상태를 묻다 ②상태 ③때

候補	こうほ	후보	兆候	ちょうこう	징후	天候	てんこう	기후
気候	きこう	기후					

悪天候(あくてんこう)に見舞(みま)われる。

立候補者(りっこうほしゃ)の登録(とうろく)は明日(あした)までです。

耕 경작할 경

小5 음독 コウ

훈독 たがやす

①경작하다

耕作	こうさく	경작	耕地	こうち	농경지	農耕	のうこう	농경
耕具	こうぐ	경작 기구	牛耕	ぎゅうこう	우경	耕す	たがやす	경작하다

日本人(にほんじん)はもともと農耕民族(のうこうみんぞく)です。

畑(はたけ)を耕(たやが)しています。

| 航 | 항해할 항 | 小4  コウ |
| | | |

①바다, 하늘을 건너다

| 航海 | こうかい | 항해 | 航空 | こうくう | 항공 | 帰航 | きこう | 귀항 |
| 航路 | こうろ | 항로 | | | | | | |

航海(こうかい)の安全(あんぜん)を願(ねが)う。

空(そら)の上(うえ)から航空写真(こうくうしゃしん)を撮(と)りました。

| 降 | 내릴 강 | 小5  コウ |
| | | おりる・ふる |

①내리다 ②항복하다

| 降雨 | こうう | 비가 내림 | 降伏 | こうふく | 항복 | 以降 | いこう | 이후 |
| 降水量 | こうすいりょう | 강수량 | 降りる | おりる | 내리다 | 降る | ふる | 내리다 |

雨(あめ)が降(ふ)り出(だ)しました。

降水量(こうすいりょう)はどのくらいですか。

| 黄 | 누를 황 | 小2 コウ・オウ |
| | | き・こ |

①노랑 / 노랗다

| 黄色 | きいろ | 노랑 | 黄身 | きみ | 노른자 | 黄金 | こがね | 황금 |
| 黄金 | おうごん | 황금 | | | | | | |

黄身(きみ)の外(そと)には白身(しろみ)がある。

緑色(みどりいろ)に黄色(きいろ)をかき混(ま)ぜると黄緑色(きみどりいろ)になります。

| 港 | 항구 항 | 小3 コウ |
| | | みなと |

①항구 ②공항

| 港 | みなと | 항구 | 開港 | かいこう | 개항 | 貿易港 | ぼうえきこう | 무역항 |

遊覧船(ゆうらんせん)が港(みなと)を出(で)ます。

もうすぐ成田空港(なりたくうこう)に到着(とうちゃく)致(いた)します。

硬 굳을 경　音독コウ

훈독かたい

①단단하다　②딱딱하다　③완고하다

硬化	こうか	경화	硬貨	こうか	금속 화폐	硬度 こうど	경도
硬直	こうちょく	경직	強硬	きょうこう	강경	硬い かたい	단단하다

野党側(やとうがわ)の態度(たいど)が硬化(こうか)する。

鉄(てつ)のように硬(かた)いです。

鉱 쇠 광　　音독 コウ

훈독

①쇠 / 금속

鉱山	こうざん	광산	鉱業	こうぎょう	광업	鉱夫 こうふ	광부
金鉱	きんこう	금광	鉱石	こうせき	광석	鉱脈 こうみゃく	광맥

石炭(せきたん)を採鉱(さいこう)しに鉱山(こうざん)に行(い)きました。

鉱石(こうせき)から良質(りょうしつ)な成分(せいぶん)を取(と)り出(だ)しました。

構 구조 구　　音독 コウ

훈독 かまえる・かまう

①구성하다　②짓다

構成	こうせい	구성	構想	こうそう	구상	構築 こうちく	구축
構図	こうず	구도	構外	こうがい	구외	構える かまえる	짓다

網(あみ)を構(かま)えて魚(さかな)をとる。

新(あたら)しい作品(さくひん)の構想(こうそう)を練(ね)る。

講 강의 강　　音독 コウ

훈독

①설명하다　②강의하다

講義	こうぎ	강의	講演	こうえん	강연	講師 こうし	강사
講堂	こうどう	강당	開講	かいこう	개강	講中 こうじゅう	계원

今日(きょう)の授業(じゅぎょう)は休講(きゅうこう)だ。

田中教授(たなかきょうじゅ)の講義(こうぎ)を受(う)けています。

号 부르짖을 호  ゴウ

①부르다 ②신호 ③이름 ④번호

号令	ごうれい	호령	暗号	あんごう	암호	信号	しんごう	신호
記号	きごう	기호	年号	ねんごう	연호	番号	ばんごう	번호

番号(ばんごう)順(じゅん)に並(なら)んでください。

信号(しんごう)の前(まえ)で交通事故(こうつうじこ)に遭(あ)いました。

공공 공 コウ 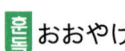おおやけ

①공공 ②바르게 ③세상

公務	こうむ	공무	公立	こうりつ	공립	公式	こうしき	공식
公平	こうへい	공평	公正	こうせい	공정	公開	こうかい	공개

公務員(こうむいん)になろうと思(おも)います。

公正(こうせい)に判断(はんだん)したと思(おも)う。

康 건강 강 コウ

①건강하다

健康	けんこう	건강	小康	しょうこう	소강

定期的(ていきてき)に健康診断(けんこうしんだん)を受(う)けましょう。

しばらく小康(しょうこう)状態(じょうたい)が続(つづ)いたがまた悪化(あっか)した。

告 알릴 고 コク つげる

①알리다

告白	こくはく	고백	広告	こうこく	광고	告示	こくじ	고지
告げる	つげる	고하다						

部長(ぶちょう)に報告(ほうこく)しなきゃ。

時刻(じこく)を告(つ)げる鐘(かね)が鳴(な)ります。

谷

골짜기 곡　　　小2　음독 コク

훈독 たに

①골짜기

| 谷間 | たにま | 골짜기 | 渓谷 | けいこく | 계곡 | 峡谷 | きょうこく | 협곡 |

谷間(たにま)に沿(そ)って歩(ある)きましょうか。

山(やま)あり谷(たに)ありの人生(じんせい)でした。

刻

새길 각　　　小6　음독 コク

훈독 きざむ

①새기다 ②썰다

| 時刻 | じこく | 시각 | 定刻 | ていこく | 정각 | 遅刻 | ちこく | 새기다 |
| 彫刻 | ちょうこく | 조각 | 刻む | きざむ | 지각 | | | |

石(いし)に名前(なまえ)を刻(きざ)んでいます。

朝寝坊(あさねぼう)をしたので、遅刻(ちこく)しました。

Z급
한자능력검정시험

骨

뼈 골　　　小6　음독 コツ

훈독 ほね

①뼈 ②뼈대 ③요령(히라가나로 씀)

| 骨 | ほね | 뼈 | | こつ | コツ | 요령 | 骨格 | こっかく | 골격 |
| 筋骨 | きんこつ | 근육과 골격 | 骨子 | こっし | 골자 | | | | |

骨(こつ)を教(おし)えてください。

つまずいて足(あし)の骨(ほね)を折(お)りました。

込

일본한자 들다　　　음독

훈독 こむ・こめる

①붐비다 ②복잡하다 ③넣다

| 申し込み | もうしこみ | 신청 | 払い込み | はらいこみ | 납입 |
| 見込み | みこみ | 장래성 | 込む | こむ | 붐비다 | 込める | こめる | 넣다 |

申(もう)し込(こ)みの締(し)め切(き)りは明日(あした)です。

道(みち)が込(こ)んでいます。

| 困 | 곤란 곤 | 小6 음독 コン・キン |
| | | 훈독 こまる |

①곤란하다 ②어렵다

| 困難 | こんなん | 곤란 | 困惑 | こんわく | 곤혹 | 困苦 | こんく | 곤고 |
| 貧困 | ひんこん | 빈곤 | 困る | こまる | 곤란하다 | | | |

突然(とつぜん)のことに困惑(こんわく)する。

赤(あか)ちゃんに泣(な)かれて困(こま)りました。

| 根 | 뿌리 근 | 小3 음독 コン |
| | | 훈독 ね |

①뿌리 ②근본 ③끈기

| 根 | ね | 뿌리 | 根茎 | こんけい | 뿌리줄기 | 根本 | こんぽん | 근본 |
| 根元 | こんげん | 근원 | 根気 | こんき | 끈기 | 根性 | こんじょう | 근성 |

木(き)の根(ね)が地(ち)を這(は)う。

この、根性(こんじょう)なしめ、もっと頑張(がんば)れ。

| 婚 | 혼인할 혼 | 음독 コン |
| | | 훈독 |

①혼인

| 婚約 | こんやく | 약혼 | 婚礼 | こんれい | 혼례 | 結婚 | けっこん | 결혼 |
| 新婚 | しんこん | 신혼 | 新婚旅行 | しんこんりょこう | 신혼여행 | | | |

新婚旅行(しんこんりょこう)はパリに行(い)きました。

こちらは私(わたし)の婚約者(こんやくしゃ)です。

| 混 | 혼잡할 혼 | 小5 음독 コン |
| | | 훈독 まじる・まざる・まぜる |

①섞다

| 混合 | こんごう | 혼합 | 混雑 | こんざつ | 혼잡 | 混同 | こんどう | 혼동 |
| 混乱 | こんらん | 혼란 | 混用 | こんよう | 혼용 | 混声 | こんせい | 혼성 |

小麦粉(こむぎこ)と砂糖(さとう)とバターを混(ま)ぜてください。

混雑(こんざつ)した人込(ひとご)み。

査 심사 사  サ

①조사하다 ②조사원

| 検査 | けんさ | 검사 | 調査 | ちょうさ | 조사 | 捜査 | そうさ | 수사 |
| 査証 | さしょう | 사증 | 審査 | しんさ | 심사 | 巡査 | じゅんさ | 경찰 |

犯人(はんにん)の捜査(そうさ)に当(あ)たる。

論文(ろんぶん)の審査(しんさ)が始(はじ)まりました。

砂 모래 사  サ・シャ すな

①모래

| 砂 | すな | 모래 | 砂浜 | すなはま | 모래사장 | 砂糖 | さとう | 설탕 |
| 砂漠 | さばく | 사막 | 砂丘 | さきゅう | 사구 | 土砂 | どしゃ | 토사 |

コーヒーに砂糖(さとう)二(ふた)つお願(ねが)いします。

土砂崩(どしゃくず)れが起(お)きました。

差 차이 차  サ さす

①차이 ②꽂다

| 差異 | さい | 차이 | 差別 | さべつ | 차별 | 時差 | じさ | 시차 |
| 格差 | かくさ | 격차 | 水差し | みずさし | 물병 | 物差し | ものさし | 자 |

日光(にっこう)が差(さ)してきて日傘(ひがさ)を差(さ)しました。

物差(ものさ)しで長(なが)さをはかる。

座 앉을 좌  ザ  すわる

①앉다 ②자리잡다

| 座席 | ざせき | 좌석 | 座談 | ざだん | 좌담 | 座標 | ざひょう | 좌표 |
| 講座 | こうざ | 강좌 | 口座 | こうざ | 구좌 | 座る | すわる | 앉다 |

銀行(ぎんこう)の口座(こうざ)を開(ひら)く。

母(はは)は座席(ざせき)を確(たし)かめています。

재주 재  サイ

①재능 ②능력이 있는 사람 ③나이 단위

| 才能 | さいのう | 재능 | 文才 | ぶんさい | 글재주 | 天才 | てんさい | 천재 |
| 秀才 | しゅうさい | 수재 | 二十才 | はたち | 20세 | 三十才 | さんじゅっさい | 30세 |

私(わたし)は今年(ことし)二十才(はたち)です。

IQ150以上(いじょう)の人(ひと)を天才(てんさい)と呼(よ)びます。

 다시 재  サイ・サ

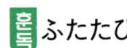 ふたたび

①다시 한번

| 再び | ふたたび | 다시 | 再婚 | さいこん | 재혼 | 再会 | さいかい | 재회 |
| 再選 | さいせん | 재선 | 再任 | さいにん | 재임 | 再発 | さいはつ | 재발 |

再(ふたた)び挑戦(ちょうせん)しようと思(おも)います。

別(わか)れた子供(こども)と再会(さいかい)できた。

 아내 처  サイ

 つま

①아내

| 妻 | つま | 아내 | 愛妻家 | あいさいか | 애처가 | 夫妻 | ふさい | 부부 |
| 先妻 | せんさい | 전처 | 後妻 | ごさい | 후처 | 亡妻 | ぼうさい | 죽은 아내 |

妻(つま)と結婚(けっこん)してもう十年(じゅうねん)になりました。

田中(たなか)さんは愛妻家(あいさいか)です。

 캘 채  サイ

 とる

①취하다

| 採集 | さいしゅう | 채집 | 採取 | さいしゅ | 취재 | 採決 | さいけつ | 채결 |
| 採鉱 | さいこう | 채광 | 採算 | さいさん | 채산 | 採る | とる | 캐다 |

昨日(きのう)病院(びょういん)で血(ち)を採(と)りました。

夏休(なつやす)みの宿題(しゅくだい)で昆虫採集(こんちゅうさいしゅう)をしました。

済 건널 제 小6 음독 サイ

훈독 すむ・すます

①끝내다 ②해결되다 ③갚다

| 決済 | けっさい | 결제 | 経済 | けいざい | 경제 | 共済 | きょうさい | 공제 |
| 返済 | へんさい | 빚을 갚음 | 済む | すむ | 끝나다 | 済ます | すます | 끝내다 |

借金(しゃっきん)の返済(へんさい)を済(す)ませる。
与(あた)えられた仕事(しごと)をやっと済(す)ませました。

祭 제사 제 小3 음독 サイ

훈독 まつる・まつり

①제사 ②축제

| 祭日 | さいじつ | 제사일 | 祭典 | さいてん | 제전 | 祝祭 | しゅくさい | 축제 |
| 祭り | まつり | 축제 | 文化祭 | ぶんかさい | 문화제 | 芸術祭 | げいじゅつさい | 예술제 |

ひな祭(まつ)りは女(おんな)の子(こ)のお祭(まつ)りです。
秋(あき)は文化祭(ぶんかさい)の季節(きせつ)です。

細 가늘 세 小3 음독 サイ

훈독 ほそい・ほそる・こまかい・こまかだ

①가늘다 ②작다 ③자세하다

| 細道 | ほそみち | 좁은 길 | 細い | ほそい | 가늘다 | 細工 | さいく | 세공 |
| 細部 | さいぶ | 세부 | 詳細 | しょうさい | 상세 | 細かだ | こまかだ | 자세하다 |

それからにんにくを細(こま)かく刻(きざ)んでください。
細(こま)かい細工(さいく)が施(ほどこ)された。

最 가장 최 小4 음독 サイ

훈독 もっとも

①가장

| 最高 | さいこう | 최고 | 最初 | さいしょ | 최초 | 最小 | さいしょう | 최소 |
| 最も | もっとも | 가장 | 最悪 | さいあく | 최악 | | | |

雨(あめ)に降(ふ)られて、風(かぜ)に吹(ふ)かれて、最悪(さいあく)です。
富士山(ふじさん)は日本(にほん)で最(もっと)も高(たか)い山(やま)である。

歳

해 세

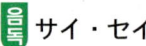 サイ・セイ

①나이 ②년

歳	さい	살	歳月	さいげつ	세월	歳末	さいまつ	연말
歳入	さいにゅう	세입	歳暮	せいぼ	연말, 연말에 주는 선물			

お世話(せわ)になった人(ひと)に年末(ねんまつ)にお歳暮(せいぼ)を送(おく)ります。

今年(ことし)何歳(なんさい)になりますか。

際

즈음 제

 サイ

 きわ

①끝 ②교제 ③만나다 ④즈음

窓際	まどぎわ	창가	際	きわ	가장자리	交際	こうさい	교제
国際	こくさい	국제	際会	さいかい	만남	実際	じっさい	실제

国際連合(こくさいれんごう)で決(き)められた議案(ぎあん)です。

実際問題(じっさいもんだい)それは難(むずか)しい。

在

있을 재

 ザイ

 ある

①있다 ②시골

存在	そんざい	존재	潜在	せんざい	잠재	在日	ざいにち	재일
滞在	たいざい	체재	在庫	ざいこ	재고	近在	きんざい	도시 가까운 시골

コンピュータを自由自在(じゆうじざい)に使(つか)いこなしたい。

彼(かれ)は在日韓国人(ざいにちかんこくじん)です。

材

재료 재

 ザイ

①목재 ②원료 ③재능있는 사람

材木	ざいもく	목재	良材	りょうざい	좋은 인재	材料	ざいりょう	재료
資材	しざい	자재	教材	きょうざい	교재	人材	じんざい	인재

取材(しゅざい)の話(はなし)をしてくださいませんか。

まず料理(りょうり)の材料(ざいりょう)をご用意(ようい)ください。

財　재물 재　 ザイ・サイ

①보물 ②도움이 되는 것

財産	ざいさん	재산	財界	ざいかい	재계	財源	ざいげん	재원
財貨	ざいか	재화	財力	ざいりょく	재력	資財	しざい	자재

財布(さいふ)を忘(わす)れてつけで買(か)ってきました。

財産(ざいさん)を全(すべ)て失(うしな)ってしまった。

罪　죄 죄　 ザイ

 つみ

①죄

罪	つみ	죄	犯罪	はんざい	범죄	有罪	ゆうざい	유죄
罪悪	ざいあく	죄악	謝罪	しゃざい	사죄	罪名	ざいめい	죄명

裁判官(さいばんかん)から無罪(むざい)の判決(はんけつ)が下(くだ)されました。

罪(つみ)を着(き)せてはいけません。

昨　어제 작　 サク

①어제 ②앞

昨日	さくじつ	어제	昨年	さくねん	작년	昨夜	さくや	지난밤

昨晩(さくばん)子供(こども)に泣(な)かれて眠(ねむ)れなかった。

昨日(きのう)はどうも。

 咲　웃을 소　

 さく

①웃다 ②꽃피다

遅咲き	おそざき	철늦게 핌	返り遅き	かえりざき	때아니게 핌	咲く	さく	피다

庭中(にわじゅう)にバラが咲(さ)いています。

遅咲(おそざ)きの梅(うめ)です。

冊

책 책 小6 음독 サツ・サク

훈독

①책

冊数	さっすう		一冊	いっさつ	한 권	別冊	べっさつ	별책

何冊(なんさつ)もの本(ほん)で部屋中(へやじゅう)いっぱいだ。

図書館(としょかん)で本(ほん)を一冊(いっさつ)借(か)りました。

札

편지 찰 음독 サツ

훈독 ふだ

①표 ②팻말

札	ふだ	표	表札	ひょうさつ	문패	検札	けんさつ	검표
入札	にゅうさつ	입찰	改札口	かいさつぐち	개찰구			

改札口(かいさつぐち)で待(ま)ち合(あ)わせをした。

値段(ねだん)が書(か)かれた札(ふだ)がどこかに消(き)えた。

刷

인쇄 쇄 小4 음독 サツ

훈독 する

①인쇄하다

印刷	いんさつ	인쇄	手刷り	てずり	손으로 찍어냄
刷る	する	인쇄하다	縮刷	しゅくさつ	축소판 인쇄

これ、印刷(いんさつ)にまわしてくれる。

年賀状(ねんがじょう)を百枚(ひゃくまい)刷(す)る。

殺

죽일 살 小4 음독 サツ・セイ・セツ

훈독 ころす

①죽이다 ②의미를 강조해 붙이는 말

殺人	さつじん	살인	自殺	じさつ	자살	他殺	たさつ	타살
殺菌	さっきん	살균	殺到	さっとう	쇄도	殺す	ころす	죽이다

殺虫剤(さっちゅうざい)を使(つか)って虫(むし)を殺(ころ)しました。

哺乳瓶(ほにゅうびん)を殺菌(さっきん)するため煮(に)ます。

168

察 살필 찰　　　 음독 サツ

훈독

①살피다

| 観察 | かんさつ | 관찰 | 診察 | しんさつ | 진찰 | 考察 | こうさつ | 고찰 |

犯人(はんにん)は警察(けいさつ)に捕(つか)まって逮捕(たいほ)されました。
診察(しんさつ)の受付(うけつけ)は四時半(よじはん)までです。

雑 섞일 잡　　　 음독 ザツ・ゾウ

훈독

①섞이다 ②그다지 중요하지 않은 것 ③조잡

| 雑談 | ざつだん | 잡담 | 雑種 | ざっしゅ | 잡종 | 複雑 | ふくざつ | 복잡 |
| 雑木 | ぞうき | 잡목 | 雑草 | ざっそう | 잡초 | 粗雑 | そざつ | 조잡 |

会社(かいしゃ)では雑談(ざつだん)をしないこと。
この犬(いぬ)はチワワとテリアの雑種(ざっしゅ)だ。

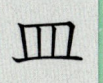 皿 그릇 명　　　음독

훈독 さら

①접시

| 皿 | さら | 그릇 | 灰皿 | はいざら | 재떨이 | 皿洗い | さらあらい | 설거지 |
| 小皿 | こざら | 작은 접시 | おお皿 | おおざら | 큰 접시 | | | |

小皿(こざら)に取(と)り分(わ)ける。
主人(しゅじん)は毎日(まいにち)皿洗(さらあら)いをしてくれる。

 参 석 삼　　　음독 サン

훈독 まいる

①참배하다 ②윗사람 찾아뵙다 ③참가하다 ④참고하다

| 参拝 | さんぱい | 참배 | 参上 | さんじょう | 뵈러 감 | 参加 | さんか | 참가 |
| 参列 | さんれつ | 참례 | 参考 | さんこう | 참고 | 参る | まいる | 가다,오다의 겸양어 |

お正月(しょうがつ)だから神社(じんじゃ)に行(い)ってお参(まい)りしましょう。
英語(えいご)の参考書(さんこうしょ)を一冊(いっさつ)買(か)いました。

169

散

흩어질 산　　 サン

 ちる・ちらかす・ちらかる

①흩어지다 ②제멋대로

解散	かいさん	해산	分散	ぶんさん	분산	散乱	さんらん	산란
散歩	さんぽ	산책	散策	さんさく	산책	散る	ちる	떨어지다

最後(さいご)の木(こ)の葉(は)まで散(ち)ってしまった。
犬(いぬ)の散歩(さんぽ)に行(い)って来(き)ます。

算

셈할 산　　 サン

①수를 세다 ②계산

計算	けいさん	계산	暗算	あんざん	암산	算数	さんすう	산수
検算	けんざん	검산	予算	よさん	예산	公算	こうさん	가망성

数学(すうがく)テストの時(とき)、必(かなら)ず検算(けんざん)をしなければなりません。
暗算(あんざん)で足(た)し算(ざん)をしました。

賛

찬성 찬　　 サン

①칭찬하다 ②같은 생각을 가지는 것

賛美歌	さんびか	찬송가	称賛	しょうさん	칭찬	賞賛	しょうさん	칭찬
絶賛	ぜっさん	절찬	賛成	さんせい	찬성	賛否	さんぴ	찬부

皆(みんな)賛美歌(さんびか)を歌(うた)いましょう。
今(いま)絶賛販売中(ぜっさんはんばいちゅう)です。

残

남길 잔　　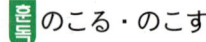 ザン

のこる・のこす

①남다 ②심하다 ③망가뜨리다

残暑	ざんしょ	잔서	残額	ざんがく	잔액	残雪	ざんせつ	잔설
残忍	ざんにん	잔인	残酷	ざんこく	잔혹			

長(なが)い戦争(せんそう)の間(あいだ)、残虐(ざんぎゃく)な行為(こうい)が行(おこな)われた。
残(のこ)さないで全部(ぜんぶ)食(た)べてください。

支 지탱할지  **음독** シ

훈독 ささえる

①가지처럼 갈라진 것 ②지탱하다 ③지불하다 ④지장

支社	ししゃ	지사	支店	してん	지점	支配	しはい	지배
支援	しえん	지원	支出	ししゅつ	지출	支える	ささえる	떠받치다

支持(しじ)をお願(ねが)いします。

杖(つえ)で体(からだ)を支(ささ)える。

史 역사 사  **음독** シ

훈독

①기록

国史	こくし	국사	世界史	せかいし	세계사	歴史	れきし	역사

今度(こんど)の洪水(こうずい)は史上最大(しじょうさいだい)と言(い)われます。

史跡(しせき)を訪(たず)ねてヨーロッパを回(まわ)る。

糸 실 사  **음독** シ

훈독 いと

①칭찬하다 ②같은 생각을 가지는 것

糸	いと	실	綿糸	めんし	면사	糸唐辛子	いととうがらし	실고추

綿糸(めんし)を使(つか)いました。

なかなか針(はり)に糸(いと)が通(とお)りません。

伺 엿볼 사 **음독** シ

훈독 うかがう

①여쭙다 ②듣다 ③찾아뵙다

伺候	しこう	(천황에게)문안 드림	奉伺	ほうし	여쭘
伺う	うかがう	찾아뵙다	伺う	うかがう	삼가 듣다

お年(とし)を伺(うかが)ってもよろしいですか。

相談(そうだん)することがあって、伺(うかが)いたいですが。

刺

찌를 자

 음독 シ

훈독 さす・ささる

①찌르다 ②물다

刺激	しげき	자극	刺客	しかく	자객	名刺	めいし	명함
風刺	ふうし	풍자	刺す	さす	찌르다	刺さる	ささる	찔리다

名刺(めいし)の交換(こうかん)をする。

その作品(さくひん)は彼(かれ)に大(おお)きな刺激(しげき)を与(あた)えた。

枝

가지 지

 음독 シ

 훈독 えだ

①가지 ②갈래

枝	えだ	가지	枝豆	えだまめ	풋콩	枝葉	えだは	가지와 잎
枝葉	しよう	지엽	樹枝	じゅし	나뭇가지			

ビールのつまみに枝豆(えだまめ)が出(で)た。

枝(えだ)が大層(たいそう)広(ひろ)がっている。

指

손가락 지

 小3 음독 シ

 훈독 ゆび・さす

①손가락 ②가리키다

指	ゆび	손가락	指圧	しあつ	지압	小指	こゆび	새끼손가락
指名	しめい	지명	指示	しじ	지지	指す	さす	가리키다

先生(せんせい)は地図(ちず)を指(さ)しながら説明(せつめい)してくださいました。

指定(してい)の用紙(ようし)に記入(きにゅう)しなさい。

師

스승 사

 小5 음독 シ

 훈독

①스승 ②전문인 ③군대

教師	きょうし	교사	恩師	おんし	은사	師弟	してい	사제
医師	いし	의사	講師	こうし	강사	師団	しだん	사단

美容師(びようし)にパーマをかけてもらいました。

薬剤師(やくざいし)になりたくて一生懸命(いっしょうけんめい)勉強(べんきょう)しています。

비계 지 シ

 あぶら

①기름 ②지방

| 油 | あぶら | 지방 | 脂汗 | あぶらあせ | 진땀 | 脂肪 | じぼう | 지방 |
| 油脂 | ゆし | 유지 | 脱脂綿 | だっしめん | 탈지면 | | | |

そのために脂汗(あぶらあせ)をかいた。

最後(さいご)にごま油(あぶら)を一滴(いってき)入(い)れてください。

 말 사 小6 シ

①말 ②글

| 名詞 | めいし | 명사 | 動詞 | どうし | 동사 | 形容詞 | けいようし | 형용사 |
| 品詞 | ひんし | 품사 | 作詞 | さくし | 작사 | 歌詞 | かし | 가사 |

歌(うた)の歌詞(かし)を覚(おぼ)える。

動詞(どうし)の働(はたら)きで一番(いちばん)重要(じゅうよう)なのは。

 치아 치 小3  シ

 は

①이빨 ②들쑥날쑥한 것

| 歯科 | しか | 치과 | 虫歯 | むしば | 충치 | 歯痛 | はいた | 치통 |
| 犬歯 | けんし | 견치 | 歯車 | はぐるま | 톱니바퀴 | 歯止め | はどめ | 제어장치 |

食事(しょくじ)の後(あと)歯(は)を磨(みが)かないと虫歯(むしば)にかかりやすいです。

糸切(いとき)り歯(ば)で糸(いと)をかみ切(き)った。

資 자료 자 小5 음독 シ

훈독

①자료

| 資料 | しりょう | 자료 | 資本 | しほん | 자본 | 投資 | とうし | 투자 |
| 融資 | ゆうし | 융자 | 資源 | しげん | 자원 | 資格 | しかく | 자격 |

教師(きょうし)としての資格(しかく)をとりたくて大学院(だいがくいん)に入(はい)りました。

資料(しりょう)を集(あつ)めているところです。

誌

기록할 지　小6　음독 シ

훈독

①기록

| 雑誌 | ざっし | 잡지 | 週刊誌 | しゅうかんし | 주간지 | 日誌 | にっし | 일지 |
| 会誌 | かいし | 회지 | 誌上 | しじょう | 지상 | 月刊誌 | げっかんし | 월간지 |

週刊誌(しゅうかんし)を毎週(まいしゅう)読(よ)みます。

これはアメリカの雑誌(ざっし)です。

示

보일 시　小5　음독 ジ・シ

훈독 しめす

①보이다

| 示唆 | しさ | 시사 | 指示 | しじ | 지시 | 訓示 | くんじ | 훈시 |
| 告示 | こくじ | 고시 | 明示 | めいじ | 명시 | 示す | しめす | 나타내다 |

人事発令(じんじはつれい)の公示(こうじ)がありました。

態度(たいど)で示(しめ)してください。

志

뜻 지　小5　음독 シ

훈독 こころざす・こころざし

①뜻을 두다

| 志 | こころざし | 뜻 | 志望 | しぼう | 지망 | 志士 | しし | 지사 |
| 志願 | しがん | 지원 | 意志 | いし | 의사 | 初志 | しょし | 초지 |

どの学部(がくぶ)を志(こころざ)していますか。

志願(しがん)した会社(かいしゃ)に合格(ごうかく)した。

司

맡을 사　小4　음독 シ

훈독

①맡다

| 司会 | しかい | 사회 | 司法 | しほう | 사법 | 上司 | じょうし | 상사 |

頼(たの)まれた司会(しかい)がうまくいかなかったけど、やってよかったと思(おも)う。

また、上司(じょうし)に怒(おこ)られた。

寺 절 사

 小2

음독 ジ

훈독 てら

①기관 ②절

寺	てら	절	寺院	じいん	사원	山寺 やまでら	산사
寺社	じしゃ	절과 신사	寺参り	てらまいり	절에 참배함		

墓参(はかまい)りにお寺(てら)に行(い)ってまいりました。

寺(てら)の和尚(おしょう)と坊主(ぼうず)。

次 다음 차

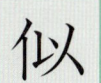 小3

음독 ジ・シ

훈독 つぐ・つぎ

①순서 ②다음 ③회수를 나타냄

次	つぎ	다음	目次	もくじ	목차	次回 じかい	다음 번
次女	じじょ	차녀	次官	じかん	차관	二次会 にじかい	이차

集(あつ)まりの後(あと)二次会(にじかい)まで行(い)きました。

彼(かれ)は次期(じき)首相(しゅしょう)と呼(よ)ばれている。

似 닮을 사

小5

음독 ジ

훈독 にる

①닮다

類似	るいじ	유사	相似	そうじ	서로 닮음	疑似 ぎじ	유사
似る	にる	닮다					

どれも似通(にかよ)っていて区別(くべつ)がつかない。

次(つぎ)の中(なか)で似(に)ているのを選(えら)んでください。

児 아동 아

小5

음독 ジ・ニ

훈독

①아동 ②젊은 남자

児童	じどう	아동	育児	いくじ	육아	孤児 こじ	고아
小児科	しょうにか	소아과	健児	けんじ	건아		

児童文学(じどうぶんがく)のコーナに童話(どうわ)があります。

赤(あか)ちゃんを小児科(しょうにか)へ連(つ)れて行(い)きました。

治

다스릴 치 　小4 음독 ジ・チ

훈독 おさまる・なおる

①다스리다 ②병이 낫다

| 統治 | とうち | 통치 | 政治 | せいじ | 정치 | 自治体 | じちたい | 자치체 |
| 治安 | ちあん | 치안 | 治療 | ちりょう | 치료 | 治る | なおる | 낫다 |

不治(ふじ)の病(やまい)にかかって治(なお)らない。

現地(げんち)の治安(ちあん)の悪化(あっか)が心配(しんぱい)の種(たね)だ。

辞

글 사 　小4 음독 ジ

훈독 やめる

①글 ②그만두다

| 辞典 | じてん | 사전 | 辞書 | じしょ | 사전 | 祝辞 | しゅくじ | 축사 |
| 辞退 | じたい | 사퇴 | 辞職 | じしょく | 사직 | 辞任 | じにん | 사임 |

会社(かいしゃ)をやめて一人(ひとり)で貿易会社(ぼうえきがいしゃ)を作(つく)るつもりです。

ありがたいですが、辞退(じたい)させていただきます。

式

법 식 　小3 음독 シキ

훈독

①방법 ②행사 ③계산법칙

| 正式 | せいしき | 정식 | 洋式 | ようしき | 서양식 | 儀式 | ぎしき | 의식 |
| 結婚式 | けっこんしき | 결혼식 | 公式 | こうしき | 공식 | 数式 | すうしき | 수식 |

卒業式(そつぎょうしき)で皆(みんな)が泣(な)きました。

洋式(ようしき)トイレばかりです。

識

알 식 　小5 음독 シキ

훈독

①알다 ②식견 ③표시하다

| 知識 | ちしき | 지식 | 認識 | にんしき | 인식 | 常識 | じょうしき | 상식 |
| 意識 | いしき | 의식 | 識見 | しきけん | 식견 | 標識 | ひょうしき | 표식 |

あの先生(せんせい)は優(すぐ)れた学識(がくしき)を持(も)っていらっしゃいます。

いったい常識(じょうしき)があるのかい。

176

失 잃을 실

小4 음독 シツ

훈독 うしなう

①잃어버리다 ②실수하다

| 失明 | しつめい | 실명 | 失望 | しつぼう | 실망 | 失業 | しつぎょう | 실업 |
| 失格 | しっかく | 실격 | 失敗 | しっぱい | 실패 | 失う | うしなう | 잃다 |

うっかりしている間(あいだ)に、財布(さいふ)を失(うしな)いました。

会社(かいしゃ)をやめて失業手当(しつぎょうてあて)で暮(く)らしている。

湿 젖을 습

음독 シツ

훈독 しめる・しめす

①젖다

| 湿度 | しつど | 습도 | 湿気 | しっき | 습기 | 湿布 | しっぷ | 습포 |
| 多湿 | たしつ | 다습 | 湿る | しめる | 젖다 | 湿す | しめす | 적시다 |

湿布(しっぷ)を貼(は)る。

部屋(へや)の中(なか)が湿(しめ)った空気(くうき)でいっぱいだ。

実 열매 실

小3 음독 ジツ

훈독 み・みのる

①열매 맺다 ②실제 ③안 ④진실 ⑤열매

| 実 | み | 열매 | 実際 | じっさい | 실제 | 名実 | めいじつ | 명실 |
| 実質 | じっしつ | 실질 | 真実 | しんじつ | 진실 | 実る | みのる | 열매맺다 |

木(こ)の実(み)が実(みの)りました。

学習内容(がくしゅうないよう)が充実(じゅうじつ)した本(ほん)だ。

捨 버릴 사

小6 음독 シャ

훈독 すてる

①버리다 ②포기하다

| 取捨 | しゅしゃ | 취사 | 喜捨 | きしゃ | 희사 | 捨てる | すてる | 버리다 |

ゴミはゴミ箱(ばこ)に捨(す)てなければならない。

大事(だいじ)なレポートまで捨(す)ててしまいました。

若

어릴 약

小6 음독 ジャク・ニャク

훈독 わかい

①젊다 ②미숙하다 ③이르다

若年	じゃくねん	젊음	老若	ろうにゃく	노약	若者 わかもの	젊은이
若い	わかい	젊다	若干	じゃっかん	약간		

若(わか)いうちの苦労(くろう)は買(か)ってでもしろ、とよく言(い)う。

老若男女(ろうにゃくなんにょ)を問(と)わず募集(ぼしゅう)している。

守

지킬 수

小3 음독 シュ・ス

훈독 まもる

①지키다

守備	しゅび	수비	死守	ししゅ	사수	保守 ほしゅ	보수
守り	まもり	단속	守護	しゅご	수호	守る まもる	지키다

文化(ぶんか)の遺跡(いせき)を守(まも)ってください。

あのチームは守備(しゅび)が弱(よわ)いな。

取

취할 취

小3 음독 シュ

훈독 とる

①취하다

取材	しゅざい	취재	取得	しゅとく	취득	受取人 うけとりにん	접수인
採取	さいしゅ	채취	取引	とりひき	거래	取る とる	잡다

すみませんが、メモをとってくださいませんか。

韓国(かんこく)に取材(しゅざい)に来(き)ました。

酒

술 주

小3 음독 シュ

훈독 さけ・さか

①술

酒	さけ	술	清酒	せいしゅ	청주	日本酒 にほんしゅ	일본주
酒屋	さかや	주류판매점	飲酒	いんしゅ	음주	酒飲み さけのみ	술꾼

ウイスキーとカクテルは洋酒(ようしゅ)です。

伯父(おじ)はお酒飲(さけの)みです。

種

씨앗 종 ・ 小4 ・ 음독 シュ ・ 훈독 たね

①씨앗 ②종류

種	たね	씨앗	種子	しゅし	종자	品種	ひんしゅ	품종
雑種	ざっしゅ	잡종	人種	じんしゅ	인종	種類	しゅるい	종류

新(あたら)しい品種(ひんしゅ)の開発(かいはつ)をする。

畑(はたけ)に種(たね)をまく。

受

받을 수 ・ 小3 ・ 음독 ジュ ・ 훈독 うける・うかる

①받다

受験	じゅけん	수험	受賞	じゅしょう	수상	受信	じゅしん	수신
受ける	うける	받다	受かる	うかる	합격되다			

試験(しけん)に受(う)かって大学一年生(だいがくいちねんせい)になりました。

受験勉強(じゅけんべんきょう)でつかれてしまった。

授

줄 수 ・ 小5 ・ 음독 ジュ ・ 훈독 さずける・さずかる

①주다

教授	きょうじゅ	교수	授業	じゅぎょう	수업	授与	じゅよ	수여
授受	じゅじゅ	수수	伝授	でんじゅ	전수	授ける	さずける	주다

卒業証書(そつぎょうしょうしょ)を授与(じゅよ)され嬉(うれ)しさのあまり歓声(かんせい)をあげました。

姉(あね)は教授(きょうじゅ)になりたがっています。

収

거둘 수 ・ 小5 ・ 음독 シュウ ・ 훈독 おさめる・おさまる

①거두다 ②수입

収入	しゅうにゅう	수입	収穫	しゅうかく	수확	吸収	きゅうしゅう	흡수
回収	かいしゅう	회수	収支	しゅうし	수지	収める	おさめる	거두다

必(かなら)ず領収書(りょうしゅうしょ)を溜(た)めてください。

学費(がくひ)を収(おさ)めました。

州	고을 주		음독 シュウ
			훈독 す

①큰 섬 ②일본의 옛날이름 ③대륙 이름 ④주

三角州 さんかくす 삼각주　本州　　ほんしゅう 본주　九州 きゅうしゅう 큐슈
アジア州 しゅう　아시아주　ニューヨーク州 しゅう　　뉴욕주
ここが州境(しゅうざかい)だ。
九州(きゅうしゅう)は日本(にほん)の南国(なんこく)です。

舟	배 주		음독 シュウ
			훈독 ふね・ふな

①배

舟　ふね　　　배　　舟艇 しゅうてい 작은 배　渡し舟 わたしぶね　나룻배
舟航 しゅうこう 항해　丸木舟 まるきぶね 통나무배
小舟(こぶね)に乗(の)って川(かわ)を渡(わた)る。
生(う)まれて始(はじ)めて舟(ふね)に乗(の)りました。

周	주위 주		음독 シュウ
			훈독 まわり

①주위

周知 しゅうち　주지　周到 しゅうとう 주도　周辺 しゅうへん 주변
周囲 しゅうい　주위　一周忌 いっしゅうき 1주기　周期 しゅうき 주기
それまで見(み)えなかった周(まわ)りの風景(ふうけい)が急(きゅう)に目(め)に入(はい)った。
この周辺(しゅうへん)は昔(むかし)森(もり)でした。

拾	주울 습		음독 シュウ・ジュウ
			훈독 ひろう

①줍다 ②숫자

拾得 しゅうとく 습득　収拾 しゅうしゅう 수습　拾う ひろう　　줍다

拾(ひろ)ったお金(かね)でおごりました。
事態(じたい)の収拾(しゅうしゅう)につとめた。

修 닦을 수

음독 シュウ・シュ
훈독 おさめる・おさまる

①수양하다 ②수정하다 ③장식하다

修養	しゅうよう	수양	修行	しゅぎょう	수행	修練 しゅうれん 수련
修正	しゅうせい	수정	修繕	しゅうぜん	수선	修める おさめる 수양하다

日本(にほん)の姉妹校(しまいこう)から修学旅行(しゅうがくりょこう)に韓国(かんこく)へ来(き)ました。
毎晩(まいばん)編修(へんしゅう)の仕事(しごと)でくたびれました。

柔 부드러울 유

음독 ジュウ・ニュウ
훈독 やわらかい

①부드럽다 ②약하다

柔道	じゅうどう	유도	柔軟	じゅうなん	유연	柔順 じゅうじゅん 유순
柔和	にゅうわ	유화	柔かい	やわらかい	부드럽다	

柔軟(じゅうなん)な頭(あたま)が必要(ひつよう)だ。
赤(あか)ちゃんの肌(はだ)は柔(やわ)らかいです。

祝 축하 축

음독 シュク・シュウ
훈독 いわう

①축하하다

祝賀	しゅくが	축하	慶祝	けいしゅく	경축	祝福 しゅくふく 축복
祝典	しゅくてん	축전	結婚祝い	けっこんいわい	결혼축하	祝う いわう 축하하다

卒業祝(そつぎょういわい)に何(なに)をもらいたいですか。
赤(あか)ちゃんの出産(しゅっさん)をお祝(いわ)いします。

宿 묵을 숙

음독 シュク
훈독 やど・やどる・やどす

①묵다 ②전부터

宿	やど	사는 집	宿泊	しゅくはく	숙박	下宿 げしゅく 하숙
宿題	しゅくだい	숙제	宿願	しゅくがん	숙원	宿る やどる 머물다

旅行先(りょこうさき)ではずっと野宿(のじゅく)して過(す)ごした。
早(はや)く宿題(しゅくだい)を済(す)ませて遊(あそ)びたい。

述 기술할 술

 小5  ジュツ

 のべる

①기술하다

記述	きじゅつ	기술	著述	ちょじゅつ	저술	供述	きょうじゅつ	진술
陳述	ちんじゅつ	진술	述語	じゅつご	술어	述べる	のべる	기술하다

黙(だま)っていないでお互(たが)いに意見(いけん)を述(の)べあってください。

歴史(れきし)を記述(きじゅつ)しています。

術 재주 술

小5  ジュツ

①방법 ②전술

技術	ぎじゅつ	기술	医術	いじゅつ	의술	芸術	げいじゅつ	예술
話術	わじゅつ	화술	術策	じゅっさく	술책	戦術	せんじゅつ	전술

手術(しゅじゅつ)の用意(ようい)をしています。

医術(いじゅつ)を習得(しゅうとく)しています。

純 순수 순

小6  ジュン

①순수하다

純粋	じゅんすい	순수	純益	じゅんえき	순익	純度	じゅんど	순도
純真	じゅんしん	순진	純朴	じゅんぼく	순박	単純	たんじゅん	단순

純真無垢(じゅんしんむく)な心(こころ)。

単純(たんじゅん)に考(かんが)えてください。

順 순서 순

小4  ジュン

①따르다 ②순조롭다 ③순서

順応	じゅんのう	순응	柔順	じゅうじゅん	유순	順調	じゅんちょう	순조로움
順位	じゅんい	순위	順序	じゅんじょ	순서	順番	じゅんばん	순서

割(わ)り込(こ)まずに順番(じゅんばん)を守(まも)って並(なら)ばなければなりません。

事(こと)は順調(じゅんちょう)に進(すす)んだ。

準	고를 준	小5	음독 ジュン
			훈독

①기준 ②갖추다 ③다음 것

基準	きじゅん	기준	水準	すいじゅん	수준	標準	ひょうじゅん	표준
準備	じゅんび	준비	準決勝	じゅんけっしょう	준결승			

国際会議(こくさいかいぎ)では標準語(ひょうじゅんご)を使(つか)ってください。

韓国(かんこく)は教育(きょういく)の水準(すいじゅん)が高(たか)いです。

処	곳 처	小6	음독 ショ
			훈독 ところ

①곳 ②장소 ③주소 ④위치 ⑤부분

処置	しょち	처치	処理	しょり	처리	処罰	しょばつ	처벌
処分	しょぶん	처분	処刑	しょけい	형벌을 줌			

適切(てきせつ)な処置(しょち)をする。

規則(きそく)に違反(いはん)した者(もの)を処罰(しょばつ)します。

初	처음 초	小4	음독 ショ
			훈독 はじめ・はじめて・はつ

①처음 ②첫

最初	さいしょ	최초	初期	しょき	초기	初旬	しょじゅん	초순
初心	ししん	초심	初雪	はつゆき	첫눈	初め	はじめ	처음

そんな話(はなし)は生(う)まれて初(はじ)めてです。

初心(ししん)を忘(わす)れてはならない。

署	관청 서	小6	음독 ショ
			훈독

①관청

署名	しょめい	서명	警察署	けいさつしょ	경찰서
本署	ほんしょ	본서	署長	しょちょう	서장

署名(しょめい)の協力(きょうりょく)をお願(ねが)いします。

警察署(けいさつしょ)に引(ひ)っ張(ぱ)られた。

緒

실마리 서

 ショ

 お

①끈 ②실마리 ③처음

| 緒 | お | 끈 | 情緒 | じょうちょ | 정서 | 緒言 | しょげん | 머리말 |
| 由緒 | ゆいしょ | 유서 | 端緒 | たんしょ | 단서 |

由緒（ゆいしょ）ある建物（たてもの）。

著書（ちょしょ）の緒言（しょげん）を書（か）き始（はじ）めました。

諸

모든 제

 ショ

①양쪽 ②많은 ③함께

| 諸国 | しょこく | 여러 나라 | 諸君 | しょくん | 여러분 | 諸般 | しょはん | 제반 |
| 諸島 | しょとう | 여러 섬들 | 諸 | もろ | 양쪽 |

全校諸君（ぜんこうしょくん）、体育館（たいいくかん）に集（あつ）まりなさい。

伊豆諸島（いずしょとう）へ旅行（りょこう）に行（い）きたい。

助

도울 조

 ジョ

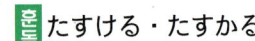 たすける・たすかる

①구하다 ②돕다

| 救助 | きゅうじょ | 구조 | 助力 | じょりょく | 조력 | 助言 | じょげん | 조언 |
| 援助 | えんじょ | 원조 | 助手 | じょしゅ | 조수 | 助ける | たすける | 살리다 |

多（おお）くの名作（めいさく）に助演（じょえん）しました。

助（たす）けてください。

除

없앨 제

 ジョ・ジ

 のぞく

①버리다 ②나누기

| 解除 | かいじょ | 해제 | 削除 | さくじょ | 삭제 | 除去 | じょきょ | 제거 |
| 除名 | じょめい | 제명 | 除数 | じょすう | 나누는 수 | 除く | のぞく | 제거하다 |

除夜（じょや）の鐘（かね）が鳴（な）り響（ひび）く。

同窓会（どうそうかい）の名簿（めいぼ）から私（わたし）の名前（なまえ）を除（のぞ）いてもらいたいです。

| 召 | 부를 소 | ショウ |
| | | 훈독 めす |

①부르시다 ②드시다 ③입으시다

| 召集 | しょうしゅう 소집 | 召喚 しょうかん 소환 | 応召 おうしょう 소집받아 감 |
| 召し上がる めしあがる | 드시다 | 召す めす | 부르시다 |

どうぞ、冷(さ)めないうちに召(め)し上(あ)がってください。

非常召集(ひじょうしょうしゅう)がありました。

| 床 | 평상 상 | 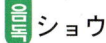 ショウ |
| | | 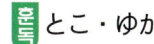 とこ・ゆか |

①잠자리 ②마루 ③바닥

| 床 | とこ | 잠자리 | 床 | ゆか | 마루 | 寝床 | ねどこ | 잠자리 |
| 起床 | きしょう | 기상 | 病床 | びょうしょう | 병상 | 温床 | おんしょう | 온상 |

病床(びょうしょう)つく。

新(あたら)しい床(ゆか)を張(は)りました。

| 招 | 초대 초 | 小5 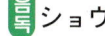 ショウ |
| | |  まねく |

①초대하다

| 招待 | しょうたい | 초대 | 招集 | しょうしゅう | 소집 | 招来 | しょうらい | 초래 |
| 招致 | しょうち | 유치 | 招請 | しょうせい | 초청 | 招く | まねく | 초대하다 |

招(まね)き猫(ねこ)は商売繁盛(しょうばいはんじょう)を願(ねが)って飾(かざ)ります。

友達(ともだち)をうちへ招待(しょうたい)してお茶(ちゃ)を飲(の)みました。

| 承 | 이을 승 | 小5 ショウ |
| | | 훈독 うけたまわる |

①받아들이다 ②계승하다

| 承諾 | しょうだく | 승낙 | 承知 | しょうち | 알아들음 | 継承 | けいしょう | 계승 |
| 伝承 | でんしょう | 전승 | 起承転結 | きしょうてんけつ | 기승전결 | 承る | うけたまわる | 삼가다 |

了承(りょうしょう)してください。

はい、承(うけたまわ)りました。

185

오를 승  ショウ

 のぼる

①오르다

昇進	しょうしん	승진	昇級	しょうきゅう	승급	昇格	しょうかく	승격
昇降口	しょうこうぐち	승강구	昇る	のぼる		오르다			

明日(あした)も日(ひ)は昇(のぼ)る。

二人切(ふたりき)りで昇進(しょうしん)のお祝(いわ)いをしました。

 장수 장 ⑥6  ショウ

①장수 ②바야흐로

将来	しょうらい	장래	将軍	しょうぐん	장군	主将	しゅしょう	주장
将兵	しょうへい	장병	大将	たいしょう	대장			

将来(しょうらい)の夢(ゆめ)は何(なん)ですか。

多分(たぶん)あの人(ひと)は有名(ゆうめい)な将軍(しょうぐん)でしょう。

 끌 소 ⑥3  ショウ

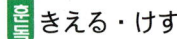 きえる・けす

①끄다 ②줄다 ③소극적

消化	しょうか	소화	消費	しょうひ	소비	解消	かいしょう	해소
消毒	しょうどく	소독	消滅	しょうめつ	소멸	消える	きえる	꺼지다

消防士(しょうぼうし)が火(ひ)を消(け)しています。

消化不良(しょうかふりょう)を起(お)こしました。

 웃을 소 ⑥6  ショウ

 わらう

①웃다 ②비웃다

笑止	しょうし	딱함,가소로움	苦笑	くしょう	쓴웃음	談笑	だんしょう	담소
大笑い	おおわらい	큰 웃음	笑う	わらう	웃다			

家族(かぞく)で樂(たの)しく笑(わら)い合(あ)う。

外(そと)で大(おお)きな笑(わら)い声(ごえ)がした。

商

상업 상　　　小3 음독 ショウ

훈독 あきなう

①상업 ②나눗셈의 몫

| 商売 | しょうばい | 장사 | 商店 | しょうてん | 상점 | 商人 しょうにん | 상인 |
| 商社 | しょうしゃ | 상사 | 商品 | しょうひん | 상품 | 商う あきなう | 장사하다 |

祖父(そふ)は眼鏡屋(めがねや)を商(あきな)っています。

あの人(ひと)は商人肌(しょうにんはだ)だ。

章

장 장　　　小3 음독 ショウ

훈독

①문장 ②문서

| 文章 | ぶんしょう | 문장 | 楽章 | がくしょう | 악장 | 序章 | じょしょう | 서장 |
| 憲章 | けんしょう | 헌장 | 印章 | いんしょう | 도장 | 勲章 | くんしょう | 훈장 |

胸(むね)に校章(こうしょう)をつける。

文章(ぶんしょう)を作(つく)りました。 読(よ)んでください。

紹

이을 소　　　음독 ショウ

훈독

①잇다

| 紹介 | しょうかい | 소개 |

お医者(いしゃ)さんに紹介状(しょうかいじょう)を書(か)いてもらった。

それでは、自己紹介(じこしょうかい)をさせていただきます。

勝

이길 승　　　小3 음독 ショウ

훈독 かつ・まさる

①이기다 ②뛰어나다

| 勝利 | しょうり | 승리 | 優賞 | ゆうしょう | 우승 | 勝敗 | しょうはい | 승패 |
| 決勝 | けっしょう | 결승 | 名勝 | めいしょう | 명승 | 勝つ | かつ | 이기다 |

全国(ぜんこく)の大会(たいかい)でうちの大学(だいがく)が勝(か)ちました。

決勝戦(けっしょうせん)で会(あ)おう。

태울 소　　　 ショウ

　　　　やく・やける

①굽다 ②타는 듯이 보이다

| 全焼 | ぜんしょう | 전소 | 燃焼 | ねんしょう | 연소 | 焼失 | しょうしつ | 소실 |
| 夕焼け | ゆうやけ | 저녁놀 | 日焼け | ひやけ | 햇볕에 탐 | 焼く | やく | 태우다 |

焼肉(やきにく)を焼(や)いて美味(おい)しそうに食(た)べています。

やきもちを焼(や)く。

 코끼리 상　　　 ショウ・ゾウ

①코끼리 ②형상

| 象 | ぞう | 코끼리 | 象牙 | ぞうげ | 상아 | 気象 | きしょう | 기상 |
| 印象 | いんしょう | 인상 | 現象 | げんしょう | 현상 | 対象 | たいしょう | 대상 |

旅行(りょこう)の日程(にってい)や印象(いんしょう)を書(か)いた文章(ぶんしょう)を紀行文(きこうぶん)という。

動物園(どうぶつえん)で象(ぞう)を見(み)ました。

 비칠 조　　　 ショウ

　　　　てる・てらす・てれる

①비치다 ②대조하다

| 照明 | しょうめい | 조명 | 日照 | にっしょう | 일조 | 照射 | しょうしゃ | 햇볕 등을 쬠 |
| 照会 | しょうかい | 조회 | 参照 | さんしょう | 참조 | 照る | てる | 비치다 |

作品(さくひん)と作家(さっか)と照(て)らし合(あ)わせて調(しら)べる。

二(ふた)つの国(くに)の文化(ぶんか)を比較対照(ひかくたいしょう)する。

 상줄 상　　　 ショウ

①상 ②칭찬 ③감상

| 賞 | しょう | 상 | 賞状 | しょうじょう | 상장 | 入賞 | にゅうしょう | 입상 |
| 受賞 | じゅしょう | 수상 | 鑑賞 | かんしょう | 감상 | | | |

入賞者(にゅうしょうしゃ)には賞状(しょうじょう)が授与(じゅよ)された。

田中(たなか)さんは今年(ことし)のノーベル賞(しょう)を受賞(じゅしょう)した。

모양 상  ジョウ

①모양 ②편지

| 現状 | げんじょう | 현상 | 実状 | じつじょう | 실상 | 異常 | いじょう | 이상 |
| 案内状 | あんないじょう | 안내장 | 年賀状 | ねんがじょう | 연하장 | | | |

状態(じょうたい)を説明(せつめい)してください。

病状(びょうじょう)は安定(あんてい)しました。

 재 성  ジョウ

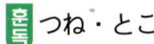 しろ

①성

| 城 | しろ | 성 | 城壁 | じょうへき | 성벽 | 城主 | じょうしゅ | 성주 |
| 城郭 | じょうかく | 성곽 | 城下町 | じょうかまち | 성 주변의 마을 | | | |

古(ふる)い城下町(じょうかまち)が今(いま)も残(のこ)っている観光地(かんこうち)。

あれが江戸城(えどじょう)です。

 항상 상 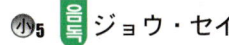 ジョウ

 つね・とこ

①항상

| 日常 | にちじょう | 일상 | 通常 | つうじょう | 보통 | 非常 | ひじょう | 비상 |
| 常勤 | じょうきん | 상근 | 常識 | じょうしき | 상식 | 常に | つねに | 항상 |

非常口(ひじょうぐち)から出(で)てください。

日本語(にほんご)をマスターすれば日常生活(にちじょうせいかつ)に不自由(ふじゆう)しません。

情 정 정  ジョウ・セイ

 なさけ

①정 ②모양 ③정취

| 情熱 | じょうねつ | 정열 | 人情 | にんじょう | 인정 | 友情 | ゆうじょう | 우정 |
| 苦情 | くじょう | 고충 | 情報 | じょうほう | 정보 | 情け | なさけ | 정 |

フラれたくらいで泣(な)くなんて情(なさ)けないなぁ。

世界(せかい)の情勢(じょうせい)について考(かんが)えてください。

条 조목 조

小5 음독 ジョウ

훈독

①조리 ②조약 ③조건

| 条理 | じょうり | 조리 | 条文 | じょうぶん | 조문 | 条約 | じょうやく | 조약 |
| 条例 | じょうれい | 조례 | 条件 | じょうけん | 조건 | 信条 | しんじょう | 신조 |

両国(りょうこく)の間(あいだ)に平和条約(へいわじょうやく)が結(むす)ばれました。

この条約(じょうやく)にサインしてください。

畳 거듭할 첩

음독 ジョウ

훈독 たたみ・たたむ

①다다미 ②접다

| 畳 | たたみ | 다다미 | 一畳 | いちじょう | 한장(다다미) | 畳む | たたむ | 접다 |

布団(ふとん)を四(よっ)つに畳(たた)んでください。

この部屋(へや)は六畳(ろくじょう)間(ま)です。

蒸 찔 증

小6 음독 ジョウ

훈독 むす・むれる

①찌다

| 蒸気 | じょうき | 증기 | 蒸留 | じょうりゅう | 증류 | 蒸発 | じょうはつ | 증발 |
| 蒸す | むす | 찌다 | 蒸れる | むれる | 뜸들다 | | | |

蒸気(じょうき)で蒸(む)しパンを蒸(む)す。

アルコールが蒸発(じょうはつ)する。

植 심을 식

小3 음독 ショク

훈독 うえる・うわる

①심다 ②식민지

| 植物 | しょくぶつ | 식물 | 植林 | しょくりん | 식수조림 | 移植 | いしょく | 이식 |
| 田植え | たうえ | 모내기 | 植民地 | しょくみんち | 식민지 | 植える | うえる | 심다 |

木蓮(もくれん)の苗(なえ)を植(う)えました。

誕生(たんじょう)のお祝(いわ)いに記念植樹(きねんしょくじゅ)をしました。

触

닿을 촉

음독 ショク

훈독 ふれる・さわる

①접촉하다 ②닿다

触発	しょくはつ	촉발	触覚	しょっかく	촉각	接触	せっしょく	접촉
感触	かんしょく	감촉	触れる	ふれる	접촉하다	触る	さわる	만지다

通(とお)りすがりの人(ひと)と肩(かた)が触(ふ)れて喧嘩(けんか)になる。

この花(はな)に触(さわ)らないでください。

職

일 직

 음독 ショク

훈독

①일

就職	しゅうしょく	취직	職業	しょくぎょう	직업	辞職	じしょく	사직
天職	てんしょく	천직	職務	しょくむ	직무	退職	たいしょく	퇴직

職分(しょくぶん)をわきまえて行動(こうどう)してください。

福田会社(ふくだかいしゃ)に就職(しゅうしょく)する予定(よてい)です。

申

아뢸 신

 음독 シン

훈독 もうす

①아뢰다 ②늘리다

申請	しんせい	신청	申告	しんこく	신고	追伸	ついしん	추신
申す	もうす	아뢰다	申し上げる	もうしあげる	아뢰다			

田村(たむら)と申(もう)します。

追伸(ついしん): 昨日(きのう)はありがとうございました。

伸

펼 신

음독 シン

훈독 のびる・のばす

①펴다 ②팽팽하다

伸展	しんてん	확장	伸縮	しんしゅく	신축	追伸	ついしん	추신
伸びる	のびる	뻗다	伸ばす	のばす	펴다			

背伸(せの)びをして棚(たな)の上(うえ)の物(もの)を取(と)る。

アイロンをかけてしわを伸(の)ばしました。

臣　신하 신　 小4 음독 シン・ジン

훈독

①신하

大臣	だいじん	장관	忠臣	ちゅうしん	충신	家臣	かしん	가신

次(つぎ)は大蔵大臣(おおくらだいじん)の発表(はっぴょう)です。
イギリスの総理大臣(そうりだいじん)が訪日(ほうにち)した。

 身　몸 신　 小3 음독 シン

훈독 み

①몸 ②자신 ③살 ④목숨

身体	しんたい	신체	全身	ぜんしん	전신	身長	しんちょう	신장
自身	じしん	자신	出身地	しゅっしんち	출신지	身	み	몸

外人(がいじん)に身振(みぶ)り手振(てぶ)りで心(こころ)を伝(つた)えました。
出身地(しゅっしんち)はどちらですか。

 辛　매울 신　 음독 シン

훈독 からい

①맵다 ②가혹하다

辛苦	しんく	고생함	辛抱	しんぼう	인내	香辛料	こうしんりょう	향신료
辛い	からい	맵다	辛口	からくち	매운 것을 좋아함			

もう少(すこ)し辛抱(しんぼう)してね。
私(わたし)はどちらかというと辛口(からくち)です。

信　믿을 신　 小4 음독 シン

훈독

①진실하다 ②믿다 ③신호

信義	しんぎ	신의	信用	しんよう	신용	信仰	しんこう	신앙
信者	しんじゃ	신자	自信	じしん	자신	信号	しんごう	신앙

彼女(かのじょ)の言(い)っていることが信(しん)じられますか。
信仰(しんこう)の自由(じゆう)を妨(さまた)げてはいけない。

神 신 신

 シン・ジン

 かみ・かん

①신 ②뛰어나다 ③신비 ④영혼

| 神 | かみ | 신 | 神社 | じんじゃ | 신사 | 神仏 | しんぶつ | 신과 부처 |
| 神童 | しんどう | 신동 | 神秘 | しんぴ | 신비 | 神経 | しんけい | 신경 |

昔(むかし)、彼(かれ)は神童(しんどう)と呼(よ)ばれました。

神隠(かみかく)しにあったように行方(ゆくえ)知(し)れずだ。

針 바늘 침

 シン

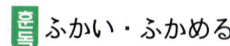 はり

①바늘 ②침

| 針 | はり | 침 | 針金 | はりがね | 철사 | 針仕事 | はりしごと | 바느질 |
| 針路 | しんろ | 나침반 방향 | 指針 | ししん | 지침 | 長針 | ちょうしん | 장침 |

時計(とけい)の針(はり)が十二時(じゅうにじ)をさした。

母(はは)は針仕事(はりしごと)が得意(とくい)です。

深 깊을 심

 シン

ふかい・ふかめる

①깊다 ②깊숙하다 ③진하다

| 水深 | すいしん | 수심 | 深海 | しんかい | 심해 | 深山 | しんざん | 심산 |
| 深紅 | しんく | 진홍색 | 深夜 | しんや | 심야 | 深い | ふかい | 깊다 |

道(みち)に迷(まよ)って深(ふか)い山(やま)に入(はい)ってしまいました。

深夜(しんや)でもコンビニはやっている。

寝 잘 침

 シン

 ねる

①자다

| 浸食 | しんしょく | 침식 | 寝室 | しんしつ | 침실 | 寝台 | しんだい | 침대 |
| 寝具 | しんぐ | 침구 | 寝る | ねる | 자다 | | | |

寝相(ねぞう)が悪(わる)い。

髪(かみ)に寝癖(ねぐせ)がつく。

震 진동할 진

 シン

ふるう・ふるえる

①떨리다 ②흔들이다

| 震動 | しんどう | 진동 | 震源 | しんげん | 진원 | 震度 | しんど | 진도 |
| 地震 | じしん | 지진 | 震う | ふるう | 떨리다 | 震える | ふるえる | 흔들리다 |

怖(こわ)さのあまり足(あし)が震(ふる)えた。

震度(しんど)九(きゅう)の大地震(だいじしん)が起(お)こりました。

 吹 불 취

 スイ

ふく

①불다

| 吹鳴 | すいめい | 불어서 울림 | 鼓吹 | こすい | 고취 | 吹く | ふく | 불다 |
| 吹奏楽 | すいそうがく | 취주악 | 吹雪 | ふぶき | 눈보라 | | | |

ラッパを吹(ふ)く。

吹雪(ふぶき)を冒(おか)して帰(かえ)りました。

 数 숫자 수

 スウ・ス 小2

かず・かぞえる

①수를 세다 ②겨우

| 数 | かず | 수 | 人数 | にんずう | 사람 수 | 奇数 | きすう | 홀수 |
| 多数 | たすう | 다수 | 数人 | すうにん | 몇 명 | 数年 | すうねん | 수년 |

ここ数年(すうねん)のデータを見(み)てみましょう。

数多(かずおお)くの人(ひと)が会(かい)に出席(しゅっせき)した。

 成 이룰 성

セイ・ジョウ 小4

なる・なす

①이루다 ②자라다

| 完成 | かんせい | 완성 | 構成 | こうせい | 구성 | 作成 | さくせい | 작성 |
| 成功 | せいこう | 성공 | 成長 | せいちょう | 성장 | 成す | なす | 이루다 |

成人式(せいじんしき)の日(ひ)にパーティーを催(もよお)しました。

未成年者(みせいねんしゃ)の喫煙(きつえん)、飲酒(いんしゅ)は固(かた)く禁(きん)ずる。

制

제도 제 小5 음독 セイ

훈독

①억제하다 ②만들다 ③제도

| 制裁 | せいさい | 제재 | 自制 | じせい | 자제 | 制限 | せいげん | 제한 |
| 制作 | せいさく | 제작 | 規制 | きせい | 규제 | 制度 | せいど | 제도 |

カナダは教育制度(きょういくせいど)がしっかりしています。

申(もう)し込(こ)みたいのですか、年齢制限(ねんれいせいげん)はありますか。

姓

성씨 성 음독 セイ・ショウ

훈독

①성

| 姓名 | せいめい | 성명 | 改姓 | かいせい | 개명 |
| 同姓 | どうせい | 동성 | 百姓 | ひゃくしょう | 농민 |

田中(たなか)という姓(せい)は多(おお)いです。

祖父(そふ)は百姓(ひゃくしょう)です。

性

성 성 小5 음독 セイ・ショウ

훈독

①성격 ②성질 ③남녀구별

| 気性 | きしょう | 천성 | 性格 | せいかく | 성격 | 性能 | せいのう | 성능 |
| 酸性 | さんせい | 산성 | 性別 | せいべつ | 성별 | 男性 | だんせい | 남성 |

今度(こんど)の新製品(しんせいひん)は安全性(あんぜんせい)を高(たか)めた車(くるま)です。

その仕事(しごと)は危険(きけん)すぎて女性(じょせい)には無理(むり)だと言(い)われてきました。

政

정치 정 小5 음독 セイ・ショウ

훈독 まつりごと

①정치

| 政治 | せいじ | 정치 | 政権 | せいけん | 정권 | 政局 | せいきょく | 정국 |
| 政府 | せいふ | 정부 | 行政 | ぎょうせい | 행정 | 政 | まつりごと | 정사 |

政治家(せいじか)が賄賂(わいろ)をもらったことが公(おおやけ)になった。

正(ただ)しく国(くに)の政治(せいじ)を行(おこな)うべきだ。

星

별 성 　小2　음독 セイ・ショウ

훈독 ほし

①별 ②세월 ③운수 ④위대한 사람

| 星 | ほし | 별 | 火星 | かせい | 화성 | 惑星 | わくせい | 혹성 |
| 星座 | せいざ | 별자리 | 図星 | ずぼし | 핵심 | 巨星 | きょせい | 거성 |

夜空(よぞら)に星(ほし)がきらきら光(ひか)っています。
冬(ふゆ)の星座(せいざ)には牡牛座(おうしざ)や獅子座(ししざ)や双子座(ふたござ)などがあります。

省

살필 성/덜 생 　小4　음독 セイ・ショウ

훈독 かえりみる・はぶく

①살피다 ②줄이다 ③기관 ④찾다

| 反省 | はんせい | 반성 | 自省 | じせい | 자성 | 省略 | しょうりゃく | 생략 |
| 外務省 | がいむしょう | 외무부 | 運輸省 | うんゆしょう | 교통부 | 省みる | かえりみる | 돌이켜보다 |

自分(じぶん)の振舞(ふるま)いを省(かえり)みなさい。
説明(せつめい)は省(はぶ)いて本論(ほんろん)に入(はい)ります。

清

맑을 청 　小4　음독 セイ・ショウ

훈독 きよい・きよまる・きよめる

①깨끗하다

| 清潔 | せいけつ | 청결 | 清流 | せいりゅう | 맑게 흐르는 물 | 清水 | しみず | 맑은 물 |
| 清い | きよい | 맑다 | 清める | きよめる | 맑게 하다 | | | |

いつも部屋(へや)を清潔(せいけつ)にしておきなさい。
青(あお)い空(そら)を見(み)ているとまるで心(こころ)が清(きよ)められるようです。

晴

개일 청 　小2　음독 セイ

훈독 はれる・はらす

①개다 ②기분을 풀다 ③풀리다

| 晴天 | せいてん | 맑은 하늘 | 晴れ | はれ | 맑음 | 快晴 | かいせい | 쾌청 |
| 晴れ着 | はれぎ | 나들이옷 | 晴れ姿 | はれすがた | 화려하게 차려 입는 모습 | | | |

やっと気持(きも)ちが晴(は)れました。
どろぼうの疑(うたが)いが晴(は)れた。

勢 세력 세　　小4　음독 セイ

훈독 いきおい

①세력 ②모양

| 勢い | いきおい | 세력 | 勢力 | せいりょく | 세력 | 威勢 | いせい | 위세 |
| 姿勢 | しせい | 자세 | 情勢 | じょうせい | 정세 | 勢い | いきおい | 기세 |

雨(あめ)のおかげで、火(ひ)の勢(いきお)いが弱(よわ)まってきた。

こら! 姿勢(しせい)が悪(わる)いぞ。背筋(せすじ)を伸(の)ばしなさい。

 精 깨끗할 정　　小5　음독 セイ・ショウ

훈독

①깨끗하다 ②오로지 ③자세하다 ④마음

| 精米 | せいまい | 정미 | 精麦 | せいばく | 정맥 | 精製 | せいせい | 정제 |
| 精選 | せいせん | 정선 | 精進 | しょうじん | 정진 | 精密 | せいみつ | 정밀 |

この仕事(しごと)は精神力(せいしんりょく)が大変(たいへん)要(い)ります。

お米(こめ)を精米(せいまい)する。

製 만들 제　　小5　음독 セイ

훈독

①제작하다

| 製作 | せいさく | 제작 | 製造 | せいぞう | 제조 | 製本 | せいほん | 제본 |
| 私製 | しせい | 사제 | 韓国製 | かんこくせい | 한국제 | 手製 | てせい | 수제 |

出版(しゅっぱん)の職業(しょくぎょう)は製造業(せいぞうぎょう)に属(ぞく)しています。

お手製(てせい)のクッキーを用意(よう い)しておきました。

 静 고요할 정　　小4　음독 セイ・ジョウ

훈독 しずかだ・しずまる

①조용하다

| 静水 | せいすい | 정수 | 安静 | あんせい | 안정 | 冷静 | れいせい | 냉정 |
| 静かだ | しずかだ | 조용하다 | 静まる | しずまる | 가라앉다 | | | |

この部屋(へや)は静(しず)かで雰囲気(ふんいき)もいいです。

時間(じかん)が経(た)つにつれて騒(さわ)ぎが静(しず)まった。

197

整 가지런할 정  <small>小3</small> 음독 セイ

훈독 ととのえる・ととのう

①가지런하다

整理	せいり	정리	整列	せいれつ	정렬	整備 せいび	정비
調整	ちょうせい	조정	整形	せいけい	정형	整える ととのえる	가지런히 하다

書類(しょるい)を整(ととの)えて課長(かちょう)に持(も)って行(い)きました。

整理整頓(せいりせいとん)をきちんとしなさい。

税 세금 세  <small>小5</small> 음독 ゼイ

 훈독

①세금

税金	ぜいきん	세금	納税	のうぜい	납세	免税 めんぜい	면세
課税	かぜい	과세	脱税	だつぜい	탈세	減税 げんぜい	감세

国民(こくみん)には納税(のうぜい)の義務(ぎむ)があります。

地方税(ちほうぜい)それは免税(めんぜい)の対象(たいしょう)にはなりません。

石 돌 석  セキ・シャク

훈독 いし

①돌 ②딱딱한 것

石	いし	돌	石材	せきざい	석재	石油 せきゆ	석유
石頭	いしあたま	돌머리	百万石 ひゃくまんごく	백만석	磁石 じしゃく	자석

石(いし)が飛(と)んできてガラスが壊(こわ)れました。

炭鉱(たんこう)から石炭(せきたん)を採(と)ってきました。

昔 옛 석 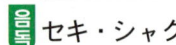 セキ・シャク

 むかし

①옛날

昔	むかし	옛날	昔風	むかしふう	고풍	昔日 せきじつ	옛날
昔年	せきねん	옛날	今昔	こんじゃく	지금과 옛날

今昔物語(こんじゃくものがたり)という古典(こてん)を読(よ)みました。

昔風(むかしふう)の家具(かぐ)に趣(おもむき)を感(かん)じる。

席 자리 석

 음독 セキ

 훈독

①자리 ②모임장소 ③지위

席	せき	자리	客席	きゃくせき	객석	指定席	していせき	지정석
出席	しゅっせき	출석	席上	せきじょう	석상	首席	しゅせき	수석

運(うん)がよく席(せき)が空(あ)いたので着席(ちゃくせき)した。
席(せき)は皆(みんな)指定席(していせき)です。

責 꾸짖을 책

 음독 セキ

 훈독 せめる

①꾸짖다 ②책임

自責	じせき	자책	免責	めんせき	면책	問責	もんせき	문책
責任	せきにん	책임	責務	せきむ	책무	重責	じゅうせき	중책

祖父(そふ)に酷(ひど)く責(せ)められました。
責任(せきにん)を取(と)らなければなりません。

積 쌓을 적

음독 セキ

훈독 つむ・つもる

①쌓다 ②크기

積雪	せきせつ	적설	蓄積	ちくせき	축적	累積	るいせき	누적
面積	めんせき	면적	容積	ようせき	용적	積む	つむ	쌓다

荷物(にもつ)を車(くるま)に積(つ)んでいます。
脂肪(しぼう)の蓄積(ちくせき)は健康(けんこう)によくありません。

績 공적 적

 음독 セキ

 훈독

①방적 ②성적

紡績	ぼうせき	방적	成績	せいせき	성적	業績	ぎょうせき	업적
実績	じっせき	실적	功績	こうせき	공적	治績	ちせき	치적

彼(かれ)の著(いちじる)しい成績(せいせき)の向上(こうじょう)ぶりに皆(みんな)驚(おどろ)きました。
実績(じっせき)を上(あ)げてください。

折　꺾을 절　小4 음독 セツ

훈독 おる・おれる

①접다 ②꺾다

| 右折 | うせつ | 우회전 | 左折 | させつ | 좌회전 | 屈折 | くっせつ | 굴절 |
| 曲折 | きょくせつ | 곡절 | 折る | おる | 꺾다 | 折れる | おれる | 접히다 |

折(おり)を見(み)て君(きみ)に話(はな)すつもりだった。

運転手(うんてんしゅ)さん、そこの角(かど)を左折(させつ)してください。

接　이을 접　小5 음독 セツ

훈독 つぐ

①접근하다 ②접합하다 ③만나다

| 接近 | せっきん | 접근 | 近接 | きんせつ | 근접 | 接合 | せつごう | 접합 |
| 面接 | めんせつ | 면접 | 接待 | せったい | 접대 | 接ぐ | つぐ | 접목하다 |

応接間(おうせつま)でお客様(きゃくさま)がお待(ま)ちです。

一日中(いちにちじゅう)お客(きゃく)の接待(せったい)をする。

設　베풀 설　小5 음독 セツ

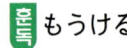훈독 もうける

①설치하다

| 設計 | せっけい | 설계 | 建設 | けんせつ | 건설 | 設備 | せつび | 설비 |
| 新設 | しんせつ | 신설 | 創設 | そうせつ | 창설 | 設ける | もうける | 설치하다 |

公園(こうえん)に休(やす)み場所(ばしょ)を設(もう)けています。

建設(けんせつ)ブームが始(はじ)まりました。

 雪　눈 설　小2 음독 セツ

훈독 ゆき

①눈

| 雪 | ゆき | 눈 | 雪国 | ゆきぐに | 설국 | 大雪 | おおゆき | 대설 |

子供(こども)の頃(ころ)、雪(ゆき)が積(つ)もるとよく雪合戦(ゆきがっせん)をした。

東北地方(とうほくちほう)では積雪(せきせつ)が屋根(やね)の高(たか)さを越(こ)えることもある。

節

마디 절  음독 セツ・セチ

훈독 ふし

①마디 ②음절 ③절제하다

| 関節 | かんせつ | 관절 | 季節 | きせつ | 계절 | 音節 | おんせつ | 음절 |
| 節約 | せつやく | 절약 | 節制 | せっせい | 절제 | 節 | ふし | 절 |

電気代(でんきだい)を減(へ)らすため節電(せつでん)しましょう。

その節(せつ)はどうもお世話(せわ)になりました。

絶

끊을 절 음독 ゼツ

훈독 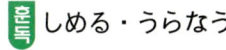 たえる・たつ

①끊다 ②거절하다 ③없어지다 ④멋지다

| 絶交 | ぜっこう | 절교 | 絶食 | ぜっしょく | 절식 | 謝絶 | しゃぜつ | 사절 |
| 拒絶 | きょぜつ | 거절 | 絶望 | ぜつぼう | 절망 | 絶える | たえる | 끊다 |

絶賛(ぜっさん)販売中(はんばいちゅう)。

自(みずか)ら命(いのち)を絶(た)つのを自殺(じさつ)と言(い)います。

占

점칠 점 음독 セン

훈독 しめる・うらなう

①점치다 ②점령하다

| 占拠 | せんきょ | 점거 | 占領 | せんりょう | 점령 | 独占 | どくせん | 독점 |
| 占める | しめる | 차지하다 | 占う | うらなう | 점치다 | | | |

未来(みらい)を占(うらな)う。

一部屋(ひとへや)を独占(どくせん)している。

専

오로지 전 음독  セン

훈독 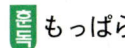 もっぱら

①오로지 ②전문

| 専門 | せんもん | 전문 | 専攻 | せんこう | 전공 | 専用 | せんよう | 전용 |
| 専念 | せんねん | 전념 | 専ら | もっぱら | 오로지 | | | |

休日(きゅうじつ)は専(もっぱ)らうちでごろごろしています。

大学(だいがく)での専門(せんもん)は経済(けいざい)でした。

泉 샘 천  센

훈독 いずみ

①샘

| 泉 | いずみ | 샘 | 泉水 | せんすい | 연못 | 温泉 | おんせん | 온천 |
| 源泉 | げんせん | 원천 | 鉱泉 | こうせん | 광천 | | | |

温泉水(おんせんすい)は体(からだ)に良(よ)いそうです。

鹿(しか)は泉(いずみ)の水(みず)を飲(の)んでいる。

 浅 얕을 천  센

 あさい

①얕다 ②색이 옅다

| 深浅 | しんせん | 깊고 얕음 | 浅海 | せんかい | 얕은 바다 |
| 浅緑 | あさみどり | 연둣빛 | 浅い | あさい | 얕다 |

論文(ろんぶん)に出(で)ている考(かんが)え方(かた)が浅(あさ)いです。

船(ふね)を浅頼(あさせ)に上(あ)げた。

 船 배 선 센

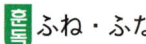 ふね・ふな

①배

| 船 | ふね | 배 | 汽船 | きせん | 기선 | 旅客船 | りょかくせん | 여객선 |
| 造船 | ぞうせん | 조선 | 船旅 | ふなたび | 배 여행 | 船便 | ふなびん | 배편 |

渡(わた)し船(ぶね)で向(む)こう岸(ぎし)まで行(い)く。

父(ちち)は造船会社(ぞうせんがいしゃ)に勤(つと)めている。

戦 전쟁 전  센

훈독 いくさ・たたかう

①싸우다 ②전쟁

| 戦争 | せんそう | 전쟁 | 戦場 | せんじょう | 전장 | 戦力 | せんりょく | 전력 |
| 戦 | いくさ | 전쟁 | 戦う | たたかう | 싸우다 | | | |

戦場(せんば)に行(い)って力(ちから)いっぱい戦(たたか)いました。

戦(いくさ)に敗(やぶ)れました。

線 선 선 <small>小3</small>  음독 セン

 훈독

①선 ②노선 ③경계

| 電線 | でんせん | 전선 | 配線 | はいせん | 배선 | 光線 | こうせん | 광선 |
| 路線 | ろせん | 노선 | 戦線 | せんせん | 전선 | 水平線 | すいへいせん | 수평선 |

水平線(すいへいせん)の向(む)こうに夕日(ゆうひ)が見(み)える。

最前線(さいぜんせん)で活躍(かつやく)する。

選 뽑을 선 <small>小4</small> 음독 セン

 훈독 えらぶ

①고르다

| 入選 | にゅうせん | 입선 | 当選 | とうせん | 당선 | 落選 | らくせん | 낙선 |

野球(やきゅう)の選手(せんしゅ)がグラウンドに登場(とうじょう)しました。

こんなにたくさんあると選(えら)ぶのが難(むずか)しい。

善 선할 선 <small>小5</small> 음독 ゼン

 훈독 よい

①좋다 ②사이좋게 하다

| 善悪 | ぜんあく | 선악 | 善意 | ぜんい | 선의 | 善行 | ぜんこう | 선행 |
| 善良 | ぜんりょう | 선량 | 改善 | かいぜん | 개선 | 親善 | しんぜん | 친선 |

善意(ぜんい)を持(も)って人々(ひとびと)に接(せっ)すれば分(わ)かってもらえるだろう。

改善(かいぜん)を進(すす)めるべきだ。

 全 완전 전 <small>小3</small> 음독 ゼン

훈독 まったく

①모두 ②하나 ③완전

| 全部 | ぜんぶ | 전부 | 全身 | ぜんしん | 전신 | 全力 | ぜんりょく | 전력 |
| 全国 | ぜんこく | 전국 | 完全 | かんぜん | 완전 | 全く | まったく | 완전히 |

全(まった)くその通(とお)りです。

全力(ぜんりょく)をつくしました。

然 그러할 연 小4 ゼン・ネン

①그러할

自然	しぜん	자연	当然	とうぜん	당연	天然	てんねん	천연

天然(てんねん)の資源(しげん)に恵(めぐ)まれた島(しま)だ。

当然(とうぜん)だよね、そんなこと。

祖 조상 조 小5 ソ

①조상 ②조부모 ③처음

先祖	せんぞ	선조	祖国	そこく	조국	お祖父さん	おじいさん	할아버지
元祖	がんそ	원조	祖父	そふ	할아버지	開祖	かいそ	기초를 연 사람

祖母(そぼ)は一人(ひとり)で海外旅行(かいがいりょこう)に行(い)きました。

祖先(そせん)の墓参(はかまい)りに行(い)く。

双 쌍 쌍 ソウ

ふた

①쌍

双	そう	쌍	双子	ふたご	쌍둥이	双葉	ふたば	떡잎
双方	そうほう	쌍방	双手	そうしゅ	두 손			

双方(そうほう)負(ま)けられないと意地(いじ)を張(は)る。

あの双子(ふたご)は瓜二(うりふた)つです。

争 싸울 쟁 小4 ソウ

あらそう

①싸우다

競争	きょうそう	쟁	論争	ろんそう	논쟁	争議	そうぎ	쟁의
争い	あらそい	다툼	争う	あらそう	싸우다			

あの二人(ふたり)は会(あ)うといつも争(あらそ)う。

ぼくは、人(ひと)と競争(きょうそう)するのが苦手(にがて)です。

| 相 | 서로 상 | | ソウ・ショウ |
| | | | あい |

①모양 ②서로 ③계속 ④장관

人相	にんそう	인상	真相	しんそう	진상	相互	そうご	상호
相手	あいて	상대	相次ぐ	あいつぐ	잇따르다	首相	しゅしょう	수상

外相(がいしょう)が帰国(きこく)したら真相(しんそう)を調(しら)べるつもりだ。

相次(あいつ)ぐ不運(ふうん)にすっかり元気(げんき)をなくす。

| 草 | 풀 초 | ソウ |
| | | くさ |

①풀 ②허술함 ③시작 ④초안

草木	くさき	초목	雑草	ざっそう	잡초	草屋	くさや	초가집
草創	そうそう	초창(시작)	草案	そうあん	초안	草	くさ	풀

野原(のはら)に草(くさ)が茂(しげ)っている。

草木(くさき)が染(そ)まってきれいですね。

| 捜 | 찾을 수 | ソウ |
| | | さがす |

①찾다

捜査	そうさ	수사	捜索	そうさく	수색
捜す	さがす	찾다	絵捜し	えさがし	그림 찾기

警察(けいさつ)に捜索(そうさく)願(ねが)いを出(だ)す。

捜査(そうさ)で当(あた)って忙(いそが)しいです。

| 掃 | 쓸 소 | ソウ |
| | | はく |

①쓸다 ②청소하다

掃除	そうじ	청소	掃射	そうしゃ	마구 쏨	一掃	いっそう	일소
掃蕩	そうとう	소탕	掃く	はく	쓸다			

庭(にわ)の掃(は)き掃除(そうじ)をする。

掃除機(そうじき)から変(へん)な音(おと)がします。

205

窓

창문 창　　　음독 ソウ

훈독 まど

①창 ②창문

| 窓 | まど | 창문 | 窓側 | まどがわ | 창가 | 同窓会 | どうそうかい | 동창회 |
| 窓外 | そうがい | 창밖 | 車窓 | しゃそう | 차창 | | | |

久(ひさ)しぶりに同窓会(どうそうかい)が開(ひら)かれる。

寒(さむ)いから、窓(まど)を開(あ)けてはいけません。

装

꾸밀 장　　음독 ソウ・ショウ

훈독 よそおう

①치장하다 ②가장하다

| 装置 | そうち | 장치 | 装飾 | そうしょく | 장식 | 服装 | ふくそう | 복장 |
| 衣装 | いしょう | 의상 | 装う | よそおう | 치장하다 | | | |

平気(へいき)なふりを装(よそお)います。

日本(にほん)ならではの服装(ふくそう)を研究(けんきゅう)している。

想

생각 상　　　음독 ソウ・ソ

훈독

①생각

| 感想 | かんそう | 감상 | 空想 | くうそう | 공상 | 回想 | かいそう | 회상 |

理想的(りそうてき)な日本語(にほんご)の教師像(きょうしぞう)について話(はな)しなさい。

子供(こども)の頃(ころ)空想(くうそう)したことが本当(ほんとう)になった。

層

층 층　　　음독 ソウ

훈독

①층계

| 層 | そう | 층 | 高層 | こうそう | 고층 | 層雲 | そううん | 안개구름 |

都会(とかい)には高層(こうそう)ビルが立(た)ち並(なら)ぶ。

空(そら)に層雲(そううん)がありますね。

다스릴 총 ⑩5 ソウ

훈독

①총괄하다 ②모든

| 総合 | そうごう | 총합 | 総計 | そうけい | 총계 | 総務 | そうむ | 총무 |
| 総長 | そうちょう | 총장 | 総会 | そうかい | 총회 | 総額 | そうがく | 총액 |

総(そう)の総画数(そうかくすう)は十四(じゅうよん)です。

早(はや)く総額(そうがく)を出(だ)してください。

 마를 조 ソウ

훈독

①마르다

| 乾燥 | かんそう | 건조 | 焦燥 | しょうそう | 초조 |

乾燥機(かんそうき)で洗濯物(せんたくもの)を乾(かわ)かす。

空気(くうき)が乾燥(かんそう)しています。

Z급

 잡을 조 ⑩6 ソウ

 みさお・あやつる

①지조 ②절개 ③조종하다 ④구사하다

| 操 | みさお | 지조 | 操作 | そうさ | 조작 | 操縦 | そうじゅう | 조종사 |
| 操行 | そうこう | 소행 | 操る | あやつる | 조종하다 | | | |

操(あやつ)り人形(にんぎょう)の芝居(しばい)が始(はじ)まる。

機会(きかい)を操作(そうさ)する。

 만들 조 ⑩5 ゾウ

 つくる

①기계 등을 이용해 만들다

| 製造 | せいぞう | 제조 | 創造 | そうぞう | 창조 | 木造 | もくぞう | 목조 |
| 造作 | ぞうさく | 조작 | 造成 | ぞうせい | 조성 | 造る | つくる | 만들다 |

日本(にほん)は木造(もくぞう)の建物(たてもの)が多(おお)いです。

この橋(はし)は江戸時代(えどじだい)に造(つく)られました。

像

형상 상  음독 ゾウ

훈독

①형상

| 銅像 | どうぞう | 동상 | 石像 | せきぞう | 석상 | 仏像 | ぶつぞう | 불상 |
| 胸像 | きょうぞう | 흉상 | 映像 | えいぞう | 영상 | 現像 | げんぞう | 현상 |

色々(いろいろ)なことについて想像(そうぞう)してみてください。

物語(ものがたり)を映像化(えいぞうか)する。

増

더할 증 음독 ゾウ

훈독 ます・ふやす・ふやす

①더하다

| 増加 | ぞうか | 증가 | 増強 | ぞうきょう | 증강 | 増大 | ぞうだい | 증대 |
| 増築 | ぞうちく | 증축 | 倍増 | ばいぞう | 배가 | 増す | ます | 늘다 |

大都市(だいとし)はだんだん人口(じんこう)が増(ふ)えつつある。

水(みず)かさが増(ま)してくる。

憎

미워할 증 음독 ゾウ

훈독 にくい・にくむ

①밉다 ②얄밉다 ③시기하다

| 憎悪 | ぞうお | 증오 | 愛憎 | あいぞう | 애증 | 憎い | にくい | 밉다 |
| 憎らしい | にくらしい | 밉살스럽다 | 憎々しい | にくにくしい | 아주 밉살스럽다 |

たまには憎(にく)いこともあるけど、とても可愛(かわい)らしいです。

憎悪(ぞうお)すべき行為(こうい)です。

蔵

숨길 장 음독 ゾウ

훈독 くら

①곳간 ②창고

| 蔵 | くら | 곳간 | 穴蔵 | あなぐら | 움막 | 酒蔵 | さかぐら | 술창고 |
| 大蔵省 | おおくらしょう | 재무부 | 蔵書 | ぞうしょ | 장서 |

酒蔵(さかぐら)で酒(さけ)を熟成(じゅくせい)させる。

こちらは大蔵大臣(おおくらだいじん)です。

贈 줄 증

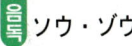 ソウ・ゾウ

おくる

①주다 ②보내다

贈り物	おくりもの	선물	贈与	ぞうよ	증여	贈呈	ぞうてい	증정
贈る	おくる	선사하다	寄贈	きぞう	기증	贈賄	ぞうわい	뇌물을 줌

卒業生(そつぎょうせい)から在校生(ざいこうせい)に記念品(きねんひん)が贈(おく)られた。

大学(だいがく)の教授(きょうじゅ)に贈(おく)り物(もの)をさしあげました。

臟 오장 장 6 ゾウ

①장기

臓器	ぞうき	장기	心臓	しんぞう	심장	肝臓	かんぞう	간장
腎臓	じんぞう	신장	膵臓	すいぞう	췌장	臓物	ぞうもつ	내장

心臓(しんぞう)がどきどきする。

臓器(ぞうき)の売買(ばいばい)がこっそり行(おこな)われている。

束 묶을 속

ソク

たば

①다발 ②묶다

束	たば	다발	花束	はなたば	꽃다발	束縛	そくばく	속박
束ねる	たばねる	묶다	拘束	こうそく	구속			

母(はは)の誕生日(たんじょうび)に花束(はなばた)を贈(おく)った。

婚約者(こんやくしゃ)から花束(はなたば)をもらいました。

則 법칙 5 ソク

①규칙

規則	きそく	규칙	法則	ほうそく	법칙	原則	げんそく	원칙
変則	へんそく	변칙	校則	こうそく	교칙	反則	はんそく	반칙

学校(がっこう)の校則(こうそく)は守(まも)らなければなりません。

度重(たびかさ)なる反則(はんそく)で退場(たいじょう)になる。

息 숨쉴 식 小3 음독 ソク 훈독 いき

①숨쉬다 ②생활하다 ③쉬다 ④어린이 ⑤늘어나다

| 息 | いき | 숨 | 消息 | しょうそく | 소식 | 窒息 | ちっそく | 질식 |
| 休息 | きゅうそく | 휴식 | 子息 | しそく | 자식 | 利息 | りそく | 이자 |

永田(ながた)さん先(さっき)からため息(ためいき)ばかりついてどうしたんですか。

親(おや)の監視(かんし)がひどくて窒息(ちっそく)しそうだ。

速 빠를 속 小4 음독 ソク 훈독 はやい・すみやかだ

①빠르다/빠르기

| 速達 | そくたつ | 속달 | 速度 | そくど | 속도 | 速報 | そくほう | 속보 |
| 速い | はやい | 빠르다 | 速やかだ | すみやかだ | 신속하다 |

時速(じそく)300キロで走(はし)る新幹線(しんかんせん)。

学校(がっこう)が終(お)わったら速(すみ)やかに家(いえ)に帰(かえ)りましょう。

側 곁 측 小4 음독 ソク 훈독 かわ

①곁 ②한쪽 면

| 側近 | そっきん | 측근 | 体側 | たいそく | 몸의 측면 | 外側 | そとがわ | 바깥쪽 |
| 側面 | そくめん | 측면 | 右側 | みぎがわ | 오른쪽 | 両側 | りょうがわ | 양쪽 |

書類(しょるい)の裏側(うらがわ)に何(なに)か書(か)いてあると思(おも)いますが。

道(みち)の右側(みぎがわ)を歩(ある)きます。

測 측량 측 小5 음독 ソク 훈독 はかる

①측량하다 ②추측하다

| 測定 | そくてい | 측정 | 測量 | そくりょう | 측량 | 観測 | かんそく | 관측 |
| 予測 | よそく | 예측 | 推測 | すいそく | 추측 | 測る | はかる | 재다 |

夜空(よぞら)の星(ほし)を観測(かんそく)するのが趣味(しゅみ)です。

相手(あいて)の気持(きも)ちを測(はか)るのは大変(たいへん)です。

続	계속 속		음독 ゾク
			훈독 つづく・つづける

①계속하다

連続	れんぞく	연속	続編	ぞくへん	속편	持続	じぞく	지속
続く	つづく	계속되다	続ける	つづける	계속하다			

やっと出国(しゅっこく)手続(てつづ)きを済(すま)せました。

あの本(ほん)の続編(ぞくへん)が出(で)ました。

卒	졸업할 졸	小4	음독 ソツ
			훈독

①졸병 ②허둥대다 ③끝나다

兵卒	へいそつ	병졸	卒倒	そっとう	졸도	脳卒中	のうそっちゅう	뇌졸중
卒業	そつぎょう	졸업	高卒	こうそつ	고졸	大学卒	だいがくそつ	대학졸

卒業(そつぎょう)して十年(じゅうねん)になります。

僕(ぼく)は森(もり)で熊(くま)に出会(であ)い卒倒(そっとう)した。

率	다스릴 솔 비율 률	小5	음독 ソツ・リツ
			훈독 ひきいる

①이끌다 ②솔직 ③비율 ④경솔하다

統率	とうそつ	통솔	率直	そっちょく	솔직	比率	ひりつ	비율
進学率	しんがくりつ	진학률	能率	のうりつ	능률	率いる	ひきいる	거느리다

小学生(しょうがくせい)たちを引率(いんそつ)して遠足(えんそく)に行(い)った。

視聴率(しちょうりつ)は無視(むし)できません。

存	존재 존	小6	음독 ソン・ゾン
			훈독

①존재하다 ②보존하다

存在	そんざい	존재	存亡	そんぼう	존망	存立	そんりつ	존립
存続	そんぞく	존속	存じる	ぞんじる	생각하다	存分	ぞんぶん	마음껏

この絵(え)は存在感(そんざいかん)のある作品(さくひん)だ。

存分(ぞんぶん)に使(つか)ってください。

孫

손자 손 小4 음독 ソン

훈독 まご

①손자 ②혈통

| 孫 | まご | 손자 | 孫娘 | まごむすめ | 손녀 | 子孫 | しそん | 자손 |

目(め)に入(い)れても痛(いた)くないほど孫(まご)が可愛(かわい)い。
早(はや)く孫(まご)の顔(かお)が見(み)たい、と母(はは)は息子(むすこ)に結婚(けっこん)をせかせた。

尊

높을 존 小6 음독 ソン

훈독 とうとい・とうとぶ

①높다 ②귀하다 ③존경하다

| 尊敬 | そんけい | 존경 | 尊重 | そんちょう | 존중 | 尊貴 | そんき | 존귀 |
| 尊称 | そんしょう | 존칭 | 尊ぶ | とうとぶ | 공경하다 | 尊い | とうとい | 귀중하다 |

尊(とうと)い命(いのち)を無駄(むだ)にしてはならない。
今日(きょう)は尊敬語(そんけいご)を教(おし)えたいと思(おも)います。

損

손해 손 小5 음독 ソン

훈독 そこなう・そこねる

①줄이다 ②깨뜨리다

| 損益 | そんえき | 손익 | 損失 | そんしつ | 손실 | 欠損 | けっそん | 결손 |
| 損害 | そんがい | 손해 | 破損 | はそん | 파손 | 損なう | そこなう | 손상하다 |

大(おお)きな損失(そんしつ)が出(で)た。
あまり無理(むり)したら健康(けんこう)を損(そこ)なうからゆっくりやってください。

他

타인 타 小3 음독 タ

훈독

①다른

| 他人 | たにん | 타인 | 他国 | たこく | 타국 | 他言 | たごん | 누설 |

他殺(たさつ)の証拠(しょうこ)が出(で)ました。
他人(たにん)の空似(そらに)にしては本当(ほんとう)に良(よ)く似(に)ているね。

212

打 칠 타 ダ うつ

①치다

打者	だしゃ	타자	打倒	だとう	타도	打楽器	だがっき	타악기
打つ	うつ	치다						

宇宙(うちゅう)に衛星(えいせい)を打(う)ち上(あ)げました。

最強(さいきょう)チームを打倒(だとう)した。

対 대할 대 タイ・ツイ

①향하다 ②대하다 ③한 쌍

対話	たいわ	대화	応対	おうたい	응대	対策	たいさく	대책
対戦	たいせん	대전	対立	たいりつ	대립	一対	いっつい	한쌍

一対(いっつい)の人形(にんぎょう)を買(か)いました。

対策(たいさく)を練(ね)る。

退 물러날 퇴 タイ しりぞく・しりぞける

①물러나다 ②그만두다 ③쇠퇴해지다

後退	こうたい	후퇴	敗退	はいたい	패퇴	退職	たいしょく	퇴직
引退	いんたい	은퇴	退学	たいがく	퇴학	退く	しりぞく	물러나다

敵(てき)を一気(いっき)に退(しりぞ)けましょう。

退学(たいがく)して一人(ひとり)で勉強(べんきょう)します。

帯 띠 대 タイ おびる・おび

①띠 ②휴대하다

帯	おび	띠	温帯	おんたい	온대	地帯	ちたい	지대
熱帯	ねったい	열대	携帯	けいたい	휴대	連帯	れんたい	연대

携帯電話(けいたいでんわ)で電話(でんわ)してみました。

着物(きもの)の帯(おび)を締(し)める。

213

袋 자루 대 음독 タイ

훈독 ふくろ

①자루 ②주머니 ③껍질

| 袋 | ふくろ | 자루 | 手袋 | てぶくろ | 장갑 |
| 紙袋 | かみぶくろ | 종이봉투 | 足袋 | たび | 일본식 버선 |

手袋(てぶくろ)をはめる。

これを袋(ふくろ)の中(なか)に入(い)れてほしいです。

 替 바꿀 체 음독 タイ

훈독 かえる・かわる

①바꾸다 ②교체하다

| 交替 | こうたい | 교체 | 為替 | かわせ | 외환 | 両替え | りょうがえ | 환전 |
| 代替 | だいたい | 대체 | 替わり | かわり | 대신 | 替わる | かわる | 바뀌다 |

出国(しゅっこく)の前(まえ)に両替(りょうがえ)をする。

為替(かわせ)は為替(かわせ)手形(てがた)の略語(りゃくご)だ。

 第 순서 제 小3 음독 ダイ

 훈독

①순서 ②사물 셀 때 붙이는 말 ③시험

| 式次第 | しきしだい | 식순서대로 | 第一 | だいいち | 제일 | 第二章 | だいにしょう | 제2장 |
| 第一歩 | だいいっぽ | 제일보 | 及第 | きゅうだい | 합격 | 落第 | らくだい | 낙제 |

家(いえ)に帰(かえ)り次第(しだい)に机(つくえ)に向(む)かいます。

落第(らくだい)したらどうしよう。

 宅 집 택 음독 タク

 훈독

①집 ②댁

| 宅 | たく | 댁 | 宅地 | たくち | 택지 | 在宅 | ざいたく | 재택 |

在宅勤務(ざいたくきんむ)を希望(きぼう)する。

失礼(しつれい)ですが、お宅(たく)はどこですか。

214

濯	씻을 탁	タク
		すすぐ

①헹구다 ②씻다

洗濯	せんたく	세탁	洗濯物	せんたくもの	빨래
洗濯機	せんたくき	세탁기	濯ぐ	すすぐ	헹구다

洗濯物(せんたくもの)を溜(た)める。

イチゴを水(みず)で濯(すす)いで食(た)べました。

達	이룰 달	⓼4  タツ

①이르다 ②뛰어나다

到達	とうたつ	도달	配達	はいたつ	배달	上達	じょうたつ	능숙
達人	たつじん	달인	達者	たっしゃ	달인	達筆	たっぴつ	달필

今日(きょう)の配達(はいたつ)はもう終(お)わりです。

まだ小(ちい)さいのに口(くち)だけ達者(たっしゃ)だ。

担	멜 담	⓼6 タン
		かつぐ・になう

①메다 ②책임을 떠맡다

担任	たんにん	담임	担保	たんぽ	담보	担当	たんとう	담당
担う	になう	짊어지다	担ぐ	かつぐ	메다			

どろぼうの片棒(かたぼう)を担(かつ)ぐ。

会社(かいしゃ)で税務(ぜいむ)を担当(たんとう)しています。

単	홀로 단	⓼4 タン

①홀로 ②단순 ③단위

単独	たんどく	단독	単一	たんいつ	단일	単純	たんじゅん	단순
簡単	かんたん	간단	単位	たんい	단위	単語	たんご	단어

単身赴任(たんしんふにん)で一人(ひとり)でソウルに来(き)ました。

こんな簡単(かんたん)な単語(たんご)すぐ覚(おぼ)えられるよ。

炭 석탄 탄 小3 음독 タン

훈독 すみ

①숯 ②석탄

| 炭 | すみ | 숯 | 石炭 | せきたん | 석탄 | 炭鉱 | たんこう | 탄광 |

石炭(せきたん)は植物(しょくぶつ)が長(なが)い間(あいだ)をかけて変質(へんしつ)したものだ。

炭火(すみび)で焼(や)くから美味(おい)しいね。

 探 찾을 탐 小6 음독 タン

훈독 さぐる・さがす

①찾다 ②구하다

| 探査 | たんさ | 탐사 | 探索 | たんさく | 탐색 | 探偵 | たんてい | 탐정 |
| 探検 | たんけん | 탐험 | 探問 | たんもん | 탐문 | 探る | さぐる | 찾다 |

人(ひと)に頼(たの)んでこっそり、探(さぐ)りをいれる。

アフリカに探検(たんけん)に行(い)きたいと思(おも)う。

 団 덩어리 단 小5 음독 ダン

훈독

①덩어리 ②모임

| 団結 | だんけつ | 단결 | 団地 | だんち | 단지 | 団らん | だんらん | 단란 |
| 団体 | だんたい | 단체 | 劇団 | げきだん | 극단 | 代表団 | だいひょうだん | 대표단 |

団体旅行(だんたいりょこう)でヨーロッパへ行(い)きましょう。

部屋(へや)に布団(ふとん)を敷(し)いておきました。

 段 층계 단 小6 음독 ダン

훈독

①계단 ②단계 ③단락 ④조목

| 段階 | だんかい | 단계 | 段取り | だんどり | 일의 순서, 절차 | 階段 | かいだん | 계단 |
| 段段 | だんだん | 차차, 점점 | 段落 | だんらく | 단락 | 段ボール | だんボール | 마분지 |

残念(ざんねん)ながら上(うえ)の段階(だんかい)に入(はい)れなかった。

段(だん)ボール箱(ばこ)が山積(やまづ)みされる。

断

끊을 단 · 小5 · 음독 ダン

훈독 たつ・ことわる

①끊다 ②확실히 정하다

| 切断 | せつだん | 결단 | 中断 | ちゅうだん | 중단 | 断絶 | だんぜつ | 단절 |
| 決断 | けつだん | 결단 | 断つ | たつ | 끊다 | 断る | ことわる | 거절하다 |

友人(ゆうじん)の誘(さそ)いも断(ことわ)りました。

今年(ことし)は酒(さけ)を断(た)つことにしました。

暖

따뜻할 난 · 小6 · 음독 ダン

훈독 あたたかい・あたたまる・あたためる

①따뜻하다

| 暖房 | だんぼう | 난방 | 暖流 | だんりゅう | 난류 | 暖炉 | だんろ | 난로 |
| 暖冬 | だんとう | 따뜻한 겨울 | 暖気 | だんき | 따뜻한 공기 | 暖かい | あたたかい | 따뜻하다 |

今年(ことし)は暖冬(だんとう)でした。

ずいぶん暖(あたた)かくなりました。

談

상담 담 · 小4 · 음독 ダン

훈독

①이야기

| 相談 | そうだん | 상담 | 会談 | かいだん | 회담 | 談話 | だんわ | 담화 |

先生(せんせい)は生徒(せいと)たちと個人面談(こじんめんだん)をしています。

私(わたし)の一存(いちぞん)では決(き)めかねます。家族(かぞく)と相談(そうだん)してみます。

値

값 치 · 小6 · 음독 チ

훈독 ね・あたい

①값어치 ②값

| 価値 | かち | 가치 | 価値観 | かちかん | 가치관 | 値段 | ねだん | 값 |
| 値ごろ | ねごろ | 적당한 가격 | 値打ち | ねうち | 값어치 | 値する | あたいする | 가치가 있다 |

値打(ねう)ちの高(たか)い品物(しなもの)を安(やす)く手(て)に入(い)れた。

自分(じぶん)の価値観(かちかん)について話(はな)してください。

217

恥 부끄러울 치　 음독 チ

훈독 はじ・はじらう・はずかしい

①부끄러움 ②치욕 ③수줍다

| 恥 | はじ | 부끄러움 | 恥じらう | はじらう | 수줍어하다 | 恥辱 | ちじょく | 치욕 |
| 恥ずかしい | はずかしい | 부끄럽다 | | | | | | |

君(きみ)は羞恥心(しゅうちしん)のかけらもないのか。

恥(はじ)を知(し)らない男(おとこ)だ。

 遅 늦을지　 음독 チ

훈독 おそい・おくれる

①(시간이) 늦다

| 遅刻 | ちこく | 지각 | 遅延 | ちえん | 지연 | 遅滞 | ちたい | 지체 |
| 遅出 | おそで | 늦게 출근함 | 遅れる | おくれる | 늦어지다 | 遅い | おそい | 늦다 |

遅(おそ)くなってすみません。

朝寝坊(あさねぼう)をして学校(がっこう)に遅(おく)れました。

 置 둘 치　小4 음독 チ

훈독 おく

①그대로 두다 ②갖추다 ③처리하다

| 放置 | ほうち | 방치 | 拘置所 | こうちしょ | 구치소 | 設置 | せっち | 설치 |
| 位置 | いち | 위치 | 処置 | しょち | 조처 | 置く | おく | 두다 |

書類(しょるい)を机(つくえ)の上(うえ)に置(お)いておいてください。

駅(えき)には放置自転車(ほうちじてんしゃ)がたくさんです。

 竹 대나무 죽　小2 음독 チク

훈독 たけ

①대나무

| 竹 | たけ | 나무 | 竹林 | ちくりん | 대나무숲 | 爆竹 | ばくちく | 폭죽 |
| 竹の子 | たけのこ | 죽순 | 竹馬の友 | ちくばのとも | 죽마고우 | | | |

彼(かれ)は竹馬(ちくば)の友(とも)だ。

竹(たけ)の子(こ)を掘(ほ)りました。

기를 축　チク

①기르다

| 畜産 | ちくさん | 축산 | 畜類 | ちくるい | 가축류 | 畜舎 | ちくしゃ | 축사 |
| 家畜 | かちく | 가축 | 畜生 | ちくしょう | 욕할 때 쓰는 말 | | | |

家畜(かちく)に牛(うし)と豚(ぶた)を飼(か)う。

畜生(ちくしょう)、お前(まえ)とはおしまいだ。

 세울 축　小5 チク

きずく

①건축하다

| 建築 | けんちく | 건축 | 構築 | こうちく | 구축 | 増築 | ぞうちく | 증축 |
| 改築 | かいちく | 개축 | 新築 | しんちく | 신축 | 築く | きずく | 쌓아올리다 |

長(なが)い間(あいだ)技術(ぎじゅつ)を築(きず)き上(あ)げました。

新(あたら)しい校舎(こうしゃ)を築(きず)いています。

 벌레 충　小1 チュウ

むし

①벌레 ②기분

| 虫 | むし | 벌레 | 昆虫 | こんちゅう | 곤충 | 害虫 | がいちゅう | 해충 |
| 泣き虫 | なきむし | 울보 | 弱虫 | よわむし | 겁쟁이 | 腹の虫 | はらのむし | 비위 |

虫(むし)に刺(さ)されて痒(かゆ)いです。

どうも腹(はら)の虫(むし)がおさまらない。

 집 주　小6 チュウ

①하늘 ②공중

| 宙 | ちゅう | 하늘 | 宇宙 | うちゅう | 우주 | 宙返り | ちゅうがえり | 공중회전 |

気球(ききゅう)が宙(ちゅう)に浮(う)かぶ。

ロケットを宇宙(うちゅう)へ打(う)ち上(あ)げました。

219

柱

기둥 주 チュウ

はしら

①기둥 ②중심이 되는 것

| 柱 | はしら | 기둥 | 電柱 | でんちゅう | 전신주 | 円柱 | えんちゅう | 원주 |
| 鉄柱 | てっちゅう | 철기둥 | 柱石 | ちゅうせき | 주석 | 支柱 | しちゅう | 지주 |

その神殿(しんでん)には円柱形(えんちゅうけい)の柱(はしら)が立(た)っている。

酔(よ)って電柱(でんちゅう)にぶつかった。

駐

머무를 주 チュウ

①머무르다

| 駐車 | ちゅうしゃ | 주차 | 駐車場 | ちゅうしゃじょう | 주차장 | 駐留 | ちゅうりゅう | 주류 |
| 駐在 | ちゅうざい | 주재 | 駐屯 | ちゅうとん | | 주둔 | | |

この近(ちか)くに駐車場(ちゅうしゃじょう)があるかしら。

派出所(はしゅつじょ)に駐在(ちゅうざい)している。

箸

젓가락 저

はし

①젓가락

| 箸 | はし | 젓가락 | 箸箱 | はしばこ | 수저통 | 割り箸 | わりばし | 나무젓가락 |

おかずに箸(はし)をつける。

箸(はし)を使(つか)ったことはありません。

貯

저축 저 チョ

①저축하다

| 貯金 | ちょきん | 저금 | 貯蓄 | ちょちく | 저축 | 貯蔵 | ちょぞう | 저장 |

家(いえ)を買(か)うまで一生懸命(いっしょうけんめい)貯金(ちょきん)しなければなりません。

豚(ぶた)の貯金箱(ちょきんばこ)におこづかいをためている。

張	베풀 장	小5	음독 チョウ
			훈독 はる

①늘어나다 ②과장하다 ③주장하다 ④외출하다

拡張	かくちょう	확장	伸張	しんちょう	신장	膨張	ぼうちょう	팽창
誇張	こちょう	과장	主張	しゅちょう	주장	出張	しゅっちょう	출장

韓国(かんこく)に出張(しゅっちょう)に来(き)ました。
会社(かいしゃ)の規模(きぼ)を拡張(かくちょう)する。

頂	꼭대기 정	小6	음독 チョウ
			훈독 いただく

①모시다 ②받들다 ③정상

頂上	ちょうじょう	정상	頂点	ちょうてん	정점	頂く	いただく	받들다

昨日(きのう)お電話を頂戴(ちょうだい)した、田中(たなか)ですが。
両国(りょうこく)の頂上会談(ちょうじょうかいだん)が開(ひら)かれました。

超	넘을 초	음독 チョウ
		훈독 こえる・こす

①넘다 ②건너뛰다

超過	ちょうか	초과	超越	ちょうえつ	초월	超人	ちょうじん	초인
超える	こえる	넘다	超す	こす	초과하다			

超(ちょう)スピードで仕事(しごと)を片付(かたづ)ける。
人力(じんりょく)を超越(ちょうえつ)する。

調	고를 조	小3	음독 チョウ
			훈독 しらべる・ととのう・ととのえる

①조정하다 ②상태 ③알아보다 ④만들다

調整	ちょうせい	조정	調停	ちょうてい	조정	好調	こうちょう	순조로움
短調	たんちょう	단조로움	調達	ちょうたつ	조달	調べる	しらべる	조사하다

よく調(しら)べてみないと分(わ)からないはずです。
犬(いぬ)の調教師(ちょうきょうし)になりたいです。

<table>
<tr><td rowspan="2">仲</td><td colspan="3">버금갈 중　 음독 チュウ</td></tr>
<tr><td colspan="3">훈독 なか</td></tr>
</table>

①(인간관계의)사이

仲	なか	사이	仲間	なかま	동료	仲人	なこうど	결혼중매인
仲介	ちゅうかい	중개	仲裁	ちゅうさい	중재			

会社(かいしゃ)の上司(じょうし)に仲人(なこうど)を頼(たの)む。

仲(なか)のいい兄弟(きょうだい)です。

<table>
<tr><td rowspan="2">兆</td><td colspan="2">조 조　 음독 チョウ</td></tr>
<tr><td colspan="2">훈독 きざす・きざし</td></tr>
</table>

①조 ②징조

兆	ちょう	조(숫자)	兆候	ちょうこう	징후
兆し	きざし	징조	兆す	きざす	징조가 보이다

予算(よさん)が一兆円(いっちょうえん)になりました。

だんだん兆候(ちょうこう)が見(み)えてくる。

<table>
<tr><td rowspan="2">直</td><td colspan="3">곧을 직　 음독 チョク・ジキ</td></tr>
<tr><td colspan="3">훈독 ただちに・なおす・なおる</td></tr>
</table>

①마음이 바르다 ②직선 ③곧

正直	しょうじき	정직	率直	そっちょく	솔직	直線	ちょくせん	직선
直進	ちょくしん	직진	直ちに	ただちに	즉시	直す	なおす	고치다

間違(まちが)っている文章(ぶんしょう)を直(なお)していただけませんか。

直接(ちょくせつ)会(あ)って話(はな)しましょう。

<table>
<tr><td rowspan="2">沈</td><td colspan="2">잠길 침　음독 チン</td></tr>
<tr><td colspan="2">훈독 しずむ・しずめる</td></tr>
</table>

①가라앉다 ②(해, 달이)지다 ③침울하다

沈滞	ちんたい	침체	沈黙	ちんもく	침묵	沈没	ちんぼつ	침몰
沈殿	ちんでん	침전	沈降	ちんこう	침강	沈む	しずむ	가라앉다

船(ふね)が嵐(あらし)で沈没(ちんぼつ)する。

地盤(じばん)が沈(しず)み始(はじ)めた。

 珍 보배 진 음독 チン

훈독 めずらしい

①귀하다 ②진귀하다 ③드물다

| 珍貴 | ちんき | 진귀 | 珍奇 | ちんき | 진기 | 珍味 | ちんみ | 진미 |
| 珍品 | ちんぴん | 진품 | 珍重 | ちんちょう | 진중 | 珍しい | めずらしい | 진귀하다 |

何(なん)のことだか珍粉漢粉(ちんぷんかんぷん)だ。

それは珍(めずら)しいことではありません。

 賃 품삯 임 小6 음독 チン

훈독

①품삯 ②임대

| 賃金 | ちんぎん | 임금 | 賃貸 | ちんたい | 임대 | 家賃 | やちん | 집세 |
| 賃上げ | ちんあげ | 임금 인상 | 賃借 | ちんしゃく | 임차 | | | |

大家(おおや)に家賃(やちん)の値上(ねあ)がりを要求(ようきゅう)された。

賃金(ちんぎん)を支払(しはら)わなければなりません。

追 따를 추 小3 음독 ツイ

훈독 おう

①뒤따르다 ②추방하다 ③추가 ④추억하다

| 追求 | ついきゅう | 추구 | 追跡 | ついせき | 추적 | 追放 | ついほう | 추방 |
| 追加 | ついか | 추가 | 追伸 | ついしん | 추신 | 追う | おう | 쫓다 |

犯人(はんにん)を追(お)い掛(か)けて結局(けっきょく)捕(つか)まえました。

ここ、ビール追加(ついか)ね。

痛 아플 통 小6 음독 ツウ

훈독 いたい・いたむ・いためる

①아프다 ②쓰리다

| 痛感 | つうかん | 통감 | 痛快 | つうかい | 통쾌 | 痛烈 | つうれつ | 통렬 |
| 沈痛 | ちんつう | 침통 | 痛い | いたい | 아프다 | 痛む | いたむ | 아파해 하다 |

鎮痛剤(ちんつうざい)を飲(の)む。

責任(せきにん)を痛感(つうかん)します。

定

정할 정　 テイ・ジョク

 さだめる・さだまる

①결정하다 ②변함 없다 ③안정되다

| 定義 | てぃぎ | 정의 | 定着 | てぃちゃく | 정착 | 定員 | てぃぃん | 정원 |
| 定食 | てぃしょく | 정식 | 定価 | てぃか | 정가 | 定める | さだめる | 결정하다 |

定規(じょうぎ)を使(つか)って線(せん)を引(ひ)きましょう。

規定(きてい)された中(なか)でやってください。

底

밑 저　 テイ

 そこ

①가장 밑

| 海底 | かいてい | 해저 | 根底 | こんてい | 근저 | 底辺 | てぃへん | 저변 |
| 底 | そこ | 밑 | | | | | | |

川(かわ)の底(そこ)までよく見(み)えます。

海底(かいてい)にはたくさんの生(い)き物(もの)がいます。

庭

뜰 정　 テイ

 にわ

①정원 ②집의 안

| 庭 | にわ | 정원 | 庭園 | てぃえん | 정원 | 校庭 | こうてい | 교정 |
| 家庭 | かてい | 가정 | 中庭 | なかにわ | 가운데 뜰 | 庭訓 | てぃきん | 가훈 |

庭園(ていえん)の中(なか)に私(わたし)の作(つく)った盆栽(ぼんさい)があります。

庭(にわ)の中(なか)で遊(あそ)びます。

停

머무를 정　テイ

①머무르다

| バス停 | てい | 버스정류장 | 停止 | てぃし | 정지 | 停車 | てぃしゃ | 정차 |

バスの停留場(ていりゅうじょ)をバス停(てい)と呼(よ)びます。

車(くるま)は急停車(きゅうていしゃ)した。

| 程 | 정도 정 | 小5 | 음독 テイ |
| | | | 훈독 ほど |

①규정 ②과정 ③정도

| 規定 | きてい | 규정 | 過程 | かてい | 과정 | 工程 | こうてい | 공정 |
| 旅程 | りょてい | 여정 | 音程 | おんてい | 음정 | 程 | ほど | 정도 |

日程(にってい)は決(き)まりましたか。

ふざけるにも程(ほど)があります。

| 泥 | 진흙 니 | 음독 デイ |
| | | 훈독 どろ |

①진흙 ②도둑

| 泥 | どろ | 진흙 | 泥棒 | どろぼう | 도둑 | 泥中 | でいちゅう | 진흙 속 |

泥棒(どろぼう)に財布(さいふ)を盗(ぬす)まれました。

子供(こども)が泥(どろ)だらけになって帰(かえ)ってきた。

| 的 | 과녁 적 | 小4 | 음독 テキ |
| | | | 훈독 まと |

①확실 ②과녁 ③~답다

| 的確 | てきかく | 정확 | 目的 | もくてき | 목적 | 標的 | ひょうてき | 표적 |
| 知的 | ちてき | 지적 | 主観的 | しゅかんてき | 주관적 | 的 | まと | 과녁 |

科学的(かがくてき)な調査(ちょうさ)が実施(じっし)されました。

目的(もくてき)に合(あ)った旅行(りょこう)がしたい。

| 適 | 맞을 적 | 小5 | 음독 テキ |
| | | | 훈독 |

①들어맞다

| 適応 | てきおう | 적응 | 適合 | てきごう | 적합 | 適性 | てきせい | 적성 |
| 適切 | てきせつ | 적절 | 適材適所 | てきざいてきしょ | 적재적소 | | | |

生物(せいぶつ)は環境(かんきょう)に適応(てきおう)していきます。

本当(ほんとうに)に快適(かいてき)な環境(かんきょう)ですね。

鉄　철 철　小3　음독 テツ

훈독

①철 ②딱딱하고 강한 것 ③철도의 줄인 말

| 鉄 | てつ | 철 | 鉄材 | てつざい | 철재 | 鉄則 | てっそく | 철칙 |
| 鉄人 | てつじん | 철인 | 国鉄 | こくてつ | 국철 | 地下鉄 | ちかてつ | 지하철 |

鉄板焼(てっぱんやき)が食(た)べたくなりました。

国鉄(こくてつ)がJRになりました。

 点　점 점　小2　음독 テン

훈독

①점/표시 ②성적 ③불을 켜다 ④조사하다

| 点 | てん | 점 | 点線 | てんせん | 점선 | 採点 | さいてん | 채점 |
| 点火 | てんか | 점화 | 点検 | てんけん | 점검 | 点眼 | てんがん | 점안 |

もう点呼(てんこ)の時間(じかん)だ。

視点(してん)を変(か)えて考(かんが)えてみてください。

 伝　전할 전　小4　음독 デン

훈독 つたわる・つたえる・つたう

①전하다 ②계속되다 ③전기

| 伝言 | でんごん | 전언 | 伝達 | でんたつ | 전달 | 伝染 | でんせん | 전염 |
| 遺伝 | いでん | 유전 | 伝統 | でんとう | 전통 | 伝わる | つたわる | 전해지다 |

伝統(でんとう)が現代(げんだい)まで生(い)き生(い)きと伝(つた)えられています。

その国(くに)では、いま伝染病(でんせんびょう)がはやっているそうです。

 展　펼 전　小6　음독 テン

훈독

①전개하다 ②펴다

| 展開 | てんかい | 전개 | 展示 | てんじ | 전시 | 発展 | はってん | 발전 |
| 展望台 | てんぼうだい | 전망대 | 展覧会 | てんらんかい | 전람회 | | | |

知人(ちじん)の個展(こてん)に招待(しょうたい)された。

親(おや)の喧嘩(けんか)に展開(てんかい)しました。

殿 대궐 전

- **음독** デン・テン
- **훈독** との・どの

①귀인을 일컫는 말 ②남자분

| 殿 | との | 남자분 | 殿様 | とのさま | 영주님 | 殿堂 | でんどう | 전당 |
| 殿下 | でんか | 전하 | 宮殿 | きゅうでん | 궁전 | 神殿 | しんでん | 신전 |

お城(しろ)のお殿様(とのさま)。

美(び)の殿堂(でんどう)。

徒 무리 도

 음독 ト

훈독

①무리 ②사람

| 徒歩 | とほ | 도보 | 生徒 | せいと | 학생 | 暴徒 | ぼうと | 폭도 |
| 信徒 | しんと | 신도 | 徒手 | としゅ | 맨손 | | | |

妹(いもうと)の努力(どりょく)を徒労(とろう)に終(お)わらせてはなりません。

私(わたし)はキリスト教(きょう)信徒(しんと)です。

途 길 도

- **음독** ト
- **훈독** みち

①길 ②도리

| 途 | みち | 길 | 途端 | とたん | 마침 | 途方 | とほう | 수단/방법 |
| 一途 | いちず | 외골수 | 中途半端 | ちゅうとはんぱ | 엉거주춤함 | | | |

中途半端(ちゅうとはんぱ)なことが嫌(きら)いだ。

道(みち)に迷(まよ)って途方(とほう)に暮(く)れる。

渡 건널 도

- **음독** ト
- **훈독** わたる・わたす

①건너다

| 渡航 | とこう | 도항 | 渡米 | とべい | 도미 | 渡来 | とらい | 수입 |
| 渡る | わたる | 건너다 | 渡し舟 | わたしぶね | 나룻배 | | | |

会社(かいしゃ)が人手(ひとで)に渡(わた)った。

海外(かいがい)に渡航(とこう)しようと思(おも)います。

바를 도 ト

ぬる

①바르다 ②칠하다 ③씌우다

塗料	とりょう	도료	塗布	とふ	도포	塗る	ぬる	칠하다

ペンキを壁(かべ)に塗(ぬ)る。

古(ふる)いテーブルを白(しろ)く塗(ぬ)りました。

 힘쓸 노 4 ド

つとめる

①힘쓰다

努力	どりょく	노력	努める	つとめる	노력하다

精一杯(せいいっぱい)努(つと)めました。

努(つと)めて明(あか)るいふりをする。

 성낼 노 ド

おこる・いかる

①성내다 ②노하다 ③꾸짖다

怒気	どき	노기	怒髪	どはつ	노발	怒号	どごう	노하여 외침
怒り	いかり	분노	怒鳴る	どなる	고함치다	怒る	おこる	성내다

姉(あね)は怒(おこ)りっぽい性格(せいかく)だ。

喜怒哀樂(きどあいらく)が激(はげ)しい性格(せいかく)です。

 등 등 4 トウ

 ひ

①등

電灯	でんとう	전등	蛍光灯	けいこうとう	형광등	街灯	がいとう	가로등

灯台(とうだい)から光(ひかり)が漏(も)れ出(だ)している。

暗(くら)くなり街灯(がいとう)の火(ひ)がともされた。

当 맞힐 당 小2 음독 トウ

독훈 あたる・あてる

①맞추다 ②올바르다 ③지금

| 当代 | とうだい | 당대 | 当番 | とうばん | 당번 | 当選 | とうせん | 당선 |
| 当日 | とうじつ | 당일 | 当局 | とうきょく | 당국 | 当る | あたる | 맞다 |

宝(たから)くじに当(あ)たりました。

それは当(あ)たり前(まえ)のことです。

投 던질 투 小3 음독 トウ

독훈 なげる

①던지다 ②쏟아 붇다

| 投手 | とうしゅ | 투수 | 投石 | とうせき | 투석 | 投票 | とうひょう | 투표 |
| 投与 | とうよ | 투여 | 投資 | とうし | 투자 | 投げる | なげる | 던지다 |

ボールを投(な)げながら遊(あそ)んでいます。

投票(とうひょう)しましたか。

到 이를 도 음독 トウ

독훈

①이르다 ②찾아오다

| 到着 | とうちゃく | 도착 | 到達 | とうたつ | 도달 | 到来 | とうらい | 도래 |
| 到底 | とうてい | 도저히 | | | | | | |

到着(とうちゃく)したら電話(でんわ)をください。

至(いた)る所(ところ)人(ひと)でいっぱいです。

逃 도망갈 도 음독 トウ

훈독 にげる・のがす

①놓아주다 ②놓치다 ③달아나다

| 逃亡 | とうぼう | 도망 | 逃走 | とうそう | 도주 | 逃避 | とうひ | 도피 |
| 逃げる | にげる | 도망치다 | 逃す | のがす | 놓치다 | | | |

逃(に)げ隠(かく)れしても仕方(しかた)がない。

犯人(はんにん)は交番(こうばん)から抜(ぬ)け出(だ)して逃走(とうそう)しました。

넘어질 도 トウ

たおれる・たおす

①쓰러뜨리다 ②허물다

| 倒産 | とうさん | 도산 | 倒壊 | とうかい | 무너짐 | 倒置 | とうち | 도치 |
| 倒錯 | とうさく | 거꾸로 됨 | 面倒 | めんどう | 귀찮음 | 倒れる | たおれる | 쓰러지다 |

過労(かろう)で倒(たお)れました。
不景気(ふけいき)で会社(かいしゃ)は倒産(とうさん)した。

 얼 동 トウ

こおる

①얼다

| 凍結 | とうけつ | 동결 | 凍死 | とうし | 동사 | 冷凍 | れいとう | 냉동 |
| 解凍 | かいとう | 해동 | 凍傷 | とうしょう | 동상 | 凍る | こおる | 얼다 |

冷凍庫(れいとうこ)の肉(にく)を解凍(かいとう)する。
零下(れいか)十度(ど)の寒(さむ)さで水(みず)が凍(こお)りました。

 섬 도 <small>小3</small> トウ

 しま

①섬

| 島 | しま | 섬 | 小島 | こじま | 작은 섬 | 半島 | はんとう | 반도 |

韓国(かんこく)は半島(はんとう)で、日本(にほん)は島国(しまぐに)である。
島国(しまぐに)日本(にっぽん)。

 무리 당 <small>小6</small> トウ

①정당 ②무리

| 党 | とう | 정당 | 党紀 | とうき | 당의 규율 | 党首 | とうしゅ | 당수 |
| 党員 | とういん | 당원 | 党派 | とうは | 당파 | 党争 | とうそう | 당쟁 |

党(とう)の党首(とうしゅ)になる。
社会民主党(しゃかいみんしゅとう)に入(はい)りました。

훔칠 도　　음독 トウ

훈독 ぬすむ

①훔치다 ②속이다

| 盗難 | とうなん | 도난 | 盗用 | とうよう | 도용 | 盗聴 | とうちょう | 도청 |
| 盗癖 | とうへき | 도벽 | 盗賊 | とうぞく | 도적 | 盗む | ぬすむ | 훔치다 |

電話(でんわ)を盗聴(とうちょう)された。

アリババと四十人(よんじゅうにん)の盗賊(とうぞく)。

 탑 탑　　음독 トウ

훈독

①탑

| 搭 | とう | 탑 | 搭影 | とうえい | 탑의 그림자 |

エッフェル塔(とう)を見(み)にフランスに行(い)った。

あれがあの有名(ゆうめい)な五重(ごじゅう)の搭(とう)だ。

 끓일 탕　　小3　음독 トウ

훈독 ゆ

①끓인 물 ②목욕탕 ③온천

| お湯 | おゆ | 끓인 물 | 熱湯 | ねっとう | 열탕 | 銭湯 | せんとう | 공중목욕탕 |
| 湯気 | ゆげ | 김 | 湯元 | ゆもと | 온천이 솟는 근원 | | | |

お湯(ゆ)をお願(ねが)いします。

湯気(ゆげ)のように咲(さ)いた牧丹(ぼたん)の花(はな)です。

 오를 등　　小3　음독 トウ・ト

훈독 のぼる

①오르다 ②외출하다 ③쓰다

| 登山 | とざん | 등산 | 登場 | とうじょう | 등장 | 登用 | とうよう | 등용 |
| 登校 | とうこう | 등교 | 登記 | とうき | 등기 | 登る | のぼる | 오르다 |

猿(さる)が木(き)に登(のぼ)って遊(あそ)んでいる。

登校拒否(とうこうきょひ)の子供(こども)が増(ふ)えている。

等

무리 등　　小3　음독 トウ

훈독 ひとしい

①같다 ②순서 ③등등

| 同等 | どうとう | 동등 | 平等 | びょうどう | 평등 | 同級 | どうきゅう | 동급 |
| 優等 | ゆうとう | 우등 | 上等 | じょうとう | 고급 | 等しい | ひとしい | 같다 |

国民(こくみん)皆(みんな)が平等(びょうどう)です。

大(おお)きさは等(ひと)しいが重(おも)さが違(ちが)う。

筒

대롱 통　　음독 トウ

훈독 つつ

①대롱

| 封筒 | ふうとう | 봉투 | 円筒 | えんとう | 원통 | 筒袖 | つつそで | 통소매 |

封筒(ふうとう)が一枚(いちまい)要(い)りますが。

働(はたら)く時(とき)には筒袖(つつそで)を着(き)ます。

童

아동 동　　小3　음독 ドウ

훈독 わらべ

①아동

| 児童 | じどう | 아동 | 童心 | どうしん | 동심 | 童顔 | どうがん | 동안 |
| 童話 | どうわ | 동화 | 悪童 | あくどう | 악동 | 童歌 | わらべうた | 어린이동요 |

子供に童歌(わらべうた)を歌(うた)い聞(き)かせた。

童顔(どうがん)なので若(わか)く見(み)られます。

銅

동 동　　小5　음독 ドウ

훈독

①동

| 銅像 | どうぞう | 동상 | 青銅 | せいどう | 청동 | 銅銭 | どうせん | 동전 |
| 銅貨 | どうか | 동화 | 銅製 | どうせい | 동제품 | 金銅 | こんどう | 금동 |

青銅(せいどう)の仏像(ぶつぞう)が出来上(できあ)がりました。

広場(ひろば)に銅像(どうぞう)を置(お)く。

導 이끌 도 小5 음독 トク / 훈독 みちびく

①인도하다 ②열 등이 통하다

| 引導 | いんどう | 인도 | 指導 | しどう | 지도 | 先導 | せんどう | 선도 |
| 誘導 | ゆうどう | 유도 | 導体 | どうたい | 도체 | 導く | みちびく | 이끌다 |

半導体(はんどうたい)の技術(ぎじゅつ)を伝(つた)えてあげます。

先生(せんせい)はよりよい方向(ほうこう)に導(みちび)いてくれました。

得 얻을 득 小5 음독 トク / 훈독 える・うる

①얻다 ②유리하다 ③깨닫다

| 得点 | とくてん | 득점 | 得票 | とくひょう | 득표 | 習得 | しゅうとく | 습득 |
| 得失 | とくしつ | 득실 | 所得 | しょとく | 소득 | 得る | える | 얻다 |

数学(すうがく)が得意(とくい)です。

本(ほん)から知識(ちしき)を得(え)ています。

毒 독 독 小4 음독 ドク / 훈독

①독 ②나쁜 것

| 毒薬 | どくやく | 독약 | 毒殺 | どくさつ | 독살 | 有毒 | ゆうどく | 유독 |
| 消毒 | しょうどく | 소독 | 毒舌 | どくぜつ | 독설 | 害毒 | がいどく | 해독 |

麻薬中毒(まやくちゅうどく)になり人生(じんせい)をだめにした。

あの評論家(ひょうろんか)は毒舌(どくぜつ)だ。

独 홀로 독 小5 음독 ドウ / 훈독 ひとり

①홀로

| 独身 | どくしん | 독신 | 独自 | どくじ | 독자 | 独占 | どくせん | 독점 |
| 独断 | どくだん | 단독 | 独立 | どくりつ | 독립 | 独り | ひとり | 혼자 |

東京(とうきょう)で独(ひと)り暮(ぐ)らしをしています。

ピアノの独奏会(どくそうかい)に招待(しょうたい)されました。

부딪칠 돌 　トツ

つく

①부딪치다 ②찌르다 ③치다

突然	とつぜん	돌연	突撃	とつげき	돌격	突堤	とってい	제방
突風	とっぷう	돌풍	突進	とっしん	돌진	突く	つく	찌르다

車(くるま)の追突事故(ついとつじこ)を起(お)こす。

突(つ)き当(あ)たりにホテルがあります。

 신고할 계 　⑥⑥　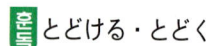

とどける・とどく

①이르다 ②신고하다 ③닿다

届け	とどけ	제출	届け出	とどけで	신고	届く	とどく	닿다

出生届(しゅっせいとど)けを役所(やくしょ)に出(だ)す。

Eメールが届(とど)きました。

 둔할 둔 　ドン

にぶい・にぶる

①둔하다 ②무디다 ③희미하다

鈍才	どんさい	둔재	鈍行	どんこう	역마다 서는 열차	鈍感	どんかん	둔감
鈍化	どんか	둔화	鈍い	にぶい	둔하다	鈍る	にぶる	둔해지다

まだ分(わ)からないなんて鈍感(どんかん)な人(ひと)だ。

鈍(にぶ)い刀(かたな)では何(なに)も切(き)れない。

 흐릴 담 　ドン

くもる

①흐리다 ②우울하다

曇天	どんてん	흐린 날씨	曇る	くもる	흐리다	曇り	くもり	흐림
曇り空	くもりぞら	흐린 하늘	薄曇り	うすぐもり	약간 흐림			

天気予報(てんきよほう)によると明日(あした)は曇(くも)りだそうだ。

今日(きょう)は一日(いちにち)、曇(くも)り空(ぞら)だった。

内 안 내 ナイ・ダイ ／ うち

①안 ②내성적

内部	ないぶ	내부	室内	しつない	실내	社内	しゃない	사내
内側	うちがわ	안쪽	内定	ないてい	내정	内	うち	안

内緒(ないしょ)だからだれにも言(い)わないでね。

室内(しつない)と外(そと)の温度差(おんどさ)が大(おお)きすぎます。

軟 연할 연 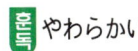 ナン ／ やわらかい

①연하다 ②무르다 ③부드럽다

軟性	なんせい	연성	軟弱	なんじゃく	연약	軟膏	なんこう	연고
軟水	なんすい	연수	柔軟	じゅうなん	유연	軟らかい	やわらかい	부드럽다

柔軟(じゅうなん)体操(たいそう)をして体(からだ)をほぐす。

二三日(にさんにち)間(かん)は軟(やわ)らかいものを食(た)べなさい。

難 어려울 난 ナン ／ かたい・むずかしい

①어렵다 ②까다롭다 ③곤란하다

難民	なんみん	난민	難問	なんもん	어려운 질문	難局	なんきょく	난국
難点	なんてん	난점	難い	かたい	어렵다	難しい	むずかしい	어렵다

避難民(ひなんみん)たちは苦(くる)しい生活(せいかつ)をしている。

今日(きょう)は難(むずか)しい話(はなし)は抜(ぬ)きにしましょう。

乳 젖 유 ニュウ ／ ちち・ち

①젖 ②유방

乳	ちち	젖	乳首	ちくび	젖꼭지	乳房	ちぶさ	유방
乳児	にゅうじ	유아	牛乳	ぎゅうにゅう	우유	母乳	ぼにゅう	모유

赤(あか)ちゃんにお乳(ちち)をあげる。

毎朝(まいあさ)牛乳(ぎゅうにゅう)を飲(の)んでいる。

任

맡길 임　小5　음독 ニン

훈독 まかせる・まかす

①일 ②맡기다

任務	にんむ	임무	就任	しゅうにん	취임	任期	にんき	임기
担任	たんにん	담임	委任	いにん	위임	任せる	まかせる	맡기다

担任(たんにん)の先生(せんせい)に誉(ほ)められました。
音樂(おんがく)の仕事(しごと)なら私(わたし)に任(まか)してください。

認

인정할 인　小6　음독 ニン

훈독 みとめる

①인정하다 ②인지하다

認可	にんか	인가	認識	にんしき	인식	認定	にんてい	인정
認知	にんち	인지	確認	かくにん	확인	認める	みとめる	인정하다

書類(しょるい)の確認(かくにん)をお願(ねが)いします。
私(わたし)は絶対(ぜったい)に認(みと)めません。

熱

열 열　小4　음독 ネツ

훈독 あつい

①열 ②강렬하다

熱気	ねっき	열기	加熱	かねつ	가열	熱帯	ねったい	열대
熱中	ねっちゅう	열중	熱望	ねつぼう	열망	熱い	あつい	뜨겁다

お湯(ゆ)が熱(あつ)くて火傷(やけど)しました。
あなたの熱情(ねつじょう)が羨(うらや)ましいです。

念

생각 념　小4　음독 ネン

훈독

①깊히 생각하다 ②입으로 소리내다

念願	ねんがん	염원	記念	きねん	기념	信念	しんねん	신념
理念	りねん	이념	丹念	たんねん	공들임	念仏	ねんぶつ	염불

今日(きょう)は建国記念日(けんこくきねんび)です。
丹念(たんねん)に何度(なんど)も読(よ)みかえした。

불탈 연　小5　음독 ネン

훈독 もえる・もやす

①태우다 ②불타다

| 燃料 | ねんりょう | 연료 | 燃焼 | ねんしょう | 연소 | 可燃性 | かねんせい | 가연성 |
| 燃える | もえる | 타다 | 燃やす | もやす | 태우다 | | | |

ごみを燃(も)やしています。

不燃性(ふねんせい)の素材(そざい)で作(つく)られています。

 괴로워할 뇌　음독 ノウ

훈독 なやむ

①괴로워하다 ②고민하다 ③고생하다

| 悩殺 | のうさつ | 뇌쇄 | 煩悩 | ぼんのう | 번뇌 | 苦悩 | くのう | 고뇌 |
| 悩み事 | なやみごと | 고민거리 | 悩む | なやむ | 괴로워하다 | 悩ましい | なやましい | 괴롭다 |

友人(ゆうじん)に悩(なや)み事(ごと)を打(う)ち明(あ)ける。

進学(しんがく)のためにいろいろ悩(なや)んでいます。

능력 능　小5　음독 ノウ

훈독

①능력 ②노(일본 전통극)

| 能力 | のうりょく | 능력 | 機能 | きのう | 기능 | 技能 | ぎのう | 기능 |
| 才能 | さいのう | 재능 | 本能 | ほんのう | 본능 | 能 | のう | 일본 전통극 |

かれはビジネスに有能(ゆうのう)です。

あなたの才能(さいのう)を生(い)かしてください。

 머릿골 뇌　小6　음독 ノウ

훈독

①뇌 ②정신

| 脳 | のう | 뇌 | 脳裏 | のうり | 뇌리 | 脳髄 | のうずい | 뇌수 |
| 脳波 | のうは | 뇌파 | 脳天 | のうてん | 정수리 | | | |

あの出来事(できごと)が脳裏(のうり)を離(はな)れない。

人間(にんげん)の脳(のう)の働(はたら)きについて研究(けんきゅう)している。

農

농사 농  小3 음독 ノウ

훈독

①농업

| 農業 | のうぎょう | 농업 | 農夫 | のうふ | 농부 | 農耕 | のうこう | 농경 |
| 農地 | のうち | 농지 | 酪農 | らくのう | 낙농 | 小作農 | こさくのう | 소작농 |

今年(ことし)は農作物(のうさくぶつ)がうまくいっています。

北海道(ほっかいどう)は酪農(らくのう)に適(てき)した土地(とち)です。

濃

짙을 농 음독 ノウ

훈독 こい

①진하다 ②짙다

| 濃度 | のうど | 농도 | 濃密 | のうみつ | 농밀 | 濃厚 | のうこう | 농후 |
| 濃縮 | のうしゅく | 농축 | 濃淡 | のうたん | 진함과 묽음 | 濃い | こい | 진하다 |

濃縮(のうしゅく)オレンジジュースを飲(の)む。

この紅茶(こうちゃ)は味(あじ)が濃(こ)い。

波

물결 파 小3 음독 ハ

훈독 なみ

①파도 ②파동

| 波 | なみ | 파도 | 大波 | おおなみ | 큰 파도 | 波浪 | はろう | 파랑 |
| 波動 | はどう | 파동 | 音波 | おんぱ | 음파 | 電波 | でんぱ | 전파 |

津波(つなみ)で大(おお)きな波(なみ)が打(う)っています。

病院(びょういん)で超音波検査(ちょうおんぱけんさ)をしました。

破

깨뜨릴 파 小5 음독 ハ

훈독 やぶる・やぶれる

①깨뜨리다 ②격파하다 ③간파하다

| 破壊 | はかい | 파괴 | 破産 | はさん | 파산 | 破棄 | はき | 파기 |
| 破局 | はきょく | 파국 | 撃破 | げきは | 격파 | 看破 | かんぱ | 간파 |

平和(へいわ)を破(やぶ)る行為(こうい)は許(ゆる)せません。

婚約(こんやく)を破棄(はき)する。

238

馬 말 마　小2　음독 **バ**　훈독 **うま・ま**

① 말

| 馬 | うま | 말 | 馬車 | ばしゃ | 마차 | 乗馬 | じょうば | 승마 |

日本人(にほんじん)は馬肉(ばにく)を食(た)べます。
馬(うま)に乗(の)って公園(こうえん)を一週(いっしゅう)しました。

 拝 절할 배　小6　음독 **ハイ**　훈독 **おがむ**

①절하다 ②합장하다 ③뵙다

| 拝見 | はいけん | 뵘 | 拝啓 | はいけい | 삼가 아룁니다 | 拝金 | はいきん | 배금(돈을 숭배함) |
| 拝借 | はいしゃく | 삼가 빌려씀 | 参拝 | さんぱい | 참배 | 巡拝 | じゅんぱい | 순회하며 참배함 |

拝啓(はいけい)、お元気(げんき)ですか。
仏様(ほとけさま)を拝(おが)みます。

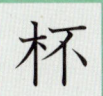 **杯** 술잔 배　음독 **ハイ**　훈독 **さかずき**

①잔 ②술잔

| 杯 | さかずき | 술잔 | 一杯 | いっぱい | 한잔 | 乾杯 | かんぱい | 건배 |
| 祝杯 | しゅくはい | 축배 | 苦杯 | くはい | 고배 | 金杯 | きんぱい | 금으로 만든 잔 |

ご飯(はん)を三杯(さんぱい)食(た)べました。
皆(みな)さん、乾杯(かんぱい)しましょう。

 背 등 배　小6　음독 **ハイ**　훈독 **せ・せい・そむく・そむける**

①등 ②등지다 ③어기다 ④반항하다

| 背 | せ | 등, 신장 | 背 | せい | 신장 | 背広 | せびろ | 양복 |
| 背伸び | せのび | 발돋움함 | 背景 | はいけい | 배경 | 背く | そむく | 등지다 |

背番号(せばんごう)一番(いちばん)の投手(とうしゅ)。
富山(とやま)さんの背中(せなか)をたたきました。

239

配

나눌 배 小3 [음독] ハイ

[훈독] くばる

①나누다 ②배합하다 ③단속하다

配水	はいすい	배수	分配	ぶんぱい	분배	心配	しんぱい	걱정
配合	はいごう	배합	配色	はいしょく	배색	配る	くばる	나누다

コピーしたものを一枚(いちまい)ずつ配(くば)ってください。

お金(かね)の心配(しんぱい)は要(い)りません。全部(ぜんぶ)サービスです。

敗

패할 패 小4 [음독] ハイ

[훈독] やぶれる

①패하다 ②실패하다

敗者	はいしゃ	패자	敗戦	はいせん	패전	敗因	はいいん	패인
連敗	れんぱい	연패	失敗	しっぱい	실패	敗れる	やぶれる	패하다

結局(けっきょく)戦(たたか)いに敗(やぶ)れてしまって、悔(くや)しいです。

失敗(しっぱい)は成功(せいこう)の基(もと)である。

倍

배 배 小4 [음독] バイ

[훈독]

①2배 ②한배씩 더하다

二倍	にばい	2배	倍加	ばいか	배가	倍額	ばいがく	두배의 액수
数倍	すうばい	수배	倍率	ばいりつ	배율	倍数	ばいすう	배수

3と5の最小公倍数(さいしょうこうばいすう)を求(もと)めなさい。

高利貸(こうりが)しにお金(かね)を借(か)りて借金(しゃっきん)が二倍(にばい)になった。

泊

머무를 박 [음독] ハク

[훈독] とまる・とめる

①머무르다 ②숙박하다 ③정박하다

外泊	がいはく	외박	宿泊	しゅくはく	숙박	民泊	みんぱく	민박
淡泊	たんぱく	담백	泊まる	とまる	묵다	泊める	とめる	정박시키다

淡泊(たんぱく)な味(あじ)の素朴(そぼく)な料理(りょうり)だ。

福岡(ふくおか)に十日間(とおかかん)泊(と)まりました。

薄 엷을 박　　음독 ハク

훈독 うすい・うすめる

①연하다 ②얇다

| 薄命 | はくめい | 박명 | 薄情 | はくじょう | 박정 | 薄給 | はっきゅう | 박봉 |
| 浅薄 | せんぱく | 천박 | 薄着 | うすぎ | 옷을 얇게 입음 | 薄い | うすい | 얇다 |

暑(あつ)いから薄着(うすぎ)で着(き)ておいでください。

薄情(はくじょう)なやつめ。

麦 보리 맥　 음독 バク

훈독 むぎ

①보리

| 麦 | むぎ | 보리 | 麦茶 | むぎちゃ | 보리차 | 小麦 | こむぎ | 밀 |

小麦粉(こむぎこ)を二杯(にはい)入(い)れてください。

冷(つめ)たい麦茶(むぎちゃ)が飲(の)みたいです。

爆 폭발할 폭　　음독 バク

훈독

①폭발하다 ②터지다 ③튀다

| 爆発 | ばくはつ | 폭발 | 爆撃 | ばくげき | 폭격 | 爆竹 | ばくちく | 폭죽 |
| 爆弾 | ばくだん | 폭탄 | 爆破 | ばくは | 폭파 | | | |

とうとう怒(いか)りが爆発(ばくはつ)した。

遠(とお)くから爆竹(ばくちく)の音(おと)がした。

箱 상자 상　　음독

훈독 はこ

①상자

| 箱 | はこ | 상자 | 箱入り | はこいり | 상자 속에 들어있음 | 箱詰め | はこづめ | 상자들이 |
| 本箱 | ほんばこ | 책장 | 筆箱 | ふでばこ | 필통 | 宝石箱 | ほうせきばこ | 보석상자 |

箱入(はこい)りのチーズケーキを買(か)いました。

箱(はこ)にプレゼントを入(い)れる。

畑 일본한자
밭 전 小3 음독
훈독 はた・はたけ

①밭

| 畑 | はたけ | 밭 | 畑仕事 | はたけしごと | 밭농사 |
| 田畑 | たはた | 논밭 | 松畑 | まつばたけ | 소나무밭 |

静岡(しずおか)は茶畑(ちゃばたけ)で有名(ゆうめい)です。
畑仕事(はたけしごと)の合間(あいま)に一服(いっぷく)した。

肌
살갗 기 음독
훈독 はだ

①피부 ②살결

| 肌 | はだ | 피부 | 肌色 | はだいろ | 살색 | 素肌 | すはだ | 맨살 |
| 肌触り | はだざわり | 촉감 | 肌着 | はだぎ | 내의 | 肌骨 | きこつ | 살과 뼈 |

これは肌触(はだざわ)りがいいです。
肌(はだ)が日(ひ)に焼(や)けてしまった。

髪
터럭 발 음독 ハツ
훈독 かみ

①머리털

| 髪 | かみ | 머리털 | 髪型 | かみがた | 머리모양 | 髪の毛 | かみのけ | 머리카락 |
| 金髪 | きんぱつ | 금발 | 散髪 | さんぱつ | 산발 | 白髪 | しらが | 백발 |

髪(かみ)の毛(け)を束(たば)ねる。
髪型(かみがた)を変(か)えたいですが。

抜
뺄 발 음독 バツ
훈독 ぬく・ぬける

①빼다 ②빠뜨리다

| 抜群 | ばつぐん | 발군 | 奇抜 | きばつ | 기발 | 選抜 | せんばつ | 선발 |
| 抜粋 | ばっすい | 발췌 | 抜本 | ばっぽん | 발본 | 抜く | ぬく | 빼다 |

白髪(しらが)を抜(ぬ)く。
交換留学(こうかんりゅうがく)の選抜試験(せんばつしけん)を受(う)ける。

242

反 반대 반 小3 음독 ハン・ホン・タン

훈독 そる・そらす

①되돌리다 ②반복하다 ③거스르다

反射	はんしゃ	반사	反動	はんどう	반동	反応	はんのう	반응
反省	はんせい	반성	反論	はんろん	반론	反る	そる	휘다

その件(けん)は学生(がくせい)からの反発(はんぱつ)が激(はげ)しいです。

彼(かれ)の失言(しつげん)によって多(おお)くの女生徒(じょせいと)たちが彼(かれ)に反感(はんかん)を抱(いだ)いた。

 犯 범할 범 小5 음독 ハン

훈독 おかす

①죄를 범하다

犯行	はんこう	범행	犯罪	はんざい	범죄	犯人	はんにん	범인
共犯	きょうはん	공범	犯則	はんそく	범칙	犯す	おかす	범하다

犯罪(はんざい)を見(み)て黙(だま)っていた私(わたし)たちも共犯(きょうはん)だ。

罪(つみ)を犯(おか)してはいけません。

 判 판단 판 小5 음독 ハン・バン

훈독

①확실히 하다 ②구분을 짓다 ③재판 ④도장

判明	はんめい	판명	判読	はんどく	판독	判断	はんだん	판단
判定	はんてい	판정	大判	おおばん	대형	印判	いんばん	인쇄판

無罪(むざい)の判決(はんけつ)が出(で)ました。

目(め)では判別(はんべつ)できません。

坂 언덕 판 小3 음독 ハン

훈독 さか

①언덕

坂	さか	언덕	坂道	さかみち	비탈길	急坂	きゅうはん	가파른 언덕
下り坂	くだりざか	내리막	登り坂	のぼりざか	오르막	坂路	はんろ	언덕길

雪(ゆき)が降(ふ)ると、坂道(さかみち)は滑(すべ)りやすくなります。

登(のぼ)り坂(ざか)はきついですが、下(くだ)り坂(ざか)は楽(らく)です。

板

판 판 音読 ハン・バン

訓読 いた

①판자

板	いた	판자	看板	かんばん	간판	黒板	こくばん	흑판
鉄板	てっぱん	철판	板の間	いたのま	마루방	床板	ゆかいた	마루

韓国(かんこく)は看板(かんばん)がいっぱいですね。

床板(ゆかいた)のきしむ音(おと)がギシギシします。

版

인쇄 판 音読 ハン

訓読

①인쇄하다 ②박아내다

版	はん	판목	版権	はんけん	판권	版画	はんが	판화
新版	しんぱん	새로운 출판	絶版	ぜっぱん	정판	出版	しゅっぱん	출판

本(ほん)の出版(しゅっぱん)に携(たずさわ)る。

出版社(しゅっぱんしゃ)に勤(つと)めたいと思(おも)います。

般

일반 반 音読 ハン

訓読

①일반 ②수

一般	いっぱん	일반	全般	ぜんぱん	전반
諸般	しょはん	제반	万般	ばんぱん	만반

その作品(さくひん)は一般(いっぱん)に広(ひろ)く公開(こうかい)された。

一般的(いっぱんてき)にそう言(い)えるでしょう。

販

팔 판 音読 ハン

訓読

①팔다

販売	はんばい	판매	販路	はんろ	판로	販価	はんか	판매가
販売所	はんばいしょ	판매소	自動販売機	じどうはんばいき	자동판매기			

自動販売機(じどうはんばいき)で缶(かん)ジュースを買(か)った。

ヨーグルトの販売(はんばい)が始(はじ)まりました。

晚 늦을 만  小6 음독 バン

훈독 おそい

①(시간이)늦다 ②밤

| 晚 | ばん | 밤 | 晚秋 | ばんしゅう | 늦가을 | 晚婚 | ばんこん | 늦은 결혼 |
| 晚年 | ばんねん | 노년 | 晚景 | ばんけい | 저녁경치 | 晚学 | ばんがく | 만학 |

今晚(こんばん)のおかずは何(なに)。

中島(なかじま)さんは晚学(ばんがく)の人(ひと)だ。

 番 차례 번 小2 음독 バン

훈독

①망을 보다 ②순서

| 番人 | ばんにん | 파수꾼 | 交番 | こうばん | 파출소 | 一番 | いちばん | 제일 |
| 番号 | ばんごう | 번호 | 番組 | ばんぐみ | 프로그램 | | | |

順番(じゅんばん)を決(き)めてちゃんとやってください。

電話番号(でんわばんごう)を教(おし)えてください。

Z급

초등학교 한자 완전정복

 比 견줄 비 小5 음독 ヒ

훈독 くらべる

①비교하다 ②비율

| 比較 | ひかく | 비교 | 対比 | たいひ | 대비 | 背比べ | せいくらべ | 키재기 |
| 比率 | ひりつ | 비율 | 比重 | ひじゅう | 비중 | 比べる | くらべる | 비교하다 |

比率(ひりつ)と割合(わりあい)は同(おな)じ意味(いみ)です。

腕(うで)を比(くら)べてみましょう。

 皮 가죽 피 小3 음독 ヒ

훈독 かわ

①거죽 ②표면

| 皮革 | ひかく | 피혁 | 毛皮 | けがわ | 모피 | 革帯 | かわおび | 혁띠 |
| 表皮 | ひょうひ | 표피 | 外皮 | がいひ | 외피 | 皮 | かわ | 가죽 |

皮膚(ひふ)に軟膏(なんこう)を塗(ぬ)りました。

ミンクの毛皮(けがわ)がほしいなあ。

否 아니 부  小6 음독 ヒ・ビ

훈독 いな

①아니다 ②싫다 ③부정

| 否認 | ひにん | 부인 | 否決 | ひけつ | 비결 | 否定 | ひてい | 부정 |
| 安否 | あんぴ | 안부 | 賛否 | さんぴ | 찬부 | 否む | いなむ | 거절하다 |

否(いや)が応(おう)でもやってもらう。

皆(みんな)があなたの安否(あんぴ)を気(き)づかっています。

彼 저쪽 피 음독 ヒ

훈독 かれ・かの

①그 사람 ②저쪽

| 彼 | かれ | 그 | 彼ら | かれら | 그들 | 彼氏 | かれし | 그 |
| 彼女 | かのじょ | 그녀 | 彼方 | かなた | 저쪽 | 彼岸 | ひがん | 일본의 절기 |

あの山の彼方(かなた)に月が見える。

彼(かれ)と付(つ)き合(あ)わないでほしい。

非 아닐 비 小5 음독 ヒ

훈독

①아니다 ②좋지 않다

| 非常 | ひじょう | 비상 | 非番 | ひばん | 비번 | 非公式 | ひこうしき | 비공식 |
| 非合理 | ひごうり | 비합리 | 非行 | ひこう | 비행 | 是非 | ぜひ | 옳고 그름 |

火事(かじ)になって非常口(ひじょうぐち)を通(とお)して外(そと)へ出(で)ました。

それは非合理(ひごうり)な事(こと)です。

飛 날 비 小4 음독 ヒ

훈독 とぶ・とばす

①날다 ②근거가 없다

| 飛躍 | ひやく | 비약 | 飛行機 | ひこうき | 비행기 | 飛び石 | とびいし | 징검돌 |
| 飛鳥 | ひちょう | 나는 새 | 飛言 | ひげん | 유언비어 | 飛ぶ | とぶ | 날다 |

授業(じゅぎょう)が終(お)わるベルが鳴(な)りました。

彼(かれ)のますますの飛躍(ひやく)を期待(きたい)する。

疲 피곤할 피 ヒ 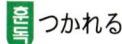つかれる

①피곤 ②피로

疲労	ひろう	피로	疲弊	ひへい	피폐
疲れ	つかれ	피곤	疲れる	つかれる	피곤하다

仕事(しごと)で疲(つか)れ果(は)てる。

なかなか疲(つか)れがとれません。

被 입을 피 ヒ 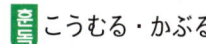こうむる・かぶる

①받다 ②입다 ③뒤집어쓰다

被告	ひこく	피고	被告人	ひこくにん	피고인	被害	ひがい	피해
被服	ひふく	입는 의복	被る	こうむる	(손해 등을)입다	被る	かぶる	쓰다

妹(いもうと)は高校(こうこう)の被服科(ひふくか)に通(かよ)っている。

凄(すさ)まじい被害(ひがい)を受(う)けました。

批 비평할 비 小6 음독ヒ 훈독

①비판 ②비평

批難	ひなん	비난	批判	ひはん	비판	批評	ひひょう	비평
批評家	ひひょうか	비평가	批正	ひせい	비판하여 고침	批准	ひじゅん	비준

あの評論家(ひょうろんか)は厳(きび)しい批評(ひひょう)で有名(ゆうめい)だ。

批難(ひなん)ばかりしないで、提案(ていあん)を言(い)ってください。

 悲 슬플 비 小3 음독ヒ 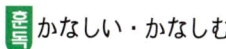かなしい・かなしむ

①슬퍼하다 ②자비

悲劇	ひげき	비극	悲運	ひうん	비운	悲惨	ひさん	비참
悲鳴	ひめい	비명	悲話	ひわ	비화	悲しい	かなしい	슬프다

父(ちち)に死(し)なれて悲(かな)しい限(かぎ)りです。

まるで悲劇(ひげき)の主人公(しゅじんこう)だ。

費 소비 비 小4 음독 ヒ
훈독 ついやす

①소비하다 ②필요한 돈

消費者	しょうひしゃ	소비자	出費	しゅっぴ	지출	浪費	ろうひ	낭비
費用	ひよう	비용	経費	けいひ	경비	費やす	ついやす	소비하다

おこづかい全部(ぜんぶ)を費(つい)やしてしまい、いま困(こま)っています。

彼女(かのじょ)は浪費家(ろうひか)である。

美 아름다울 미 小3 음독 ビ
훈독 うつくしい

①아름답다 ②맛있다 ③훌륭하다

美人	びじん	미인	美術	びじゅつ	미술	美食	びしょく	미식
美徳	びとく	미덕	賛美歌	さんびか	찬송가	美しい	うつくしい	아름답다

美食家(びしょくか)をグルメともいいます。

彼女(かのじょ)のあまりの美(うつく)しさに驚(おどろ)いた。

備 갖출 비 小5 음독 ビ
훈독 そなえる・そなわる

①갖추다 ②지키다

準備	じゅんび	준비	予備	よび	예비	完備	かんび	완비
整備	せいび	정비	警備	けいび	경비	備える	そなえる	갖추다

いろんな装備(そうび)を備(そな)えて山(やま)へ行(い)きました。

店(みせ)が閉(し)まっている時(とき)準備中(じゅんびちゅう)という標識(ひょうしき)がかけてある。

鼻 코 비 小3 음독 ビ
훈독 はな

①코

鼻	はな	코	鼻先	はなさき	코끝	耳鼻科	じびか	이비인후과
鼻歌	はなうた	콧노래	鼻息	はないき	콧숨	鼻孔	びこう	비강

寒(さむ)さで鼻水(はなみず)が出(で)ました。

母(はは)は鼻歌(はなうた)を歌(うた)いながらお皿洗(さらあら)いをしています。

짝 필 ヒツ

훈독 ひき

①마리 ②짝

| 匹 | ひき | 마리 | 一匹 | いっぴき | 한 필 | 匹敵 | ひってき | 필적 |
| 匹夫 | ひっぷ | 신분이 낮은 사내 | 匹馬 | ひつば | 한 필의 말 | | | |

かわいい子犬(こいぬ)が五匹(ごひき)生(う)まれました。

彼(かれ)の力(ちから)に匹敵(ひってき)する者(もの)はいないです。

 반드시 필 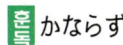 ヒツ

훈독 かならず

①반드시

| 必ず | かならず | 반드시 | 必修科目 | ひっしゅうかもく | 필수과목 | | |
| 必要 | ひつよう | 필요 | 必死 | ひっし | 필사 | 必需品 | ひつじゅひん | 필수품 |

この小説(しょうせつ)は大学生(だいがくせい)なら必読(ひつどく)すべきだ。

海外(かいがい)に行(い)くならパスポートは必需品(ひつじゅひん)だ。

 붓 필   ヒツ

훈독 ふで

①붓 ②글을 쓰다 ③그림을 그리다

| 筆 | ふで | 붓 | 鉛筆 | えんぴつ | 연필 | 毛筆 | もうひつ | 붓 |
| 筆順 | ひつじゅん | 필순 | 執筆 | しっぴつ | 집필 | 随筆 | ずいひつ | 수필 |

卒業祝(そつぎょういわ)いに万年筆(まんねんひつ)をプレゼントにもらいました。

筆順(ひつじゅん)に気(き)をつけて書(か)いてください。

 얼음 빙   ヒョウ

훈독 こおり・ひ

①얼다

| 氷 | こおり | 얼음 | 氷水 | こおりみず | 얼음물 | 氷山 | ひょうざん | 빙산 |
| 結氷 | けっぴょう | 결빙 | かき氷 | かきごおり | 팥빙수 | 氷雨 | ひさめ | 우박 |

今日(きょう)の最低気温(さいていきおん)は氷点下(ひょうてんか)十度(じゅうど)です。

夏(なつ)はかき氷(ごおり)の季節(きせつ)です。

表　거죽 표　 음독 ヒョウ

훈독 おもて・あらわす

①바깥쪽 ②나타나다 ③표

| 表 | おもて | 표면 | 表面 | ひょうめん | 표면 | 表紙 | ひょうし | 표지 |
| 発表 | はっぴょう | 발표 | 表面 | ひょうめん | 표면 | 表す | あらわす | 나타내다 |

この詩(し)は自然(しぜん)の美(うつく)しさを表(あらわ)している。

この本(ほん)の表紙(ひょうし)が気(き)に入(い)りません。

評　평가 평　 음독 ヒョウ

 훈독

①평가하다

| 好評 | こうひょう | 호평 | 悪評 | あくひょう | 악평 | 書評 | しょひょう | 서평 |
| 評論 | ひょうろん | 평론 | 批評 | ひひょう | 비평 | 評決 | ひょうけつ | 평결 |

評価(ひょうか)は後(あと)でやってほしいです。

あの店(みせ)の評判(ひょうばん)はなかなかだ。

標　표식 표　 음독 ヒョウ

 훈독

①표시 ②나타내다

| 目標 | もくひょう | 목표 | 標識 | ひょうしき | 표식 | 標準 | ひょうじゅん | 표준 |
| 標語 | ひょうご | 표어 | 標記 | ひょうき | 표기 | 標題 | ひょうだい | 표제 |

人生(じんせい)の本当(ほんとう)の目標(もくひょう)を探(さが)したいです。

東京弁(とうきょうべん)は標準語(ひょうじゅんご)にほぼ近(ちか)いといえます。

 秒　초 초　 음독 ビョウ

 훈독

①아주 짧은 시간 ②시간

| 寸秒 | すんびょう | 짧은 시간 | 分秒 | ふんびょう | 분초 | 秒 | びょう | 초 |
| 秒読み | びょうよみ | 초읽기 | 秒針 | びょうしん | 초침 | 秒速 | びょうそく | 초속 |

百(ひゃく)メートル走(そう)は十五秒(じゅうごびょう)かかりました。

秒読(びょうよ)みの段階(だんかい)に入(はい)りました。

| 猫 | 고양이 묘 | ビョウ |
| | | ねこ |

①고양이

| 猫 | ねこ | 고양이 | 子猫 | こねこ | 새끼고양이 |
| 猫要らず | ねこいらず | 쥐약 | 猫かぶり | ねこかぶり | 시치미 뗌 |

うちの庭(にわ)は猫(ねこ)の額(ひたい)ほどです。

あの男(おとこ)は猫(ねこ)をかぶっています。

| 貧 | 가난 빈 |  ヒン・ビン |
| | | まずしい |

①가난하다 ②적다

| 貧困 | ひんこん | 빈곤 | 貧乏 | びんぼう | 궁핍 | 貧富 | ひんぷ | 빈부 |
| 貧民 | ひんみん | 빈민 | 貧血 | ひんけつ | 빈혈 | 貧しい | まずしい | 궁핍하다 |

貧(まず)しい生活(せいかつ)を送(おく)っている。

会社(かいしゃ)がつぶれて貧乏(びんぼう)になりました。

| 夫 | 남편 부 | フ |
| | | おっと |

①성인 남자 ②남편

| 農夫 | のうふ | 농부 | 漁夫 | ぎょふ | 어부 | 人夫 | にんぷ | 인부(노동자) |
| 夫 | おっと | 남편 | 夫婦 | ふうふ | 부부 | 夫妻 | ふさい | 부부 |

父(ちち)の職業(しょくぎょう)は鉱夫(こうふ)です。

仲(なか)がいい夫婦(ふうふ)ですね。

| 付 | 붙을 부 | フ |
| | | つける・つく |

①붙이다 ②전해주다 ③부근

| 付属 | ふぞく | 부속 | 付録 | ふろく | 부록 | 付記 | ふき | 부기 |
| 付与 | ふよ | 부여 | 交付 | こうふ | 교부 | 付ける | つける | 붙이다 |

トイレに鏡(かがみ)が付(つ)いています。

この付近(ふきん)に薬屋(くすりや)がありますか。

베 포  음독 フ

훈독 ぬの

①포목 ②옷감 ③천

| 布 | ぬの | 포목 | 布地 | ぬのじ | 천 | 毛布 | もうふ | 담요 |
| 公布 | こうふ | 공포 | 分布 | ぶんぷ | 분포 | 流布 | るふ | 유포 |

その植物(しょくぶつ)は全国(ぜんこく)に分布(ぶんぷ)しています。

寒(さむ)いので毛布(もうふ)を被(かぶ)って寝(ね)ます。

 부처 부   음독 フ

훈독

①관청 ②행정구역의 이름 ③중심이 되는 곳

| 政府 | せいふ | 정부 | 府庁 | ふちょう | 부청 | 総理府 | そうりふ | 총리부 |
| 大阪府 | おおさかふ | 오사카부 | 府立 | ふりつ | 부립 | 首府 | しゅふ | 수도 |

都道府県(とどうふけん)は日本(にほん)の行政区域(ぎょうせいくいき)です。

政府側(せいふがわ)の話(はなし)も聞(き)いてみましょう。

 두려워할 포 음독 フ

훈독 こわい・おそれる

①두렵다 ②무섭다 ③낯설다

| 恐怖 | きょうふ | 공포 | 怖い | こわい | 무섭다 | 怖れる | おそれる | 두려워하다 |

犬(いぬ)が吠(ほ)えるので怖(こわ)くて走(はし)った。

あまりの恐怖(きょうふ)に体(からだ)がぶるぶる震(ふる)えた。

 짐질 부 음독 フ

훈독 まける・まかす・おう

①짐 지다 ②지다

| 負担 | ふたん | 부담 | 負荷 | ふか | 부하 | 負傷 | ふしょう | 부상 |
| 負債 | ふさい | 부채 | 負ける | まける | 지다 | 負う | おう | 짊어지다 |

テニスの試合(しあい)で負(ま)けてしまいました。

今(いま)こそ勝負(しょうぶ)をつけてやる。

符 증거 부　　　 フ

①부호 ②기호

| 切符 | きっぷ | 표 | 音符 | おんぷ | 음표 |
| 符号 | ふごう | 부호 | 符合 | ふごう | 부합 |

音符(おんぷ)を目(め)で追(お)いながらピアノを弾(ひ)きます。

切符(きっぷ)売(う)り場(ば)を探(さが)しています。

 婦 아내 부　　小5 フ

①아내 ②여자

| 主婦 | しゅふ | 주부 | 夫婦 | ふうふ | 부부 | 新婦 | しんぷ | 신부 |
| 婦人 | ふじん | 부인 | 妊婦 | にんぷ | 임산부 | 看護婦 | かんごふ | 간호원 |

婦人服(ふじんふく)の売(う)り場(ば)を探(さが)していますが。

あの夫婦(ふうふ)はかなり似(に)ています。

 浮 뜰 부　　　 フ

うく・うかぶ

①뜨다 ②흔들리다

| 浮浪 | ふろう | 부랑 | 浮力 | ふりょく | 부력 | 浮動票 | ふどうひょう | 부동표 |
| 浮薄 | ふはく | 천박 | 浮く | うく | 뜨다 | 浮かぶ | うかぶ | 뜨다 |

浮(う)き袋(ぶくろ)を持(も)って海(うみ)に行(い)きます。

今度(こんど)は浮動票(ふどうひょう)が多(おお)すぎます。

富 부자 부　　小5 フ

とむ・とみ

①풍부하다

| 富 | とみ | 부 | 豊富 | ほうふ | 풍부 | 貧富 | ひんぷ | 빈부 |
| 富貴 | ふうき | 부귀 | 国富 | こくふ | 국부 | 富強 | ふきょう | 부강 |

中東(ちゅうとう)アジアの諸国(しょこく)は石油資源(せきゆしげん)に富(と)んでいる。

やっと富(とみ)と名声(めいせい)を得(え)ました。

넓을 보 음독 フ

훈독 あまねく

①널리 ②보편적

| 普及 | ふきゅう | 보급 | 普段 | ふだん | 보통 | 普通 | ふつう | 보통 |
| 普遍 | ふへん | 보편 | 普く | あまねく | 널리(히라가나로 씀) | | | |

普段着(ふだんぎ)で買(か)い物(もの)に行(い)きます。

普通(ふつう)何(なに)で学校(がっこう)に行(い)きますか。

 살갗 부 음독 フ

훈독 はだ

①피부 ②살갗 ③살결

| 膚 | はだ | 피부 | 皮膚 | ひふ | 피부 |

皮膚科(ひふか)に行(い)って薬(くすり)をもらいました。

皮膚(ひふ)が荒(あ)れていますね。

 군사 무 음독 ブ・ム

 훈독

①강하다 ②무력

| 武勇 | ぶゆう | 무용 | 武力 | ぶりょく | 무력 | 武者 | むしゃ | 무사 |
| 武器 | ぶき | 무기 | 武家 | ぶけ | 무사의 가문 | 勇武 | ゆうぶ | 용무 |

武装勢力(ぶそうせいりょく)に弾圧(だんあつ)される。

武者(むしゃ)震(ぶる)いがする。

 부분 부 음독 ブ

훈독

①부분 ②나눠진 것

| 部品 | ぶひん | 부품 | 部分 | ぶぶん | 부분 | 全部 | ぜんぶ | 전부 |
| 部隊 | ぶたい | 부대 | 部員 | ぶいん | 부원 | 幹部 | かんぶ | 간부 |

バスケ部(ぶ)の練習(れんしゅう)は放課後(ほうかご)行(おこな)われます。

全部(ぜんぶ)でいくらですか。

舞 춤출 무 ブ
 まう

①춤추다

| 舞踊 | ぶよう 무용 | 舞曲 | ぶきょく 무곡 | 舞台 | ぶたい 무대 |
| 舞楽 | ぶがく 무악 | 舞う | まう 춤추다 | 舞子 | まいこ 연회석에서 춤을 추는 소녀 |

バレリーナの軽(かろ)やかな舞(ま)いにうっとりする。

舞台(ぶたい)に主人公(しゅじんこう)たちが立(た)っている。

 封 봉할 봉  フウ・ホウ

①봉하다 ②막다

| 封筒 | ふうとう 봉투 | 封鎖 | ふうさ 봉쇄 | 封印 | ふういん 봉인 |
| 密封 | みっぷう 밀봉 | 封建 | ほうけん 봉건 | 封じる | ふうじる 봉하다 |

話題(わだい)の映画(えいが)が封切(ふうき)られた。

あの頃(ころ)は封建社会(ほうけんしゃかい)でしたか。

副 버금 부 小4 フク

①따르다 ②버금

| 副業 | ふくぎょう 부업 | 副賞 | ふくしょう 부상 | 副作用 | ふくさよう 부작용 |
| 副題 | ふくだい 부제 | 副社長 | ふくしゃちょう 부사장 | 副会長 | ふくかいちょう 부회장 |

理事会(りじかい)で副社長(ふくしゃちょう)に選(えら)ばれました。

この薬(くすり)は副作用(ふくさよう)の恐(おそ)れがあります。

幅 너비 폭 フク
 はば

①너비 ②폭

| 幅 | はば 폭 | 幅跳び | はばとび 멀리뛰기 | 画幅 | がふく 화폭 |
| 全幅 | ぜんぷく 전체너비 | 返幅 | へんぷく 표면 | | |

定規(じょうぎ)で幅(はば)を計(はか)る。

体育(たいいく)の時間(じかん)に幅跳(はばと)びをやった。

復

회복 복
다시 부

  フク

①되돌리다 ②반복하다 ③보복

| 往復 | おうふく | 왕복 | 回復 | かいふく | 회복 | 復元 | ふくげん | 복원 |
| 復興 | ふっこう | 부흥 | 反復 | はんぷく | 반복 | 報復 | ほうふく | 보복 |

週末(しゅうまつ)は今(いま)まで習(なら)った部分(ぶぶん)を復習(ふくしゅう)するつもりだ。

昔(むかし)の橋(はし)を復元(ふくげん)しました。

福

복 복

  フク

①행복 ②기독교의 복음

| 幸福 | こうふく | 행복 | 福祉 | ふくし | 복지 | 祝福 | しゅくふく | 축복 |
| 福利 | ふくり | 복리 | 福音 | ふくいん | 복음 | 福音書 | ふくいんしょ | 복음서 |

幸福(こうふく)は人間(にんげん)の最大目的(さいだいもくてき)だ。

町内(ちょうない)の福引(ふくびき)でハワイ旅行(りょこう)が当(あた)った。

腹

배 복

  フク

  はら

①배 ②마음 ③생각

| 腹 | はら | 배 | 腹痛 | はらいた | 복통 | わき腹 | わきばら | 옆구리 |
| 腹部 | ふくぶ | 복부 | 腹案 | ふくあん | 복안 | 切腹 | せっぷく | 할복 |

腹(はら)を抱(かか)えて笑(わら)う。

何(なに)か腹案(ふくあん)がおありですか。

複

겹칠 복

  フク

①두개 이상 있다

| 複合 | ふくごう | 복합 | 複雑 | ふくざつ | 복잡 | 複数 | ふくすう | 복수 |
| 複眼 | ふくがん | 겹눈 | 複製 | ふくせい | 복제 | 複線 | ふくせん | 복선 |

日本語(にほんご)は複合動詞(ふくごうどうし)が多(おお)いです。

地下鉄(ちかてつ)の複線工事(ふくせんこうじ)を始(はじ)めました。

払 떨칠 불 　음독 フツ

훈독 はらう

①지불하다 ②제거하다

| 払拭 | ふっしょく | 불식 | 月払い | つきばらい | 할부 | 前払い | まえばらい | 선불 |
| 後払い | あとばらい | 후불 | 支払い | しはらい | 지불 | 払う | はらう | 지불하다 |

お支払(しはら)いはどうなされますか。現金(げんきん)でお願(ねが)いします。

月払(つきばらい)にしてください。

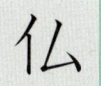 **沸** 끓을 비 　음독 フツ

훈독 わく・わかす

①끓다 ②열광하다

| 沸騰 | ふっとう | 비등 | 沸騰点 | ふっとうてん | 비등점 | 沸く | わく | 끓다 |
| 沸す | わかす | 끓이다 | 沸き上がる | わきあがる | 끓어오르다 | | | |

お湯(ゆ)が沸(わ)きました、お茶(ちゃ)を飲(の)みましょう。

サッカーのゲームに集(あつ)まった群衆(ぐんしゅう)が沸(わ)き上(あ)がった。

 仏 부처 불 　小5 음독 ブツ

훈독 ほとけ

①부처

| 仏 | ほとけ | 부처 | 仏教 | ぶっきょう | 불교 | 仏像 | ぶつぞう | 불상 |
| 仏典 | ぶってん | 불전 | 仏法 | ぶっぽう | 불법 | 仏心 | ぶっしん | 불심 |

仏(ほとけ)の顔(かお)も三度(さんど)まで。

私(わたし)の宗教(しゅうきょう)は仏教(ぶっきょう)です。

粉 가루 분 　小4 음독 フン

훈독 こ・こな

①가루

| 粉 | こな | 가루 | 花粉 | かふん | 꽃가루 | 小麦粉 | こむぎこ | 밀가루 |
| 粉食 | ふんしょく | 분식 | 粉ミルク | こなミルク | 분유 | 歯磨き粉 | はみがきこ | 치약 |

このごろ花粉症(かふんしょう)がはやっています。

赤(あか)ちゃんに粉(こな)ミルクをあげています。

Z급

평평할 평 小3 ^{음독}ヘイ・ビョウ

^{훈독}たいらだ・ひら

①평평하다 ②같다 ③보통 ④온화하다

平野	へいや	평야	平面	へいめん	평면	平等	びょうどう	평등
平日	へいじつ	평일	平常	へいじょう	평소	平らだ	たいらだ	평평하다

この国(くに)の平均温度(へいきんおんど)は十度(じゅうど)です。

平和(へいわ)は世界中(せかいじゅう)の人々(ひとびと)の願(ねが)いです。

 병사 병 小4 ^{음독}ヘイ・ヒョウ

^{훈독}

①병사

兵隊	へいたい	군대	兵士	へいし	병사	兵舎	へいしゃ	병사
兵営	へいえい	병영	兵器	へいき	병기	兵役	へいえき	병역

兵隊(へいたい)ごっこをしよう。

全世界(ぜんせかい)から核兵器(かくへいき)を消滅(しょうめつ)させなければならない。

 나란히 할 병 ^{음독}ヘイ

^{훈독}ならぶ・ならべる・なみ

①늘어서다 ②보통 ③동시에 존재하다

並	なみ	중간치	並木	なみき	가로수	並大抵	なみたいてい	흔함
並びに	ならびに	및	並ぶ	ならぶ	늘어서다	並べる	ならべる	늘어놓다

並大抵(なみたいてい)の努力(どりょく)ではそこまで出来(でき)ない。

並木(なみき)がどこまでも並(なら)んでいます。

 닫을 폐 小6 ^{음독}ヘイ

^{훈독}とじる・しめる・しまる

①닫다 ②잠그다 ③덮다

閉会	へいかい	폐회	閉幕	へいまく	폐막	閉門	へいもん	폐문
閉鎖	へいさ	폐쇄	閉じる	とじる	닫히다	閉める	しめる	닫다

机(つくえ)の上(うえ)の本(ほん)を閉(と)じてください。

オリンピックの閉会式(へいかいしき)が開(ひら)かれました。

米

쌀 미 　小2 음독 ベイ・マイ

훈독 こめ

①쌀 ②미국

| 米 | こめ | 쌀 | 白米 | はくまい | 백미 | 玄米 | げんまい | 현미 |
| 米国 | べいこく | 미국 | 渡米 | とべい | 도미 | 日米 | にちべい | 미일 |

これは米(こめ)で作(つく)ったお菓子(かし)です。

彼(かれ)は十年前(じゅうねんまえ)に渡米(とべい)しました。

壁

벽 벽 　음독 ヘキ

훈독 かべ

①벽

| 壁 | かべ | 벽 | 壁面 | へきめん | 벽면 | 壁画 | へきが | 벽화 |
| 壁報 | へきほう | 벽보 | 岩壁 | がんぺき | 암벽 | 絶壁 | ぜっぺき | 절벽 |

言葉(ことば)の壁(かべ)にぶつかる。

壁紙(かべがみ)を張(は)り替(か)えたいですけど。

片

조각 편 　小6 음독 ヘン

훈독 かた

①조각 ②한 쪽

| 片 | かた | 조각 | 片目 | かため | 한쪽눈 | 片言 | かたこと | 더듬거리는 말 |
| 破片 | はへん | 파편 | 短片 | たんぺん | 단편 | 一片 | いっぺん | 한 조각 |

片仮名(かたかな)はまだ紛(まぎ)らわしいです。

お客(きゃく)さんが来(く)るから部屋(へや)を片付(かたづ)けなさい。

辺

가 변 　小4 음독 ヘン

훈독 あたり・べ

①근처 ②끝

| 周辺 | しゅうへん | 주변 | 身辺 | しんぺん | 신변 | 近辺 | きんぺん | 부근 |
| 水辺 | みずべ | 물가 | 川辺 | かわべ | 강가 | 辺り | あたり | 근처 |

確(たし)かこの辺(あた)りでしたけど、見(み)えませんね。

海辺(うみべ)を散歩(さんぽ)しました。

返

돌이킬 반 　小3 　음독 ヘン

훈독 かえす・かえる

①되돌리다 ②대답하다

| 返金 | へんきん | 변제함 | 返品 | へんぴん | 반품 | 返送 | へんそう | 반송 |
| 返済 | へんさい | 돈을 돌려줌 | 返事 | へんじ | 답장/대답 | 返す | かえす | 되돌리다 |

友達(ともだち)に出(だ)した手紙(てがみ)の返事(へんじ)が返(かえ)ってきました。
借金(しゃっきん)の返済(へんさい)に追(お)われた。

変

변화 변　小4　음독 ヘン

훈독 かわる・かえる

①변화하다

| 変人 | へんじん | 괴짜 | 変種 | へんしゅ | 변종 | 変態 | へんたい | 변태 |
| 変化 | へんか | 변화 | 不変 | ふへん | 불변 | 変る | かわる | 바뀌다 |

季節(きせつ)の移(うつ)り変(か)わりには特(とく)に体(からだ)に注意(ちゅうい)してください。
彼(かれ)は変人(へんじん)だ。

編

편집 편　小5　음독 ヘン

훈독 あむ

①짜다 ②짜맞추다 ③편집하다 ④작품

| 編み物 | あみもの | 편직물 | 編成 | へんせい | 편성 | 編集 | へんしゅう | 편집 |
| 編曲 | へんきょく | 편곡 | 短編 | たんぺん | 단편 | 編む | あむ | 짜다 |

希望(きぼう)した大学(だいがく)へ編入(へんにゅう)しました。
恋人(こいびと)にセーターを編(あ)んであげました。

捕

잡을 포　음독 ホ

훈독 つかまえる・とらえる

①붙잡다 ②붙들다 ③답다

| 捕虜 | ほりょ | 포로 | 捕手 | ほしゅ | 포수 | 捕捉 | ほそく | 포착 |
| 捕獲 | ほかく | 포획 | 捕鯨 | ほげい | 포경 | 捕まえる | つかまえる | 붙잡다 |

捕虜(ほりょ)として敵(てき)に捕(つか)まった。
鯨(くじら)を捕獲(ほかく)するのを捕鯨(ほげい)といいます。

補 도울 보

 ホ

おぎなう

①보충하다 ②메우다

| 補講 | ほこう | 보강 | 補充 | ほじゅう | 보충 | 補給 | ほきゅう | 보급 |
| 補完 | ほかん | 보완 | 補償 | ほしょう | 보상 | 補う | おぎなう | 보충하다 |

コピー機(き)に紙(かみ)を補充(ほじゅう)する。

損失(そんしつ)を補(おぎな)いたいです。

保 보존 보

 ホ

たもつ

①보존하다 ②보호하다 ③보증하다

| 保護 | ほご | 보호 | 保育 | ほいく | 보육 | 保母 | ほぼ | 보모 |
| 保安 | ほあん | 보안 | 確保 | かくほ | 확보 | 保つ | たもつ | 보존하다 |

自然保護(しぜんほご)の標語(ひょうご)を作(つく)っています。

家賃(やちん)の一(いっ)か月(げつ)分(ぶん)を保証金(ほしょうきん)として支払(しはら)う。

募 모을 모

 ボ

つのる

①모으다 ②심해지다

| 募集 | ぼしゅう | 모집 | 募金 | ぼきん | 모금 | 募兵 | ぼへい | 병사를 모음 |
| 募債 | ぼさい | 공채 등을 모음 | 募る | つのる | 더해지다 | | | |

アルバイト生(せい)大募集(だいぼしゅう)。

寄付金(きふきん)を募(つの)っているんですが。

暮 해질 모

 ボ

くらす・くれる

①(하루를)보내다 ②생활하다 ③(세월을)보내다

| 暮色 | ぼしょく | 황혼 | 暮夜 | ぼや | 밤 | 暮春 | ぼしゅん | 늦봄 |
| 暮す | くらす | 생활하다 | 暮らし | くらし | 생활 | 暮れる | くれる | 날이 저물다 |

好(この)んで質素(しっそ)な暮(く)らしをしている。

毎日(まいにち)が貧(まず)しい暮(く)らしだ。

안을 포　　ホウ

つつむ

①포장하다

包装	ほうそう	포장	包囲	ほうい	포위	内包	ないほう	내포
小包	こづつみ	소포	包容	ほうよう	내용	包む	つつむ	포장하다

この紙(かみ)で包(つつ)んでくださいませんか。

敵(てき)に完全(かんぜん)に包囲(ほうい)された。

 보배 보　　ホウ

たから

①보배 ②돈

宝	たから	보물	宝石	ほうせき	보석	宝石屋	ほうせきや	보석점
宝庫	ほうこ	보고	珍宝	ちんぽう	진귀한 보물	七宝	しっぽう	칠보

宝石箱(ほうせきばこ)にはたくさんのダイヤがあった。

これは私(わたし)の一番(いちばん)大事(だいじ)な宝物(たからもの)だ。

 안을 포　　ホウ

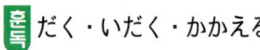だく・いだく・かかえる

①안다 ②껴안다 ③품다

抱負	ほうふ	포부	抱擁	ほうよう	포용	辛抱	しんぼう	참고 견딤
抱く	だく	안다	抱く	いだく	(마음에)품다	抱える	かかえる	껴안다

あまりの嬉(うれ)しさに抱(だ)き合(あ)って喜(よろこ)んだ。

あのう、私(わたし)を抱(だ)きしめてください。

 놓을 방　　ホウ

はなす・はなれる

①놓아주다 ②해방하다 ③버려두다

放射能	ほうしゃのう	방사능	放出	ほうしゅつ	방출	追放	ついほう	추방
開放	かいほう	해방	釈放	しゃくほう	석방	放す	はなす	추방하다

捕(と)った魚(さかな)を川(かわ)へ放(はな)してあげました。

自分(じぶん)の国(くに)から追放(ついほう)された。

法

법 법 小4 **음독** ホウ・ハッ・ホッ

훈독

①규정 ②방법 ③불교의 가르침

| 法 | ほう | 법 | 法律 | ほうりつ | 법률 | 法案 | ほうあん | 법안 |
| 方法 | ほうほう | 방법 | 作法 | さほう | 예의범절 | 仏法 | ぶっぽう | 불법 |

りんごから萬有引力(ばんゆういんりょく)の法則(ほうそく)が生(う)まれました。

法的(ほうてき)にそれは難(むずか)しいと思(おも)う。

訪

찾을 방 小6 **음독** ホウ

훈독 おとずれる・たずねる

①찾다 ②방문하다 ③묻다

| 訪問 | ほうもん | 방문 | 訪日 | ほうにち | 방일 | 訪韓 | ほうかん | 방한 |
| 探訪 | たんぼう | 탐방 | 訪れる | おとずれる | 방문하다 | 訪ねる | たずねる | 방문하다 |

雪国(ゆきぐに)に春(はる)が訪(おとず)れた。

日本(にほん)の首相(しゅしょう)が訪韓(ほうかん)しました。

報

갚을 보 小5 **음독** ホウ

훈독 むくいる

①갚다 ②알리다

| 報恩 | ほうおん | 보은 | 報復 | ほうふく | 보복 | 報告 | ほうこく | 보고 |
| 報道 | ほうどう | 보도 | 警報 | けいほう | 경보 | 報いる | むくいる | 갚다 |

インターネットで情報(じょうほう)を探(さが)せばいいです。

昔(むかし)からの恩恵(おんけい)に報(むく)いることができて嬉(うれ)しいです。

豊

풍년 풍 小5 **음독** ホウ

훈독 ゆたかだ

①풍작 ②풍부하다

| 豊作 | ほうさく | 풍작 | 豊年 | ほうねん | 풍년 | 豊富 | ほうふ | 풍부 |
| 豊満 | ほうまん | 풍만 | 豊漁 | ほうりょう | 풍어 | 豊潤 | ほうじゅん | 풍부하고 윤택함 |

このごろ生活(せいかつ)が豊(ゆた)かになりました。

今年(ことし)はすいかが豊作(ほうさく)です。

망할 망 ボウ・モウ

 ない

①망하다 ②잃다

亡国	ぼうこく	망국	亡命	ぼうめい	망명	亡失	ぼうしつ	망실
亡父	ぼうふ	돌아가신 아버지	亡者	もうじゃ	망자	亡くす	なくす	잃다

他国(たこく)に亡命(ぼうめい)を試(こころ)みる。

親(おや)を亡(な)くして悲(かな)しみに浸(ひた)っています。

 바쁠 망 ボウ

いそがしい

①바쁘다(히라가나로 쓰이는 일이 많다)

忙殺	ぼうさつ	몹시 바쁨	忙中閑	ぼうちゅうかん	망중한
忙しい	いそがしい	바쁘다	忙しい	せわしい	바쁘다

忙(いそが)しさのあまり食事(しょくじ)さえ出来(でき)ない。

忙(いそが)しいところを、すみません。

 동네 방 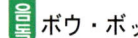 ボウ・ボッ

①중 ②스님 ③아가

坊っちゃん	ぼっちゃん	도련님	赤ん坊	あかんぼう	갓난아기
坊主	ぼうず	중	坊さん	ぼうさん	스님

何(なに)を始(はじ)めても三日坊主(みっかぼうず)で終(お)わってしまう。

赤(あか)ん坊(ぼう)がおぎゃあおぎゃあ泣(な)きます。

 모자 모 ボウ

①모자

帽子	ぼうし	모자	学帽	がくぼう	학생모자	角帽	かくぼう	사각모자

麦(むぎ)わら帽子(ぼうし)をかぶります。

赤(あか)い帽子(ぼうし)がほしいです。

잊을 망 小6 음독 ボウ

훈독 わすれる

①잊다

| 忘却 | ぼうきゃく | 망각 | 忘恩 | ぼうおん | 망은 | 忘失 | ぼうしつ | 망실 |
| 忘年会 | ぼうねんかい | 망년회 | 忘れる | わすれる | 잊다 | | | |

忘(わす)れ物(もの)に注意(ちゅうい)してください。

今年(ことし)の忘年会(ぼうねんかい)はあまり盛(さか)んではないです。

 막을 방 小5 음독 ボウ

훈독 ふせぐ

①막다

| 予防 | よぼう | 예방 | 消防士 | しょうぼうし | 소방수 | 防寒 | ぼうかん | 방한 |
| 防止 | ぼうし | 방지 | 防水 | ぼうすい | 방수 | 防ぐ | ふせぐ | 막다 |

排気(はいき)ガスを減(へ)らして公害(こうがい)を防(ふせ)ぎましょう。

防音(ぼうおん)の施設(しせつ)がよくできています。

望 볼 망 小4 음독 ボウ・モウ

훈독 のぞむ・のぞましい

①먼 곳을 보다 ②바라다

| 展望台 | てんぼうだい | 전망대 | 願望 | がんぼう | 바람 | 希望 | きぼう | 희망 |
| 欲望 | よくぼう | 욕망 | 望遠鏡 | ぼうえんきょう | 망원경 | 望む | のぞむ | 바라보다 |

展望台(てんぼうだい)で夜景(やけい)を眺(なが)めました。

人(ひと)の望(のぞ)み通(どお)りにならないのが世(よ)の中(なか)だ。

棒 막대기 봉 小6 음독 ボウ

훈독

①막대기

| 棒 | ぼう | 막대기 | 棒グラフ | ぼうグラフ | 막대그래프 | 棒切れ | ぼうぎれ | 나뭇토막 |
| 相棒 | あいぼう | 동료 | 棒縞 | ぼうじま | 세로로 된 줄무늬 | | | |

私(わたし)の相棒(あいぼう)を紹介(しょうかい)します。

指揮者(しきしゃ)が棒(ぼう)を振(ふ)ります。

볼 망　　　ボウ・モウ

훈독 のぞむ・のぞましい

①바라다 ②기대하다 ③바라다보다

望遠鏡 ぼうえんきょう 망원경	望楼 ぼうろう 망루	大望 たいもう 대망
本望 ほんもう 본래의 소망	望む のぞむ 바라다	望ましい のぞましい 바람직하다

子供(こども)として望(のぞ)ましくない行動(こうどう)だ。
それは望(のぞ)ましいことだと思(おも)う。

 무역 무　　　ボウ

훈독

①무역하다

貿易 ぼうえき 무역	貿易商 ぼうえきしょう 무역상	貿易風 ぼうえきふう 무역풍
貿易業 ぼうえきぎょう 무역업	貿易会社 ぼうえきがいしゃ 무역회사	

いままで貿易会社(ぼうえきがいしゃ)に勤(つと)めていました。
このごろは中国(ちゅうごく)との貿易(ぼうえき)が盛(さか)んです。

 폭력 폭　　　ボウ・バク

훈독 あばく・あばれる

①폭로하다 ②난폭하다 ③도를 넘다

暴露 ばくろ 폭로	暴言 ぼうげん 폭언	乱暴 らんぼう 난폭
暴徒 ぼうと 폭도	暴風 ぼうふう 폭풍	暴れる あばれる 날뛰다

お酒(さけ)を飲(の)んで暴(あば)れる。
暴食(ぼうしょく)は健康(けんこう)によくないからやめてください。

 갈 마　　　マ

훈독 みがく

①닦다 ②갈다

磨滅 まめつ 닳아 없어짐	達磨 だるま 오뚝이
磨く みがく 문질러 닦다	磨る する (칼을)갈다

留学(りゅうがく)して語学(ごがく)に磨(みが)きをかける。
ナイフと包丁(ほうちょう)をを磨(と)ぐ。

266

枚 낱 매  マイ

 훈독

①장(종이 등을 세는 단위)

| 一枚 | いちまい | 한 장 | 枚数 | まいすう | 장수 |

枚数(まいすう)を確認(かくにん)してください。
紙(かみ)を一枚(いちまい)ずつ配(くば)ってください。

埋 묻을 매 マイ

훈독 うめる・うもる

①메워지다 ②묻다 ③파묻다

| 埋蔵 | まいぞう | 매장 | 埋伏 | まいふく | 매복 | 埋没 | まいぼつ 매몰 |
| 埋設 | まいせつ | 매설 | 埋める | うめる | 파묻다 | 埋もれる | うもれる 파묻히다 |

埋(う)め立(た)て地(ち)が増(ふ)えました。
人波(ひとなみ)に埋(う)もれて彼(かれ)の姿(すがた)が見(み)えなくなった。

末 끝 말  マツ・バツ

 すえ

①끝 ②하찮다 ③가루

| 末 | すえ | 끝 | 末 | まつ | 끝 | 粗末 | そまつ | 허술하고 나쁨 |
| 年末 | ねんまつ | 연말 | 末期 | まっき | 말기 | 粉末 | ふんまつ 분말 |

この会社(かいしゃ)は月末(げつまつ)に給料(きゅうりょう)が出(で)ます。
さんざん考(かんが)えた末(すえ)に決(き)めました。

満 찰 만  マン

훈독 みちる・みたす

①충만하다

| 満員 | まんいん | 만원 | 満了 | まんりょう | 만료 | 満足 | まんぞく | 만족 |
| 円満 | えんまん | 원만 | 不満 | ふまん | 불만 | 満ちる | みちる | 넘치다 |

あの夫婦(ふうふ)はいま幸(しあわ)せに満(み)たされています。
いつも満員電車(まんいんでんしゃ)に乗(の)って通勤(つうきん)します。

未 아직 미 小5 음독 ミ

훈독

① 아직 ~않다

未来	みらい	미래	未完	みかん	미완	未成年	みせいねん	미성년
未知	みち	미지	未定	みてい	미정	未満	みまん	미만

十才(じゅっさい)未満(みまん)は入場(にゅうじょう)できません。

事件(じけん)は未解決(みかいけつ)のままだ。

 眠 잠잘 면 음독 ミン

훈독 ねむい・ねむる

① 잠자다 ② 졸다

睡眠	すいみん	수면	安眠	あんみん	편히 잠	催眠	さいみん	최면
眠気	ねむけ	졸음	眠い	ねむい	졸리다	眠たい	ねむたい	졸리다

睡眠不足(すいみんぶそく)で眠(ねむ)い。

眠気(ねむけ)がさしてきました。

 務 힘쓸 무 小5 음독 ム

훈독 つとめる

① 힘쓰다

義務	ぎむ	의무	勤務	きんむ	근무	公務員	こうむいん	공무원
任務	にんむ	임무	総務	そうむ	총무	務める	つとめる	힘쓰다

書類(しょるい)を事務室(じむしつ)に置(お)いておいてください。

理事長(りじちょう)を務(つと)めております。

 無 없을 무 小5 음독 ム・ブ

훈독 ない

① 않다(부정) ② 없다

無事	ぶじ	무사	無難	ぶなん	무난	無礼	ぶれい	무례
無意味	むいみ	무의미	無名	むめい	무명	無害	むがい	무해

無事(ぶじ)に終(お)わりました。

今(いま)の私(わたし)にはそれは無意味(むいみ)なことです。

夢 꿈 몽　　 **음독** ム

　　　　　　　　　　　　훈독 ゆめ

①꿈

| 夢 | ゆめ | 꿈 | 夢見る | ゆめみる | 꿈꾸다 | 夢想 | むそう | 무상 |
| 夢中 | むちゅう | 열중 | 夢遊病 | むゆうびょう | 몽유병 | | | |

夢(ゆめ)のような話(はなし)に気持(きも)ちが舞(ま)い上(あ)がった。

このごろゲームに夢中(むちゅう)になりました。

娘 아가씨 낭　　**음독**

　　　　　　　　　　　훈독 むすめ

①딸 ②처녀

| 娘 | むすめ | 딸/처녀 | 娘子 | じょうし | 낭자 |

この子(こ)は私(わたし)のかわいい一人娘(ひとりむすめ)です。

私(わたし)を娘(むすめ)にしてください。

 命 목숨 명　 **음독** メイ・ミョウ

　　　　　　　　　　　　훈독 いのち

①명령하다 ②만나다 ③이름 붙이다 ④목숨

| 命 | いのち | 목숨 | 天命 | てんめい | 천명 | 運命 | うんめい | 운명 |
| 生命 | せいめい | 생명 | 人命 | じんめい | 인명 | 寿命 | じゅみょう | 수명 |

人(ひと)の命(いのち)の大切(たいせつ)さを考(かんが)えてください。

人(ひと)の寿命(じゅみょう)は長(なが)くなってきています。

 迷 미혹 미　 **음독** メイ

　　　　　　　　　　　훈독 まよう

①헤매다

| 迷路 | めいろ | 미로 | 迷信 | めいしん | 미신 | 迷惑 | めいわく | 폐 |
| 低迷 | ていめい | 낮게 떠돌다 | 混迷 | こんめい | 혼미 | 迷う | まよう | 헤매다 |

他人(たにん)に迷惑(めいわく)をかけてはいけません。

遊園地(ゆうえんち)で迷子(まいご)になった。

鳴 | 울 명 | メイ

음독 メイ

훈독 なく・なる

①울다 ②지저귀다

| 鳴動 | めいどう | 소리가 울림 | 悲鳴 | ひめい | 비명 | 耳鳴り | みみなり | 귀울림 |
| 鳴る | なる | 울리다 | 鳴らす | ならす | 울리다 | 鳴く | なく | (짐승/벌레가)울다 |

キーンと耳鳴(みみな)りがした。

鐘(かね)を鳴(な)らしました。

面 | 낯 면 | 小3

음독 メン

훈독 おも・おもて・つら

①가면 ②얼굴 ③표면 ④방향

| 仮面 | かめん | 가면 | 洗面器 | せんめんき | 세면기 | 面前 | めんぜん | 전면 |
| 表面 | ひょうめん | 표면 | 水面 | すいめん | 수면 | 表 | おもて | 겉 |

公衆(こうしゅう)の面前(めんぜん)で恥(はじ)をかいてしまった。

酒(さけ)も煙草(たばこ)もやらないなんて本当(ほんとう)に真面目(まじめ)だなあ。

綿 | 면 면 | 小5

음독 メン

훈독 わた

①면 ②면밀하다

| 綿 | わた | 면 | 綿花 | めんか | 목화 | 綿織物 | めんおりもの | 면직물 |
| 純綿 | じゅんめん | 순면 | 木綿 | もめん | 목면 | 綿密 | めんみつ | 면밀 |

その事件(じけん)を綿密(めんみつ)に調査(ちょうさ)しなさい。

綿(わた)あめのような雲(くも)ね。

毛 | 털 모 | 小2

음독 モウ・け

훈독

①털 ②세밀하다 ③작물이 되다

| 毛 | け | 털 | 毛布 | もうふ | 모포 | 毛髪 | もうはつ | 모발 |
| 毛糸 | けいと | 털실 | 毛頭 | もうとう | 조금도 | 不毛 | ふもう | 불모 |

毛糸(けいと)でセーターを編(あ)みました。

毛髪(もうはつ)に栄養(えいよう)をたっぷり与(あた)えましょう。

부릴 역　 ヤク・エキ

①역할 ②부리다 ③배우

| 役員 | やくいん | 임원 | 役人 | やくにん | 관리 | 重役 | じゅうやく | 중역 |
| 兵役 | へいえき | 병역 | 使役型 | しえきがた | 사역형 | 主役 | しゅやく | 주역 |

あの俳優(はいゆう)は一人(ひとり)二役(ふたやく)をこなしている。

韓国(かんこく)には兵役(へいえき)がありますよね。

 대략 약　ヤク

①요약하다 ②약속하다 ③절약하다 ④약

| 要約 | ようやく | 요약 | 予約 | よやく | 예약 | 婚約 | こんやく | 약혼 |
| 節約 | せつやく | 절약 | 約束 | やくそく | 약속 | 約 | やく | 약 |

家賃(やちん)が少(すこ)し安(やす)ければ契約(けいやく)したいです。

約(やく)五分(ごふん)ぐらいで到着(とうちゃく)します。

 유래 유　ユ・ユウ・ユイ

　　よし

①유래하다 ②이유 ③경유하다

| 由来 | ゆらい | 유래 | 由 | よし | 연유 | 自由 | じゆう | 자유 |
| 理由 | りゆう | 이유 | 事由 | じゆう | 사유 | 経由 | けいゆ | 경유 |

あれは由緒(ゆいしょ)あるお寺(てら)です。

さつま芋(いも)の名前(なまえ)の由来(ゆうらい)は土地(とち)の名(な)から来(き)ている。

 기름 유　ユ

　　あぶら

①기름

| 油 | あぶら | 기름 | 石油 | せきゆ | 석유 | 油田 | ゆでん | 유전 |
| 重油 | じゅうゆ | 중유 | 油絵 | あぶらえ | 유화 | 胡麻油 | ごまあぶら | 참기름 |

韓国(かんこく)は石油(せきゆ)が出(で)る油田(ゆでん)がありません。

油取(あぶらと)り紙(がみ)で化粧直(けしょうなお)しをします。

271

실어낼 수 小5 음독ユ

훈독

①배나 차로 운반하다

輸送	ゆそう	수송	輸出	ゆしゅつ	수출	運輸	うんゆ	운수
空輸	くうゆ	공수	密輸	みつゆ	밀수	輸入	ゆにゅう	수입

運輸省(うんゆしょう)の知(し)らせです。

日本(にほん)で輸入品(ゆにゅうひん)は割(わり)と安(やす)いと言(い)えます。

 용기 용 小4 음독ユウ

훈독いさましい・いさむ

①용감하다

勇敢	ゆうかん	용감	勇気	ゆうき	용기	勇名	ゆうめい	용명
勇将	ゆうしょう	용장	勇壮	ゆうそう	용감하고 씩씩함	勇ましい	いさましい	용감하다

戦争(せんそう)で勇(いさ)ましく戦(たたか)いました。

友達(ともだち)に勇気(ゆうき)づけられました。

 우편 우 小6 ユウ

훈독

①우편

郵便	ゆうびん	우편	郵便局	ゆうびんきょく	우체국	郵政	ゆうせい	우편행정
郵送	ゆうそう	우송	郵便物	ゆうびんぶつ	우편물	郵便屋さん	ゆうびんやさん	우편배달부

郵便(ゆうびん)ポストは赤(あか)いです。

郵送(ゆうそう)をお願(ねが)いします。

 놀 유 小3 ユウ・ユ

훈독あそぶ

①놀다 ②돌아다니다 ③밖으로 나가다

遊園地	ゆうえんち	유원지	遊星	ゆうせい	유성	園遊会	えんゆうかい	가든파티
外遊	がいゆう	외유	遊説	ゆうぜい	유세	遊ぶ	あそぶ	놀다

明日(あした)が試験(しけん)なのに遊(あそ)んでばかりいる。

遊覧船(ゆうらんせん)に乗(の)って樂(たの)しい旅(たび)をしました。

| 優 | 뛰어날 우 | 小6 음독 ユウ |
| | | 훈독 やさしい・すぐれる |

①뛰어나다

| 優勝 | ゆうしょう | 우승 | 優勢 | ゆうせい | 우세 | 優先 | ゆうせん | 우선 |
| 優越 | ゆうえつ | 우월 | 優しい | やさしい | 상냥하다 | 優れる | すぐれる | 우수하다 |

優(やさ)しい子(こ)に育(そだ)つようにと優子(ゆうこ)と名付(なづ)けました。
ドイツでの試合(しあい)でわが国(くに)が優勝(ゆうしょう)した。

| 与 | 줄 여 | 음독 ヨ |
| | | 훈독 あたえる |

①주다 ②할당하다

| 与党 | よとう | 여당 | 与える | あたえる | 주다 | 与る | あずかる | 관여하다 |

年(ねん)に二回(にかい)賞与(しょうよ)が支給(しきゅう)される。
社員(しゃいん)に三十万円(まんえん)ずつ与(あた)えました。

| 予 | 미리 예 | 小3 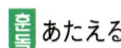 음독 ヨ |
| | | 훈독 |

①미리

| 予約 | よやく | 예약 | 予言 | よげん | 예언 | 予感 | よかん | 예감 |
| 予定 | よてい | 예정 | 予測 | よそく | 예측 | 予報 | よほう | 예보 |

市場(しじょう)の流(なが)れを予想(よそう)して製品(せいひん)を作(つく)りました。
思(おも)わぬトラブルに遭(あ)い旅行(りょこう)の予定(よてい)が狂(くる)ってしまった。

| 余 | 남을 여 | 小5 음독 ヨ |
| | | 훈독 あまる・あます |

①남다 ②그 외

| 余分 | よぶん | 여분 | 余暇 | よか | 여가 | 余地 | よち | 여지 |
| 余裕 | よゆう | 여유 | 余力 | よりょく | 여력 | 余る | あまる | 남다 |

暑(あつ)かったから余(あま)ったお金(かね)でアイスクリームを買(か)って食(た)べました。
余暇(よか)を楽(たの)しみたい。

預　맡길 예　<small>小5</small>　<음독> ヨ

<훈독> あずける・あずかる

①맡기다

| 預金 | よきん | 예금 | 定期預金 | ていきよきん | 정기예금 | 預託 | よたく | 예탁 |
| 預ける | あずける | 맡기다 | 預かる | あずかる | 맡다 | | | |

鍵(かぎ)を隣(となり)の家(いえ)に預(あず)けたから後(あと)で受取(うけと)りに行(い)ってください。

銀行(ぎんこう)に行(い)って預金(よきん)して来(き)ました。

 幼　어릴 유　<small>小6</small>　<음독> ヨウ

<훈독> おさない

①어리다 ②유치하다

| 幼年 | ようねん | 유년 | 幼稚 | ようち | 유치 | 幼稚園 | ようちえん | 유치원 |
| 幼弱 | ようじゃく | 유약 | 幼い | おさない | 어리다 | 幼なじみ | おさななじみ | 소꿉 친구 |

あの子(こ)は、まだ幼(おさな)いのによくお手伝(てつだ)いをする良(よ)い子(こ)だ。

幼(おさな)なじみの林君(はやしくん)です。

 要　요소 요　<small>小4</small>　<음독> ヨウ

<훈독> いる

①중요한 곳 ②바라다

| 要件 | ようけん | 요건 | 重要 | じゅうよう | 중요 | 要職 | ようしょく | 요직 |
| 要約 | ようやく | 요약 | 要点 | ようてん | 요점 | 要る | いる | 필요하다 |

この事業(じぎょう)にはたくさんのお金(かね)が要(い)ります。

重要(じゅうよう)なポイントは何(なん)ですか。

 容　얼굴 용　<small>小5</small>　<음독> ヨウ

<훈독>

①내용 ②모습 ③용서하다 ④쉽다

| 内容 | ないよう | 내용 | 容器 | ようき | 용기 | 容量 | ようりょう | 용량 |
| 許容 | きょよう | 허용 | 寛容 | かんよう | 관용 | 容易 | ようい | 용이 |

ものの状態(じょうたい)を現(あらわ)す品詞(ひんし)を形容詞(けいようし)と言(い)います。

小説(しょうせつ)の内容(ないよう)をあらすじと言(い)います。

葉

잎사귀 엽 ㉛小3 음독 ヨウ

훈독 は

①잎

| 紅葉 | こうよう | 단풍 | 落葉 | らくよう | 낙엽 | 若葉 | わかば | 새싹 |
| 枯葉 | かれは | 고엽 | 葉書 | はがき | 엽서 | 落葉 | おちば | 낙엽 |

日光(にっこう)のいろは坂(ざか)は紅葉(こうよう)で有名(ゆうめい)です。

友達(ともだち)に絵葉書(えはがき)を出(だ)しました。

陽

볕 양 小3 음독 ヨウ

훈독

①해 ②밝다 ③전기의 양극

| 太陽 | たいよう | 태양 | 陽光 | ようこう | 햇빛 | 陽春 | ようしゅん | 봄 |
| 陽気 | ようき | 쾌활 | 陽性 | ようせい | 양성 | | | |

彼(かれ)は陽気(ようき)な性格(せいかく)だ。

太陽(たいよう)の日差(ひざ)しが降(ふ)り注(そそ)ぐ静(しず)かな午後(ごご)でした。

腰

허리 요 음독 ヨウ

훈독 こし

①허리

| 腰 | こし | 허리 | 腰骨 | こしぼね | 허리뼈 | 強腰 | つよごし | 강한 태도 |
| 物腰 | ものごし | 태도와 말투 | 腰痛 | ようつう | 요통 | 腰部 | ようぶ | 허리부분 |

ギックリ腰(ごし)になって動(うご)けない。

激(はげ)しい腰痛(ようつう)が始(はじ)まりました。

様

모양 양 小3 음독 ヨウ

훈독 さま

①모습 ②형식 ③모양 ④이름 뒤의 존경어 ⑤정중을 나타냄

| 様子 | ようす | 모습 | 様式 | ようしき | 양식 | 模様 | もよう | 모양 |
| 文様 | もんよう | 문양 | 王様 | おうさま | 임금님 | ご苦労 | ごくろうさま | 수고 |

いつもお世話様(せわさま)です。

手紙(てがみ)の宛名(あてな)には様(さま)をつけます。

Z급

踊

춤출 용

ヨウ

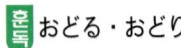おどる・おどり

①춤추다

| 舞踊 | ぶよう | 무용 | 踊り | おどり | 춤 | 踊る | おどる | 춤추다 |
| 踊り子 | おどりこ | 무희 | 踊り場 | おどりば | 무도장 | | | |

夏(なつ)には町内(ちょうない)で盆踊(ぼんおど)りが開(ひら)かれます。

伊豆(いず)の踊(おど)り子(こ)。

溶

녹을 용

ヨウ

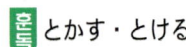とかす・とける

①녹다 ②풀리다

| 溶岩 | ようがん | 용암 | 溶液 | ようえき | 용액 | 溶接 | ようせつ | 용접 |
| 溶解 | ようかい | 용해 | 溶かす | とかす | 녹이다 | 溶ける | とける | 녹다 |

溶岩(ようがん)が流(なが)れています。

看板(かんばん)の絵(え)の具(ぐ)が雨(あめ)で溶(と)ける。

浴

목욕 욕

小4 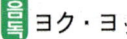ヨク・ヨッ

あびる

①목욕하다 ②물을 붓다

| 浴室 | よくしつ | 욕실 | 浴槽 | よくそう | 욕조 | 浴用 | よくよう | 목욕용 |
| 浴場 | よくじょう | 목욕탕 | 浴びる | あびる | 뒤집어쓰다 | 浴衣 | ゆかた | 유카타 |

浴衣(ゆかた)は夏(なつ)の着物(きもの)です。

毎日(まいにち)シャワーを浴(あ)びています。

欲

바랄 욕

小6 ヨク

ほしい

①바라다 ②탐내다

| 欲 | よく | 욕심 | 欲張り | よくばり | 욕심쟁이 | 欲情 | よくじょう | 욕정 |
| 欲求 | よっきゅう | 욕구 | 欲しい | ほしい | 원하다 | 欲しがる | ほしがる | 원해하다 |

餌(えさ)を欲(ほ)しがって猫(ねこ)が鳴(な)いている。

彼(かれ)は欲張(よくば)りだから、あなたが諦(あきら)めて。

翌	다음날 익 小6	음독 ヨク
		훈독

①다음 ②다음날

翌日	よくじつ	다음날	翌朝	よくあさ	다음날 아침	翌年	よくねん	다음해
翌月	よくげつ	다음달	翌週	よくしゅう	다음주	翌翌日	よくよくじつ	다다음날

翌朝(よくあさ)の朝刊(ちょうかん)にその事件(じけん)が載(の)った。

翌年(よくねん)アメリカへ留学(りゅうがく)しようと思(おも)っています。

頼	의지할 뢰	음독 ライ
		훈독 たよる・たのむ

①의지하다 ②의뢰하다 ③부탁하다

依頼	いらい	의뢰	依頼人	いらいにん	의뢰인	信頼	しんらい	신뢰
頼む	たのむ	부탁하다	頼る	たよる	의지하다	頼り	たより	의지

事務所(じむしょ)に依頼人(いらいにん)がやってきました。

頼(たよ)りになる頼(たの)もしい人です。

絡	이을 락	음독 ラク
		훈독 からむ

①잇다 ②휘감다

絡む	からむ	휘감기다	絡まる	からまる	얽히다	連絡	れんらく	연락

久(ひさ)し振(ぶ)りに友(とも)だちに連絡(れんらく)を取(と)った。

入試(にゅうし)に絡(から)む噂(うわさ)がある。

落	떨어질 락 小3	음독 ラク
		훈독 おちる・おとす

①떨어지다 ②끝나다 ③장소

落下	らっか	락하	落馬	らくば	락마	落成式	らくせいしき	준공식
段落	だんらく	단락	部落	ぶらく	부락	落ちる	おちる	떨어지다

壁(かべ)に落書(らくが)きをしないこと。

作文(さくぶん)は段落(だんらく)に注意(ちゅうい)して書(か)いてください。

乱 어지러울 란 小6 음독 ラン

훈독 みだれる・みだす

①어지르다 ②흩트리다 ③혼란시키다

| 乱国 | らんごく | 난국 | 乱立 | らんりつ | 난립 | 乱暴 | らんぼう | 난폭 |
| 乱雑 | らんざつ | 난잡 | 乱す | みだす | 어지럽히다 | 乱れる | みだれる | 어지러워지다 |

チームワークを乱(みだ)すような行動(こうどう)は避(さ)けてほしい。

塾(じゅく)が乱立(らんりつ)している。

 卵 알 란 小6 음독 ラン

훈독 たまご

①알 ②계란

| 卵 | たまご | 계란 | 卵焼き | たまごやき | 달걀부침 | 卵黄 | らんおう | 노른자 |
| 卵巣 | らんそう | 난소 | 卵子 | らんし | 난자 | 鶏卵 | けいらん | 계란 |

たまごを卵白(らんぱく)と卵黄(らんおう)にわける。

卵焼(たまごや)きが好物(こうぶつ)だ。

 利 이로울 리 小4 음독 リ

훈독 きく

①예민하다 ②이롭다

| 鋭利 | えいり | 예리 | 利口 | りこう | 영리함 | 利己的 | りこてき | 이기적 |
| 利用 | りよう | 이용 | 有利 | ゆうり | 유리 | 利く | きく | 잘 움직이다 |

あの人(ひと)は左利(ひだりき)きです。

利益(りえき)だけを考(かんが)えないで。

裏 속 리 음독 リ

훈독 うら

①뒷쪽 ②속 ③안

| 裏 | うら | 뒷면 | 裏側 | うらがわ | 뒷쪽 | 裏表 | うらおもて | 안팎 |
| 裏手 | うらて | 뒷면 | 裏面 | りめん | 뒷면 | 脳裏 | のうり | 뇌리 |

表紙(ひょうし)の裏(うら)をめくる。

裏表(うらおもて)のない人間(にんげん)です。

陸

육지 륙  음독 リク

①육지 ②연속하다

| 陸 | りく | 육지 | 陸橋 | りっきょう | 육교 | 陸軍 | りくぐん | 육군 |
| 大陸 | たいりく | 대륙 | 上陸 | じょうりく | 상륙 | 陸続き | りくつづき | 육지가 이어짐 |

中国(ちゅうごく)と韓国(かんこく)は陸続き(りくつづき)でつながっている。

陸上(りくじょう)から見(み)る景色(けしき)は素晴(すば)らしい。

律

법률 률 음독 リツ・リチ

①법칙 ②규칙 ③가락

| 法律 | ほうりつ | 법률 | 規律 | きりつ | 규율 | 律動 | りつどう | 율동 |

規律(きりつ)正(ただ)しい生活(せいかつ)を心(こころ)がけなさい。

できるだけ法律(ほうりつ)を守(まも)りたいです。

率

비율 률
거느릴 솔

음독 リツ・ソツ

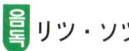

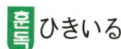 ひきいる

①비율 ②거느리다

| 比率 | ひりつ | 비율 | 能率 | のうりつ | 능률 | 引率 | いんそつ | 인솔 |
| 軽率 | けいそつ | 경솔 | 率いる | ひきいる | 거느리다 |

教師(きょうし)の引率(いんそつ)のもとに会社(かいしゃ)を訪(たず)ねた。

夢(ゆめ)は大軍(たいぐん)を率(ひき)いることです。

略

간략할 략 음독 リャク

훈독

①계략 ②뺏다 ③생략하다

| 計略 | けいりゃく | 계략 | 戦略 | せんりゃく | 전략 | 政略 | せいりゃく | 정략 |
| 略奪 | りゃくだつ | 약탈 | 侵略 | しんりゃく | 침략 | 省略 | しょうりゃく | 생략 |

これから私(わたし)の略歴(りゃくれき)を紹介(しょうかい)します。

もっと省略(しょうりゃく)して書(か)いてください。

流

흐를 류 小3

음독 リュウ・ル

훈독 ながれる・ながす

①흐르다 ②퍼지다 ③떠돌다 ④방법 ⑤계단

流星	りゅうせい	유성	急流	きゅうりゅう	급류	流行	りゅうこう	유행
流民	りゅうみん	유민	上流	じょうりゅう	상류	流れる	ながれる	흐르다

この川(かわ)の水(みず)は海(うみ)の方(ほう)へ流(なが)れていきます。

自己流(じこりゅう)ですが、私(わたし)なりにやってみました。

留

머무를 류 小5

음독 リュウ・ル

훈독 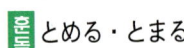とめる・とまる

①머물다

留学	りゅうがく	유학	留守番	るすばん	부재중 집을 지킴	在留	ざいりゅう	재류
保留	ほりゅう	보류	停留所	ていりゅうじょ	정류장			

信号(しんごう)の前(まえ)に車(くるま)が留(と)まっています。

留守番(るすばん)電話(でんわ)にメッセージを残(のこ)す。

粒

낟알 립

음독 リュウ

훈독 つぶ

①낟알 ②쌀알

粒	つぶ	알맹이	粒々	つぶつぶ	많은 알갱이	粒子	りゅうし	입자
粒状	りゅうじょう	알맹이 모양	微粒子	びりゅうし	미립자			

大粒(おおつぶ)のいちごを食(た)べた。

米(こめ)が一粒(ひとつぶ)が落(お)ちている。

了

마칠 료

음독 リョウ

훈독

①마치다 ②깨닫다

了	りょう	끝	了解	りょうかい	양해	了察	りょうさつ	잘 생각해서 살핌
了得	りょうとく	납득	了承	りょうしょう	납득	終了	しゅうりょう	종료

了解(りょうかい)しました、すぐ致(いた)します。

終了(しゅうりょう)いたします。

두 개 량 小3 음독 リョウ
훈독

①양쪽 ②차를 세는 단위

| 両側 | りょうがわ | 양측 | 両手 | りょうて | 양손 | 両立 | りょうりつ | 양립 |
| 三両 | さんりょう | 3량 | 車両 | しゃりょう | 차량 | | | |

市民(しみん)は両手(りょうて)を挙(あ)げて万歳(ばんざい)をしている。

円(えん)をドルに両替(りょうがえ)してください。

 선할 량 小4 음독 リョウ
훈독 よい

①좋다 ②뛰어나다 ③착하다

| 良い | よい | 좋다 | 良心 | りょうしん | 양심 | 善良 | ぜんりょう | 선량 |
| 良書 | りょうしょ | 양서 | 改良 | かいりょう | 개량 | 不良 | ふりょう | 불량 |

良薬(りょうやく)は口(くち)に苦(にが)いものです。

煙草(たばこ)は体(からだ)に良(よ)くありません。

 재료 료 小4 음독 リョウ
훈독

①재료 ②요금

| 材料 | ざいりょう | 재료 | 調味料 | ちょうみりょう | 조미료 | 肥料 | ひりょう | 비료 |
| 原料 | げんりょう | 원료 | 料金 | りょうきん | 요금 | 有料 | ゆうりょう | 유료 |

植物(しょくぶつ)に肥料(ひりょう)をやりました。

材料(ざいりょう)を全部(ぜんぶ)混(ま)ぜてください。

 서늘할 량 음독 リョウ
훈독 すずしい・すずむ

①서늘하다 ②상쾌하다

| 涼風 | りょうふう | 시원한 바람 | 涼気 | りょうき | 서늘한 공기 | 涼雨 | りょうう | 시원한 비 |
| 涼味 | りょうみ | 시원한 맛 | 涼しい | すずしい | 서늘하다 | | | |

涼(すず)しそうに風鈴(ふうりん)がちりんと鳴(な)る。

春(はる)は暖(あたた)かくて秋(あき)は涼(すず)しいです。

量

양 량 小4 リョウ

はかる

①양 ②재다

水量	すいりょう	수량	大量	たいりょう	대량	少量	しょうりょう	소량
度量	どりょう	도량	計量	けいりょう	계량	量る	はかる	재다

この豚肉(ぶたにく)の重(おも)さを量(はか)ってください。

さて、推量(すいりょう)してみましょうか。

領

거느릴 령 リョウ

①차지하다 ②영유하다

領域	りょういき	영역	領土	りょうど	영토	領収	りょうしゅう	영수
領内	りょうない	영토 내	領空	りょうくう	영공	領事	りょうじ	영사

日本(にほん)領事館(りょうじかん)に手続(てつづ)きをしに行(い)く。

必(かなら)ず領収書(りょうしゅうしょ)を受(う)け取(と)ること。

緑

녹색 록 小3 リョク・ロク

みどり

①녹색

緑	みどり	녹색	緑色	みどりいろ	녹색	新緑	しんりょく	신록
緑茶	りょくちゃ	녹차	緑陰	りょくいん	녹음	緑青	ろくしょう	녹청

緑(みどり)溢(あふ)れる町(まち)を作(つく)るために努力(どりょく)しましょう。

緑黄色(りょうおうしょく)野菜(やさい)は美容(びよう)と健康(けんこう)にいいですよ。

輪

바퀴 륜 小4 リン

わ

①바퀴 ②돌다

車輪	しゃりん	차바퀴	年輪	ねんりん	연륜	五輪	ごりん	오륜
花輪	はなわ	화환	指輪	ゆびわ	반지	輪唱	りんしょう	돌림노래

輪(わ)を作(つく)ってハンカチ落(お)としをしました。

優勝者(ゆうしょうしゃ)にはトロフィーと花輪(はなわ)が贈(おく)られた。

눈물 루　 ルイ

　 なみだ

①눈물

| 涙 | なみだ | 눈물 | 涙腺 | るいせん | 눈물샘 | 涙声 なみだごえ | 울먹이는 목소리 |
| 涙顔 なみだがお | 눈물에 젖은 얼굴 | 涙ぐむ なみだぐむ | 눈물을 머금다 |

年(とし)を取(と)り涙(なみだ)もろくなった。

その事件(じけん)を涙声(なみだごえ)で話(はな)しした。

 종류 류　⑷ ルイ

①같은 종류 ②닮은 것 ③재난

| 人類 | じんるい | 인류 | 親類 | しんるい | 친척 | 同類 | どうるい | 동류 |
| 類似 | るいじ | 유사 | 類型 | るいけい | 유형 |

烏(からす)は鳥類(ちょうるい)で、パンダは哺乳類(ほにゅうるい)です。

人類(じんるい)の歴史(れきし)は長(なが)いです。

 규칙 령　⑷ レイ

①명령 ②규칙 ③훌륭한

| 命令 | めいれい | 명령 | 号令 | ごうれい | 호령 | 法令 | ほうれい | 법령 |
| 律令 | りつれい | 율령 | 条令 | じょうれい | 조령 | 令名 | れいめい | 명성 |

命令(めいれい)に背(そむ)いてはいけない。

先生(せんせい)の号令(ごうれい)を聞(き)き、生徒(せいと)たちは集(あつ)まった。

 예의 례　⑶ レイ

①공경하다 ②예의 ③의식

| 目礼 | もくれい | 목례 | 謝礼 | しゃれい | 사례 | 失礼 | しつれい | 실례 |
| 礼儀 | れいぎ | 예의 | 礼法 | れいほう | 예법 | 朝礼 | ちょうれい | 조례 |

毎朝(まいにち)、朝礼(ちょうれい)の後(あと)体操(たいそう)をします。

失礼(しつれい)ですが、おいくつですか。

冷 찰 랭　小4　음독 レイ

훈독 つめたい・ひえる・さめる

①차다 ②마음이 차다

冷気	れいき	냉기	冷蔵庫	れいぞうこ	냉장고	冷房	れいぼう	냉방
冷笑	れいしょう	냉소	冷たい	つめたい	차다	冷める	さめる	식다

ビールが冷蔵庫(れいぞうこ)の中(なか)に冷(ひ)やしてあります。

助(たす)けてくれないなんて冷(つめ)たいな。

 戻 돌려줄 려　음독

훈독 もどす・もどる

①되돌리다 ②갚다

戻り	もどり	귀가	戻す	もどす	되돌리다	戻る	もどる	되돌아오다

使(つか)ったら元(もと)に戻(もど)してください。

できるだけ早(はや)めに戻(もど)ってください。

 例 예 례　小4　음독 レイ

훈독 たとえる

①예 ②견본

例	れい	예	先例	せんれい	선례	前例	ぜんれい	전례
範例	はんれい	범례	例題	れいだい	예제	例える	たとえる	예 들다

例(たと)えて言(い)いますと、分(わ)かりやすいと思(おも)います。

前例(ぜんれい)を見(み)ない売(う)れ行(ゆ)きの良(よ)さに作者(さくしゃ)もびっくりだ。

 零 떨어질 령　음독 レイ

훈독

①영 ②흘리다(히라가나로 주로 씀)

零	れい	영	零度	れいど	영도	零下	れいか	영하
零時	れいじ	영시	零点	れいてん	영점	零す	こぼす	흘리다

ポロポロと涙(なみだ)を零(こぼ)す。

今日(きょう)は零下(れいか)十度(じゅうど)だ。

齢 나이 령　レイ

①나이

| 年齢 | ねんれい | 연령 | 高齢 | こうれい | 고령 |
| 妙齢 | みょうれい | 묘령 | 齢 | よわい | 나이 |

彼女(かのじょ)との年齢(ねんれい)の差(さ)が問題(もんだい)です。

日本(にほん)は高齢化(こうれいか)社会(しゃかい)に入(はい)ってしまった。

歴 지낼 력　小4 レキ

①지나가다 ②확실하다

| 歴史 | れきし | 역사 | 歴代 | れきだい | 역대 | 履歴書 | りれきしょ | 이력서 |
| 学歴 | がくれき | 학력 | 歴然 | れきぜん | 분명함 | 歴々 | れきれき | 역력 |

最終学歴(さいしゅうがくれき)を記入(きにゅう)してください。

歴史(れきし)はまた繰(く)り返(かえ)される。

列 벌일 렬　小3 レツ

①열 ②세우다 ③많은

| 列車 | れっしゃ | 열차 | 日本列島 | にほんれっとう | 일본열도 | 参列 | さんれつ | 참석 |
| 整列 | せいれつ | 정렬 | 陳列 | ちんれつ | 진열 | 列国 | れっこく | 열국 |

商品(しょうひん)を店(みせ)に陳列(ちんれつ)する。

ちゃんと列(れつ)に並(なら)んでください。

恋 사모할 련　レン

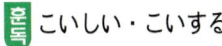こいしい・こいする

①사모하다 ②그리워하다

| 恋愛 | れんあい | 연애 | 恋慕 | れんぼ | 연모 | 恋情 | れんじょう | 연정 |
| 恋人 | こいびと | 애인 | 恋する | こいする | 사랑하다 | 恋しい | こいしい | 그립다 |

故郷(こきょう)が恋(こい)しくなる。

失礼(しつれい)ですが、恋人(こいびと)がいますか。

連 | 연결 련 | レン

　　　つらなる・つらねる・つれる

①연결하다 ②데려가다 ③사이

| 連結 | れんけつ | 연결 | 連続 | れんぞく | 연속 | 関連 | かんれん | 관련 |
| 連盟 | れんめい | 연맹 | 連行 | れんこう | 연행 | 連れる | つれる | 데려가다 |

私(わたし)も遠足(えんそく)に連(つ)れていってください。

朝(あさ)の連続(れんぞく)テレビ小説(しょうせつ)が大好(だいす)きです。

 練 | 단련 련 | レン

　　　ねる

①단련하다

| 練る | ねる | 단련하다 | 訓練 | くんれん | 훈련 | 熟練 | じゅくれん | 숙련 |
| 練習 | れんしゅう | 연습 | 精錬 | せいれん | 정련 | 鍛練 | たんれん | 단련 |

文章(ぶんしょう)がよく練(ね)られています。

熟練(じゅくれん)された技(わざ)が光(ひか)る。

 路 | 길 로 | ロ

　　　じ

①길 ②방향

| 道路 | どうろ | 도로 | 街路樹 | がいろじゅ | 가로수 | 陸路 | りくろ | 육지 |
| 路地 | ろじ | 골목길 | 進路 | しんろ | 진로 | 販路 | はんろ | 판로 |

道(みち)の路線(ろせん)に沿(そ)って歩(ある)きます。

路地裏(ろじうら)には面白(おもしろ)い店(みせ)がたくさんあります。

老 | 늙을 로 | 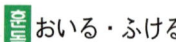 ロウ

　　　おいる・ふける

①늙다 ②노련하다

| 老人 | ろうじん | 노인 | 老年 | ろうねん | 노년 | 老若 | ろうにゃく | 노소 |
| 老眼 | ろうがん | 노안 | 長老 | ちょうろう | 장로 | 老いる | おいる | 늙다 |

老若男女(ろうにゃくなんにょ)を問(と)わずそれを欲(ほ)しがっている。

老(お)いては子(こ)に従(したが)え。

労 노동 로   ロウ

①노동하다

労働	ろうどう	노동	勤労	きんろう	근로	過労	かろう	과로
疲労・	ひろう	피로	慰労	いろう	위로	労役	ろうえき	노역

ご苦労様(くろうさま)でした。

今日(きょう)は勤労感謝(きんろうかんしゃ)の日(ひ)で休(やす)みです。

 録 기록 록   ロク

①적다 ②기록하다

記録	きろく	기록	登録	とうろく	등록	住所録	じゅうしょろく	주소록
録音	ろくおん	녹음	録画	ろくが	녹화	収録	しゅうろく	수록

この雑誌(ざっし)の今度(こんど)の付録(ふろく)は何(なに)かしら。

ビデオの録画(ろくが)お願(ねが)いね。

論 의논 론 ロン

①의논하다

論議	ろんぎ	논의	論文	ろんぶん	논문	論争	ろんそう	논쟁
論評	ろんぴょう	논평	議論	ぎろん	의논	異論	いろん	다른 이론

あれこれ言(い)うより、論(ろん)より証拠(しょうこ)だ。

遅(おそ)くまで論議(ろんぎ)が続(つづ)いた。

 和 화합 화   ワ

やわらぐ・やわらげる・なごむ・なごやかだ

①온화하다 ②사이가 좋다 ③조화 ④일본

温和	おんわ	온화	和合	わごう	화합	和解	わかい	화해
和平	わへい	화평	和風	わふう	일본풍	和む	なごむ	누그러지다

海(うみ)の前(まえ)に立(た)っていると心(こころ)が和(なご)んできます。

彼女(かのじょ)はだれにでも好(す)かれる穏和(おんわ)な人柄(ひとがら)だ。

287

물굽이 만 ワン

①만

| 湾 | わん | 만 | 湾岸 わんがん | 만안 | 湾曲 わんきょく | 활처럼 굽음 |
| 湾口 わんこう | 만의 입구 | | 湾頭 わんとう | 만의 가장자리 | | |

湾岸沿(わんがんぞ)いに車(くるま)を走(はし)らす。

台湾(たいわん)から人(ひと)がやってきました。

 팔뚝 완 ワン

うで

①팔 ②솜씨

| 腕 | うで | 팔 | 腕組み うでぐみ | 팔짱 | 腕時計 うでどけい | 손목시계 |
| 腕力 | わんりょく | 완력 | 腕白 わんぱく | 개구쟁이 | 腕章 わんしょう | 완장 |

腕組(うでぐ)みをして考(かんが)え込(こ)む。

腕力(わんりょく)には自信(じしん)があります。

青年は何もかも経験である。

その日その日が一年中の最善の日である。

遅くなっても全然行かないよりはました。

급수별

일본어 한자

한자

제대로 끝내기

1급

亜	버금 아	음독 ア	훈독			
	亜流 ありゅう 아류		亜熱帯 あねったい 아열대		亜鉛 あえん 아연	

哀	슬플 애	음독 アイ	훈독 あわれむ			
	哀愁 あいしゅう 애수		哀願 あいがん 애원		哀歓 あいかん 애환	
	哀悼 あいとう 애도		哀れ あわれ 불쌍함		哀れむ あわれむ 가련하다	

握	쥘 악	음독 アク	훈독 にぎる			
	握手 あくしゅ 악수		握力 あくりょく 쥐는 힘		握る にぎる 쥐다	
	お握り にぎり 주먹밥					

嵐	산기운 람	음독	훈독 あらし			
	嵐 あらし 폭풍우					

緯	씨줄 위	음독 イ	훈독			
	緯度 いど 위도		経緯 けいい 경위도		北緯 ほくい 북위	
	緯線 いせん 위도선					

維	맬 유	음독 イ	훈독			
	維持 いじ 유지		維新 いしん 유신		繊維 せんい 섬유	
	明治維新 めいじいしん 명치유신		化学繊維 かがくせんい 화학섬유			

遺	남길 유	음독 イ・ユイ	훈독			
	遺産 いさん 유산		遺失 いしつ 유실		遺伝 いでん 유전	
	遺伝子 いでんし 유전자		遺骨 いこつ 유골		遺言 ゆいごん 유언	

威	위엄 위	음독 イ・エ	훈독			
	威厳 いげん 위엄		威勢 いせい 위세		威力 いりょく 위력	
	権威 けんい 권위		威圧 いあつ 위압			

為	할 위	음독 イ	훈독			
	行為 こうい 행위		無為 むい 무위		作為 さくい 작위	
	為政 いせい 위정		為政者 いせいしゃ 위정자			

尉	벼슬 위	음독 イ	훈독				
	少尉 しょうい 소위	大尉 たいい 대위	中尉 ちゅうい 중위				

慰	위로할 위	음독 イ	훈독 なぐさめる				
	慰労 いろう 위로	慰問 いもん 위문	慰安 いあん 위안				
	慰安会 いあんかい 위안회	慰める なぐさめる 위로하다					

壱	일	음독 イチ	훈독				
	壱 いち 일	壱万 いちまん 만					

逸	편안할 일	음독 イツ	훈독				
	逸話 いつわ 일화	逸脱 いつだつ 일탈	逸品 いっぴん 일품				
	秀逸 しゅういつ 다른 것보다 뛰어남	逸物 いちもつ 뛰어난 물건이나 사람					

芋	토란 우	음독	훈독 いも				
	芋 いも 토란	山芋 やまいも 참마	じゃが芋 じゃがいも 감자				
	子芋 こいも 작은 토란	里芋 さといも 토란	さつま芋 さつまいも 고구마				

陰	그늘 음	음독 イン	훈독 かげ				
	陰 かげ 그늘	陰暦 いんれき 음력	陰気 いんき 음침한 기운				
	陰性 いんせい 음성	陰謀 いんぼう 음모					

隠	숨을 은	음독 イン	훈독 かくす・かくれる				
	隠居 いんきょ 은거	隠滅 いんめつ 인멸	隠者 いんじゃ 은자				
	隠謀 いんぼう 음모	隠れる かくれる 숨다	隠す かくす 숨기다				

姻	혼인 인	음독 イン	훈독				
	婚姻 こんいん 혼인	姻族 いんぞく 인척	姻戚 いんせき 인척				
	婚姻届け こんいんとどけ 혼인신고						

韻	운 운	음독 イン	훈독				
	餘韻 よいん 여운	韻律 いんりつ 운율	音韻 おんいん 음운				
	押韻 おういん 시에 운율 담	韻文 いんぶん 운문	韻致 いんち 운치				

詠	읊을 영	음독 エイ	훈독
	朗詠 ろうえい 시를 낭랑히 읊는 것　吟詠 ぎんえい 시가에 가락 붙여 노래함　詠じる えいじる 시 등을 읊다		
	詠歌 えいか 영가　　詠嘆 えいたん 영탄		

影	그림자 영	음독 エイ	훈독 かげ
	影 かげ 그림자　　影響 えいきょう 영향　　撮影 さつえい 촬영		
	投影 とうえい 투영		

衛	호위할 위	小5　음독 エイ	훈독
	衛生 えいせい 위생　　衛星 えいせい 위성　　護衛 ごえい 호위		
	防衛 ぼうえい 방위　　守衛 しゅえい 수위　　人工衛星 じんこうえいせい 인공위성		

疫	병들 역	음독 エキ	훈독
	疫病 えきびょう 역병　　疫痢 えきり 이질　　防疫 ぼうえき 방역		
	悪疫 あくえき 악성 유행병		

益	더할 익	小5　음독 エキ	훈독
	有益 ゆうえき 유익　　無益 むえき 무익　　利益 りえき 이익		
	実益 じつえき 실익　　公益 こうえき 공익　　収益 しゅうえき 수익		

悦	기쁠 열	음독 エツ	훈독
	喜悦 きえつ 희열　　満悦 まんえつ 만족하여 기뻐함		
	愉悦 ゆえつ 유열　　悦楽 えつらく 열락		

閲	볼 열	음독 エツ	훈독
	閲覧 えつらん 열람　　検閲 けんえつ 검열　　校閲 こうえつ 교열		
	閲兵 えっぺい 군대를 사열함		

謁	아뢸 알	음독 エツ	훈독
	拝謁 はいえつ 배알　　謁見 えっけん 알현　　謁する えっする 아뢰다		

宴	잔치 연	음독 エン	훈독
	宴会 えんかい 연회　　祝宴 しゅくえん 축연　　酒宴 しゅえん 주연		
	披露宴 ひろうえん 피로연		

沿	물따라 내려갈 연	음독 エン		훈독 そう	
	沿岸 えんがん 연안	沿海 えんかい 연해		沿道 えんどう 길가	
	沿革 えんかく 연혁	沿う そう		따라가다	

縁	인연 연	음독 エン		훈독 ふち	
	縁 えん 인연	縁 ふち 가장자리		縁談 えんだん 혼담	
	血縁 けつえん 혈연	縁故 えんこ 연고		額縁 がくぶち 액자	

炎	불꽃 염	음독 エン		훈독 ほのお	
	炎 ほのお 불꽃	炎暑 えんしょ 혹서		火炎 かえん 화염	
	炎天下 えんてんか 찌는듯한 더운 날씨			炎上 えんじょう 타오름	

猿	원숭이 원	음독 エン		훈독 さる	
	猿 さる 원숭이	類人猿 るいじんえん 유인원			
	野猿 やえん 야생 원숭이	犬猿の仲 けんえんのなか 견원지간			

鉛	납 연	음독 エン		훈독 なまり	
	鉛筆 えんぴつ 연필	鉛管 えんかん 납관		鉛版 えんばん 납판	
	鉛 なまり 납	鉛色 なまりいろ 회색		鉛中毒 なまりちゅうどく 납중독	

往	갈 왕 小5	음독 オウ		훈독	
	往復 おうふく 왕복	往来 おうらい 왕래		往診 おうしん 왕진	
	往年 おうねん 왕년	往々 おうおう 왕왕		往路 おうろ 왕로	

凹	오목할 요	음독 オウ		훈독	
	凹凸 おうとつ	凸凹 でこぼこ 울퉁불퉁			
	凹面鏡 おうめんきょう 오목거울				

殴	때릴 구	음독 オウ		훈독 なぐる	
	殴打 おうだ 구타	殴殺 おうさつ 때려 죽임		殴る なぐる 때리다	

桜	벚꽃 앵	음독 オウ		훈독 さくら	
	桜 さくら 벚꽃	桜花 おうか 벚꽃		桜桃 おうとう 버찌/앵두	
	桜色 さくらいろ 벚꽃색	葉桜 はざくら 꽃이 지고 어린잎이 난 벚나무			

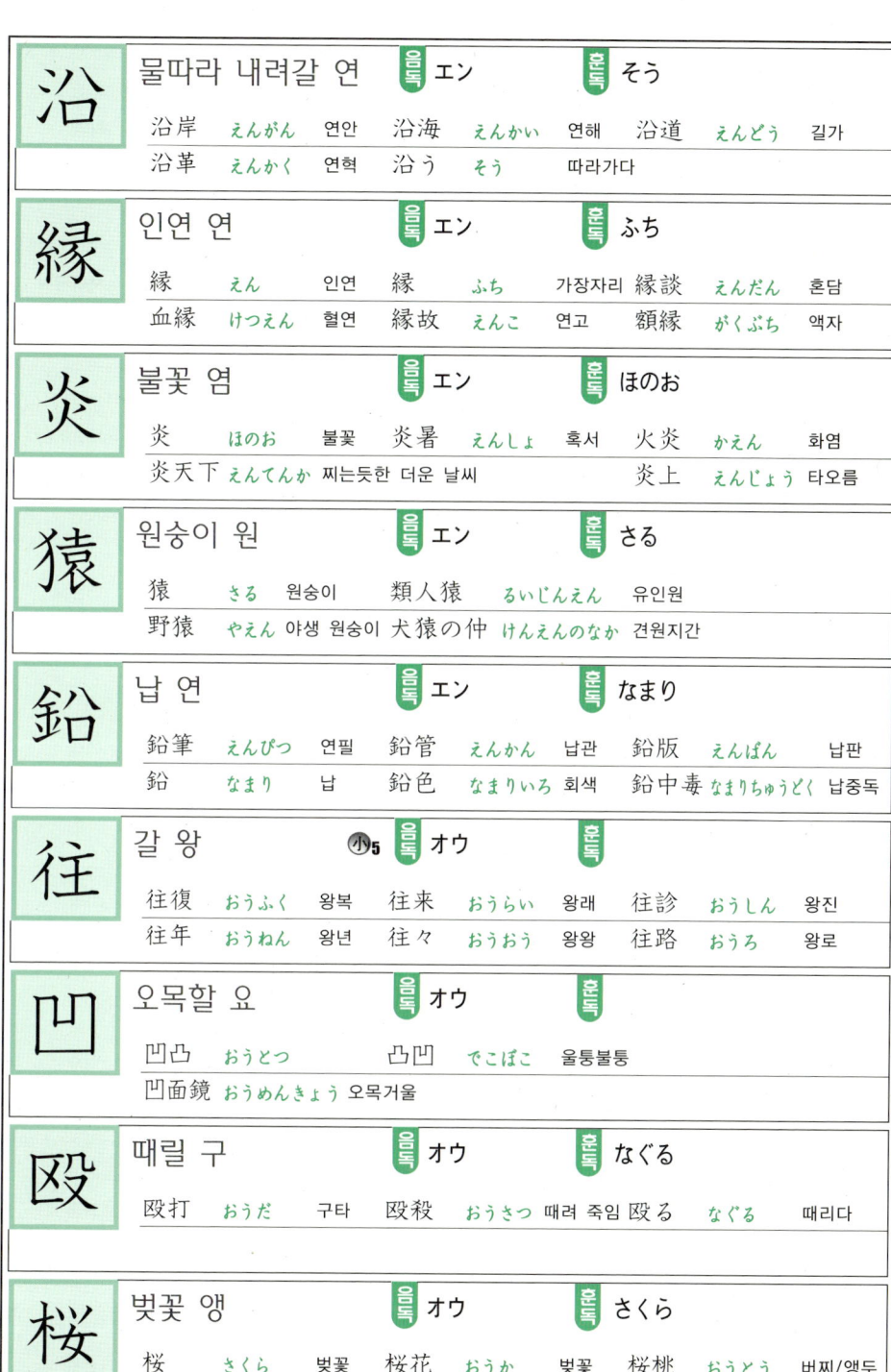

憶	생각할 억	음독 オク	훈독

追憶	ついおく	추억	憶測	おくそく	억측	記憶	きおく	기억
憶説	おくせつ	억설	記憶力	きおくりょく	기억력			

乙	새을	음독 オツ	훈독

乙女	おとめ	처녀	乙	おつ	을	乙女座	おとめざ	처녀자리
甲乙	こうおつ	갑을	乙だ	おつだ	특이하다			

卸	짐부릴 사	음독	훈독 おろす・おろし

卸売り	おろしうり	도매	卸し商	おろししょう	도매상	棚卸し	たなおろし	재고조사
卸し値段	おろしねだん	도매가격	卸し問屋	おろしどんや	도매상			

恩	은혜 은	음독 オン	훈독

恩	おん	은혜	恩人	おんじん	은인	恩恵	おんけい	은혜
報恩	ほうおん	보은	恩情	おんじょう	온정	謝恩会	しゃおんかい	사은회

穏	온화할 온	음독 オン	훈독 おだやかだ

穏和	おんわ	온화	平穏	へいおん	평온	穏健	おんけん	온건
穏便	おんびん	모나지 않음	穏やかだ	おだやかだ	온화하다			

佳	아름다울 가	음독 カ	훈독

佳人	かじん	가인	佳境	かきょう	가경	佳作	かさく	가작
絶佳	ぜっか	뛰어나게 아름다움						

架	걸칠 가	음독 カ	훈독 かける・かかる

架設	かせつ	가설	架橋	かきょう	가교	架空	かくう	가공
書架	しょか	서가	架ける	かける	걸치다			

渦	소용돌이 와	음독 カ	훈독 うず

渦	うず	소용돌이	渦巻き	うずまき	소용돌이	渦中	かちゅう	와중
渦巻く	うずまく	소용돌이치다	渦潮	うずしお	소용돌이 치는 조수			

嫁	시집갈 가	음독 カ	훈독 よめ・とつぐ

嫁	よめ	며느리	嫁入り	よめいり	시집감	花嫁	はなよめ	신부
責任転嫁	せきにんてんか	책임전가	嫁ぐ	とつぐ	시집가다			

稼	농사 가	음독 カ	훈독 かせぐ

稼業　かぎょう　직업　　稼働　かどう　가동　　稼働率　かどうりつ　가동율

出稼ぎ　でかせぎ　멀리 나가 돈벌이함　　　　稼ぐ　かせぐ　돈벌다

寡	적을 과	음독 カ	훈독

寡黙　かもく　과묵　　寡婦　かふ　과부　　多寡　たか　다소(많고 적음)

衆寡　しゅうか　중과(다수와 소수)

箇	낱 개	음독 カ	훈독

箇所　かしょ　장소　　箇条書き　かじょうがき　조목별로 씀

華	화려할 화	음독 カ・ケ	훈독 はなやかだ

華美　かび　화려　　栄華　えいが　영화　　散華　さんげ　산화

華やかだ　はなやかだ　화려하다

暇	한가할 가	음독 カ	훈독 ひま

暇　ひま　틈/여가　　休暇　きゅうか　휴가　　余暇　よか　여가

寸暇　すんか　짧은 짬　　閑暇　かんか　한가한 틈

禍	화 화	음독 カ	훈독

禍福　かふく　화복　　災禍　さいか　재화　　禍根　かこん　화근

舌禍　ぜっか　구설수

蚊	모기 문	음독 カ	훈독

蚊　か　모기　　蚊帳　かや　모기장

蚊取り線香　かとりせんこう　모기향

我	나 아	음독 ガ	훈독 われ・わ

我　われ　나　　我々　われわれ　우리　我が国　わがくに　우리나라

自我　じが　자아　　無我夢中　むがむちゅう　어떤 일에 열중하는 것

賀	하례할 하	小5 음독 ガ	훈독

年賀　ねんが　연하　　年賀状　ねんがじょう　연하장　祝賀　しゅくが　축하

謹賀新年　きんがしんねん　근하신년　慶賀　けいが　연하장에 쓰는 말

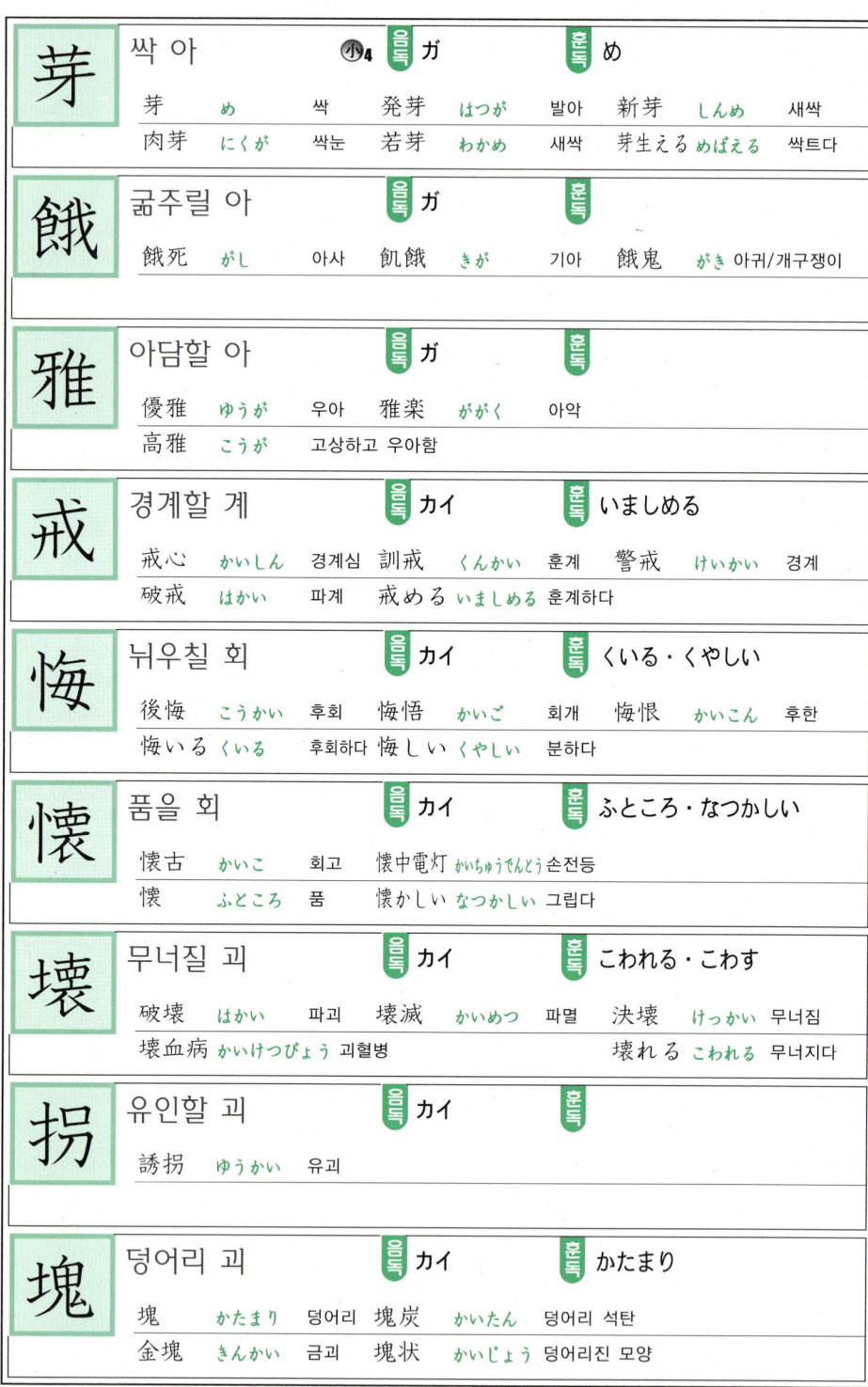

芽	싹 아	小4	음독 ガ		훈독 め		
	芽	め	싹	発芽	はつが	발아	新芽 しんめ 새싹
	肉芽	にくが	싹눈	若芽	わかめ	새싹	芽生える めばえる 싹트다

餓	굶주릴 아		음독 ガ		훈독		
	餓死	がし	아사	飢餓	きが	기아	餓鬼 がき 아귀/개구쟁이

雅	아담할 아		음독 ガ		훈독		
	優雅	ゆうが	우아	雅楽	ががく	아악	
	高雅	こうが	고상하고 우아함				

戒	경계할 계		음독 カイ		훈독 いましめる		
	戒心	かいしん	경계심	訓戒	くんかい	훈계	警戒 けいかい 경계
	破戒	はかい	파계	戒める	いましめる	훈계하다	

悔	뉘우칠 회		음독 カイ		훈독 くいる・くやしい		
	後悔	こうかい	후회	悔悟	かいご	회개	悔恨 かいこん 후한
	悔いる	くいる	후회하다	悔しい	くやしい	분하다	

懐	품을 회		음독 カイ		훈독 ふところ・なつかしい		
	懐古	かいこ	회고	懐中電灯	かいちゅうでんとう	손전등	
	懐	ふところ	품	懐かしい	なつかしい	그립다	

壊	무너질 괴		음독 カイ		훈독 こわれる・こわす		
	破壊	はかい	파괴	壊滅	かいめつ	파멸	決壊 けっかい 무너짐
	壊血病	かいけつびょう	괴혈병		壊れる	こわれる	무너지다

拐	유인할 괴		음독 カイ		훈독		
	誘拐	ゆうかい	유괴				

塊	덩어리 괴		음독 カイ		훈독 かたまり		
	塊	かたまり	덩어리	塊炭	かいたん	덩어리 석탄	
	金塊	きんかい	금괴	塊状	かいじょう	덩어리진 모양	

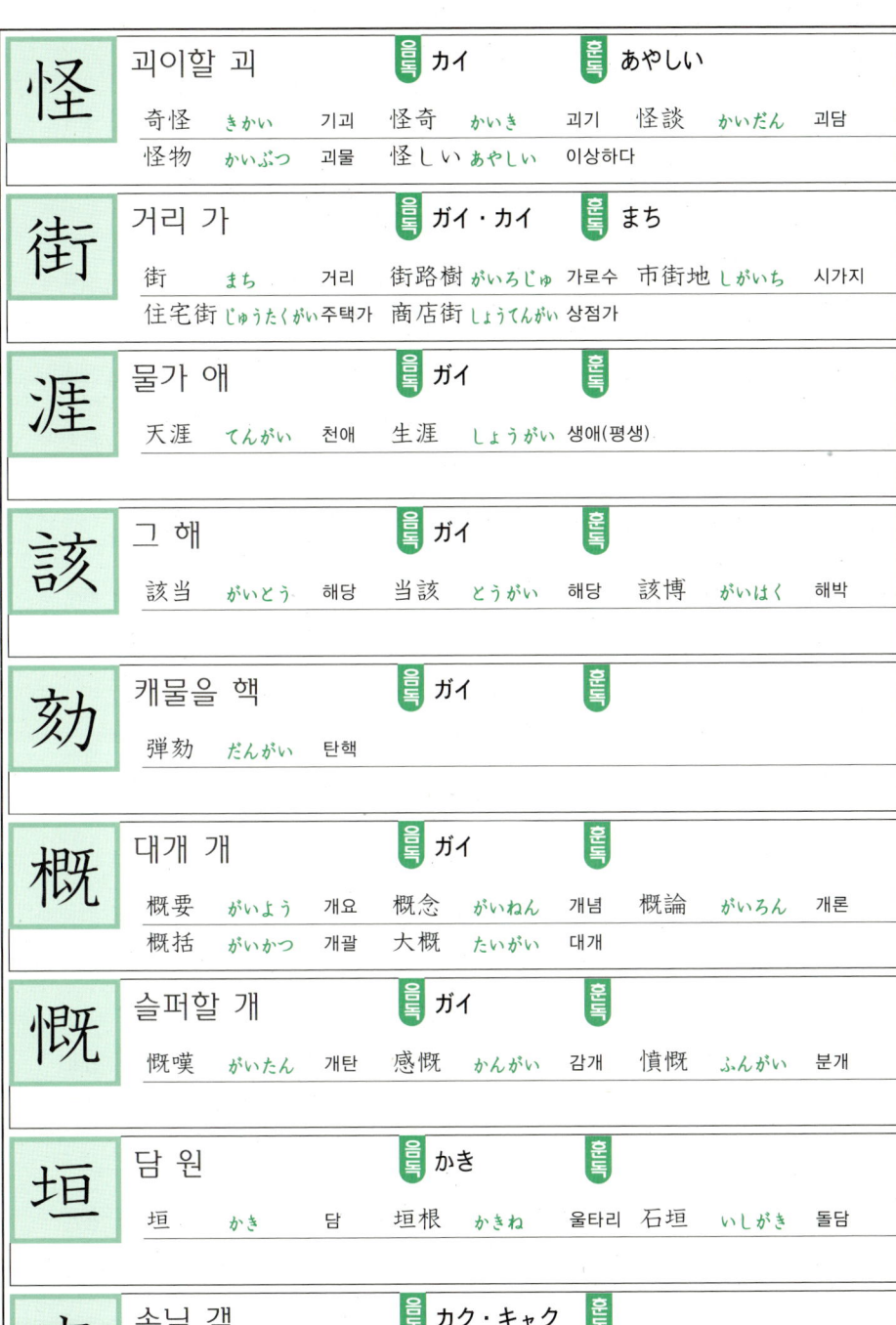

怪	괴이할 괴	음독 カイ	훈독 あやしい				
	奇怪 きかい 기괴	怪奇 かいき 괴기	怪談 かいだん 괴담				
	怪物 かいぶつ 괴물	怪しい あやしい 이상하다					

街	거리 가	음독 ガイ・カイ	훈독 まち				
	街 まち 거리	街路樹 がいろじゅ 가로수	市街地 しがいち 시가지				
	住宅街 じゅうたくがい 주택가	商店街 しょうてんがい 상점가					

涯	물가 애	음독 ガイ	훈독				
	天涯 てんがい 천애	生涯 しょうがい 생애(평생)					

該	그 해	음독 ガイ	훈독				
	該当 がいとう 해당	当該 とうがい 해당	該博 がいはく 해박				

劾	캐물을 핵	음독 ガイ	훈독				
	弾劾 だんがい 탄핵						

概	대개 개	음독 ガイ	훈독				
	概要 がいよう 개요	概念 がいねん 개념	概論 がいろん 개론				
	概括 がいかつ 개괄	大概 たいがい 대개					

慨	슬퍼할 개	음독 ガイ	훈독				
	慨嘆 がいたん 개탄	感慨 かんがい 감개	憤慨 ふんがい 분개				

垣	담 원	음독 かき	훈독				
	垣 かき 담	垣根 かきね 울타리	石垣 いしがき 돌담				

客	손님 객	음독 カク・キャク	훈독				
	お客さん おきゃくさん 손님	旅客 りょかく 여객	主客 しゅかく 주객				
	観客 かんきゃく 관객	乗客 じょうきゃく 승객	旅客船 りょかくせん 여객선				

閣	누각 각	음독 カク	훈독

内閣 ないかく 내각　入閣 にゅうかく 입각　組閣 そかく 조각

閣僚 かくりょう 각료

隔	막힐 격	음독 カク	훈독 へだてる

間隔 かんかく 간격　隔月 かくげつ 격월　隔離 かくり 격리

隔週 かくしゅう 격주　隔てる へだてる 사이를 떼다

核	씨 핵	음독 カク	훈독

核 かく 핵　核心 かくしん 핵심　核武器 かくぶき 핵무기

核分裂 かくぶんれつ 핵분열　核反応 かくはんのう 핵반응

郭	외성 곽	음독 カク	훈독

輪郭 りんかく 윤곽　外郭 がいかく 외곽　城郭 じょうかく 성곽

獲	얻을 획	음독 カク	훈독 える

獲得 かくとく 획득　捕獲 ほかく 포획　漁獲 ぎょかく 어획

獲物 えもの 사냥감　獲る える 획득하다

穫	거둘 확	음독 カク	훈독

収穫 しゅうかく 수확

殻	껍질 각	음독 カク	훈독 から

殻 から 껍질　地殻 ちかく 지각　甲殻 こうかく 갑각

貝殻 かいがら 조개껍질　甲殻類 こうかくるい 갑각류

岳	큰산 악	음독 ガク	훈독 たけ

岳 たけ 높은 산　山岳 さんがく 산악　岳父 がくふ 장인

掛	걸 괘	음독	훈독 かける・かかる

掛け図 かけず 괘도　掛け軸 かけじく 족자　掛かる かかる 걸리다

潟	개펄 석	음독	훈독 かた

潟 かた 개펄　干潟 ひがた 간석지　~潟 ~かた ~만

括	쌀 괄	음독 カツ	훈독

概括 がいかつ 개괄　一括 いっかつ 일괄　総括 そうかつ 총괄
包括 ほうかつ 포괄

滑	미끄러질 활	음독 カツ	훈독 すべる・なめらかだ

円滑 えんかつ 원활　滑走路 かっそうろ 활주로　潤滑油 じゅんかつゆ 윤활유
滑る すべる 미끄러지다　滑らかだ なめらかだ

渇	목마를 갈	음독 カツ	훈독 かわく

渇望 かつぼう 갈망　枯渇 こかつ 고갈　渇水 かっすい 갈수
渇く かわく 목마르다

喝	꾸짖을 갈	음독 カツ	훈독

一喝 いっかつ 일갈　恐喝 きょうかつ 공갈　喝破 かっぱ 갈파

褐	굵은 베옷 갈	음독 カツ	훈독

褐色 かっしょく 갈색　茶褐色 ちゃかっしょく 다갈색

轄	다스릴 할	음독 カツ	훈독

統轄 とうかつ 통할　管轄 かんかつ 관할　所轄 しょかつ 관할
直轄 ちょっかつ 직할

株	그루 주	음독	훈독 かぶ

株 かぶ 그루터기　株式 かぶしき 주식　株主 かぶぬし 주주
株券 かぶけん 주권　切り株 きりかぶ 그루터기

刈	풀벨 예	음독	훈독 かる

草刈り くさかり 풀베기　刈り入れ かりいれ 추수　刈る かる 베다
丸刈り まるがり 머리를 짧게 깎음

缶	두레박 관	음독 カン	훈독

缶　かん　깡통　　缶詰　かんづめ　통조림　　空き缶　あきかん　빈 깡통

患	근심 환	음독 カン	훈독 わずらう

患者　かんじゃ　환자　　患部　かんぶ　환부　　疾患　しっかん　질환
急患　きゅうかん　급병에 걸린 환자　　　　患う　わずらう　병이 나다

閑	한가할 한	음독 カン	훈독

閑散　かんさん　한산　　閑寂　かんじゃく　한적　　閑談　かんだん　여담
農閑期　のうかんき　농한기

幹	줄기 간	小5　음독 カン	훈독 みき

幹　みき　줄기　　幹事　かんじ　간사　　幹部　かんぶ　간부
語幹　ごかん　어간　　編集主幹　へんしゅうしゅかん　편집주간　新幹線　しんかんせん　신칸센

勧	권할 권	小6　음독 カン	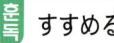훈독 すすめる

勧告　かんこく　권고　　勧誘　かんゆう　권유　　勧奨　かんしょう　권장
勧業　かんぎょう　권업　　勧める　すすめる　권유하다

歓	기뻐할 환	小5　음독 カン	훈독

歓声　かんせい　환성　　歓待　かんたい　환대　　歓迎　かんげい　환영
歓迎会　かんげいかい　환영회　　歓送会　かんそうかい　환송회　　歓談　かんだん　환담

喚	부를 환	음독 カン	훈독

喚問　かんもん　환문　　喚起　かんき　환기　　召喚　しょうかん　소환

勘	헤아릴 감	음독 カン	훈독

勘定　かんじょう　계산　　勘案　かんあん　감안　　勘当　かんどう　의절
勘弁　かんべん　용서함

冠	갓 관	음독 カン	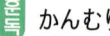훈독 かんむり

冠　かんむり　관　　栄冠　えいかん　영예의 관
冠詞　かんし　관사　　弱冠　じゃっかん　약관(20세)

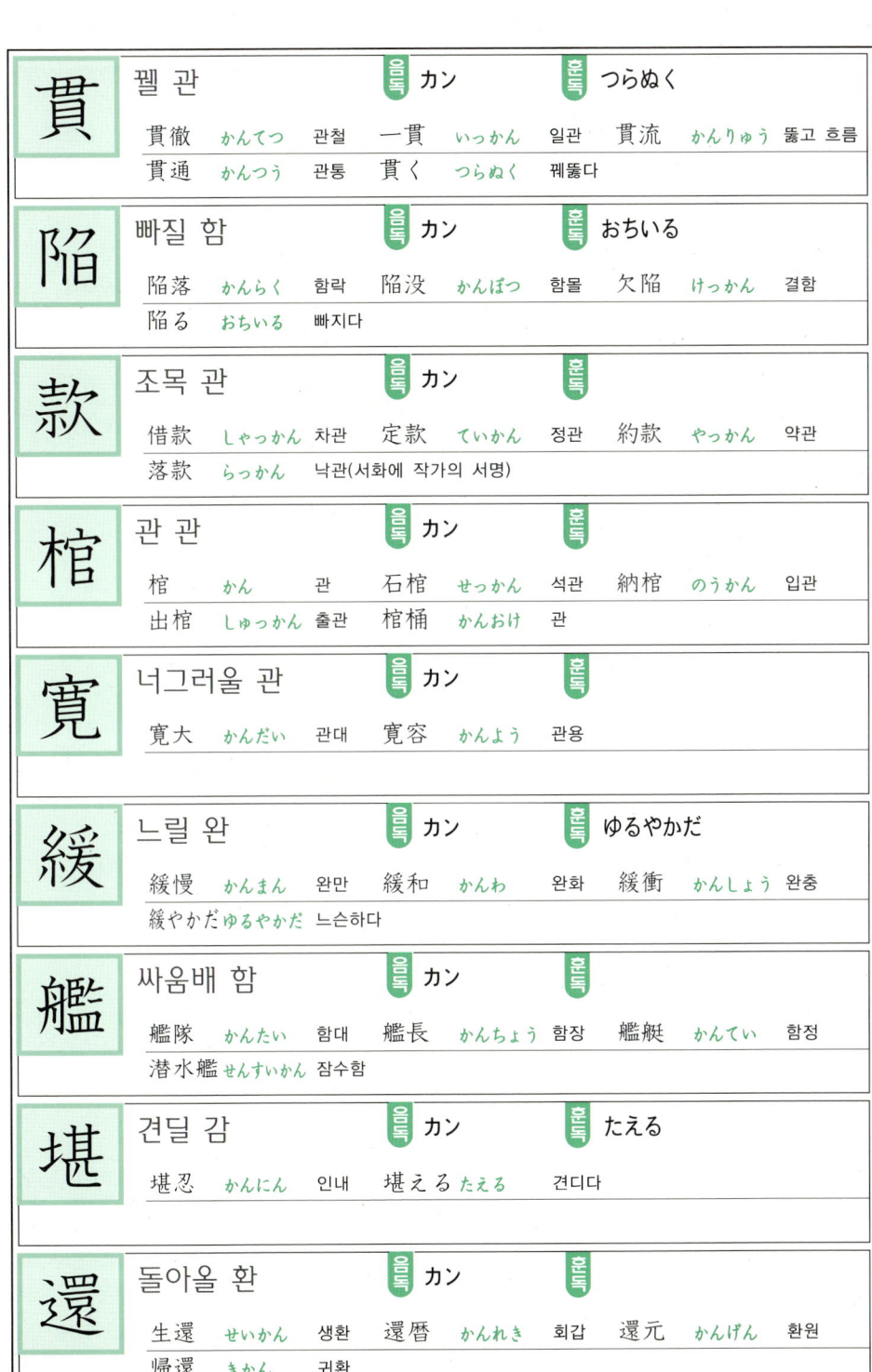

貫	꿸 관	음독 カン	훈독 つらぬく
	貫徹 かんてつ 관철	一貫 いっかん 일관	貫流 かんりゅう 뚫고 흐름
	貫通 かんつう 관통	貫く つらぬく 꿰뚫다	

陷	빠질 함	음독 カン	훈독 おちいる
	陷落 かんらく 함락	陷没 かんぼつ 함몰	欠陷 けっかん 결함
	陷る おちいる 빠지다		

款	조목 관	음독 カン	훈독
	借款 しゃっかん 차관	定款 ていかん 정관	約款 やっかん 약관
	落款 らっかん 낙관(서화에 작가의 서명)		

棺	관 관	음독 カン	훈독
	棺 かん 관	石棺 せっかん 석관	納棺 のうかん 입관
	出棺 しゅっかん 출관	棺桶 かんおけ 관	

寬	너그러울 관	음독 カン	훈독
	寬大 かんだい 관대	寬容 かんよう 관용	

緩	느릴 완	음독 カン	훈독 ゆるやかだ
	緩慢 かんまん 완만	緩和 かんわ 완화	緩衝 かんしょう 완충
	緩やかだ ゆるやかだ 느슨하다		

艦	싸움배 함	음독 カン	훈독
	艦隊 かんたい 함대	艦長 かんちょう 함장	艦艇 かんてい 함정
	潜水艦 せんすいかん 잠수함		

堪	견딜 감	음독 カン	훈독 たえる
	堪忍 かんにん 인내	堪える たえる 견디다	

還	돌아올 환	음독 カン	훈독
	生還 せいかん 생환	還暦 かんれき 회갑	還元 かんげん 환원
	帰還 きかん 귀환		

1급

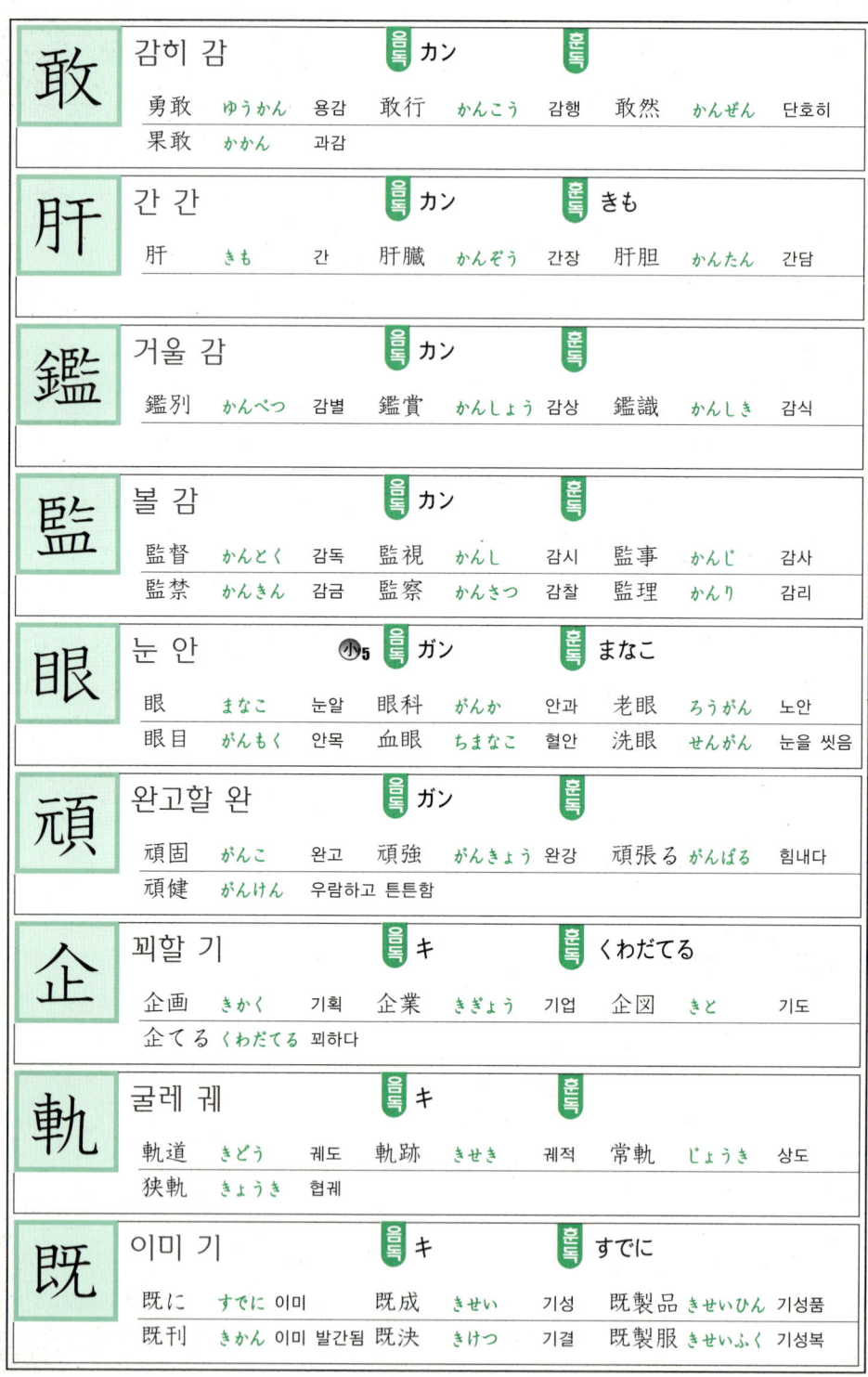

敢	감히 감	음독 カン	훈독			
	勇敢 ゆうかん 용감	敢行 かんこう 감행	敢然 かんぜん 단호히			
	果敢 かかん 과감					

肝	간 간	음독 カン	훈독 きも			
	肝 きも 간	肝臓 かんぞう 간장	肝胆 かんたん 간담			

鑑	거울 감	음독 カン	훈독			
	鑑別 かんべつ 감별	鑑賞 かんしょう 감상	鑑識 かんしき 감식			

監	볼 감	음독 カン	훈독			
	監督 かんとく 감독	監視 かんし 감시	監事 かんじ 감사			
	監禁 かんきん 감금	監察 かんさつ 감찰	監理 かんり 감리			

眼	눈 안	小5 음독 ガン	훈독 まなこ			
	眼 まなこ 눈알	眼科 がんか 안과	老眼 ろうがん 노안			
	眼目 がんもく 안목	血眼 ちまなこ 혈안	洗眼 せんがん 눈을 씻음			

頑	완고할 완	음독 ガン	훈독			
	頑固 がんこ 완고	頑強 がんきょう 완강	頑張る がんばる 힘내다			
	頑健 がんけん 우람하고 튼튼함					

企	꾀할 기	음독 キ	훈독 くわだてる			
	企画 きかく 기획	企業 きぎょう 기업	企図 きと 기도			
	企てる くわだてる 꾀하다					

軌	굴레 궤	음독 キ	훈독			
	軌道 きどう 궤도	軌跡 きせき 궤적	常軌 じょうき 상도			
	狭軌 きょうき 협궤					

既	이미 기	음독 キ	훈독 すでに			
	既に すでに 이미	既成 きせい 기성	既製品 きせいひん 기성품			
	既刊 きかん 이미 발간됨	既決 きけつ 기결	既製服 きせいふく 기성복			

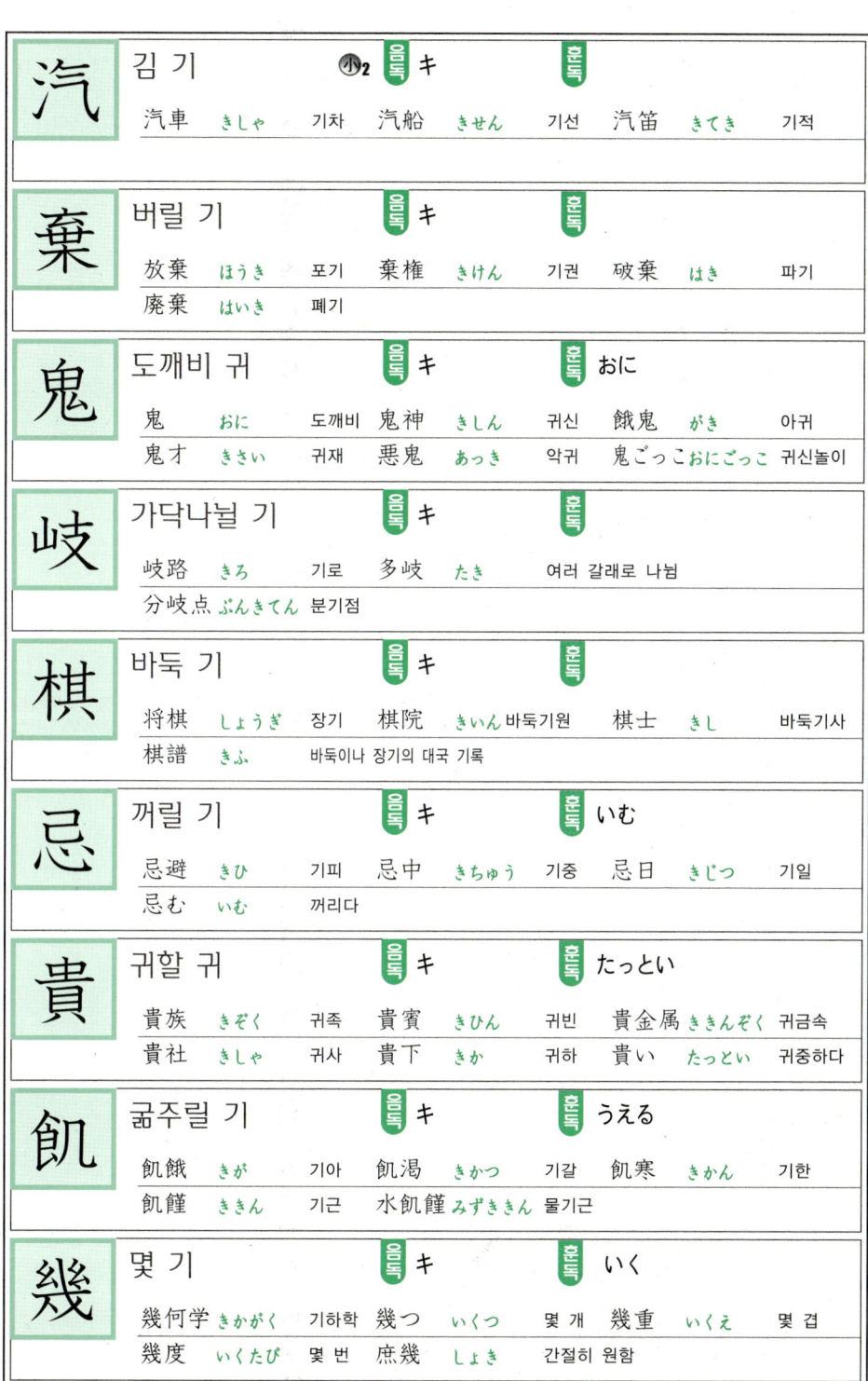

汽	김 기	小2	음독 キ	훈독	
	汽車 きしゃ 기차	汽船 きせん 기선	汽笛 きてき 기적		

棄	버릴 기		음독 キ	훈독	
	放棄 ほうき 포기	棄権 きけん 기권	破棄 はき 파기		
	廃棄 はいき 폐기				

鬼	도깨비 귀		음독 キ	훈독 おに	
	鬼 おに 도깨비	鬼神 きしん 귀신	餓鬼 がき 아귀		
	鬼才 きさい 귀재	悪鬼 あっき 악귀	鬼ごっこ おにごっこ 귀신놀이		

岐	가닥나뉠 기		음독 キ	훈독	
	岐路 きろ 기로	多岐 たき 여러 갈래로 나뉨			
	分岐点 ぶんきてん 분기점				

棋	바둑 기		음독 キ	훈독	
	将棋 しょうぎ 장기	棋院 きいん 바둑기원	棋士 きし 바둑기사		
	棋譜 きふ 바둑이나 장기의 대국 기록				

忌	꺼릴 기		음독 キ	훈독 いむ	
	忌避 きひ 기피	忌中 きちゅう 기중	忌日 きじつ 기일		
	忌む いむ 꺼리다				

貴	귀할 귀		음독 キ	훈독 たっとい	
	貴族 きぞく 귀족	貴賓 きひん 귀빈	貴金属 ききんぞく 귀금속		
	貴社 きしゃ 귀사	貴下 きか 귀하	貴い たっとい 귀중하다		

飢	굶주릴 기		음독 キ	훈독 うえる	
	飢餓 きが 기아	飢渇 きかつ 기갈	飢寒 きかん 기한		
	飢饉 ききん 기근	水飢饉 みずききん 물기근			

幾	몇 기		음독 キ	훈독 いく	
	幾何学 きかがく 기하학	幾つ いくつ 몇 개	幾重 いくえ 몇 겹		
	幾度 いくたび 몇 번	庶幾 しょき 간절히 원함			

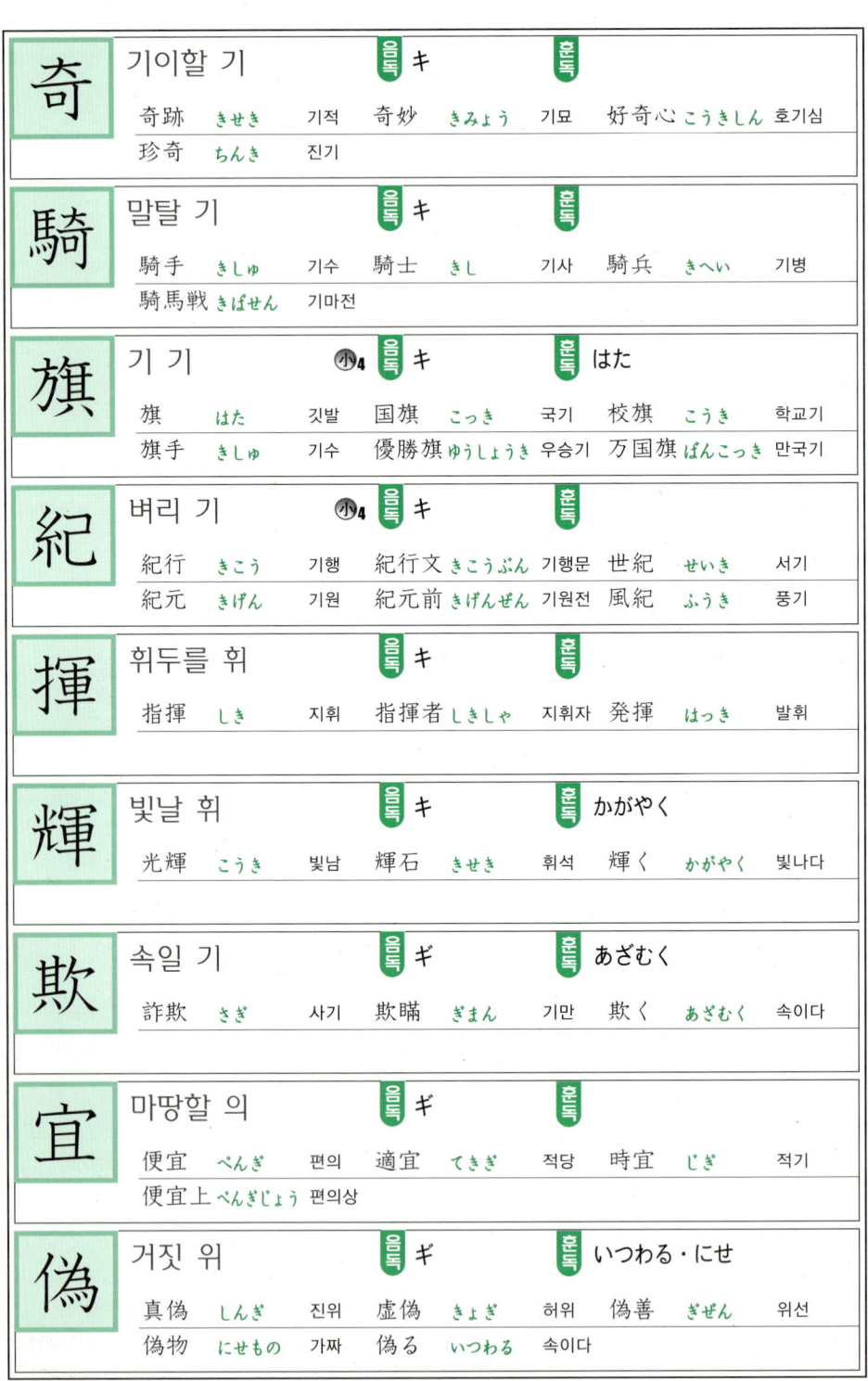

奇	기이할 기	음독 キ	훈독				
	奇跡 きせき 기적	奇妙 きみょう 기묘	好奇心 こうきしん 호기심				
	珍奇 ちんき 진기						

騎	말탈 기	음독 キ	훈독				
	騎手 きしゅ 기수	騎士 きし 기사	騎兵 きへい 기병				
	騎馬戦 きばせん 기마전						

旗	기 기 小4	음독 キ	훈독 はた				
	旗 はた 깃발	国旗 こっき 국기	校旗 こうき 학교기				
	旗手 きしゅ 기수	優勝旗 ゆうしょうき 우승기	万国旗 ばんこっき 만국기				

紀	벼리 기 小4	음독 キ	훈독				
	紀行 きこう 기행	紀行文 きこうぶん 기행문	世紀 せいき 서기				
	紀元 きげん 기원	紀元前 きげんぜん 기원전	風紀 ふうき 풍기				

揮	휘두를 휘	음독 キ	훈독				
	指揮 しき 지휘	指揮者 しきしゃ 지휘자	発揮 はっき 발휘				

輝	빛날 휘	음독 キ	훈독 かがやく				
	光輝 こうき 빛남	輝石 きせき 휘석	輝く かがやく 빛나다				

欺	속일 기	음독 ギ	훈독 あざむく				
	詐欺 さぎ 사기	欺瞞 ぎまん 기만	欺く あざむく 속이다				

宜	마땅할 의	음독 ギ	훈독				
	便宜 べんぎ 편의	適宜 てきぎ 적당	時宜 じぎ 적기				
	便宜上 べんぎじょう 편의상						

偽	거짓 위	음독 ギ	훈독 いつわる・にせ				
	真偽 しんぎ 진위	虚偽 きょぎ 허위	偽善 ぎぜん 위선				
	偽物 にせもの 가짜	偽る いつわる 속이다					

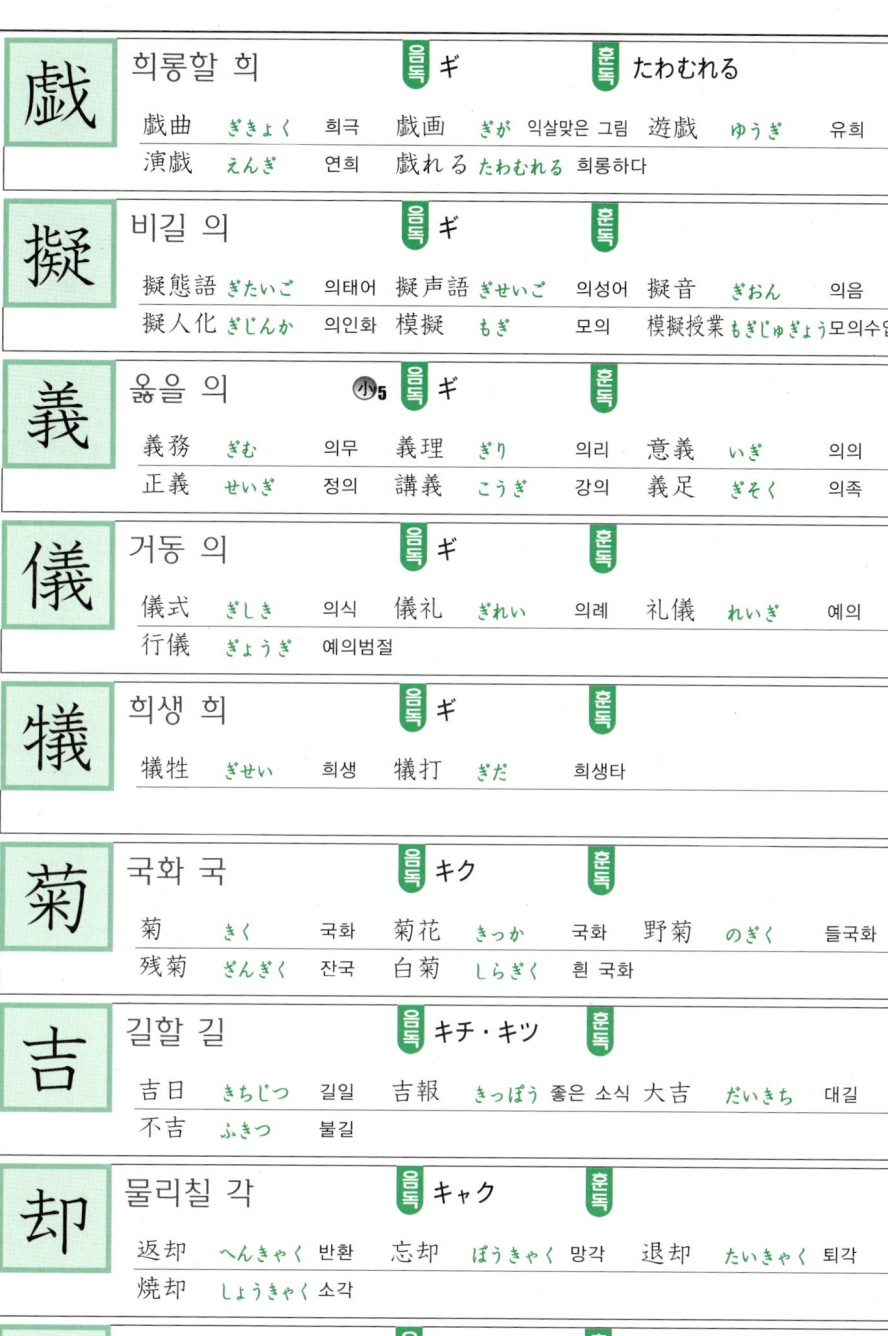

戯	희롱할 희	음독 ギ		훈독 たわむれる		
	戯曲 ぎきょく 희곡	戯画 ぎが 익살맞은 그림		遊戯 ゆうぎ 유희		
	演戯 えんぎ 연희	戯れる たわむれる 희롱하다				

擬	비길 의	음독 ギ		훈독		
	擬態語 ぎたいご 의태어	擬声語 ぎせいご 의성어	擬音 ぎおん 의음			
	擬人化 ぎじんか 의인화	模擬 もぎ 모의	模擬授業 もぎじゅぎょう 모의수업			

義	옳을 의　小5	음독 ギ		훈독		
	義務 ぎむ 의무	義理 ぎり 의리	意義 いぎ 의의			
	正義 せいぎ 정의	講義 こうぎ 강의	義足 ぎそく 의족			

儀	거동 의	음독 ギ		훈독		
	儀式 ぎしき 의식	儀礼 ぎれい 의례	礼儀 れいぎ 예의			
	行儀 ぎょうぎ 예의범절					

犠	희생 희	음독 ギ		훈독		
	犠牲 ぎせい 희생	犠打 ぎだ 희생타				

菊	국화 국	음독 キク		훈독		
	菊 きく 국화	菊花 きっか 국화	野菊 のぎく 들국화			
	残菊 ざんぎく 잔국	白菊 しらぎく 흰 국화				

吉	길할 길	음독 キチ・キツ		훈독		
	吉日 きちじつ 길일	吉報 きっぽう 좋은 소식	大吉 だいきち 대길			
	不吉 ふきつ 불길					

却	물리칠 각	음독 キャク		훈독		
	返却 へんきゃく 반환	忘却 ぼうきゃく 망각	退却 たいきゃく 퇴각			
	焼却 しょうきゃく 소각					

虐	사나울 학	음독 ギャク		훈독 しいたげる		
	虐待 ぎゃくたい 학대	残虐 ざんぎゃく 잔학	虐殺 ぎゃくさつ 학살			
	暴虐 ぼうぎゃく 포학	虐げる しいたげる 학대하다				

1급

일본어 상용한자 1945

丘	언덕 구	음독 キュウ	훈독 おか
	丘 おか 언덕	丘陵 きゅうりょう 구릉	砂丘 さきゅう 사구

弓	활 궁	음독 キュウ	훈독 ゆみ
	弓 ゆみ 활	弓道 きゅうどう 궁도	弓術 きゅうじゅつ 궁술
	弓形 ゆみがた 활모양	弓道場 きゅうどうじょう 궁도장	

宮	집 궁	음독 キュウ・グウ	훈독 みや
	宮 みや 신사	宮殿 きゅうでん 궁전	龍宮城 りゅうぐうじょう 용궁
	神宮 じんぐう 신궁(신사)	宮内庁 くないちょう 황실의 사무를 맡아보는 관청	

朽	썩을 후	음독 キュウ	훈독 くちる
	不朽 ふきゅう 불후	老朽 ろうきゅう 노후	朽ちる くちる 썩다

窮	궁할 궁	음독 キュウ	훈독 きわめる
	窮地 きゅうち 궁지	窮屈 きゅうくつ 거북함	窮乏 きゅうぼう 궁핍
	困窮 こんきゅう 곤궁	窮める きわめる 한도에 이르다	

及	미칠 급	음독 キュウ	훈독 およぶ・およぼす
	追求 ついきゅう 추구	普及 ふきゅう 보급	波及 はきゅう 파급
	及第 きゅうだい 급제	及ぶ およぶ 미치다	及ぼす およぼす 미치게 하다

糾	맺힐 규	음독 キュウ	훈독
	糾明 きゅうめい 규명	紛糾 ふんきゅう 분규	糾弾 きゅうだん 규탄
	糾問 きゅうもん 날카롭게 따져 물음		

距	거리 거	음독 キョ	훈독
	距離 きょり 거리		

虚	빌 허	음독 キョ	훈독
	虚栄 きょえい 허영	虚栄心 きょえいしん 허영심	虚礼 きょれい 허례
	空虚 くうきょ 공허	虚心 きょしん 빈 마음	

挙	들 거	음독 キョ	훈독 あげる・あがる

挙手 きょしゅ 거수　挙動 きょどう 거동　選挙 せんきょ 선거
挙行 きょこう 거행　挙げる あげる 들다

拠	의지할 거	음독 キョ・コ	훈독

根拠 こんきょ 근거　論拠 ろんきょ 논거　準拠 じゅんきょ 준거
証拠 しょうこ 증거

拒	막을 거	음독 キョ	훈독 こばむ

拒絶 きょぜつ 거절　拒否 きょひ 거부　拒否権 きょひけん 거부권
拒む こばむ 거절하다

凶	흉할 흉	음독 キョウ	훈독

凶器 きょうき 흉기　凶作 きょうさく 흉작　凶悪 きょうあく 흉악
吉凶 きっきょう 길흉

狂	미칠 광	음독 キュウ	훈독 くるう

狂乱 きょうらん 광란　狂喜 きょうき 광희　狂気 きょうき 광기
熱狂 ねっきょう 열광　発狂 はっきょう 발광　狂う くるう 미치다

驚	놀랄 경	음독 キョウ	훈독 おどろく

驚異 きょうい 경이　驚嘆 きょうたん 경탄　驚く おどろく 놀라다
一驚 いっきょう 깜짝 놀람

享	누릴 향	음독 キョウ	훈독

享受 きょうじゅ 누림　享有 きょうゆう 향유　享楽 きょうらく 향락
享年 きょうねん 향년(죽었을 때의 나이)

響	울릴 향	음독 キョウ	훈독 ひびく

影響 えいきょう 영향　音響 おんきょう 음향　反響 はんきょう 반향
交響 こうきょう 교향　交響曲 こうきょうきょく 교향곡　響く ひびく 울리다

脅	으를 협	음독 キョウ	훈독 おどかす

脅迫 きょうはく 협박　脅威 きょうい 위협　脅かす おどがす 협박하다
脅し文句 おどしもんく 협박문

郷	시골 향	음독 キョウ・ゴウ	훈독

郷里 きょうり 고향　郷土 きょうど 향토　帰郷 ききょう 귀향

郷土料理 きょうどりょうり 향토요리　水郷 すいごう 물의 경치가 좋아 이름난 곳

恭	공손할 공	음독 キョウ	훈독

恭賀 きょうが 근하　恭順 きょうじゅん 고분히 명령을 따름

恭賀新年 きょうがしんねん 공하신년

鏡	거울 경 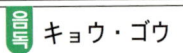	음독 キョウ	훈독 かがみ

鏡 かがみ 거울　鏡台 きょうだい 경대　手鏡 てかがみ 손거울

望遠鏡 ぼうえんきょう 망원경　反射鏡 はんしゃきょう 반사경

峡	골짜기 협	음독 キョウ	훈독

峡谷 きょうこく 협곡　海峡 かいきょう 해협　地峡 ちきょう 지협

矯	바로잡을 교	음독 キョウ	훈독 ためる

矯正 きょうせい 교정　奇矯 ききょう 기교　矯める ためる 바로잡다

凝	엉길 응	음독 ギョウ	훈독 こる・こらす

凝固 ぎょうこ 응고　凝視 ぎょうし 응시　凝集 ぎょうしゅう 응집

凝血 ぎょうけつ 응혈　凝る こる 엉기다　凝らす こらす 엉기게 하다

暁	새벽 효	음독 ギョウ	훈독 あかつき

暁 あかつき 새벽　暁鐘 ぎょうしょう 새벽종　暁星 ぎょうせい 샛별

暁天 ぎょうてん 새벽 하늘　払暁 ふつぎょう 새벽녘

仰	우러를 앙	음독 ギョウ・ゴウ	훈독 あおぐ

仰天 ぎょうてん 몹시 놀람　仰視 ぎょうし 우러러봄　仰角 ぎょうかく 올려본 각

信仰 しんこう 신앙　仰ぐ あおぐ 우러르다

斤	근 근	음독 キン	훈독

斤 きん 근　一斤 いっきん 한 근　斤量 きんりょう 근량

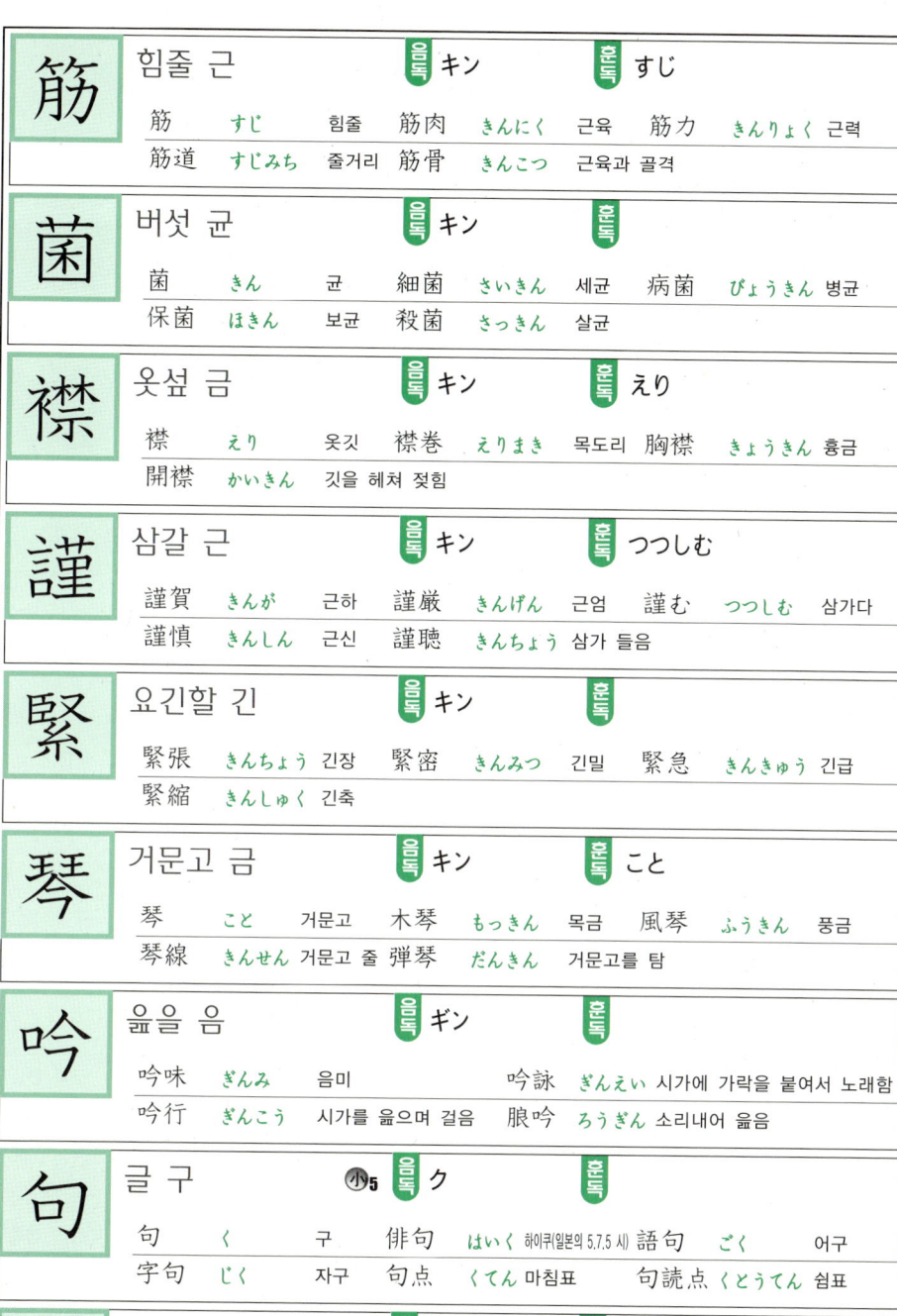

筋	힘줄 근	음독 キン		훈독 すじ
	筋 すじ 힘줄	筋肉 きんにく 근육	筋力 きんりょく 근력	
	筋道 すじみち 줄거리	筋骨 きんこつ 근육과 골격		

菌	버섯 균	음독 キン		훈독
	菌 きん 균	細菌 さいきん 세균	病菌 びょうきん 병균	
	保菌 ほきん 보균	殺菌 さっきん 살균		

襟	옷섶 금	음독 キン		훈독 えり
	襟 えり 옷깃	襟巻 えりまき 목도리	胸襟 きょうきん 흉금	
	開襟 かいきん 깃을 헤쳐 젖힘			

謹	삼갈 근	음독 キン		훈독 つつしむ
	謹賀 きんが 근하	謹厳 きんげん 근엄	謹む つつしむ 삼가다	
	謹慎 きんしん 근신	謹聴 きんちょう 삼가 들음		

緊	요긴할 긴	음독 キン		훈독
	緊張 きんちょう 긴장	緊密 きんみつ 긴밀	緊急 きんきゅう 긴급	
	緊縮 きんしゅく 긴축			

琴	거문고 금	음독 キン		훈독 こと
	琴 こと 거문고	木琴 もっきん 목금	風琴 ふうきん 풍금	
	琴線 きんせん 거문고 줄	弾琴 だんきん 거문고를 탐		

吟	읊을 음	음독 ギン		훈독
	吟味 ぎんみ 음미	吟詠 ぎんえい 시가에 가락을 붙여서 노래함		
	吟行 ぎんこう 시가를 읊으며 걸음	朗吟 ろうぎん 소리내어 읊음		

句	글 구	小5 음독 ク		훈독
	句 く 구	俳句 はいく 하이쿠(일본의 5,7,5 시)	語句 ごく 어구	
	字句 じく 자구	句点 くてん 마침표	句読点 くとうてん 쉼표	

駆	몰 구	음독 ク		훈독 かける
	駆使 くし 구사	駆除 くじょ 구제	駆虫剤 くちゅうざい 구충제	
	先駆者 せんくしゃ 선구자	駆ける かける 달리다		

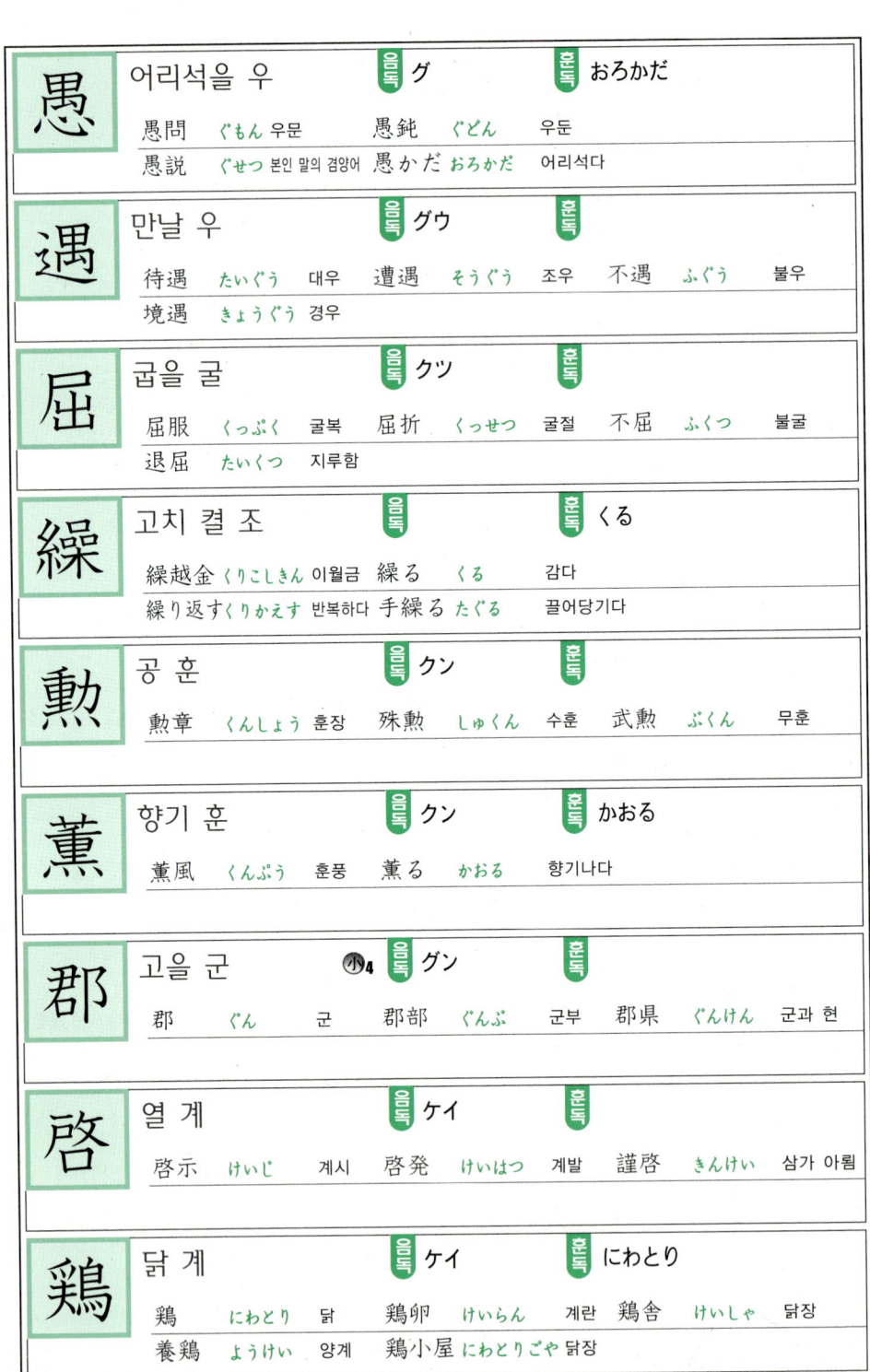

愚	어리석을 우	음독 グ	훈독 おろかだ
	愚問　ぐもん　우문	愚鈍　ぐどん　우둔	
	愚説　ぐせつ　본인 말의 겸양어	愚かだ　おろかだ　어리석다	

遇	만날 우	음독 グウ	훈독
	待遇　たいぐう　대우	遭遇　そうぐう　조우	不遇　ふぐう　불우
	境遇　きょうぐう　경우		

屈	굽을 굴	음독 クツ	훈독
	屈服　くっぷく　굴복	屈折　くっせつ　굴절	不屈　ふくつ　불굴
	退屈　たいくつ　지루함		

繰	고치 켤 조	음독	훈독 くる
	繰越金　くりこしきん　이월금	繰る　くる　감다	
	繰り返す　くりかえす　반복하다	手繰る　たぐる　끌어당기다	

勲	공 훈	음독 クン	훈독
	勲章　くんしょう　훈장	殊勲　しゅくん　수훈	武勲　ぶくん　무훈

薫	향기 훈	음독 クン	훈독 かおる
	薫風　くんぷう　훈풍	薫る　かおる　향기나다	

郡	고을 군	小4　음독 グン	훈독
	郡　ぐん　군	郡部　ぐんぶ　군부	郡県　ぐんけん　군과 현

啓	열 계	음독 ケイ	훈독
	啓示　けいじ　계시	啓発　けいはつ　계발	謹啓　きんけい　삼가 아룀

鶏	닭 계	음독 ケイ	훈독 にわとり
	鶏　にわとり　닭	鶏卵　けいらん　계란	鶏舎　けいしゃ　닭장
	養鶏　ようけい　양계	鶏小屋　にわとりごや　닭장	

径	지름길 경	음독 ケイ	훈독

径路 けいろ 경로　半径 はんけい 반경　直径 ちょっけい 직경

渓	시내 계	음독 ケイ	훈독

渓流 けいりゅう 시냇물　雪渓 せっけい 연중 눈이 있는 계곡
渓谷 けいこく 연중 눈 있는 산골짜기

継	이을 계	음독 ケイ	훈독 つぐ

継続 けいぞく 계속　継承 けいしょう 계승　中継 ちゅうけい 중계
後継者 こうけいしゃ 후계자　継ぐ つぐ 잇다

掲	높이 들 게	음독 ケイ	훈독 かかげる

掲載 けいさい 게재　掲揚 けいよう 게양　掲示 けいじ 게시
掲示板 けいじばん 게시판　掲出 けいしゅつ 게시　掲げる かかげる 내걸다

系	이을 계 小6	음독 ケイ	훈독

系統 けいとう 계통　系列 けいれつ 계열　系譜 けいふ 계보
家系 かけい 가계　家系図 かけいず 가계도

刑	형벌 형	음독 ケイ	훈독

刑法 けいほう 형법　刑事 けいじ 형사　刑罰 けいばつ 형벌
処刑 しょけい 처형

憩	쉴 게	음독 ケイ	훈독 いこう

休憩 きゅうけい 휴게　小憩 しょうけい　憩い いこい 쉼
憩う いこう 쉬다

茎	줄기 경	음독 ケイ	훈독 くき

茎 くき 줄기　球茎 きゅうけい 구경(지하경)
地下茎 ちかけい 땅속줄기

蛍	개똥벌레 형	음독 ケイ	훈독 ほたる

蛍 ほたる 개똥벌레　蛍光 けいこう 형광　蛍光灯 けいこうとう 형광등
蛍雪 けいせつ 형설

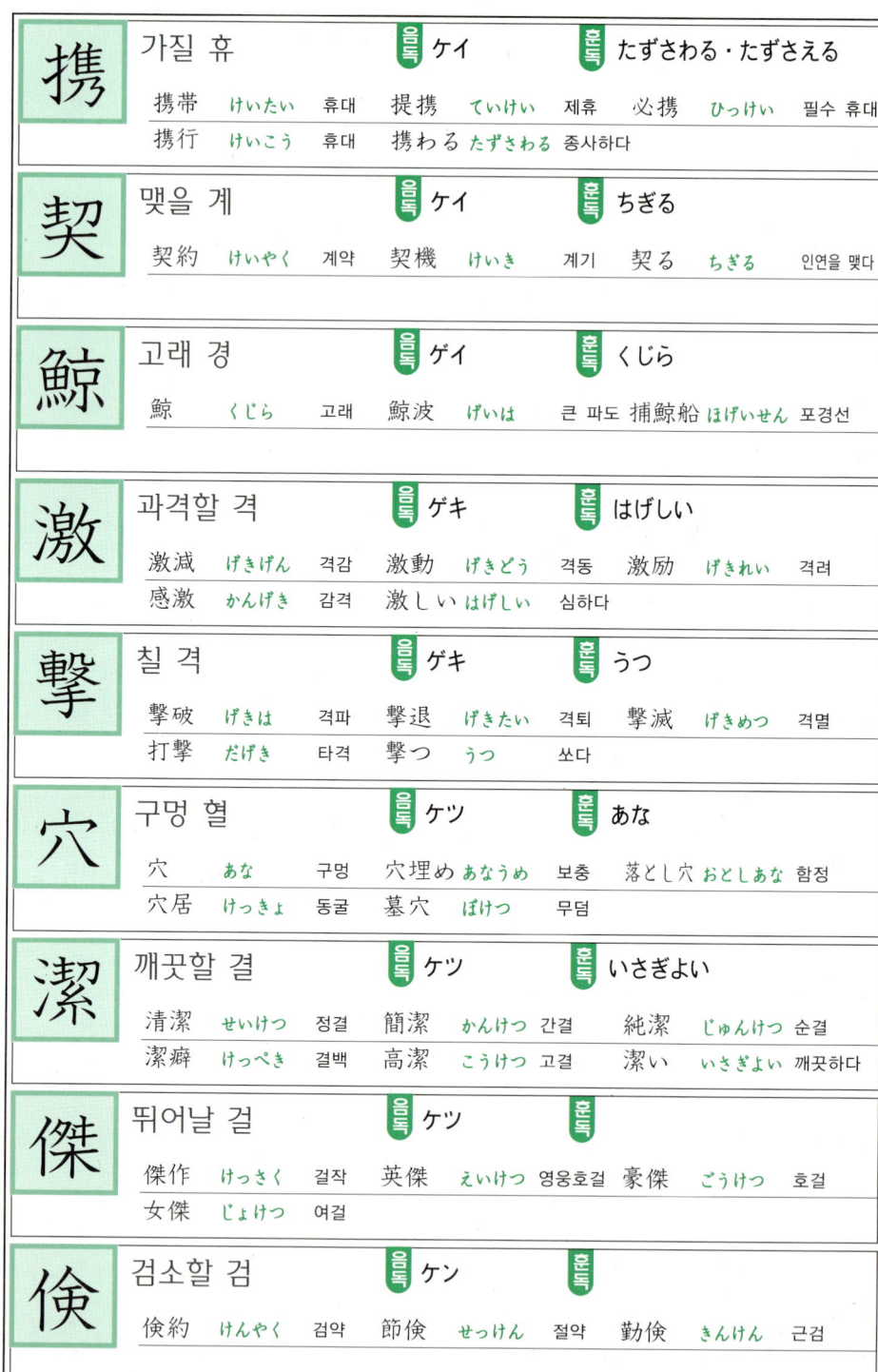

携	가질 휴	음독 ケイ	훈독 たずさわる・たずさえる
	携帯 けいたい 휴대	提携 ていけい 제휴	必携 ひっけい 필수 휴대
	携行 けいこう 휴대	携わる たずさわる 종사하다	

契	맺을 계	음독 ケイ	훈독 ちぎる
	契約 けいやく 계약	契機 けいき 계기	契る ちぎる 인연을 맺다

鯨	고래 경	음독 ゲイ	훈독 くじら
	鯨 くじら 고래	鯨波 げいは 큰 파도	捕鯨船 ほげいせん 포경선

激	과격할 격	음독 ゲキ	훈독 はげしい
	激減 げきげん 격감	激動 げきどう 격동	激励 げきれい 격려
	感激 かんげき 감격	激しい はげしい 심하다	

撃	칠 격	음독 ゲキ	훈독 うつ
	撃破 げきは 격파	撃退 げきたい 격퇴	撃滅 げきめつ 격멸
	打撃 だげき 타격	撃つ うつ 쏘다	

穴	구멍 혈	음독 ケツ	훈독 あな
	穴 あな 구멍	穴埋め あなうめ 보충	落とし穴 おとしあな 함정
	穴居 けっきょ 동굴	墓穴 ぼけつ 무덤	

潔	깨끗할 결	음독 ケツ	훈독 いさぎよい
	清潔 せいけつ 청결	簡潔 かんけつ 간결	純潔 じゅんけつ 순결
	潔癖 けっぺき 결벽	高潔 こうけつ 고결	潔い いさぎよい 깨끗하다

傑	뛰어날 걸	음독 ケツ	훈독
	傑作 けっさく 걸작	英傑 えいけつ 영웅호걸	豪傑 ごうけつ 호걸
	女傑 じょけつ 여걸		

倹	검소할 검	음독 ケン	훈독
	倹約 けんやく 검약	節倹 せっけん 절약	勤倹 きんけん 근검

剣　칼 검　음독 ケン　훈독 つるぎ

| 剣 | つるぎ | 칼 | 剣道 | けんどう | 검도 | 剣劇 | けんげき | 검극 |
| 短剣 | たんけん | 단검 | 名剣 | めいけん | 명검 |

兼　겸할 겸　음독 ケン　훈독 かねる

| 兼任 | けんにん | 겸임 | 兼業 | けんぎょう | 겸업 | 兼職 | けんしょく | 겸직 |
| 兼用 | けんよう | 겸용 | 兼ねる | かねる | 겸하다 |

嫌　혐의할 혐　음독 ケン・ゲン　훈독 きらいだ・いやだ

| 嫌疑 | けんぎ | 혐의 | 嫌悪 | けんお | 혐오 | 機嫌 | きげん | 기분 |
| 嫌だ | いやだ | 싫다 | 嫌いだ | きらいだ | 싫어하다 | 嫌気 | いやけ | 싫증 |

謙　겸손할 겸　음독 ケン　훈독

| 謙譲 | けんじょう | 겸양 | 謙譲語 | けんじょうご | 겸양어 | 謙遜 | けんそん | 겸손 |
| 謙虚 | けんきょ | 겸허 |

憲　법 헌　음독 ケン　훈독

| 憲法 | けんぼう | 헌법 | 憲章 | けんしょう | 헌장 | 憲政 | けんせい | 헌정 |
| 違憲 | いけん | 위헌 |

献　드릴 헌　음독 ケン・コン　훈독

| 貢献 | こうけん | 공헌 | 献金 | けんきん | 헌금 | 献身 | けんしん | 헌신 |
| 献立 | こんだて | 메뉴 |

圏　우리 권　음독 ケン　훈독

| 圏内 | けんない | 권내 | 圏外 | けんがい | 권외 | 熱帯圏 | ねったいけん | 열대권 |
| 南極圏 | なんきょくけん | 남극권 | 北極圏 | ほっきょくけん | 북극권 |

絹　비단 견　小5　음독 ケン　훈독 きぬ

| 絹 | きぬ | 비단 | 絹織物 | きぬおりもの | 견직물 | 絹糸 | けんし | 견사 |
| 絹布 | けんぷ | 비단 | 絹物 | きぬもの | 견직물 | 人絹 | じんけん | 인조 견사 |

懸　매달 현　음독 ケン・ケ　훈독 かける・かかる

| 懸案 | けんあん | 현안 | 一生懸命 | いっしょうけんめい | 열심히 | 懸垂 | けんすい | 매달림 |
| 懸賞金 | けんしょうきん | 현상금 | 懸念 | けねん | 걱정 |

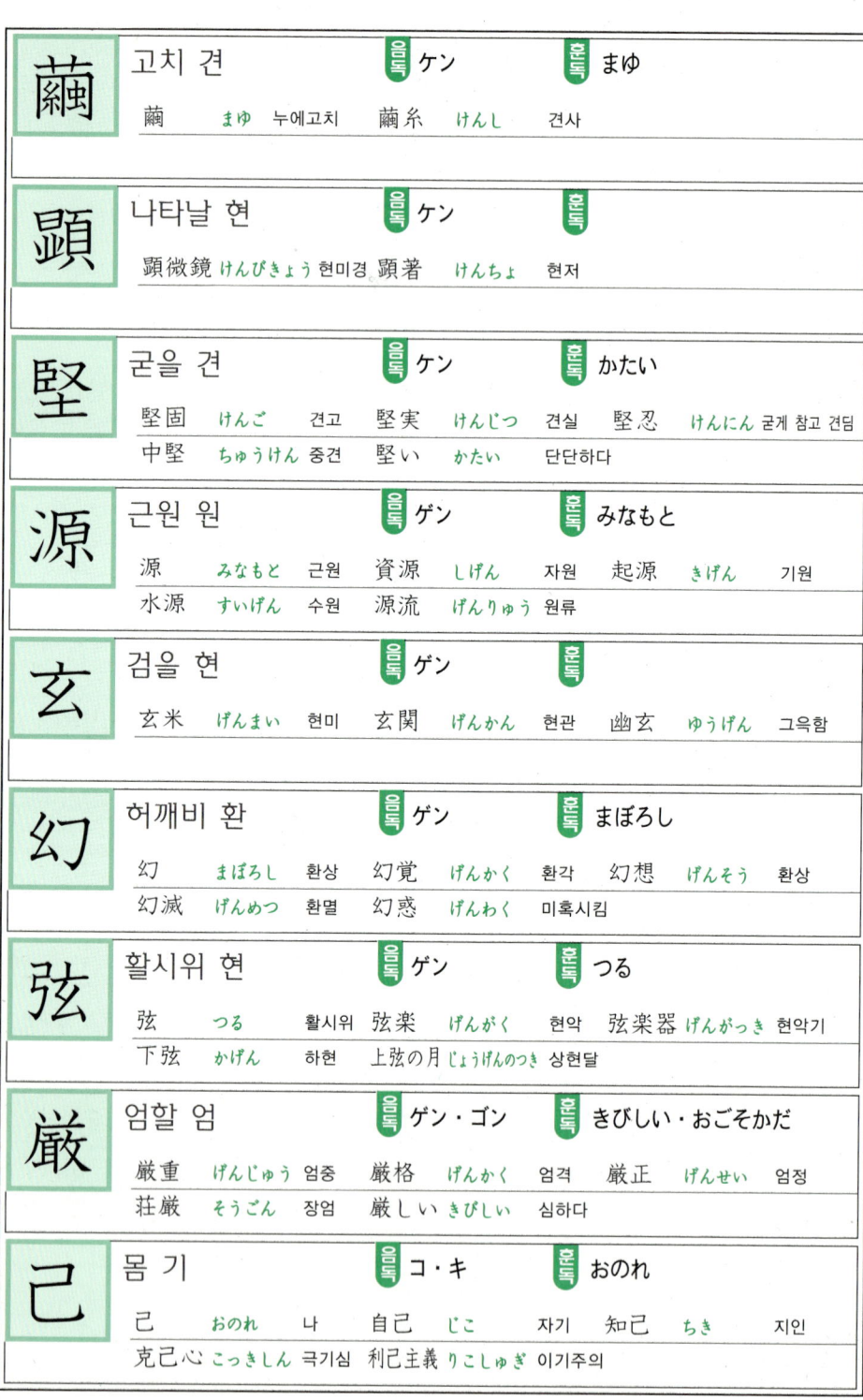

繭	고치 견	음독 ケン	훈독 まゆ
	繭 まゆ 누에고치 繭糸 けんし 견사		

顕	나타날 현	음독 ケン	훈독
	顕微鏡 けんびきょう 현미경 顕著 けんちょ 현저		

堅	굳을 견	음독 ケン	훈독 かたい
	堅固 けんご 견고 堅実 けんじつ 견실 堅忍 けんにん 굳게 참고 견딤		
	中堅 ちゅうけん 중견 堅い かたい 단단하다		

源	근원 원	음독 ゲン	훈독 みなもと
	源 みなもと 근원 資源 しげん 자원 起源 きげん 기원		
	水源 すいげん 수원 源流 げんりゅう 원류		

玄	검을 현	음독 ゲン	훈독
	玄米 げんまい 현미 玄関 げんかん 현관 幽玄 ゆうげん 그윽함		

幻	허깨비 환	음독 ゲン	훈독 まぼろし
	幻 まぼろし 환상 幻覚 げんかく 환각 幻想 げんそう 환상		
	幻滅 げんめつ 환멸 幻惑 げんわく 미혹시킴		

弦	활시위 현	음독 ゲン	훈독 つる
	弦 つる 활시위 弦楽 げんがく 현악 弦楽器 げんがっき 현악기		
	下弦 かげん 하현 上弦の月 じょうげんのつき 상현달		

厳	엄할 엄	음독 ゲン・ゴン	훈독 きびしい・おごそかだ
	厳重 げんじゅう 엄중 厳格 げんかく 엄격 厳正 げんせい 엄정		
	荘厳 そうごん 장엄 厳しい きびしい 심하다		

己	몸 기	음독 コ・キ	훈독 おのれ
	己 おのれ 나 自己 じこ 자기 知己 ちき 지인		
	克己心 こっきしん 극기심 利己主義 りこしゅぎ 이기주의		

誇	자랑할 과	음독 コ	훈독 ほこる				
	誇張 こちょう 과장	誇大 こだい 과대	誇示 こじ 과시				
	誇る ほこる 자랑하다						

孤	외로울 고	음독 コ	훈독				
	孤独 こどく 고독	孤立 こりつ 고립	孤島 ことう 외딴 섬				
	孤児 こじ 고아						

弧	나무활 호	음독 コ	훈독				
	括弧 かっこ 괄호	円弧 えんこ 원호	弧状 こじょう 반달모양				

鼓	북 고	음독 コ	훈독 つづみ				
	鼓動 こどう 고동	鼓膜 こまく 고막	鼓舞 こぶ 고무(북돋음)				
	鼓吹 こすい 고취						

顧	돌아볼 고	음독 コ	훈독 かえりみる				
	回顧 かいこ 회고	顧客 こきゃく 고객	顧問 こもん 고문				
	顧慮 こりょ 고려	顧みる かえりみる 되돌아보다					

悟	깨달을 오	음독 ゴ	훈독 さとる				
	覚悟 かくご 각오	悔悟 かいご 회개	悟性 ごせい 지성				
	悟る さとる 깨닫다						

護	보호할 호 小5	음독 ゴ	훈독				
	保護 ほご 보호	弁護 べんご 변호	弁護士 べんごし 변호사				
	救護 きゅうご 구호	護衛 ごえい 호위	擁護 ようご 옹호				

碁	바둑 기	음독 ゴ	훈독				
	碁 ご 바둑	碁石 ごいし 바둑돌	碁盤 ごばん 바둑판				

呉	오나라 오	음독 ゴ	훈독				
	呉越同舟 ごえつどうしゅう 오월동주	呉服 ごふく 포목(비단 옷감)					

娛	즐거워할 오	음독 ゴ	훈독

娛樂　ごらく　오락　　娛楽番組　ごらくばんぐみ　오락프로

后	왕후 후	음독 コウ	훈독

皇后　こうごう　황후　　皇后陛下　こうごうへいか　황후폐하

皇太后　こうたいごう　황태후

攻	칠 공　小4	음독 コウ	훈독 せめる

攻略　こうりゃく　공략　　攻勢　こうせい　공세　　速攻　そっこう　속공

專攻　せんこう　전공　　攻める　せめる　공격하다

甲	갑옷 갑	음독 コウ・カン	훈독

甲　こう　갑　　甲乙　こうおつ　갑을　　甲種　こうしゅ　갑종

甲板　かんぱん　갑판　　裝甲車　そうこうしゃ　장갑차

皇	임금 황	음독 コウ・オウ	훈독

皇居　こうきょ　천황의 거처　　皇帝　こうてい　황제　　天皇　てんのう　천황

孝	효도 효	음독 コウ	훈독

孝行　こうこう　효행　　孝子　こうし　효자　　親孝行　おやこうこう　효도

不幸　ふこう　불행　　孝養　こうよう　부모를 봉양하고 효도함

巧	공교로울 교	음독 コウ	훈독 たくみ

巧み　たくみ　교묘함　　巧妙　こうみょう　교묘　　巧拙　こうせつ　잘하고 못함

精巧　せいこう　정교　　技巧　ぎこう　기교

孔	구멍 공	음독 コウ	훈독

孔子　こうし　공자　　気孔　きこう　기공　　鼻孔　びこう　비공(콧구멍)

眼孔　がんこう　안공(눈구멍)

衡	저울 형	음독 コウ	훈독

均衡　きんこう　균형　　平衡　へいこう　평형　　度量衡　どりょうこう　도량형

318

控	당길 공	음독 コウ	훈독 ひかえる

控え室	ひかえしつ	대기실	控訴	こうそ	공소	控除	こうじょ	공제
控える	ひかえる	잡아끌다						

拘	거리낄 구	음독 コウ	훈독

拘束	こうそく	구속	拘留	こうりゅう	구류	拘置	こうち	구치
拘置所	こうちしょ	구치소	拘禁	こうきん	구금			

興	일어날 흥	음독 コウ・キョウ	훈독 おこる・おこす

興奮	こうふん	흥분	興味	きょうみ	흥미	復興	ふっこう	부흥
余興	よきょう	여흥	感興	かんきょう	감흥	興る	おこる	일어나다

恒	항상 항	음독 コウ	훈독

恒星	こうせい	항성	恒久	こうきゅう	항구	恒例	こうれい	항례
恒常	こうじょう	항상						

稿	볏집 고	음독 コウ	훈독

原稿	げんこう	원고	投稿	とうこう	투고	草稿	そうこう	초고
寄稿	きこう	기고	原稿用紙	げんこうようし	원고지			

綱	벼리 강	음독 コウ	훈독 つな

綱	つな	밧줄	綱引き	つなひき	줄다리기	綱紀	こうき	기강
綱領	こうりょう	강령	要綱	ようこう	요강			

酵	술괼 효	음독 コウ	훈독

酵素	こうそ	효소	酵母	こうぼ	효모	発酵	はっこう	발효

貢	바칠 공	음독 コウ・ク	훈독 みつぐ

貢献	こうけん	공헌	入貢	にゅうこう	공물을 가지고 입조함
年貢	ねんぐ	연공	貢ぐ	みつぐ	공물을 바치다	貢ぎ物	みつぎもの	공물

項	조목 항	음독 コウ	훈독

項目	こうもく	항목	要項	ようこう	요항(줄거리)
事項	じこう	사항	条項	じょうこう	조항

江	강 강	음독 コウ	훈독

江上 こうじょう 강위　長江 ちょうこう 긴 강

溝	도랑 구	음독 コウ	훈독 みぞ

溝 みぞ 도랑/개천　海溝 かいこう 해구　排水溝 はいすいこう 배수구

下水溝 げすいこう 하수구

購	살 구	음독 コウ	훈독

購入 こうにゅう 구입　購買 こうばい 구매　購読 こうどく 구독

購求 こうきゅう 구하여 삼

絞	목맬 교	음독 コウ	훈독 しぼる・しまる・しめる

絞殺 こうさつ 교살　絞首刑 こうしゅけい 교수형　絞る しぼる 짜다

絞める しめる 졸라매다　絞まる しまる 단단히 죄이다

抗	대항할 항	음독 コウ	훈독

抗議 こうぎ 항의　対抗 たいこう 대항　抗争 こうそう 항쟁

抵抗 ていこう 저항

坑	구덩이 갱	음독 コウ	훈독

坑内 こうない 갱내　坑道 こうどう 갱도　廃坑 はいこう 폐갱

炭坑 たんこう 탄갱

慌	다급할 황	음독 コウ	훈독

恐慌 きょうこう 공황　大恐慌 だいきょうこう 대공황

慌てる あわてる 당황하다

鋼	강철 강	음독 コウ	훈독 はがね

鋼 はがね 강철　鋼管 こうかん 강철로 만든 관　鉄鋼 てっこう 철강

製鋼 せいこう 제강　軟鋼 なんこう 비교적 연한 강철

洪	넓을 홍	음독 コウ	훈독

洪水 こうずい 홍수　洪積世 こうせきせい 빙하시대

洪積層 こうせきそう 빙하시대 지층

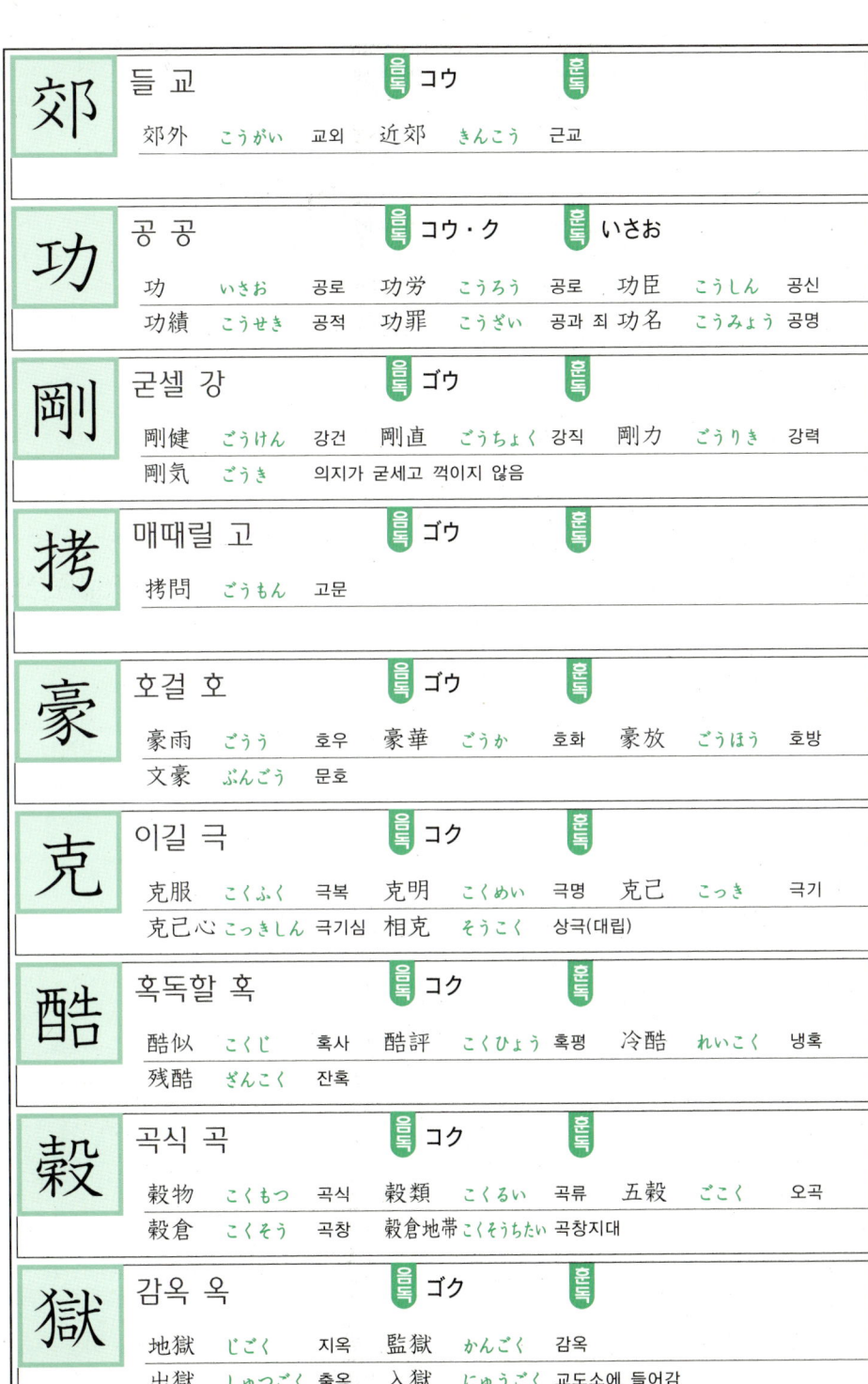

郊	들 교	**음독** コウ	**훈독**
	郊外　こうがい　교외　　近郊　きんこう　근교		

功	공 공	**음독** コウ・ク	**훈독** いさお
	功　いさお　공로　　功労　こうろう　공로　　功臣　こうしん　공신		
	功績　こうせき　공적　　功罪　こうざい　공과 죄　功名　こうみょう　공명		

剛	굳셀 강	**음독** ゴウ	**훈독**
	剛健　ごうけん　강건　　剛直　ごうちょく　강직　　剛力　ごうりき　강력		
	剛気　ごうき　의지가 굳세고 꺾이지 않음		

拷	매때릴 고	**음독** ゴウ	**훈독**
	拷問　ごうもん　고문		

豪	호걸 호	**음독** ゴウ	**훈독**
	豪雨　ごうう　호우　　豪華　ごうか　호화　　豪放　ごうほう　호방		
	文豪　ぶんごう　문호		

克	이길 극	**음독** コク	**훈독**
	克服　こくふく　극복　　克明　こくめい　극명　　克己　こっき　극기		
	克己心　こっきしん　극기심　　相克　そうこく　상극(대립)		

酷	혹독할 혹	**음독** コク	**훈독**
	酷似　こくじ　혹사　　酷評　こくひょう　혹평　　冷酷　れいこく　냉혹		
	残酷　ざんこく　잔혹		

穀	곡식 곡	**음독** コク	**훈독**
	穀物　こくもつ　곡식　　穀類　こくるい　곡류　　五穀　ごこく　오곡		
	穀倉　こくそう　곡창　　穀倉地帯　こくそうちたい　곡창지대		

獄	감옥 옥	**음독** ゴク	**훈독**
	地獄　じごく　지옥　　監獄　かんごく　감옥		
	出獄　しゅつごく　출옥　　入獄　にゅうごく　교도소에 들어감		

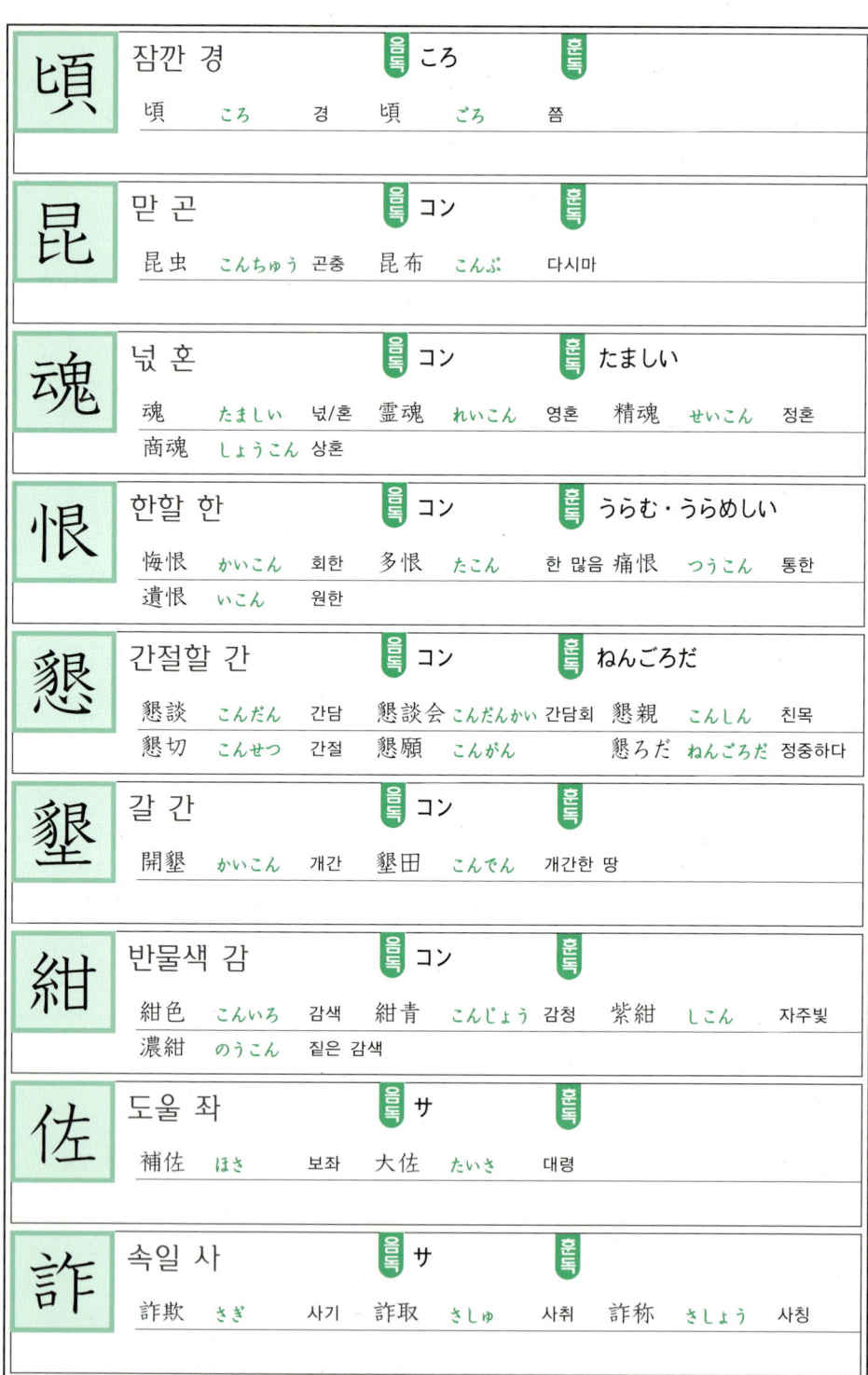

頃	잠깐 경	음독 ころ	훈독
	頃 ころ 경 頃 ごろ 쯤		

昆	맏 곤	음독 コン	훈독
	昆虫 こんちゅう 곤충 昆布 こんぶ 다시마		

魂	넋 혼	음독 コン	훈독 たましい
	魂 たましい 넋/혼 霊魂 れいこん 영혼 精魂 せいこん 정혼		
	商魂 しょうこん 상혼		

恨	한할 한	음독 コン	훈독 うらむ・うらめしい
	悔恨 かいこん 회한 多恨 たこん 한 많음 痛恨 つうこん 통한		
	遺恨 いこん 원한		

懇	간절할 간	음독 コン	훈독 ねんごろだ
	懇談 こんだん 간담 懇談会 こんだんかい 간담회 懇親 こんしん 친목		
	懇切 こんせつ 간절 懇願 こんがん 懇ろだ ねんごろだ 정중하다		

墾	갈 간	음독 コン	훈독
	開墾 かいこん 개간 墾田 こんでん 개간한 땅		

紺	반물색 감	음독 コン	훈독
	紺色 こんいろ 감색 紺青 こんじょう 감청 紫紺 しこん 자주빛		
	濃紺 のうこん 짙은 감색		

佐	도울 좌	음독 サ	훈독
	補佐 ほさ 보좌 大佐 たいさ 대령		

詐	속일 사	음독 サ	훈독
	詐欺 さぎ 사기 詐取 さしゅ 사취 詐称 さしょう 사칭		

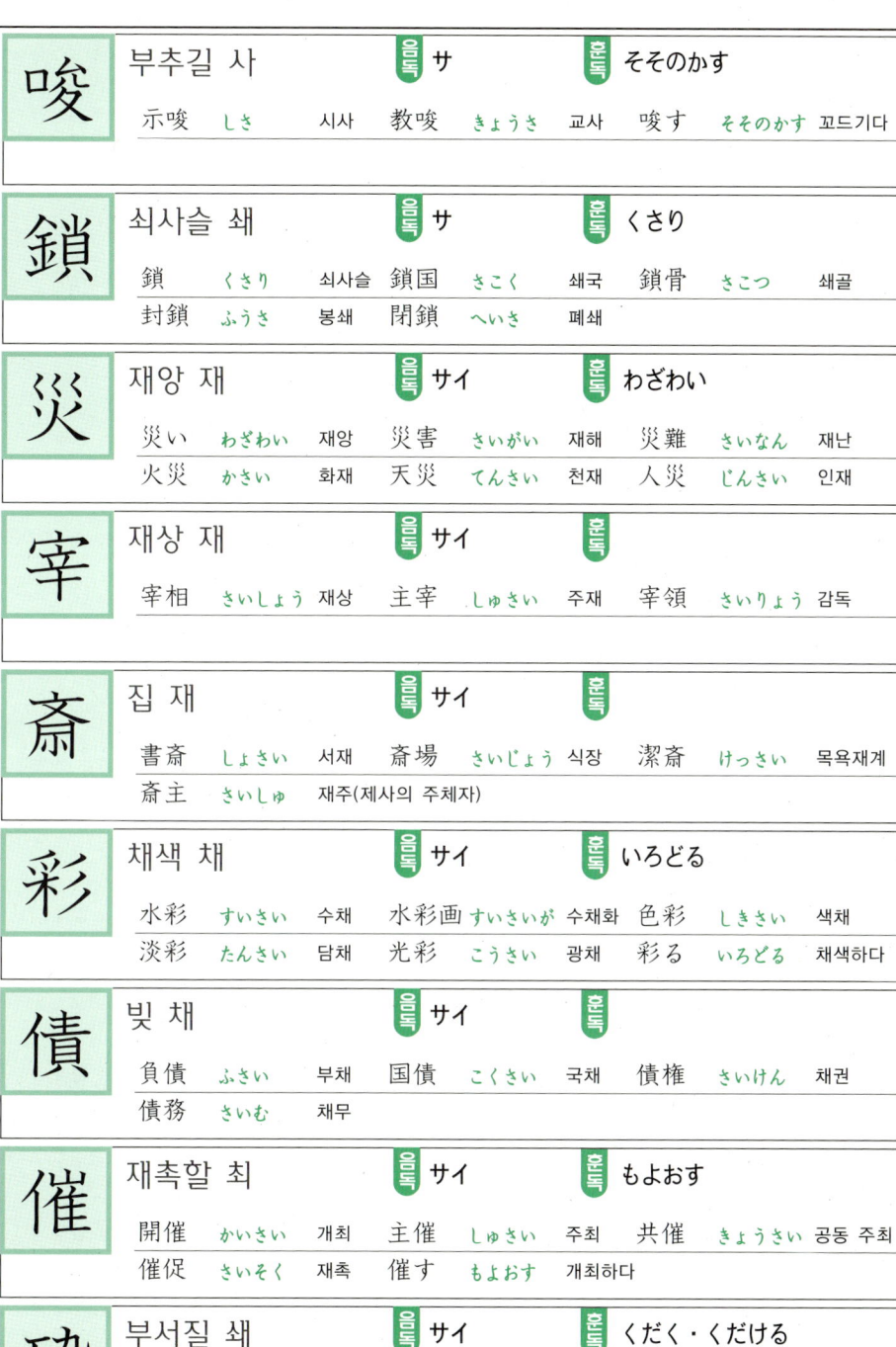

唆	부추길 사	음독 サ	훈독 そそのかす
	示唆 しさ 시사	教唆 きょうさ 교사	唆す そそのかす 꼬드기다

鎖	쇠사슬 쇄	음독 サ	훈독 くさり
	鎖 くさり 쇠사슬	鎖国 さこく 쇄국	鎖骨 さこつ 쇄골
	封鎖 ふうさ 봉쇄	閉鎖 へいさ 폐쇄	

災	재앙 재	음독 サイ	훈독 わざわい
	災い わざわい 재앙	災害 さいがい 재해	災難 さいなん 재난
	火災 かさい 화재	天災 てんさい 천재	人災 じんさい 인재

宰	재상 재	음독 サイ	훈독
	宰相 さいしょう 재상	主宰 しゅさい 주재	宰領 さいりょう 감독

斎	집 재	음독 サイ	훈독
	書斎 しょさい 서재	斎場 さいじょう 식장	潔斎 けっさい 목욕재계
	斎主 さいしゅ 재주(제사의 주체자)		

彩	채색 채	음독 サイ	훈독 いろどる
	水彩 すいさい 수채	水彩画 すいさいが 수채화	色彩 しきさい 색채
	淡彩 たんさい 담채	光彩 こうさい 광채	彩る いろどる 채색하다

債	빚 채	음독 サイ	훈독
	負債 ふさい 부채	国債 こくさい 국채	債権 さいけん 채권
	債務 さいむ 채무		

催	재촉할 최	음독 サイ	훈독 もよおす
	開催 かいさい 개최	主催 しゅさい 주최	共催 きょうさい 공동 주최
	催促 さいそく 재촉	催す もよおす 개최하다	

砕	부서질 쇄	음독 サイ	훈독 くだく・くだける
	砕氷 さいひょう 쇄빙	砕石 さいせき 쇄석	粉砕 ふんさい 분쇄
	砕く くだく 부수다	砕ける くだける 부서지다	

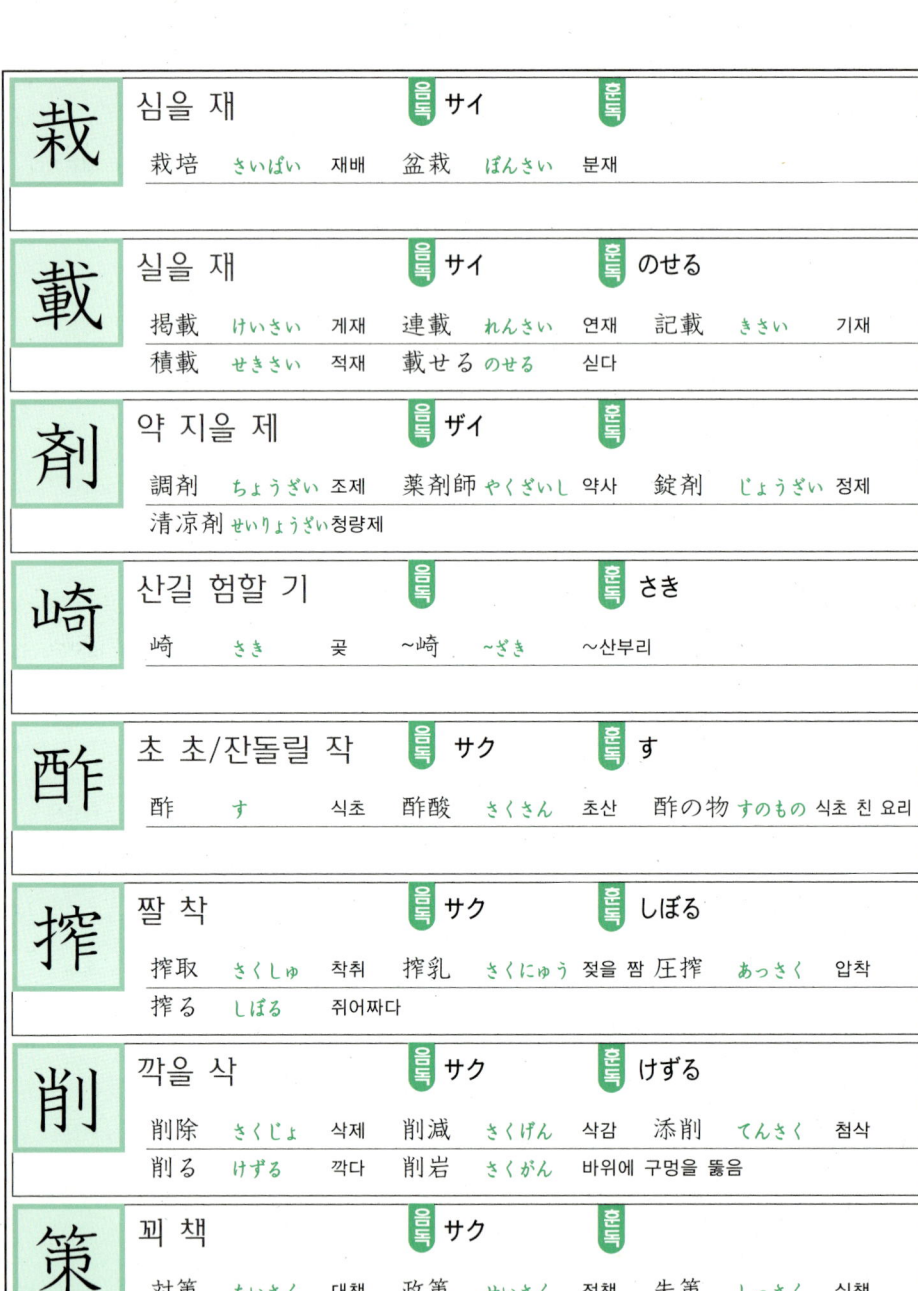

栽	심을 재	음독 サイ	훈독
	栽培 さいばい 재배 盆栽 ぼんさい 분재		

載	실을 재	음독 サイ	훈독 のせる
	掲載 けいさい 게재　連載 れんさい 연재　記載 きさい 기재		
	積載 せきさい 적재　載せる のせる 싣다		

剤	약 지을 제	음독 ザイ	훈독
	調剤 ちょうざい 조제　薬剤師 やくざいし 약사　錠剤 じょうざい 정제		
	清涼剤 せいりょうざい 청량제		

崎	산길 험할 기	음독	훈독 さき
	崎 さき 곶　~崎 ~ざき ~산부리		

酢	초 초/잔돌릴 작	음독 サク	훈독 す
	酢 す 식초　酢酸 さくさん 초산　酢の物 すのもの 식초 친 요리		

搾	짤 착	음독 サク	훈독 しぼる
	搾取 さくしゅ 착취　搾乳 さくにゅう 젖을 짬 圧搾 あっさく 압착		
	搾る しぼる 쥐어짜다		

削	깍을 삭	음독 サク	훈독 けずる
	削除 さくじょ 삭제　削減 さくげん 삭감　添削 てんさく 첨삭		
	削る けずる 깍다　削岩 さくがん 바위에 구멍을 뚫음		

策	꾀 책	음독 サク	훈독
	対策 たいさく 대책　政策 せいさく 정책　失策 しっさく 실책		
	策動 さくどう 책동		

索	찾을 색	음독 サク	훈독
	索引 さくいん 색인　思索 しさく 사색　捜索 そうさく 수색		
	探索 たんさく 탐색		

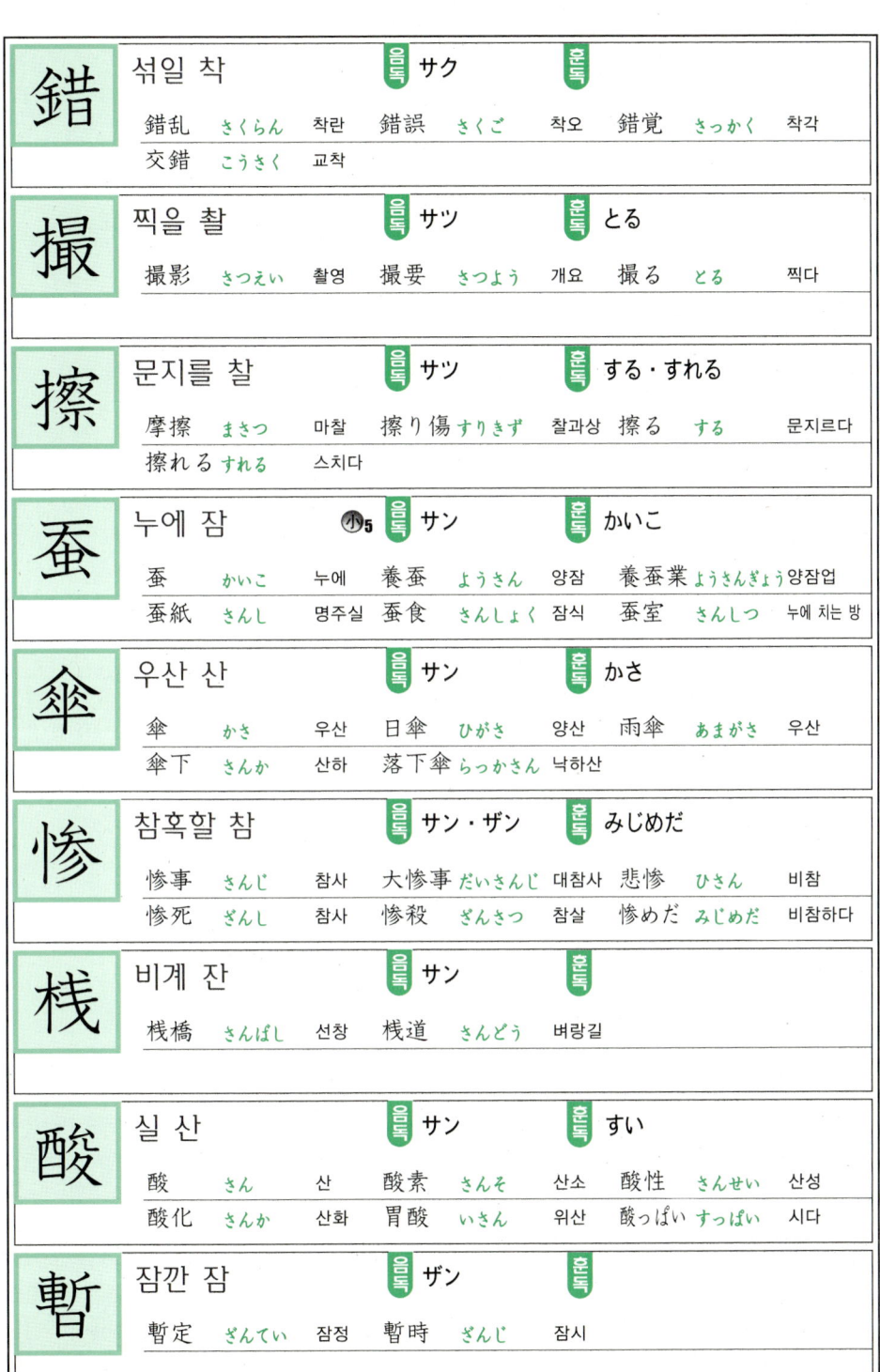

錯 섞일 착 　음독 サク　훈독
錯乱 さくらん 착란　錯誤 さくご 착오　錯覚 さっかく 착각
交錯 こうさく 교착

撮 찍을 촬 　음독 サツ　훈독 とる
撮影 さつえい 촬영　撮要 さつよう 개요　撮る とる 찍다

擦 문지를 찰 　음독 サツ　훈독 する・すれる
摩擦 まさつ 마찰　擦り傷 すりきず 찰과상　擦る する 문지르다
擦れる すれる 스치다

蚕 누에 잠 小5 음독 サン　훈독 かいこ
蚕 かいこ 누에　養蚕 ようさん 양잠　養蚕業 ようさんぎょう 양잠업
蚕紙 さんし 명주실　蚕食 さんしょく 잠식　蚕室 さんしつ 누에 치는 방

傘 우산 산 　음독 サン　훈독 かさ
傘 かさ 우산　日傘 ひがさ 양산　雨傘 あまがさ 우산
傘下 さんか 산하　落下傘 らっかさん 낙하산

惨 참혹할 참 　음독 サン・ザン　훈독 みじめだ
惨事 さんじ 참사　大惨事 だいさんじ 대참사　悲惨 ひさん 비참
惨死 ざんし 참사　惨殺 ざんさつ 참살　惨めだ みじめだ 비참하다

桟 비계 잔 　음독 サン　훈독
桟橋 さんばし 선창　桟道 さんどう 벼랑길

酸 실 산 　음독 サン　훈독 すい
酸 さん 산　酸素 さんそ 산소　酸性 さんせい 산성
酸化 さんか 산화　胃酸 いさん 위산　酸っぱい すっぱい 시다

暫 잠깐 잠 　음독 ザン　훈독
暫定 ざんてい 잠정　暫時 ざんじ 잠시

士	선비 사	음독 シ	훈독		
	武士 ぶし 무사	力士 りきし 씨름선수	修士 しゅうし 석사		
	消防士 しょうぼうし 소방수	弁護士 べんごし 변호사	紳士 しんし 신사		

氏	성 씨 小4	음독 シ	훈독 うじ		
	氏 うじ 성/가문	~氏 ~し ~씨	氏名 しめい 이름		
	氏族 しぞく 씨족	氏神 うじがみ 조상신	田中氏 たなかし 다나카씨		

矢	화살 시	음독 シ	훈독 や		
	矢 や 화살	弓矢 ゆみや 활과 화살	矢印 やじるし 화살표		
	毒矢 どくや 독화살	一矢 いっし 화살 한개			

旨	맛 지	음독 シ	훈독 むね		
	趣旨 しゅし 취지	主旨 しゅし 주지	要旨 ようし 요지		
	論旨 ろんし 논지	宗旨 しゅうし 취미와 주의			

紫	자주빛 자	음독 シ	훈독 むらさき		
	紫 むらさき 자주빛	紫色 むらさきいろ 자주색	紫外線 しがいせん 자외선		
	紫煙 しえん 안개(담배 연기)	紫紺 しこん 자주빛을 띤 감색			

至	이를 지	음독 シ	훈독 いたる		
	至急 しきゅう 매우 급함	至当 しとう 지당	冬至 とうじ 동지		
	夏至 げし 하지	至る いたる 이르다			

祉	복지 지	음독 シ	훈독		
	福祉 ふくし 복지				

施	베풀 시	음독 シ・セ	훈독 ほどこす		
	施行 しこう 시행	施設 しせつ 시설	実施 じっし 실시		
	施政 しせい 시정	施す ほどこす 베풀다			

嗣	이을 사	음독 シ	훈독		
	嗣子 しし 대 이을 아들	嗣君 しくん 대 이을 아드님	後嗣 こうし 후사		

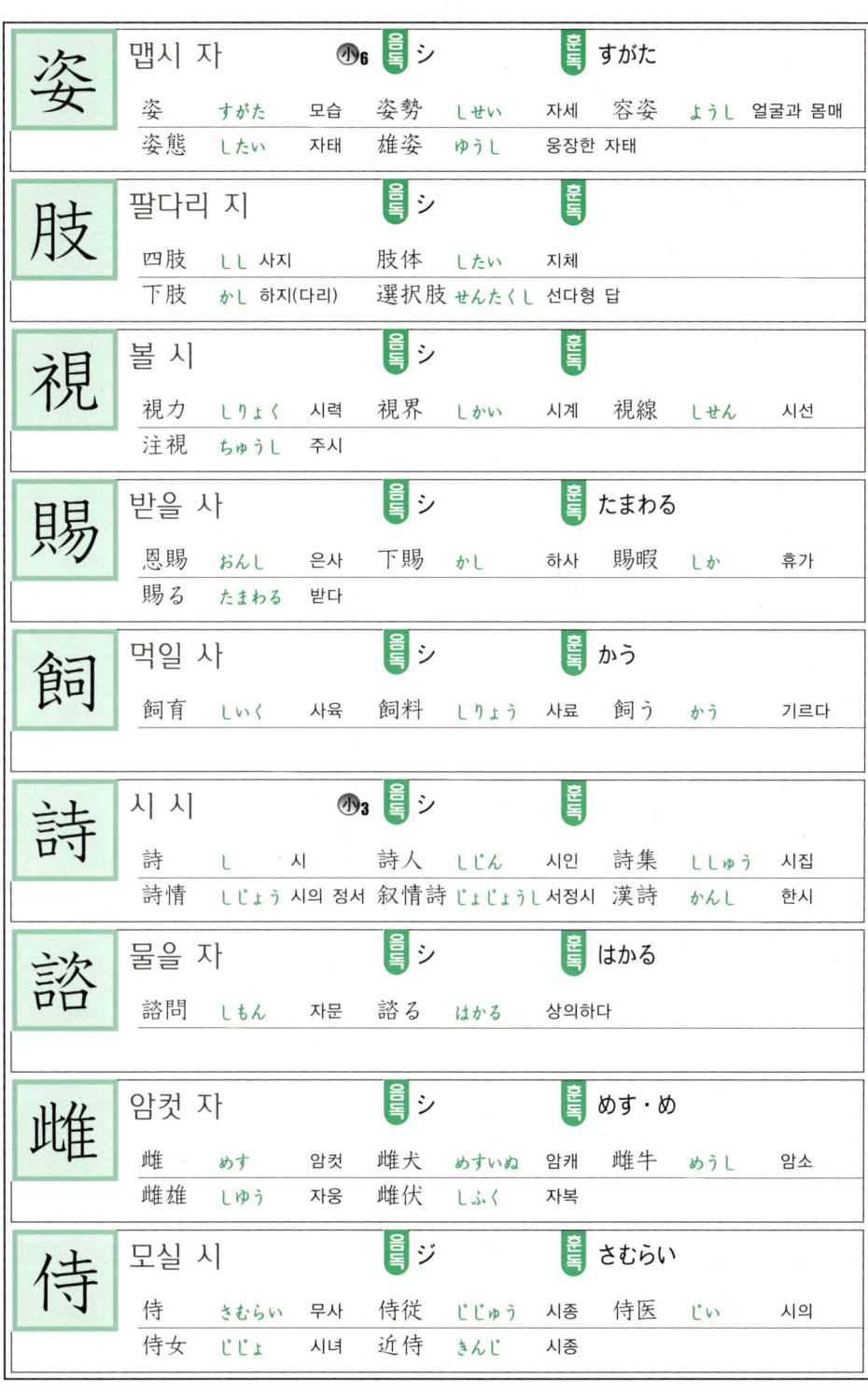

姿	맵시 자 **小6** **음독** シ **훈독** すがた					
	姿	すがた	모습	姿勢	しせい	자세	容姿	ようし	얼굴과 몸매
	姿態	したい	자태	雄姿	ゆうし	웅장한 자태

肢	팔다리 지 **음독** シ **훈독**					
	四肢	しし	사지	肢体	したい	지체
	下肢	かし	하지(다리)	選択肢	せんたくし	선다형 답

視	볼 시 **음독** シ **훈독**					
	視力	しりょく	시력	視界	しかい	시계	視線	しせん	시선
	注視	ちゅうし	주시

賜	받을 사 **음독** シ **훈독** たまわる					
	恩賜	おんし	은사	下賜	かし	하사	賜暇	しか	휴가
	賜る	たまわる	받다

飼	먹일 사 **음독** シ **훈독** かう					
	飼育	しいく	사육	飼料	しりょう	사료	飼う	かう	기르다

詩	시 시 **小3** **음독** シ **훈독**					
	詩	し	시	詩人	しじん	시인	詩集	ししゅう	시집
	詩情	しじょう	시의 정서	叙情詩	じょじょうし	서정시	漢詩	かんし	한시

諮	물을 자 **음독** シ **훈독** はかる					
	諮問	しもん	자문	諮る	はかる	상의하다

雌	암컷 자 **음독** シ **훈독** めす・め					
	雌	めす	암컷	雌犬	めすいぬ	암캐	雌牛	めうし	암소
	雌雄	しゆう	자웅	雌伏	しふく	자복

侍	모실 시 **음독** ジ **훈독** さむらい					
	侍	さむらい	무사	侍従	じじゅう	시종	侍医	じい	시의
	侍女	じじょ	시녀	近侍	きんじ	시종

1급

璽	옥새 새	음독 ジ	훈독		
	御璽 ぎょじ 옥새	国璽 こくじ 국새			

滋	붙을 자	음독 ジ	훈독		
	滋養 じよう 자양	滋味 じみ 깊은 맛/깊은 인상			

慈	사랑 자	음독 ジ	훈독 いつくしむ		
	慈愛 じあい 자애	慈悲 じひ 자비	慈善 じぜん 자선		
	慈雨 じう 단비	慈しむ いつくしむ 자비를 베풀다			

磁	자석 자	음독 ジ	훈독		
	磁石 じしゃく 자석	磁性 じせい 자성	磁力 じりょく 자력		
	磁針 じしん 자침				

軸	굴대 축	음독 ジク	훈독		
	地軸 ちじく 지축	車軸 しゃじく 차축	中軸 ちゅうじく 중축		
	枢軸 すうじく 주축				

疾	병 질	음독 シツ	훈독		
	疾患 しっかん 질환	疾走 しっそう 질주	疾病 しっぺい 질병		
	悪疾 あくしつ 악질				

執	잡을 집	음독 シツ・シュウ	훈독 とる		
	執行 しっこう 집행	執務 しつむ 집무	執筆 しっぴつ 집필		
	執念 しゅうねん 집념	執る とる 사무보다			

漆	옻칠할 칠	음독 シツ	훈독 うるし		
	漆 うるし 옻나무/옻칠	漆器 しっき 칠기	漆工 しっこう 칠공		
	漆黒 しっこく 칠흑				

質	바탕 질	음독 シツ・シチ・チ	훈독		
	質素 しっそ 검소	質問 しつもん 질문	言質 げんち 언질		
	人質 ひとじち 인질				

芝	지초 지		음독		훈독 しば	
	芝 しば 잔디	芝生 しばふ 잔디		芝居 しばい 연극		
	芝草 しばくさ 잔디	紙芝居 かみしばい 그림연극				

舎	집 사	小5	음독 シャ		훈독	
	校舎 こうしゃ 교사	牛舎 ぎゅうしゃ		官舎 かんしゃ 관사		
	寄宿舎 きしゅくしゃ 기숙사	駅舎 えきしゃ 역사		兵舎 へいしゃ 병사		

射	쏠 사	小6	음독 シャ		훈독 いる	
	注射 ちゅうしゃ 주사	反射 はんしゃ 반사		発射 はっしゃ 발사		
	日射病 にっしゃびょう 일사병	射る いる 쏘다				

赦	용서할 사		음독 シャ		훈독	
	赦免 しゃめん 사면	容赦 ようしゃ 용서		特赦 とくしゃ 특별사면		
	恩赦 おんしゃ 특별사면					

斜	비낄 사		음독 シャ		훈독 ななめ	
	斜め ななめ 비스듬함	斜面 しゃめん 경사면		斜線 しゃせん 사선		
	傾斜 けいしゃ 경사	斜影 しゃえい 비스듬한 그림자				

煮	삶을 자		음독 シャ		훈독 にる・にえる・にやす	
	煮物 にもの 조림	生煮え なまにえ 덜 삶아짐		雑煮 ぞうに 일본식떡국		
	煮沸 しゃふつ 펄펄 끓임	煮る にる 삶다				

遮	가릴 차		음독 シャ		훈독 さえぎる	
	遮断機 しゃだんき 차단기	遮る さえぎる 차단하다				

謝	사례할 사	小5	음독 シャ		훈독 あやまる	
	謝意 しゃい 감사의 뜻	謝礼 しゃれい 사례		謝礼金 しゃれいきん 사례금		
	感謝 かんしゃ 감사	謝恩会 しゃおんかい 사은회		謝る あやまる 사과하다		

邪	간사할 사		음독 ジャ		훈독	
	邪悪 じゃあく 사악	邪念 じゃねん 사념		邪道 じゃどう 사도		
	正邪 せいじゃ 선악					

1급

329

蛇	뱀 사	음독 ジャ・ダ	훈독 へび

蛇 へび 뱀　蛇腹 じゃばら 주름 부분　蛇足 だそく 군더더기
毒蛇 どくじゃ 독사　大蛇 だいじゃ 큰 뱀

尺	자 척	음독 シャク	훈독

尺 しゃく 척　尺度 しゃくど 척도　尺八 しゃくはち 통소

酌	잔질할 작	음독 シャク	훈독 くむ

酌量 しゃくりょう　媒酌 ばいしゃく 중매　晩酌 ばんしゃく 저녁 반주
一酌 いっしゃく 한잔의 술　酌む くむ 퍼올리다

釈	풀 석	음독 シャク	훈독

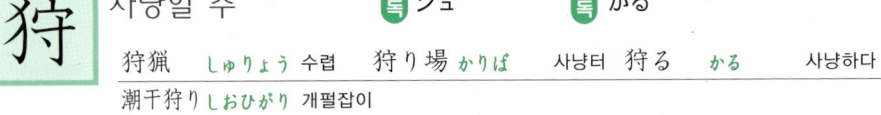

釈放 しゃくほう 석방　釈明 しゃくめい 해명　解釈 かいしゃく 해석
注釈 ちゅうしゃく 주석

寂	고요할 적	음독 ジャク	훈독 さびしい

静寂 せいじゃく 고요　閑寂 かんじゃく 한적　寂しい さびしい 쓸쓸하다
寂滅 じゃくめつ 적별/죽음　入寂 にゅうじゃく 입적(승려가 죽음)

朱	붉을 주	음독 シュ	훈독

朱色 しゅいろ 주황색　朱印 しゅいん 인주　朱筆 しゅひつ 주필
朱肉 しゅにく 인주

狩	사냥할 수	음독 シュ	훈독 かる

狩猟 しゅりょう 수렵　狩り場 かりば 사냥터　狩る かる 사냥하다
潮干狩り しおひがり 개펄잡이

殊	다를 수	음독 シュ	훈독 こと

殊に ことに 특히　殊更 ことさら 새삼스레　殊勲 しゅくん 수훈
殊勝 しゅしょう 기특함　特殊 とくしゅ 특수

珠	구슬 주	음독 シュ	훈독

真珠 しんじゅ 진주　珠玉 しゅぎょく 주옥　珠算 しゅざん 주산

趣	뜻 취	음독 シュ	훈독 おもむき

趣き　おもむき　취향　趣味　しゅみ　취미　趣旨　しゅし　취지
情趣　じょうしゅ　정취

寿	목숨 수	음독 ジュ	훈독 ことぶき

寿　ことぶき　축하/장수함　寿命　じゅみょう　수명　長寿　ちょうじゅ　장수
天寿　てんじゅ　천수　喜寿　きじゅ　희수(77세)

需	구할 수	음독 ジュ	훈독

需要　じゅよう　수요　需給　じゅきゅう　수급　必需　ひつじゅ　필수
必需品　ひつじゅひん　필수품　軍需　ぐんじゅ　군수

儒	선비 유	음독 ジュ	훈독

儒教　じゅきょう　유교　儒学　じゅがく　유교학　儒者　じゅしゃ　유학자
儒書　じゅしょ　유학 서적

樹	나무 수	음독 ジュ	훈독

樹林　じゅりん　수림　樹立　じゅりつ　수립　樹皮　じゅひ　나무 껍질
街路樹　がいろじゅ　가로수

囚	가둘 수	음독 シュウ	훈독

囚人　しゅうじん　수인　女囚　じょしゅう　여죄수　虜囚　りょしゅう　포로
死刑囚　しけいしゅう　사형수

秀	빼어날 수	음독 シュウ	훈독 ひいでる

秀才　しゅうさい　수재　秀歌　しゅうか　빼어난 시가　秀逸　しゅういつ　빼어남
優秀　ゆうしゅう　우수　秀でる　ひいでる　빼어나다

臭	냄새 취	음독 シュウ	훈독 くさい

臭い　におい　냄새　臭気　しゅうき　악취　悪臭　あくしゅう　악취
体臭　たいしゅう　체취　俗臭　ぞくしゅう　세속적인 냄새

衆	무리 중	小5　음독 シュウ	훈독

群衆　ぐんしゅう　군중　聴衆　ちょうしゅう　청중　民衆　みんしゅう　민중
公衆　こうしゅう　공중　衆生　しゅじょう　중생　大衆　たいしゅう　대중

愁	근심 수	음독 シュウ	훈독 うれえる

哀愁　あいしゅう　애수　　悲愁　ひしゅう　비수　　郷愁　きょうしゅう　향수
旅愁　りょしゅう　여수　　愁える　うれえる　슬픔에 잠기다

就	나아갈 취	음독 シュウ・ジュ	훈독 つく

就任　しゅうにん　취임　　就職　しゅうしょく　취직　　就学　しゅうがく　취학
成就　じょうじゅ　성취　　就く　つく　취임하다

醜	더러울 추	음독 シュウ	훈독 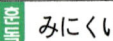みにくい

醜態　しゅうたい　추태　　醜悪　しゅうあく　추악　　醜聞　しゅうぶん　추문
醜い　みにくい　보기흉하다　　美醜　びしゅう　미추(아름답고 추함)

酬	잔 돌릴 수	음독 シュウ	훈독

報酬　ほうしゅう　보수　　応酬　おうしゅう　응수

襲	엄습할 습	음독 シュウ	훈독 おそう

襲撃　しゅうげき　습격　　来襲　らいしゅう　내습　　踏襲　とうしゅう　답습
夜襲　やしゅう　야습　　襲う　おそう　습격하다

臭	냄새 취	음독 シュウ	훈독 くさい

臭覚　しゅうかく　후각　　臭気　しゅうき　악취　　臭い　くさい　냄새나다
臭う　におう　냄새나다　　臭い　におい　냄새

汁	진액 즙	음독 ジュウ	훈독 しる

汁　しる　국물　　お汁粉　おしるこ　단팥죽　　果汁　かじゅう　과즙
墨汁　ぼくじゅう　먹물　　苦汁　くじゅう　쓴 즙

充	가득할 충	음독 ジュウ	훈독 あてる

充実　じゅうじつ　충실　　充満　じゅうまん　충만　　充電　じゅうでん　충전
充電器　じゅうでんき　충전기　　補充　ほじゅう　보충　　充てる　あてる　할당하다

従	좇을 종	음독 ジュウ	훈독 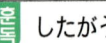したがう

従来　じゅうらい　종래　　従事　じゅうじ　종사　　従順　じゅうじゅん　온순함
服従　ふくじゅう　복종　　従う　したがう　따르다

渋	떫을 삽	음독 ジュウ	훈독 しぶい

渋滞	じゅうたい	정체	渋面	じゅうめん	찡그린 얼굴	苦渋	くじゅう	쓰고 떫음
渋い	しぶい	떫다	渋味	しぶみ	떫은 맛/고상함			

銃	총 총	음독 ジュウ	훈독

銃	じゅう	총	銃弾	じゅうだん	총탄	銃声	じゅうせい	총성
小銃	しょうじゅう	소총	猟銃	りょうじゅう	엽총			

縦	세로 종	음독 ジュウ	훈독 たて

縦	たて	세로	縦断	じゅうだん	종단	縦走	じゅうそう	종주
縦横	じゅうおう	종횡	操縦	そうじゅう	조종	放縦	ほうじゅう	방종

獣	짐승 수	음독 ジュウ	훈독 けもの

獣	けもの	짐승	野獣	やじゅう	야수
獣類	じゅうるい	짐승류	獣医	じゅうい	수의사

叔	아재비 숙	음독 シュク	훈독

叔父	おじ	아저씨	叔母	おば	숙모	叔父さん	おじさん	숙부
叔父	しゅくふ	숙부	叔母	しゅくぼ	숙모			

淑	맑을 숙	음독 シュク	훈독

淑女	しゅくじょ	숙녀	淑徳	しゅくとく	여성의 미덕
貞淑	ていしゅく	정숙	私淑	ししゅく	본보기로 배움

粛	엄숙할 숙	음독 シュク	훈독

厳粛	げんしゅく	엄숙	静粛	せいしゅく	정숙
粛清	しゅくせい	숙청	自粛	じしゅく	자숙

縮	오그라들 축 小6	음독 シュク	훈독 ちぢむ

縮小	しゅくしょう	축소	縮尺	しゅくしゃく	축척	短縮	たんしゅく	단축
伸縮	しんしゅく	신축	伸縮性	しんしゅくせい	신축성	縮む	ちぢむ	오그라들다

塾	글방 숙	음독 ジュク	훈독

塾	じゅく	학원	私塾	しじゅく	사설 글방	塾長	じゅくちょう	사감
塾生	じゅくせい	학원생	学習塾	がくしゅうじゅく	보습학원			

熟	익을 숙	음독 ジュク	훈독 うれる

熟練 じゅくれん 숙련　熟語 じゅくご 숙어　円熟 えんじゅく 원숙
熟れる うれる 익다　習熟 しゅうじゅく 배워 능숙해짐

俊	준걸 준	음독 シュン	훈독

俊才 しゅんさい 준재　俊敏 しゅんびん 준민(머리가 날카롭고 날렵함)
俊足 しゅんそく 걸음이 빠름　俊英 しゅんえい 준영(뛰어나고 빼어남)

瞬	눈깜짝할 순	음독 シュン	훈독 またたく

瞬間 しゅんかん 순간　瞬時 しゅんじ 순간　瞬刻 しゅんこく 순간
一瞬 いっしゅん 일순　瞬く またたく 눈깜빡이다

旬	열흘 순	음독 ジュン	훈독

初旬 しょじゅん 초순　上旬 じょうじゅん 상순　中旬 ちゅうじゅん 중순
下旬 げじゅん 하순　旬間 じゅんかん 10일간

盾	방패 순	음독 ジュン	훈독 たて

盾 たて 방패　盾と矛 たてとほこ 창과 방패
矛盾 むじゅん 모순　後ろ楯 うしろだて 후원(자)

巡	순행할 순	음독 ジュン	훈독 めぐる

巡視 じゅんし 순시　巡察 じゅんさつ 순찰　一巡 いちじゅん 한바퀴 돎
巡回 じゅんかい 순회　巡る めぐる 돌다　お巡りさん おまわりさん 경찰

准	승인할 준	음독 ジュン	훈독

批准 ひじゅん 비준　准将 じゅんしょう 준장

潤	윤택할 윤	음독 ジュン	훈독 うるおう・うるむ

潤沢 じゅんたく 윤택　潤滑 じゅんかつ 윤활　潤滑油 じゅんかつゆ 윤활유
潤色 じゅんしょく 윤색　利潤 りじゅん 이윤　潤う うるおう 물기띠다

殉	따라죽을 순	음독 ジュン	훈독

殉職 じゅんしょく 순직　殉教 じゅんきょう 순교　殉教者 じゅんきょうしゃ 순교자
殉死 じゅんし 따라 죽음　殉難 じゅんなん 순난(공공의 이익을 위해 죽음)

循	돌 순	음독 ジュン	훈독

循環 じゅんかん 순환　因循 いんじゅん 인습(진보적이지 않음)

遵	좇을 준	음독 ジュン	훈독

遵法 じゅんぽう 준법　遵守 じゅんしゅ 준수

庶	여러 서	음독 ショ	훈독

庶民 しょみん 서민　庶務 しょむ 서무　庶子 しょし 서자

如	같을 여	음독 ジョ・ニョ	훈독

欠如 けつじょ 결여　突如 とつじょ 갑자기　如実 にょじつ 여실

序	차례 서	음독 ジョ	훈독

序曲 じょきょく 서곡　序文 じょぶん 서문　序列 じょれつ 서열
秩序 ちつじょ 질서　順序 じゅんじょ 순서

徐	천천히 할 서	음독 ジョ	훈독

徐行 じょこう 서행　徐徐 じょじょ 서서히

叙	펼 서	음독 ジョ	훈독

叙情 じょじょう 서정　叙情詩 じょじょうし 서정시　叙述 じょじゅつ 서술
自叙伝 じじょでん 자서전　叙景 じょけい 자연 경치를 나타냄

升	되 승	음독 ショウ	훈독 ます

升 ます 되　升目 ますめ 되
一升 いっしょう 한되　升酒 ますざけ 됫술(되로 파는 술)

匠	장인 장	음독 ショウ	훈독

師匠 ししょう 스승　巨匠 きょしょう 거장
画匠 がしょう 화가　名匠 めいしょう 명장

抄	베낄 초	음독 ショウ	훈독

抄本　しょうほん　초본　　戸籍抄本　こせきしょうほん　호적등본　抄訳　しょうやく　초역
詩抄　ししょう　시의 선집　　抄録　しょうろく　초록(필요한 곳만 뽑아씀)

宵	밤 소	음독 ショウ	훈독 よい

宵　よい　초저녁　　宵の口　よいのくち　초저녁　春宵　しゅんしょう　봄밤
徹宵　てっしょう　밤을 새움

肖	같을 초	음독 ショウ	훈독

肖像　しょうぞう　초상　　肖像画　しょうぞうが　초상화　不肖　ふしょう　불초

尚	오히려 상	음독 ショウ	훈독

尚武　しょうぶ　무예를 숭상함　　　　尚古　しょうこ　옛 문물을 숭상함
時期尚早　じきしょうそう　시기상조　　　　高尚　こうしょう　고상

松	솔 송	음독 ショウ	훈독 まつ

松　まつ　소나무　　松林　まつばやし　소나무숲　青松　せいしょう　청송
松の木　まつのき　소나무　　松原　まつばら　소나무 벌판

症	병세 증	음독 ショウ	훈독

症状　しょうじょう　증상　　炎症　えんしょう　염증
重症　じゅうしょう　중증　　不眠症　ふみんしょう　불면증

唱	노래 창	음독 ショウ	훈독 となえる

合唱　がっしょう　합창　　復唱　ふくしょう　복창　提唱　ていしょう　제창
独唱　どくしょう　독창　　唱える　となえる　소리내어 외다

晶	맑을 정	음독 ショウ	훈독

水晶　すいしょう　수정　　結晶　けっしょう　결정

傷	상처 상	小6 음독 ショウ	훈독 きず・いたむ

傷　きず　상처　　傷害　しょうがい　상해　負傷　ふしょう　부상
損傷　そんしょう　손상　　重傷　じゅうしょう　중상　傷む　いたむ　아프다

| 償 | 보상할 상 | 음독 ショウ | 훈독 つぐなう |

| 償還 しょうかん 상환 | 賠償 ばいしょう 배상 | 代償 だいしょう 대가 |
| 弁償 べんしょう 변상 | 償う つぐなう 보상하다 |

| 訟 | 송사할 송 | 음독 ショウ | 훈독 |

| 訴訟 そしょう 소송 |

| 詔 | 고할 조 | 음독 ショウ | 훈독 みことのり |

| 詔書 しょうしょ 조서 | 召命 しょうめい 소명 | 詔勅 しょうちょく 조칙 |

| 証 | 증거 증 ⑤5 | 음독 ショウ | 훈독 |

| 証人 しょうにん 증인 | 証言 しょうげん 증언 | 証拠 しょうこ 증거 |
| 保証 ほしょう 보증 | 領収証 りょうしゅうしょう 영수증 | 証書 しょうしょ 증서 |

| 詳 | 자세할 상 | 음독 ショウ | 훈독 くわしい |

| 詳細 しょうさい 상세 | 詳報 しょうほう 상세한 보고 | 詳述 しょうじゅつ 상술 |
| 未詳 みしょう 미상 | 詳しい くわしい 상세하다 |

| 祥 | 상서로울 상 | 음독 ショウ | 훈독 |

| 発祥 はっしょう 발상 | 発祥地 はっしょうち 발상지 | 吉祥 きっしょう 길조 |
| 不祥 ふしょう 미상 |

| 称 | 일컬을 칭 | 음독 ショウ | 훈독 |

| 称号 しょうごう 칭호 | 称賛 しょうさん 칭찬 | 敬称 けいしょう 경칭 |
| 名称 めいしょう 명칭 | 愛称 あいしょう 애칭 | 自称 じしょう 자칭 |

| 彰 | 밝을 창 | 음독 ショウ | 훈독 |

| 顕彰 けんしょう 숨어 있는 선행 밝히어 알림 |
| 表彰 ひょうしょう 표상(상징) |

| 障 | 막힐 장 | 음독 ショウ | 훈독 さわる |

| 障害 しょうがい 장애 | 障子 しょうじ 미닫이(문) | 保障 ほしょう 보장 |
| 故障 こしょう 고장 | 障る さわる 지장이 되다 |

硝	초석 초	음독 ショウ	훈독			
	硝石 しょうせき 초석	硝煙 しょうえん 초연	硝酸 しょうさん 초산			

礁	암초 초	음독 ショウ	훈독			
	暗礁 あんしょう 암초	岩礁 がんしょう 암초	座礁 ざしょう 좌초			

掌	손바닥 장	음독 ショウ	훈독			
	掌握 しょうあく 장악	車掌 しゃしょう 차장	合掌 がっしょう 합장			
	管掌 かんしょう 관장					

粧	단장할 장	음독 ショウ	훈독			
	化粧 けしょう 화장	化粧品 けしょうひん 화장품				
	薄化粧 うすげしょう 엷은 화장					

焦	그을릴 초	음독 ショウ	훈독 こげる・あせる			
	焦点 しょうてん 초점	焦心 しょうしん 초조해 함	焦土 しょうど 초토			
	焦熱 しょうねつ 타는듯한 더위	焦げる こげる 타다	焦る あせる 초조하다			

奨	권할 장	음독 ショウ	훈독			
	奨学 しょうがく 장학	勧奨 かんしょう 권장	奨学金 しょうがくきん 장학금			
	奨励 しょうれい 장려	推奨 すいしょう 추장	奨学生 しょうがくせい 장학생			

衝	부딪칠 충	음독 ショウ	훈독			
	衝突 しょうとつ 충돌	衝撃 しょうげき 충격	衝動 しょうどう 충동			
	折衝 せっしょう 절충					

鐘	쇠북 종	음독 ショウ	훈독 かね			
	鐘 かね 종	鐘楼 しょうろう 종루	半鐘 はんしょう 경종(작은 종)			
	警鐘 けいしょう 경종	晩鐘 ばんしょう 만종(저녁종)				

昭	밝을 소	음독 ショウ	훈독			
	昭和 しょうわ 소화(일본의 연호 중의 하나)					

涉	건널 섭	**음독** ショウ	**훈독**

渉猟　しょうりょう 섭렵　　渉外　しょうがい 섭외
干渉　かんしょう 간섭　　交渉　こうしょう 교섭

丈	어른 장	**음독** ジョウ	**훈독** たけ

丈　たけ キ　　　背丈　せたけ キ
身丈　みたけ 옷 길이　　丈夫　じょうぶ 튼튼함

冗	쓸데없는 용	**음독** ジョウ	**훈독**

冗談　じょうだん 농담　　冗長　じょうちょう 쓸데없이 김　冗費　じょうひ 낭비
冗漫　じょうまん 장황함(지루함)

壌	부드러울 양	**음독** ジョウ	**훈독**

土壌　どじょう 토양　　壌土　じょうど 양토(경작에 적합한 흙)

嬢	계집애 양	**음독** ジョウ	**훈독**

お嬢さん おじょうさん 따님　　令嬢　れいじょう 따님　　愛嬢　あいじょう 따님

譲	사양할 양	**음독** ジョウ	**훈독** ゆずる

譲歩　じょうほ 양보　　譲与　じょうよ 양도　　譲渡　じょうと 양도
謙譲　けんじょう 겸양　　謙譲語 けんじょうご 겸양어　譲る　ゆずる 양보하다

醸	술빚을 양	**음독** ジョウ	**훈독** かもす

醸造　じょうぞう 양조　　醸酒　じょうしゅ 양주(술을 담금)
醸す　かもす 술을 빚다　醸成　じょうせい 조성/양조

剰	남을 잉	**음독** ジョウ	**훈독**

剰餘　じょうよ 잉여　　過剰　かじょう 과잉

情	뜻 정	**음독** ジョウ	**훈독** なさけ

情け　なさけ 정　　情報　じょうほう 정보　　情熱　じょうねつ 정열
友情　ゆうじょう 우정　　人情　にんじょう 인정

浄	깨끗할 정	음독 ジョウ	훈독

浄化	じょうか	정화	浄土	じょうど	극락정토	清浄	せいじょう	청정
不浄	ふじょう	부정						

錠	신선로 정	음독 ジョウ	훈독

錠剤	じょうざい	정제	錠前	じょうまえ	자물쇠	手錠	てじょう	수갑
施錠	せじょう	자물쇠를 채움						

縄	밧줄 승	음독 ジョウ	훈독 なわ

縄	なわ	밧줄	縄跳び	なわとび	줄넘기	縄文	じょうもん	조문
自縄	じじょう	자승						

殖	번식할 식	음독 ショク	훈독 ふやす・ふえる

養殖	ようしょく	양식	利殖	りしょく	이식	生殖	せいしょく	생식
繁殖	はんしょく	번식	殖やす	ふやす	늘리다			

飾	꾸밀 식	음독 ショク	훈독 かざる

修飾	しゅうしょく	수식	修飾語	しゅうしょくご	수식어	装飾	そうしょく	장식
服飾	ふくしょく	복식	虚飾	きょしょく	허식	飾る	かざる	꾸미다

嘱	부탁할 촉	음독 ショク	훈독

嘱託	しょくたく	위탁	嘱望	しょくぼう	촉망	委嘱	いしょく	위촉

織	짤 직	小5 음독 ショク・シキ	훈독 おる

織女	しょくじょ	직녀	織機	しょっき	직기	組織	そしき	조직
紡織	ぼうしょく	방직	織物	おりもの	직물	織る	おる	짜다

辱	욕 욕	음독 ジョク	훈독 はずかしめる

屈辱	くつじょく	굴욕	恥辱	ちじょく	치욕	侮辱	ぶじょく	모욕
雪辱	せつじょく	설욕	辱める	はずかしめる	욕보이다			

侵	침범할 침	음독 シン	훈독 おかす

侵略	しんりゃく	침략	侵入	しんにゅう	침입	侵犯	しんぱん	침범
不可侵	ふかしん	불가침	侵す	おかす	범하다			

紳	신사 신	음독 シン	훈독			
	紳士 しんし 신사					

審	살필 심	음독 シン	훈독			
	審議 しんぎ 심의	審理 しんり 심리	審判 しんぱん 심판			
	不審 ふしん 불심(확실하지 않음)					

診	진찰할 진	음독 シン	훈독 みる			
	診察 しんさつ 진찰	診断 しんだん 진단	健康診断 けんこうしんだん 건강진단			
	診療 しんりょう 진료	往診 おうしん 왕진	診る みる 진찰하다			

娠	아이밸 신	음독 シン	훈독			
	妊娠 にんしん 임신					

唇	입술 순	음독 シン	훈독 くちびる			
	唇 くちびる 입술	唇音 しんおん 순음(ま, ば, ぱ 등)				
	口唇 こうしん 입술	紅唇 こうしん 붉은 입술과 흰 이				

振	떨칠 진	음독 シン	훈독 ふる・ふるう			
	振動 しんどう 진동	振興 しんこう 진흥	不振 ふしん 부진			
	三振 さんしん 삼진(야구)	振る ふる 흔들다				

津	나루 진	음독 シン	훈독 つ			
	津 つ 나루터	津々浦々 つつうらうら 전국 방방곡곡				
	津波 つなみ 해일	興味津々 きょうみしんしん 흥미진진				

浸	적실 침	음독 シン	훈독 ひたす・ひたる			
	浸水 しんすい 침수	浸透 しんとう 침투	浸食 しんしょく 침식			
	水浸し みずびたし 침수	浸す ひたす 물에 담그다	浸る ひたる 잠기다			

慎	삼갈신	음독 シン	훈독 つつしむ			
	慎重 しんちょう 진중	謹慎 きんしん 근신	慎む つつしむ 삼가다			

1급

341

刃	칼날 인	음독 ジン	훈독 は
	刃 は 칼날	刃物 はもの 칼	白刃 はくじん 예리한 칼
	自刃 じじん 자결	凶刃 きょうじん 살인에 쓰는 칼	

仁	어질 인 小6	음독 ジン	훈독
	仁愛 じんあい 인애	仁義 じんぎ 인의	仁德 じんとく 인덕
	仁術 じんじゅつ 인술		

尽	다할 진	음독 ジン	훈독 つくす・つきる
	尽力 じんりょく 힘씀	無尽 むじん 무진(그치지 않음)	無尽蔵 むじんぞう 무진장
	尽くす つくす 다하다	尽きる つきる 다하다	

臣	신하 신	음독 シン・ジン	훈독
	臣下 しんか 신하	君臣 くんしん 군신	重臣 じゅうしん 중신
	大臣 だいじん 장관	大蔵大臣 おおくらだいじん 재정경제부장관	

迅	빠를 신	음독 ジン	훈독
	迅速 じんそく 신속	奮迅 ふんじん 분기	
	迅雷 じんらい 신뢰(맹렬함)		

甚	심할 심	음독 ジン	훈독 はなはだしい
	甚大 じんだい 몹시 큼	劇甚 げきじん 격심	幸甚 こうじん 다행
	甚だしい はなはだしい 심하다		

陣	진칠 진	음독 ジン	훈독
	陣頭 じんとう 진두	陣営 じんえい 진영	敵陣 てきじん 적진
	陣中 じんちゅう 진중(전쟁 중)		

尋	찾을 심	음독 ジン	훈독 たずねる
	尋問 じんもん 심문	尋常 じんじょう 보통(예사스러움)	
	千尋 せんじん 천길	尋ねる たずねる 묻다	

腎	콩팥 신	음독 ジン	훈독
	腎臓 じんぞう 신장	腎臓炎 じんぞうえん 신장염	

垂	드리울 수	小6	음독 スイ		훈독 たれる・たらす			
	垂線	すいせん	수직선	垂直	すいちょく	수직	垂範 すいはん	수범
	胃下垂	いかすい	위하수	垂れる	たれる	드리워지다		

炊	밥지을 취		음독 スイ		훈독 たく			
	炊事	すいじ	취사	炊飯器	すいはんき	밥솥	自炊 じすい	자취
	炊煙	すいえん	밥짓는 연기	雑炊	ぞうすい	잡탕죽		

粋	순순할 수		음독 スイ		훈독			
	純粋	じゅんすい	순수	精粋	せいすい	정수	抜粋 ばっすい	발췌
	粋人	すいじん	풍류인					

衰	쇠약할 쇠		음독 スイ		훈독 おとろえる			
	衰退	すいたい	쇠퇴	衰弱	すいじゃく	쇠약	衰亡 すいぼう	쇠망
	老衰	ろうすい	노쇠	衰える	おとろえる	쇠약하다		

推	밀 추		음독 スイ		훈독 おす			
	推理	すいり	추리	推測	すいそく	추측	推理小説 すいりしょうせつ	추리소설
	推定	すいてい	추측	類推	るいすい	유추	推す おす	밀다

遂	드디어 수		음독 スイ		훈독 とげる			
	遂行	すいこう	수행	完遂	かんすい	완수	既遂 きすい	기수
	未遂	みすい	미수	遂げる	とげる	완수하다		

睡	졸 수		음독 スイ		훈독			
	睡眠	すいみん	수면	睡眠剤	すいみんざい	수면제	睡魔 すいま	수마
	熟睡	じゅくすい	숙면	午睡	ごすい	낮잠		

酔	취할 취		음독 スイ		훈독 よう			
	酔漢	すいかん	취객	酔態	すいたい	취태	麻酔 ますい	마취
	心酔	しんすい	심취	酔う	よう	취하다		

穂	이삭 수		음독 スイ		훈독 ほ			
	穂	ほ	이삭	穂先	ほさき	이삭 끝	稲穂 いなほ	벼이삭

1급

343

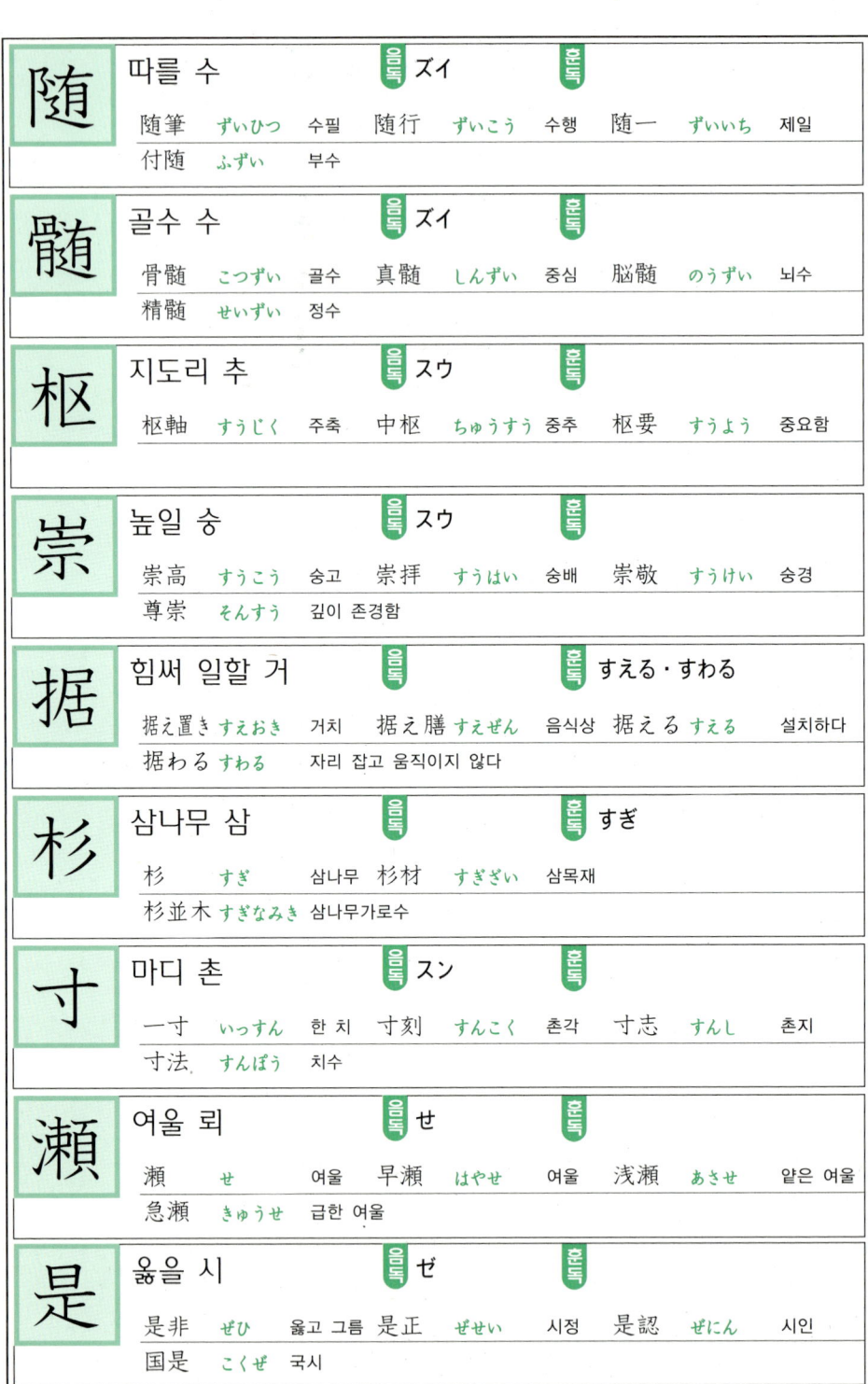

隨	따를 수	음독 ズイ	훈독					
	随筆 ずいひつ 수필	随行 ずいこう 수행	随一 ずいいち 제일
	付随 ふずい 부수		

髓	골수 수	음독 ズイ	훈독					
	骨髄 こつずい 골수	真髄 しんずい 중심	脳髄 のうずい 뇌수
	精髄 せいずい 정수		

枢	지도리 추	음독 スウ	훈독					
	枢軸 すうじく 주축	中枢 ちゅうすう 중추	枢要 すうよう 중요함

崇	높일 숭	음독 スウ	훈독					
	崇高 すうこう 숭고	崇拝 すうはい 숭배	崇敬 すうけい 숭경
	尊崇 そんすう 깊이 존경함		

据	힘써 일할 거	음독	훈독 すえる・すわる					
	据え置き すえおき 거치	据え膳 すえぜん 음식상	据える すえる 설치하다
	据わる すわる 자리 잡고 움직이지 않다		

杉	삼나무 삼	음독	훈독 すぎ					
	杉 すぎ 삼나무	杉材 すぎざい 삼목재	
	杉並木 すぎなみき 삼나무가로수		

寸	마디 촌	음독 スン	훈독					
	一寸 いっすん 한 치	寸刻 すんこく 촌각	寸志 すんし 촌지
	寸法 すんぽう 치수		

瀬	여울 뢰	음독 せ	훈독					
	瀬 せ 여울	早瀬 はやせ 여울	浅瀬 あさせ 얕은 여울
	急瀬 きゅうせ 급한 여울		

是	옳을 시	음독 ゼ	훈독					
	是非 ぜひ 옳고 그름	是正 ぜせい 시정	是認 ぜにん 시인
	国是 こくぜ 국시		

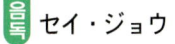

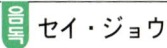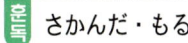
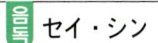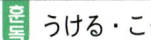

井 우물 정

음독 セイ・ジョウ 훈독 い

| 井 | い | 우물 | 井戸 | いど | 우물 | 市井 | しせい | 시정(서민 사회) |
| 天井 | てんじょう | 천정 | 井戸端 | いどばた | 우물가 | | | |

斉 모두 제

음독 セイ 훈독

| 一斉 | いっせい | 일제 | 一斉に | いっせいに | 일제히 | 斉唱 | せいしょう | 제창 |

婿 사위 서

음독 セイ 훈독 むこ

| 婿 | むこ | 사위 | お婿さん | おむこさん | 사위 | 娘婿 | むすめむこ | 사위 |
| 婿養子 | むこようし | 데릴사위 | 女婿 | じょせい | 사위 | | | |

征 칠 정

음독 セイ 훈독

| 征服 | せいふく | 정복 | 征伐 | せいばつ | 정벌 | 遠征 | えんせい | 원정 |
| 出征 | しゅっせい | 출정 | | | | | | |

牲 희생 생

음독 セイ 훈독

| 犠牲 | ぎせい | 희생 | 犠牲者 | ぎせいしゃ | 희생자 | | | |

逝 죽을 서

음독 セイ 훈독 ゆく

| 逝去 | せいきょ | 서거 | 急逝 | きゅうせい | 급사 | 長逝 | ちょうせい | 서거 |
| 逝く | ゆく | 죽다 | | | | | | |

誠 정성 성 小6

음독 セイ 훈독 まこと

| 誠 | まこと | 정성 | 誠に | まことに | 정말로 | 誠実 | せいじつ | 성실 |
| 誠意 | せいい | 성의 | 忠誠 | ちゅうせい | 충성 | 至誠 | しせい | 지성 |

盛 성할 성

음독 セイ・ジョウ 훈독 さかんだ・もる

| 盛大 | せいだい | 성대 | 全盛 | ぜんせい | 전성 | 隆盛 | りゅうせい | 융성 |
| 繁盛 | はんじょう | 번성 | 盛んだ | さかんだ | 번창하다 | 盛る | もる | 담다 |

請 청할 청

음독 セイ・シン 훈독 うける・こう

| 請求 | せいきゅう | 청구 | 請願 | せいがん | 청원 | 申請 | しんせい | 신청 |
| 普請 | ふしん | 건축 공사 | 請ける | うける | 찾아내다 | | | |

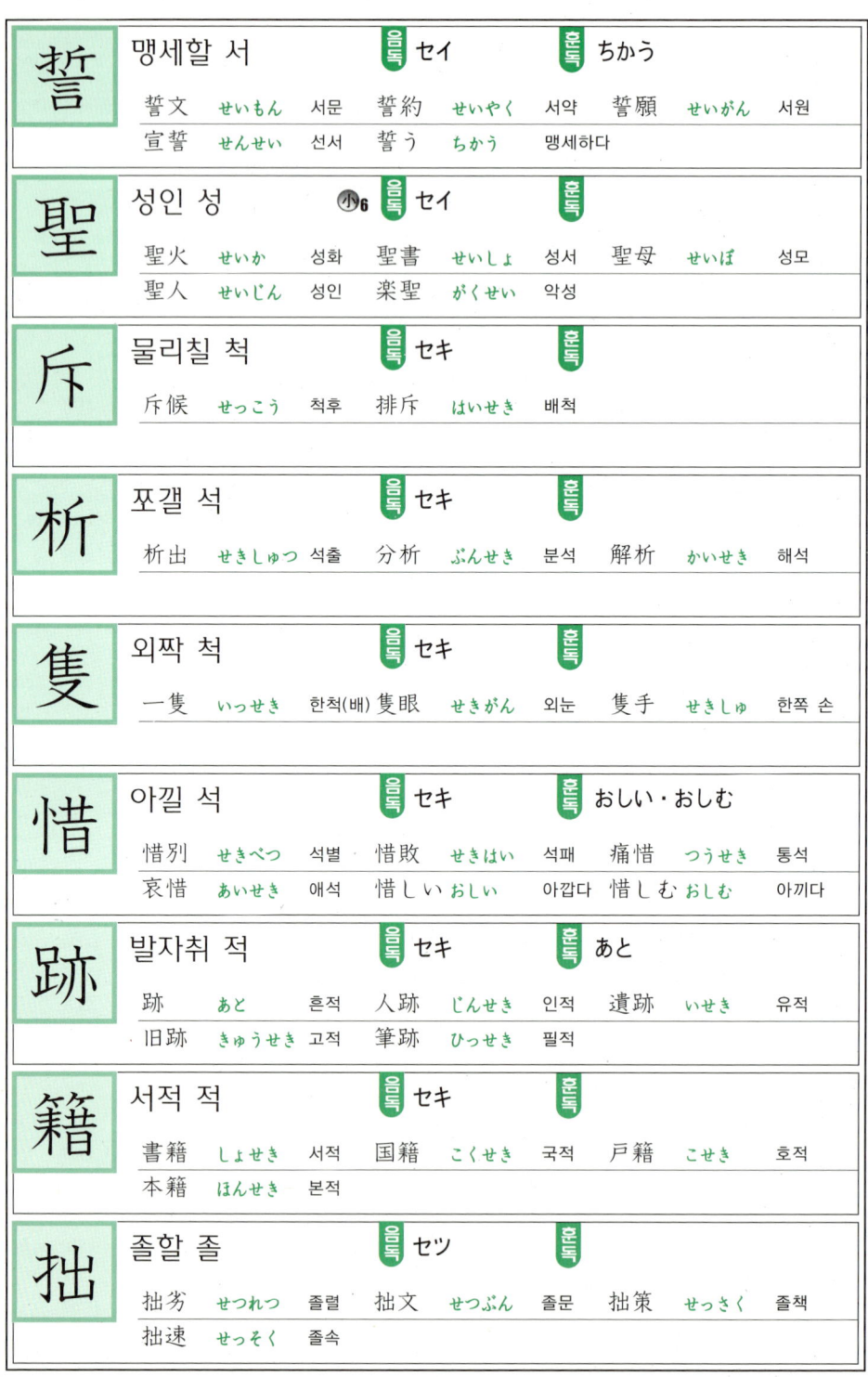

誓	맹세할 서	음독 セイ	훈독 ちかう
	誓文 せいもん 서문	誓約 せいやく 서약	誓願 せいがん 서원
	宣誓 せんせい 선서	誓う ちかう 맹세하다	

聖	성인 성 小6	음독 セイ	훈독
	聖火 せいか 성화	聖書 せいしょ 성서	聖母 せいぼ 성모
	聖人 せいじん 성인	楽聖 がくせい 악성	

斥	물리칠 척	음독 セキ	훈독
	斥候 せっこう 척후	排斥 はいせき 배척	

析	쪼갤 석	음독 セキ	훈독
	析出 せきしゅつ 석출	分析 ぶんせき 분석	解析 かいせき 해석

隻	외짝 척	음독 セキ	훈독
	一隻 いっせき 한척(배)	隻眼 せきがん 외눈	隻手 せきしゅ 한쪽 손

惜	아낄 석	음독 セキ	훈독 おしい・おしむ
	惜別 せきべつ 석별	惜敗 せきはい 석패	痛惜 つうせき 통석
	哀惜 あいせき 애석	惜しい おしい 아깝다	惜しむ おしむ 아끼다

跡	발자취 적	음독 セキ	훈독 あと
	跡 あと 흔적	人跡 じんせき 인적	遺跡 いせき 유적
	旧跡 きゅうせき 고적	筆跡 ひっせき 필적	

籍	서적 적	음독 セキ	훈독
	書籍 しょせき 서적	国籍 こくせき 국적	戸籍 こせき 호적
	本籍 ほんせき 본적		

拙	졸할 졸	음독 セツ	훈독
	拙劣 せつれつ 졸렬	拙文 せつぶん 졸문	拙策 せっさく 졸책
	拙速 せっそく 졸속		

摂	끌어잡을 섭	음독 セツ	훈독

摂理 せつり 섭리　摂取 せっしゅ 섭취　摂政 せっしょう 섭정
摂生 せっせい 섭생

窃	도둑 절	음독 セツ	훈독

窃取 せっしゅ 절취　窃盗 せっとう 절도　剽窃 ひょうせつ 표절

舌	혀 설	小5 음독 ゼツ	훈독 した

舌 した 혀　舌打 したうち 입맛 다심　舌戦 ぜっせん 설전
筆舌 ひつぜつ 필설　弁舌 べんぜつ 말솜씨　毒舌 どくぜつ 독설

仙	신선 선	음독 セン	훈독

仙界 せんかい 선계　仙人 せんにん 선인　水仙 すいせん 수선화
詩仙 しせん 시선

宣	베풀 선	小6 음독 セン	훈독

宣言 せんげん 선언　宣伝 せんでん 선전　宣告 せんこく 선고
宣戦 せんせん 전쟁 선포

栓	나무못 전	음독 セン	훈독

栓 せん 병뚜껑　栓抜き せんぬき 병따개　消火栓 しょうかせん 소화전

1급

扇	부채 선	음독 セン	훈독 おうぎ

扇 おうぎ 부채　扇子 せんす 부채　扇風機 せんぷうき 선풍기
扇動 せんどう 선동

染	물들일 염	음독 セン	훈독 そめる・しみる

染色 せんしょく 염색　染料 せんりょう 염료　汚染 おせん 오염
伝染 でんせん 전염　伝染病 でんせんびょう 전염병　染める そめる 물들이다

銭	돈 전	小5 음독 セン	훈독 ぜに

銭 ぜに 엽전　小銭 こぜに 잔돈　金銭 きんせん 금전
悪銭 あくせん 부정한 돈　銅銭 どうせん 동전　銭湯 せんとう 대중목욕탕

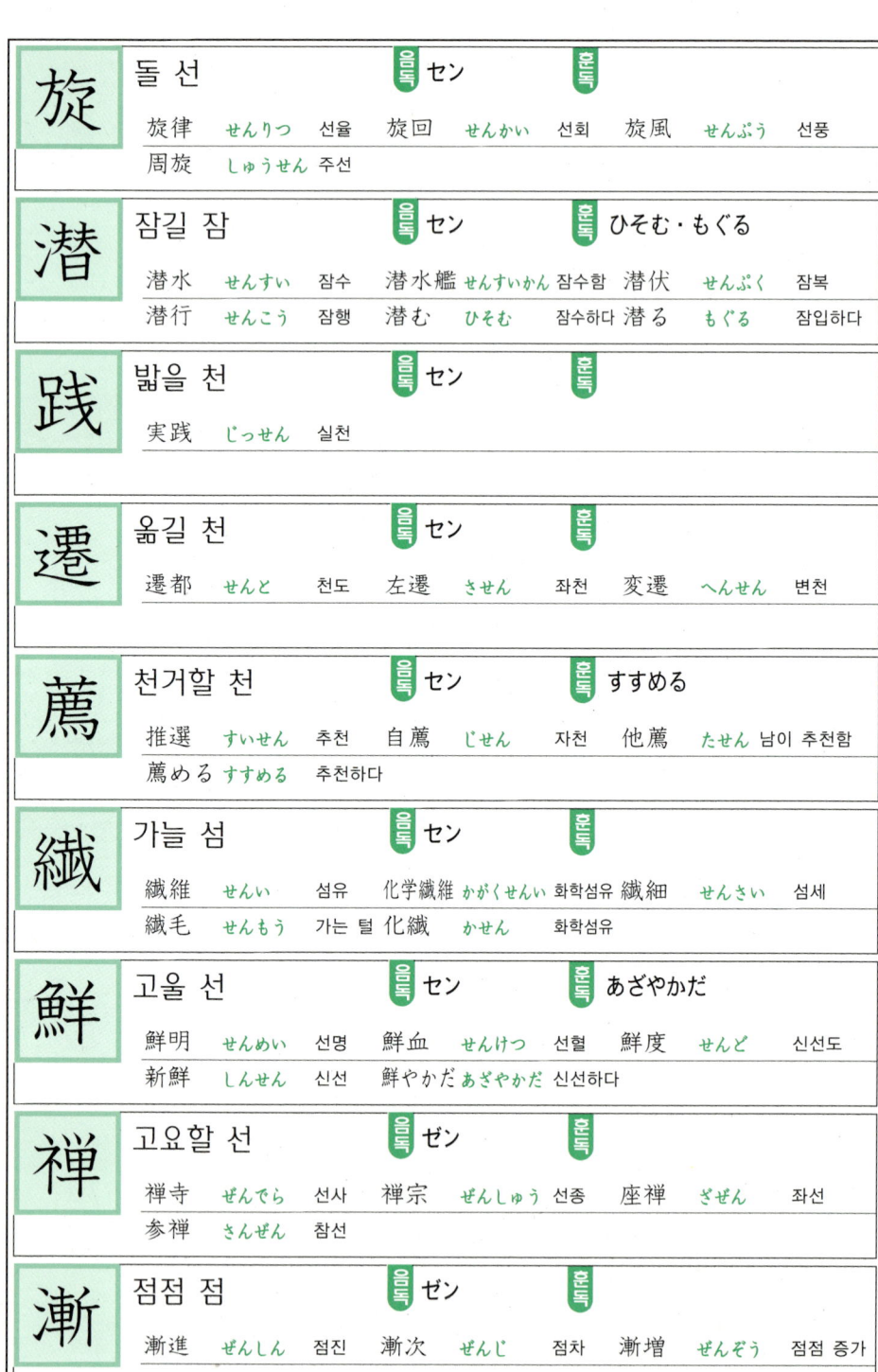

旋	돌 선	음독 セン	훈독				
	旋律 せんりつ 선율	旋回 せんかい 선회	旋風 せんぷう 선풍				
	周旋 しゅうせん 주선						

潜	잠길 잠	음독 セン	훈독 ひそむ・もぐる				
	潜水 せんすい 잠수	潜水艦 せんすいかん 잠수함	潜伏 せんぷく 잠복				
	潜行 せんこう 잠행	潜む ひそむ 잠수하다	潜る もぐる 잠입하다				

践	밟을 천	음독 セン	훈독				
	実践 じっせん 실천						

遷	옮길 천	음독 セン	훈독				
	遷都 せんと 천도	左遷 させん 좌천	変遷 へんせん 변천				

薦	천거할 천	음독 セン	훈독 すすめる				
	推選 すいせん 추천	自薦 じせん 자천	他薦 たせん 남이 추천함				
	薦める すすめる 추천하다						

繊	가늘 섬	음독 セン	훈독				
	繊維 せんい 섬유	化学繊維 かがくせんい 화학섬유	繊細 せんさい 섬세				
	繊毛 せんもう 가는 털	化繊 かせん 화학섬유					

鮮	고울 선	음독 セン	훈독 あざやかだ				
	鮮明 せんめい 선명	鮮血 せんけつ 선혈	鮮度 せんど 신선도				
	新鮮 しんせん 신선	鮮やかだ あざやかだ 신선하다					

禅	고요할 선	음독 ゼン	훈독				
	禅寺 ぜんでら 선사	禅宗 ぜんしゅう 선종	座禅 ざぜん 좌선				
	参禅 さんぜん 참선						

漸	점점 점	음독 ゼン	훈독				
	漸進 ぜんしん 점진	漸次 ぜんじ 점차	漸増 ぜんぞう 점점 증가				

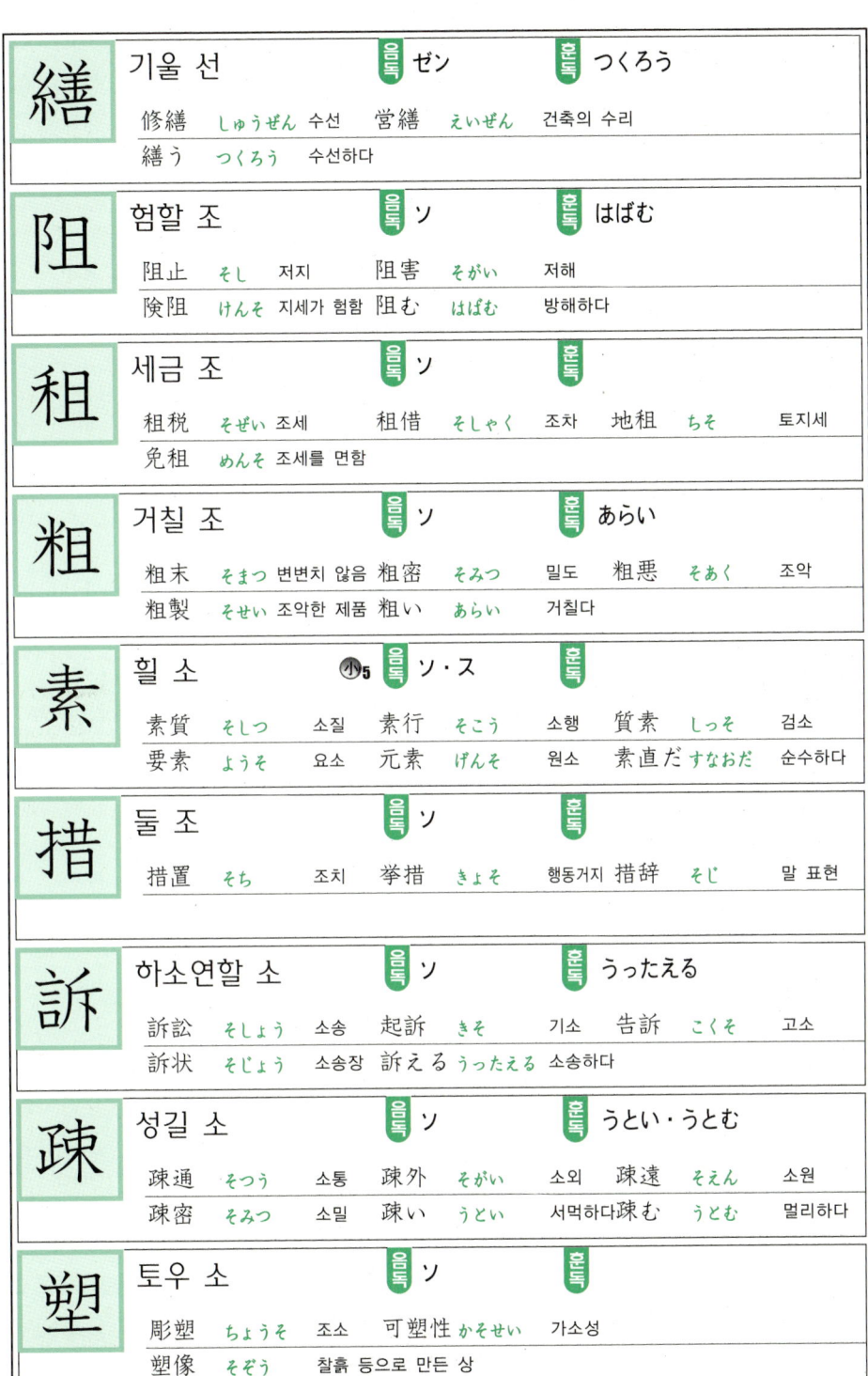

繕	기울 선	음독 ゼン	훈독 つくろう

修繕　しゅうぜん　수선　営繕　えいぜん　건축의 수리
繕う　つくろう　수선하다

阻	험할 조	음독 ソ	훈독 はばむ

阻止　そし　저지　阻害　そがい　저해
険阻　けんそ　지세가 험함　阻む　はばむ　방해하다

租	세금 조	음독 ソ	훈독

租税　そぜい　조세　租借　そしゃく　조차　地租　ちそ　토지세
免租　めんそ　조세를 면함

粗	거칠 조	음독 ソ	훈독 あらい

粗末　そまつ　변변치 않음　粗密　そみつ　밀도　粗悪　そあく　조악
粗製　そせい　조악한 제품　粗い　あらい　거칠다

素	힐 소 小5	음독 ソ・ス	훈독

素質　そしつ　소질　素行　そこう　소행　質素　しっそ　검소
要素　ようそ　요소　元素　げんそ　원소　素直だ　すなおだ　순수하다

措	둘 조	음독 ソ	훈독

措置　そち　조치　挙措　きょそ　행동거지　措辞　そじ　말 표현

訴	하소연할 소	음독 ソ	훈독 うったえる

訴訟　そしょう　소송　起訴　きそ　기소　告訴　こくそ　고소
訴状　そじょう　소송장　訴える　うったえる　소송하다

疎	성길 소	음독 ソ	훈독 うとい・うとむ

疎通　そつう　소통　疎外　そがい　소외　疎遠　そえん　소원
疎密　そみつ　소밀　疎い　うとい　서먹하다　疎む　うとむ　멀리하다

塑	토우 소	음독 ソ	훈독

彫塑　ちょうそ　조소　可塑性　かそせい　가소성
塑像　そぞう　찰흙 등으로 만든 상

礎	주춧돌 초	음독 ソ	훈독 いしずえ

礎 いしずえ 주춧돌 礎石 そせき 초석 基礎 きそ 기초
定礎 ていそ 주춧돌을 놓음

宗	마루 종	小6 음독 シュウ・ソウ	훈독

宗教 しゅうきょう 종교 宗派 しゅうは 종파 宗家 そうけ 종가
宗匠 そうしょう 선생(다도 등을 가르침)

奏	아뢸 주	小6 음독 ソウ	훈독 かなでる

演奏 えんそう 연주 合奏 がっそう 합주 独奏 どくそう 독주
伴奏 ばんそう 반주 吹奏楽 すいそうがく 취주악 奏でる かなでる 연주하다

壮	씩씩할 장	음독 ソウ	훈독

壮観 そうかん 장관 壮大 そうだい 웅대 壮行 そうこう 출발을 성대히 함
壮語 そうご 장담 悲壮 ひそう 비장 悲壮感 ひそうかん 비장감

倉	곳집 창	小4 음독 ソウ	훈독 くら

倉 くら 곳간 倉庫 そうこ 창고 船倉 ふなぐら 선창
穀倉 こくそう 곡창 鎌倉 かまくら 가마꾸라(지명)

曹	무리 조	음독 ソウ	훈독

法曹 ほうそう 법조 法曹界 ほうそうかい 법조계 陸曹 りくそう 하사관
軍曹 ぐんそう 중사

槽	구유 조	음독 ソウ	훈독

浴槽 よくそう 욕조 水槽 すいそう 수조

遭	만날 조	음독 ソウ	훈독 あう

遭難 そうなん 조난 遭遇 そうぐう 조우 遭う あう 만나다

桑	뽕나무 상	음독 ソウ	훈독 くわ

桑 くわ 뽕나무 桑の木 くわのき 뽕나무 桑の実 くわのみ 뽕나무 열매
桑畑 くわばたけ 뽕나무밭 桑園 そうえん 뽕나무밭 桑田 そうでん 뽕나무밭

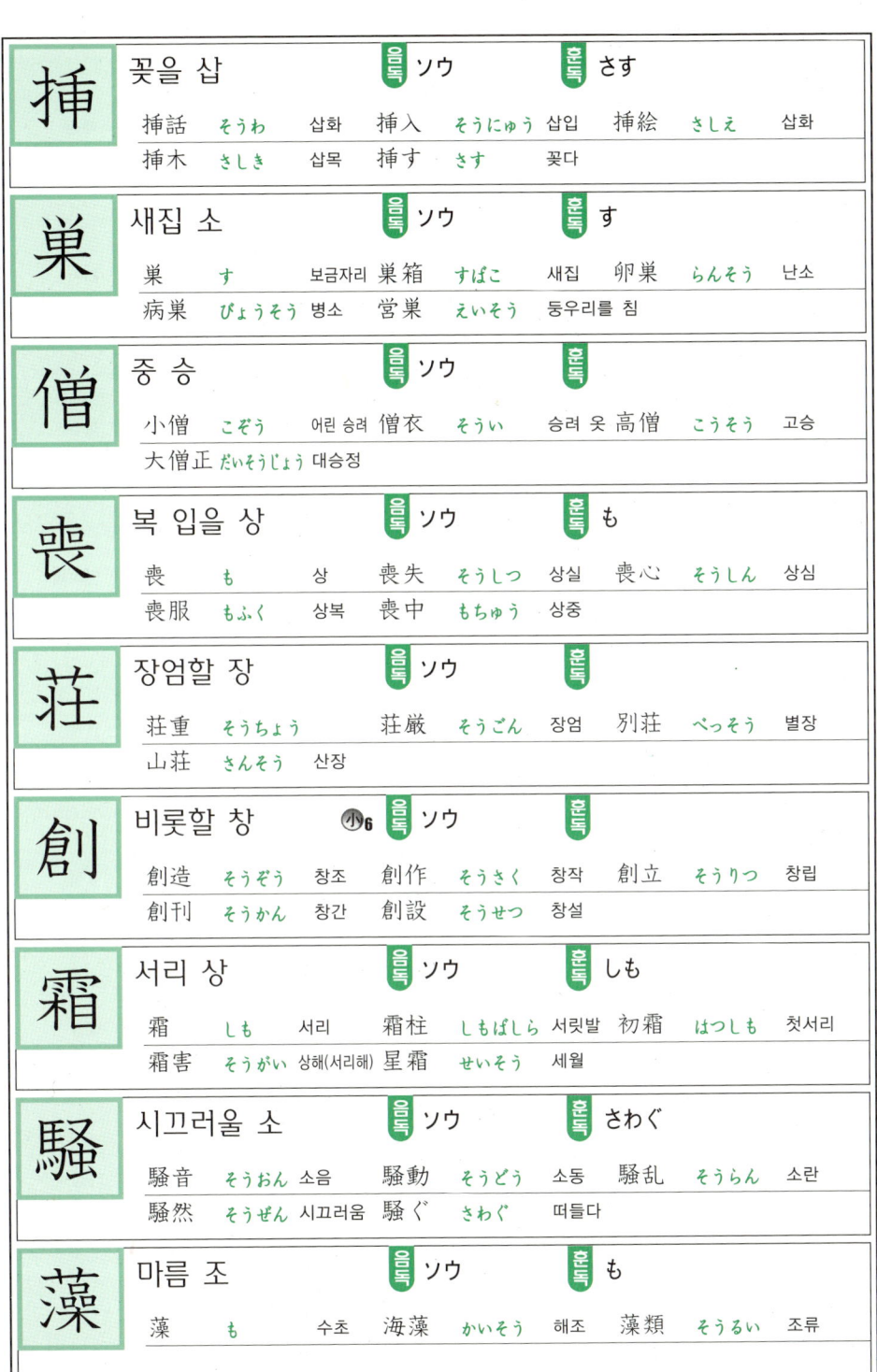

挿	꽂을 삽	음독 ソウ	훈독 さす			
	挿話 そうわ 삽화	挿入 そうにゅう 삽입	挿絵 さしえ 삽화			
	挿木 さしき 삽목	挿す さす 꽂다				

巣	새집 소	음독 ソウ	훈독 す			
	巣 す 보금자리	巣箱 すばこ 새집	卵巣 らんそう 난소			
	病巣 びょうそう 병소	営巣 えいそう 둥우리를 침				

僧	중 승	음독 ソウ	훈독			
	小僧 こぞう 어린 승려	僧衣 そうい 승려 옷	高僧 こうそう 고승			
	大僧正 だいそうじょう 대승정					

喪	복 입을 상	음독 ソウ	훈독 も			
	喪 も 상	喪失 そうしつ 상실	喪心 そうしん 상심			
	喪服 もふく 상복	喪中 もちゅう 상중				

荘	장엄할 장	음독 ソウ	훈독			
	荘重 そうちょう	荘厳 そうごん 장엄	別荘 べっそう 별장			
	山荘 さんそう 산장					

創	비롯할 창 小6	음독 ソウ	훈독			
	創造 そうぞう 창조	創作 そうさく 창작	創立 そうりつ 창립			
	創刊 そうかん 창간	創設 そうせつ 창설				

霜	서리 상	음독 ソウ	훈독 しも			
	霜 しも 서리	霜柱 しもばしら 서릿발	初霜 はつしも 첫서리			
	霜害 そうがい 상해(서리해)	星霜 せいそう 세월				

騒	시끄러울 소	음독 ソウ	훈독 さわぐ			
	騒音 そうおん 소음	騒動 そうどう 소동	騒乱 そうらん 소란			
	騒然 そうぜん 시끄러움	騒ぐ さわぐ 떠들다				

藻	마름 조	음독 ソウ	훈독 も			
	藻 も 수초	海藻 かいそう 해조	藻類 そうるい 조류			

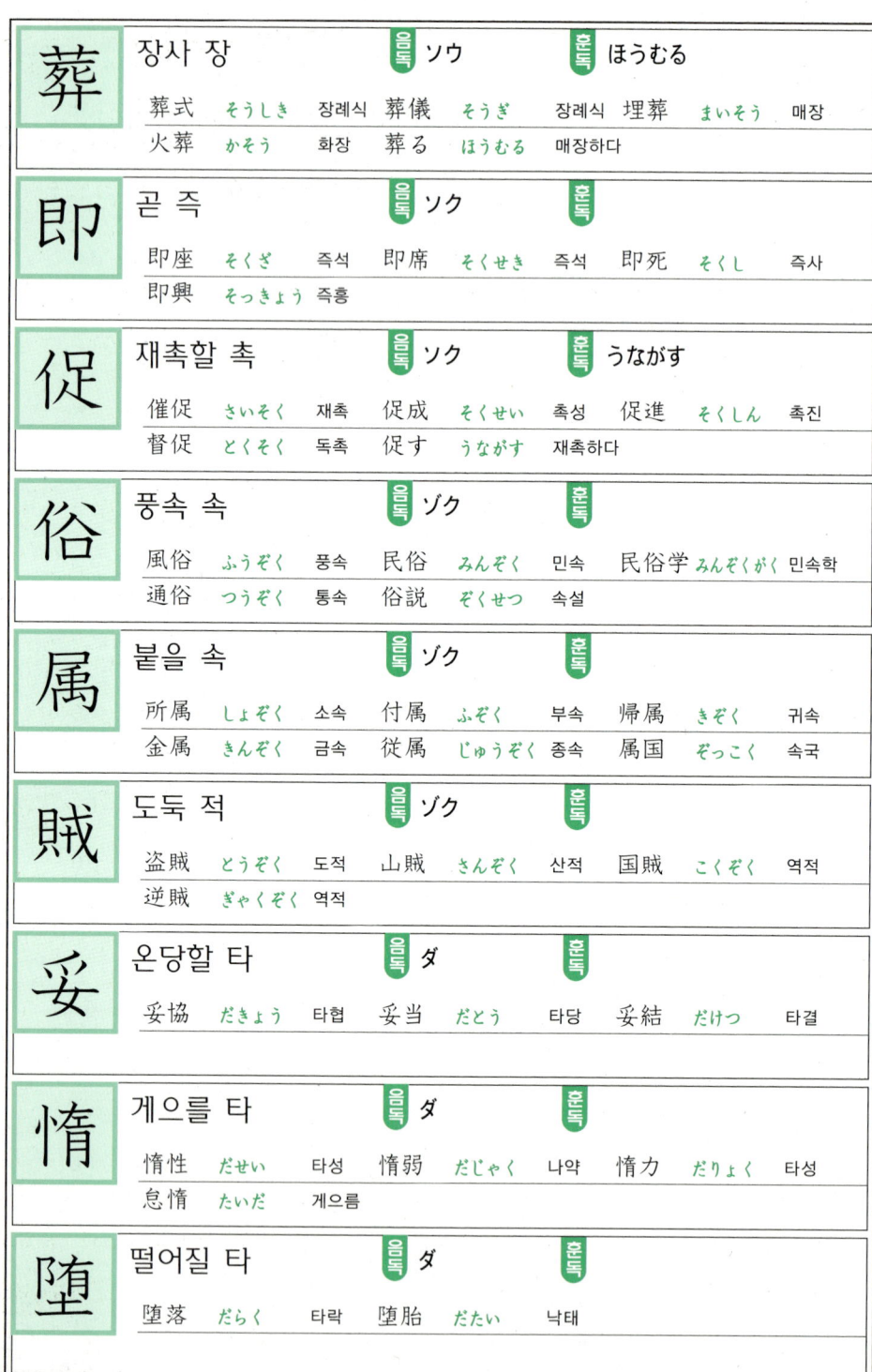

葬	장사 장	음독 ソウ	훈독 ほうむる
	葬式 そうしき 장례식	葬儀 そうぎ 장례식	埋葬 まいそう 매장
	火葬 かそう 화장	葬る ほうむる 매장하다	

即	곧 즉	음독 ソク	훈독
	即座 そくざ 즉석	即席 そくせき 즉석	即死 そくし 즉사
	即興 そっきょう 즉흥		

促	재촉할 촉	음독 ソク	훈독 うながす
	催促 さいそく 재촉	促成 そくせい 촉성	促進 そくしん 촉진
	督促 とくそく 독촉	促す うながす 재촉하다	

俗	풍속 속	음독 ゾク	훈독
	風俗 ふうぞく 풍속	民俗 みんぞく 민속	民俗学 みんぞくがく 민속학
	通俗 つうぞく 통속	俗説 ぞくせつ 속설	

属	붙을 속	음독 ゾク	훈독
	所属 しょぞく 소속	付属 ふぞく 부속	帰属 きぞく 귀속
	金属 きんぞく 금속	従属 じゅうぞく 종속	属国 ぞっこく 속국

賊	도둑 적	음독 ゾク	훈독
	盗賊 とうぞく 도적	山賊 さんぞく 산적	国賊 こくぞく 역적
	逆賊 ぎゃくぞく 역적		

妥	온당할 타	음독 ダ	훈독
	妥協 だきょう 타협	妥当 だとう 타당	妥結 だけつ 타결

惰	게으를 타	음독 ダ	훈독
	惰性 だせい 타성	惰弱 だじゃく 나약	惰力 だりょく 타성
	怠惰 たいだ 게으름		

堕	떨어질 타	음독 ダ	훈독
	堕落 だらく 타락	堕胎 だたい 낙태	

駄	짐실을 타	음독 ダ	훈독
	無駄 むだ 헛됨 駄馬 だば 짐말 駄作 ださく 졸작		
	駄弁 だべん 쓸데없는 잡담		

泰	클 태	음독 タイ	훈독
	泰山 たいざん 태산 泰然 たいぜん 태연 安泰 あんたい 평안		

胎	아이밸 태	음독 タイ	훈독
	胎動 たいどう 태동 胎児 たいじ 태아 胎生 たいせい 태생		
	母胎 ぼたい 모태		

怠	게으를 태	음독 タイ	훈독 おこたる・なまける
	怠慢 たいまん 태만 怠業 たいぎょう 태업 怠惰 たいだ 나태		
	勤怠 きんたい 출결 怠る おこたる 게으름 피다 怠ける なまける 게으름 피다		

逮	잡을 체	음독 タイ	훈독
	逮捕 たいほ 체포		

滞	막힐 체	음독 タイ	훈독 とどこおる
	滞在 たいざい 체류 滞納 たいのう 체납 停滞 ていたい 정체		
	沈滞 ちんたい 침체 滞る とどこおる 지체하다		

態	태도 태	음독 タイ	훈독
	態度 たいど 태도 態勢 たいせい 태세 形態 けいたい 형태		
	状態 じょうたい 상태 容態 ようたい 모습 生態 せいたい 생태		

隊	군대 대	小4 음독 タイ	훈독
	隊列 たいれつ 대열 編隊 へんたい 편대 軍隊 ぐんたい 군대		
	楽隊 がくたい 악대		

耐	견딜 내	음독 タイ	훈독 たえる
	耐久 たいきゅう 내구 耐久性 たいきゅうせい 내구성 耐寒 たいかん 내한		
	耐火 たいか 내화 忍耐 にんたい 인내 耐える たえる 참다		

한자 어휘 정복하기

滝

폭포 롱 　**음독** たき　**훈독**

| 滝 | たき | 폭포 | 滝口 | たきぐち | 폭포 떨어지는 곳의 시작점 |
| 滝川 | たきがわ | 골짜기를 흐르는 급류 | | | |

卓

높을 탁 　**음독** タク　**훈독**

| 卓上 | たくじょう | 탁상 | 卓越 | たくえつ | 탁월 | 卓見 | たっけん | 탁견 |
| 食卓 | しょくたく | 식탁 | | | | | | |

沢

못 택 　**음독** タク　**훈독** さわ

| 沢 | さわ | 저습지 | 潤沢 | じゅんたく | 윤택 | 沼沢 | しょうたく | 늪과 못 |
| 光沢 | こうたく | 광택 | | | | | | |

択

가릴 택 　**음독** タク　**훈독**

| 採択 | さいたく | 채택 | 選択 | せんたく | 선택 | 択一 | たくいつ | 택일 |

拓

열 척 　**음독** タク　**훈독**

| 拓本 | たくほん | 탑본 | 拓殖 | たくしょく | 개척과 식민 | 開拓 | かいたく | 개척 |
| 干拓 | かんたく | 간척 | 干拓地 | かんたくち | 간척지 | | | |

託

부탁할 탁 　**음독** タク　**훈독**

| 託児 | たくじ | 탁아 | 託児所 | たくじしょ | 탁아소 | 委託 | いたく | 위탁 |
| 嘱託 | しょくたく | 위탁 | 結託 | けったく | 결탁 | | | |

諾

대답할 낙 　**음독** ダク　**훈독**

| 承諾 | しょうだく | 승낙 | 応諾 | おうだく | 수락 | 許諾 | きょだく | 허락 |

濁

흐릴 탁 　**음독** ダク　**훈독** にごる・にごす

| 濁音 | だくおん | 탁음 | 濁流 | だくりゅう | 탁류 | 汚濁 | おだく | 오탁 |
| 濁る | にごる | 흐리다 | 清濁 | せいだく | 맑음과 흐림 | | | |

脱

벗을 탈 　**음독** ダツ　**훈독** ぬぐ・ぬげる

| 脱落 | だつらく | 탈락 | 脱退 | だったい | 탈퇴 | 脱出 | だっしゅつ | 탈출 |
| 離脱 | りだつ | 이탈 | 脱ぐ | ぬぐ | 벗다 | | | |

奪	빼앗을 탈	음독 ダツ	훈독 うばう
	奪取 だっしゅ 탈취	奪還 だっかん 탈환	強奪 ごうだつ 강탈
	争奪 そうだつ 쟁탈	奪う うばう 빼앗다	

棚	선반 붕	음독	훈독 たな
	棚 たな 선반	書棚 しょだな 서가	戸棚 とだな 찬장
	本棚 ほんだな 책장		

丹	붉은 단	음독 タン	훈독
	丹念 たんねん 정성	丹精 たんせい 정성	丹頂 たんちょう 두루미

淡	묽을 담	음독 タン	훈독 あわい
	淡彩 たんさい 담채	淡白 たんぱく 담백	淡い あわい 묽다
	冷淡 れいたん 냉담	濃淡 のうたん 짙음과 옅음	

胆	쓸개 담	음독 タン	훈독
	胆 たん 쓸개	胆力 たんりょく 담력	落胆 らくたん 낙담
	肝胆 かんたん 간담	大胆 だいたん 대담	

嘆	탄식할 탄	음독 タン	훈독 なげく
	嘆息 たんそく 탄식	嘆声 たんせい 탄성	嘆願 たんがん 탄원
	感嘆 かんたん 한탄		

端	끝 단	음독 タン	훈독 はし・はた
	端 はし 끝	端 はた 가장자리	道端 みちばた 길가
	端的 たんてき 단적	極端 きょくたん 극단	発端 ほったん 발단

誕	태어날 탄	음독 タン	훈독
	誕生 たんじょう 탄생	誕生日 たんじょうび 생일	生誕 せいたん 성탄

鍛	단련할 단	음독 タン	훈독 きたえる
	鍛練 たんれん 단련	鍛鉄 たんてつ 단철	鍛える きたえる 단련하다

1급

일본어 한자 따라쓰기

355

弾	탄알 탄	음독 ダン	훈독 ひく・はずむ・たま

弾	たま	탄알	弾力	だんりょく	탄력	弾圧	だんあつ	탄압
弾丸	だんがん	탄환	爆弾	ばくだん	폭탄	弾む	はずむ	튕기다

壇	제터 단	음독 ダン	훈독

演壇	えんだん	연단	文壇	ぶんだん	문단
祭壇	さいだん	제단	花壇	かだん	화단

治	다스릴 치	음독 ジ・チ	훈독 おさめる・なおす

治療	ちりょう	치료	自治	じち	자치	政治	せいじ	정치
治める	おさめる	다스리다	治す	なおす	고치다			

致	이를 치	음독 チ	훈독 いたす

一致	いっち	일치	誘致	ゆうち	유치	合致	がっち	합치
極致	きょくち	극치	致す	いたす	する의 겸양어			

痴	어리석을 치	음독 チ	훈독

痴漢	ちかん	치한	痴情	ちじょう	치정	愚痴	ぐち	푸념

稚	어릴 치	음독 チ	훈독

稚気	ちき	치기	稚魚	ちぎょ	어린 물고기	稚拙	ちせつ	치졸
幼稚園	ようちえん	유치원						

蓄	쌓을 축	음독 チク	훈독 たくわえる

蓄積	ちくせき	축적	蓄財	ちくざい	축재	貯蓄	ちょちく	저축
家畜	かちく	가축	蓄える	たくわえる	대비해두다			

逐	쫓을 축	음독 チク	훈독

逐一	ちくいち	차례로	逐次	ちくじ	차차	駆逐	くちく	구축
放逐	ほうちく	추방						

秩	차례 질	음독 チツ	훈독

秩序	ちつじょ	질서

窒	막을 질	음독 チツ	훈독
	窒息　ちっそく　질식　窒素　ちっそ　질소		

嫡	정실 적	음독 チャク	훈독
	嫡子　ちゃくし　적자　嫡男　ちゃくなん　적자　嫡孫　ちゃくそん　적손		

沖	화할 충	음독 チュウ	훈독 おき
	沖　おき　앞 바다　沖合　おきあい　앞 바다 부근		

忠	충성 충	음독 チュウ	훈독
	忠告　ちゅうこく　충고　忠実　ちゅうじつ　충실　忠誠　ちゅうせい　충성		
	忠臣　ちゅうしん　충신		

鋳	부어만들 주	음독 チュウ	훈독 いる
	鋳造　ちゅうぞう　주조　鋳鉄　ちゅうてつ　주철　鋳貨　ちゅうか　주화		
	鋳型　いがた　거푸집　鋳る　いる　주조하다		

抽	뽑을 추	음독 チュウ	훈독
	抽選　ちゅうせん　추첨　抽象　ちゅうしょう　추상　抽出　ちゅうしゅつ　추출		

衷	정성 충	음독 チュウ	훈독
	衷心　ちゅうしん　충신　苦衷　くちゅう　고충　折衷　せっちゅう　절충		

著	나타날 저 小6	음독 チョ	훈독 あらわす・いちじるしい
	著者　ちょしゃ　저자　著しい　いちじるしい　현저하다　著述　ちょじゅつ　저술		
	名著　めいちょ　著わす　あらわす　저술하다　著名　ちょめい　저명		

弔	조상할 조	음독 チョウ	훈독 とむらう
	弔問　ちょうもん　조문　弔慰　ちょうい　조의　弔辞　ちょうじ　조사		
	弔う　とむらう　조문하다　慶弔　けいちょう　경조		

釣	낚을 조	음독 チョウ	훈독 つる
	魚釣り さかなつり 낚시	釣果 ちょうか 낚시에서 잡은 고기	
	釣る つる 낚다	釣道具 つりどうぐ 낚시 도구	

腸	장 장 小4	음독 チョウ	훈독
	大腸 だいちょう 대장	小腸 しょうちょう 소장	胃腸 いちょう 위장
	盲腸 もうちょう 맹장	十二指腸 じゅうにしちょう 십이지장	

潮	조수 조 小6	음독 チョウ	훈독 しお
	潮 しお 조수	潮流 ちょうりゅう 조류	満潮 まんちょう 만조
	思潮 しちょう 사조	赤潮 あかしお 적조	

聴	들을 청	음독 チョウ	훈독 きく
	聴取 ちょうしゅ 청취	聴衆 ちょうしゅう 청중	聴覚 ちょうかく 청각
	傍聴席 ぼうちょうせき 방청석	聴く きく 듣다	

澄	맑을 징	음독 チョウ	훈독 すむ・すます
	澄む すむ 맑다	清澄 せいちょう 맑고 깨끗한 모양	
	明澄 めいちょう 맑고 밝음		

挑	돋울 도	음독 チョウ	훈독 いどむ
	挑発 ちょうはつ 도발	挑戦 ちょうせん 도전	挑む いどむ 도전하다

眺	바라볼 조	음독 チョウ	훈독 ながめる
	眺望 ちょうぼう 조망	眺める ながめる 바라보다	

跳	뛸 도	음독 チョウ	훈독 とぶ・はねる
	跳躍 ちょうやく 도약	幅跳び はばとび 넓이 뛰기	縄跳び なわとび 줄넘기
	跳ぶ とぶ 뛰다		

帳	휘장 장 小3	음독 チョウ	훈독
	帳面 ちょうめん 장부	手帳 てちょう 수첩	日記帳 にっきちょう 일기장
	通帳 つうちょう 통장	帳簿 ちょうぼ 장부	

彫	새길 조	음독 チョウ	훈독 ほる

彫刻 ちょうこく 조각　彫塑 ちょうそ 조소　木彫 もくちょう 목조
彫る ほる 새기다　彫金 ちょうきん 금속을 조각함

徴	부를 징	음독 チョウ	훈독

徴収 ちょうしゅう 징수　徴税 ちょうぜい 세금징수　特徴 とくちょう 특징
象徴 しょうちょう 상징

懲	징계할 징	음독 チョウ	훈독 こりる・こらしめる

懲役 ちょうえき 징역　懲罰 ちょうばつ 징벌　懲戒 ちょうかい 징계
懲悪 ちょうあく 징악　懲らしめる こらしめる 징계하다　懲りる こりる 질리다

勅	칙서 칙	음독 チョク	훈독

勅使 ちょくし 칙사　勅命 ちょくめい 칙명　勅語 ちょくご 칙서
詔勅 しょうちょく 조칙

陳	베풀 진	음독 チン	훈독

陳列 ちんれつ 진열　陳謝 ちんしゃ 사과하고 용서 빔
陳述 ちんじゅつ 진술　陳情書 ちんじょうしょ 진정서

鎮	진압할 진	음독 チン	훈독 しずめる・しずまる

鎮圧 ちんあつ 진압　鎮痛 ちんつう 진통　鎮静 ちんせい 진정
鎮火 ちんか 진화　鎮める しずめる 평정하다

墜	떨어질 추	음독 ツイ	훈독

墜落 ついらく 추락　撃墜 げきつい 격추　失墜 しっつい 실추

塚	무덤 총	음독 つか	훈독

塚 つか 무덤　貝塚 かいづか 패총
一里塚 いちりづか 이정표

漬	물에 담글 지	음독	훈독 つける・つかる

漬物 つけもの 절임　漬菜 つけな 절임채소　塩漬 しおづけ 소금절임
漬ける つける 절이다　漬かる つかる 잠기다

1급

1416 일본상용한자

359

坪	땅 평평할 평	**음독** つぼ	**훈독** つぼ			
	坪 つぼ 평	坪数 つぼすう 평수	建坪 たてつぼ 건평			

丁	장정 정 **小3**	**음독** チョウ・テイ	**훈독**			
	壮丁 そうてい 장정	落丁 らくちょう 낙장	三丁目 さんちょうめ 3가			
	包丁 ほうちょう 식칼	丁重 ていちょう 정중	丁字 ていじ 정자형(丁형)			

訂	바로잡을 정	**음독** テイ	**훈독**			
	訂正 ていせい 정정	改訂 かいてい 개정	校訂 こうてい 교정			

帝	임금 제	**음독** テイ	**훈독**			
	帝国 ていこく 제국	帝政 ていせい 제정	帝王 ていおう 제왕			
	皇帝 こうてい 황제					

亭	정자 정	**음독** テイ	**훈독**			
	亭主 ていしゅ (집)주인	料亭 りょうてい 요리점				

抵	막을 저	**음독** テイ	**훈독**			
	抵抗 ていこう 저항	抵当 ていとう 저당	抵触 ていしょく 저촉			
	大抵 たいてい 대개					

邸	집 저	**음독** テイ	**훈독**			
	邸宅 ていたく 저택	邸内 ていない 저택 안	官邸 かんてい 관저			
	私邸 してい 사저					

廷	조정 정	**음독** テイ	**훈독**			
	法廷 ほうてい 법정	朝廷 ちょうてい 조정	出廷 しゅってい 출정			
	宮廷 きゅうてい 궁정					

艇	겨룰 정	**음독** テイ	**훈독**			
	舟艇 しゅうてい 작은 배	艦艇 かんてい 함정	短艇 たんてい 보트			
	乗艇 じょうてい 승선					

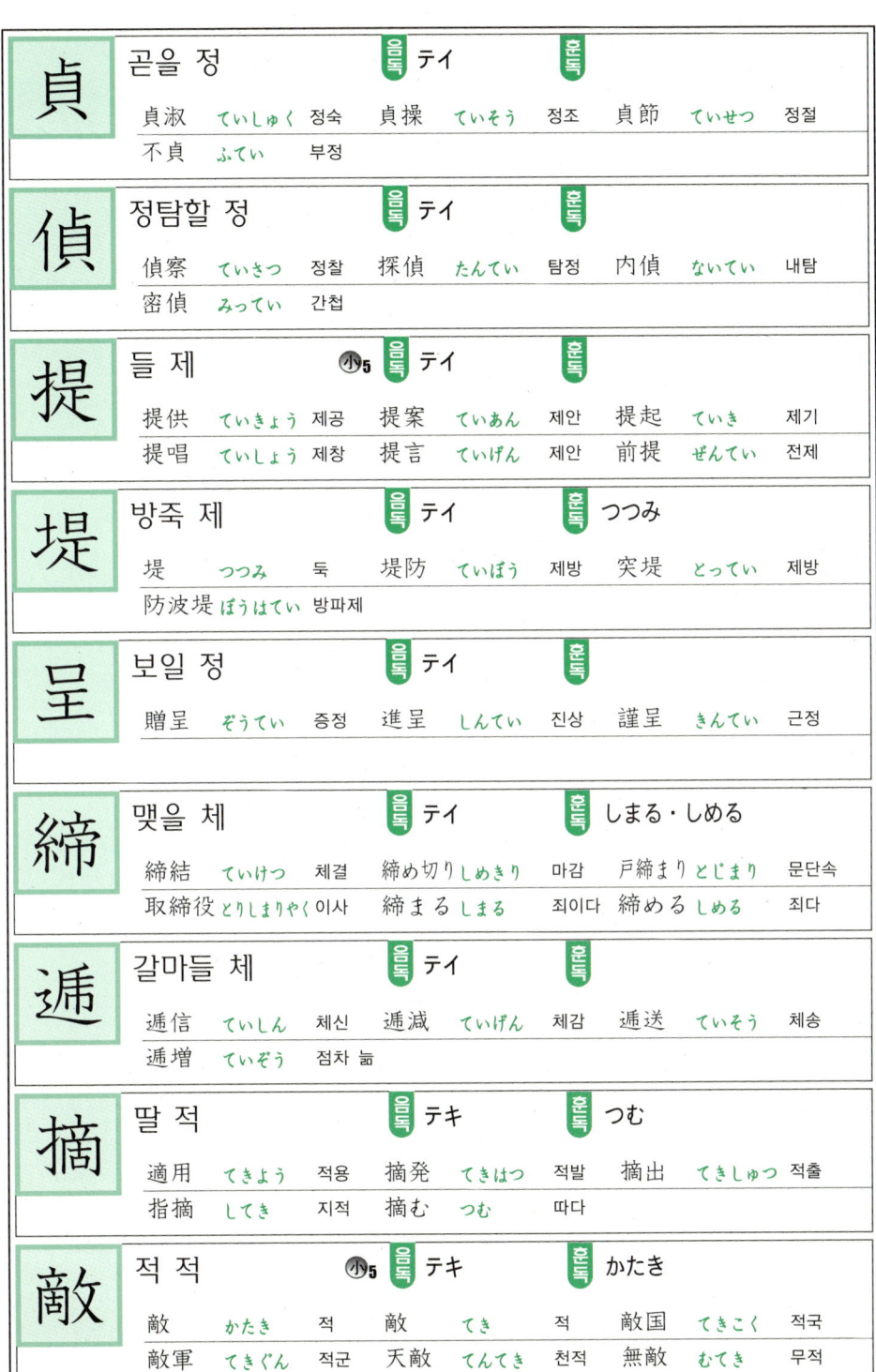

貞	곧을 정		음독 テイ	훈독		
	貞淑 ていしゅく 정숙	貞操 ていそう 정조		貞節 ていせつ 정절		
	不貞 ふてい 부정					

偵	정탐할 정		음독 テイ	훈독		
	偵察 ていさつ 정찰	探偵 たんてい 탐정		内偵 ないてい 내탐		
	密偵 みってい 간첩					

提	들 제 小5		음독 テイ	훈독		
	提供 ていきょう 제공	提案 ていあん 제안		提起 ていき 제기		
	提唱 ていしょう 제창	提言 ていげん 제안		前提 ぜんてい 전제		

堤	방죽 제		음독 テイ	훈독 つつみ		
	堤 つつみ 둑	堤防 ていぼう 제방		突堤 とってい 제방		
	防波堤 ぼうはてい 방파제					

呈	보일 정		음독 テイ	훈독		
	贈呈 ぞうてい 증정	進呈 しんてい 진상		謹呈 きんてい 근정		

締	맺을 체		음독 テイ	훈독 しまる・しめる		
	締結 ていけつ 체결	締め切り しめきり 마감		戸締まり とじまり 문단속		
	取締役 とりしまりやく 이사	締まる しまる 죄이다		締める しめる 죄다		

逓	갈마들 체		음독 テイ	훈독		
	逓信 ていしん 체신	逓減 ていげん 체감		逓送 ていそう 체송		
	逓増 ていぞう 점차 늚					

摘	딸 적		음독 テキ	훈독 つむ		
	適用 てきよう 적용	摘発 てきはつ 적발		摘出 てきしゅつ 적출		
	指摘 してき 지적	摘む つむ 따다				

敵	적 적 小5		음독 テキ	훈독 かたき		
	敵 かたき 적	敵 てき 적		敵国 てきこく 적국		
	敵軍 てきぐん 적군	天敵 てんてき 천적		無敵 むてき 무적		

1급

哲	밝을 철	음독 テツ	훈독

哲学 てつがく 철학　　哲人 てつじん 철인　　哲理 てつり 철리
先哲 せんてつ 선현

迭	바꿀 질	음독 テツ	훈독

更迭 こうてつ 경질

徹	뚫을 철	음독 テツ	훈독

徹夜 てつや 철야　　徹底 てってい 철저　　貫徹 かんてつ 관철
透徹 とうてつ 투철

撤	걷을 철	음독 テツ	훈독

撤回 てっかい 철회　　撤収 てっしゅう 철수　　撤去 てっきょ 철거
撤廃 てっぱい 철폐

典	법 전	음독 テン	훈독

辞典 じてん 사전　　古典 こてん 고전　　仏典 ぶってん 불전
式典 しきてん 식전(의식)　百科事典 ひゃっかじてん 백과사전

添	더할 첨	음독 テン	훈독 そえる・そう

添削 てんさく 첨삭　　添付 てんぷ 첨부　　添加 てんか 첨가
添書 てんしょ 첨부편지　添える そえる 첨부하다

斗	말 두	음독 ト	훈독

北斗 ほくと 북두　　北斗七星 ほくとしちせい 북두칠성

吐	토할 토	음독 ト	훈독 はく

吐息 といき 한숨　　吐血 とけつ 각혈　　吐気 はきけ 구역질
吐く はく 토하다

刀	칼 도	小2 음독 トウ	훈독 かたな

刀 かたな 칼　　小刀 こがたな 작은 칼　刀剣 とうけん 도검
日本刀 にほんとう 일본검　太刀 たち 허리에 차는 칼

討	칠 토	음독 トウ	훈독 うつ				
	討論 とうろん 토론	討議 とうぎ 토의	討伐 とうばつ 토벌				
	検討 けんとう 검토	討つ うつ 치다					

唐	당나라 당	음독 トウ	훈독 から				
	唐辛子 とうがらし 고추	糸唐辛子 いととうがらし 실고추					
	唐詩 とうし 당나라 시	唐突 とうとつ 당돌					

悼	슬퍼할 도	음독 トウ	훈독 いたむ				
	悼辞 とうじ 조사	追悼 ついとう 추도	哀悼 あいとう 애도				
	悼む いたむ 애도하다						

陶	질그릇 도	음독 トウ	훈독				
	陶器 とうき 도기	陶磁器 とうじき 도자기	陶芸 とうげい 도예				
	陶酔 とうすい 도취						

桃	복숭아 도	음독 トウ	훈독 もも				
	桃 もも 복숭아	桃色 ももいろ 복숭아색	桃源 とうげん 도원				
	桜桃 おうとう 버찌	白桃 はくとう 백도					

闘	싸울 투	음독 トウ	훈독 たたかう				
	闘争 とうそう 투쟁	闘志 とうし 투사	苦闘 くとう 고투				
	決闘 けっとう 결투	闘う たたかう 싸우다					

糖	사탕 당	음독 トウ	훈독				
	砂糖 さとう 설탕	糖分 とうぶん 당분	製糖 せいとう 제당				
	麦芽糖 ばくがとう 맥아당						

統	거느릴 통	小5 음독 トウ	훈독 すべる				
	統一 とういつ 통일	統合 とうごう 통합	統率 とうそつ 통솔				
	統計 とうけい 통계	伝統 でんとう 전통	血統 けっとう 혈통				

踏	밟을 답	음독 トウ	훈독 ふむ・ふまえる				
	踏破 とうは 답파	踏襲 とうしゅう 답습	高踏 こうとう 고답				
	未踏 みとう 미답	踏む ふむ 밟다					

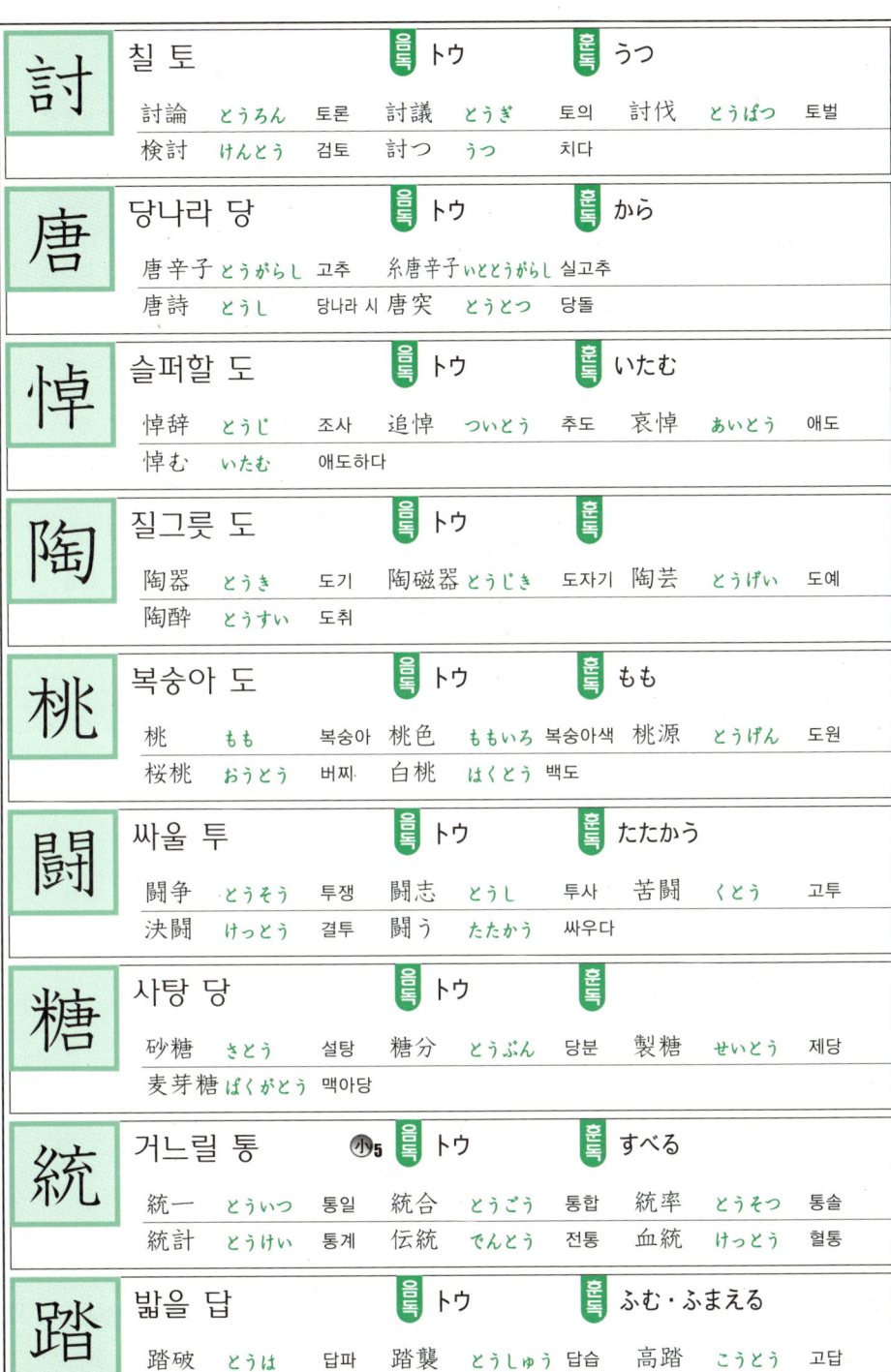

1급

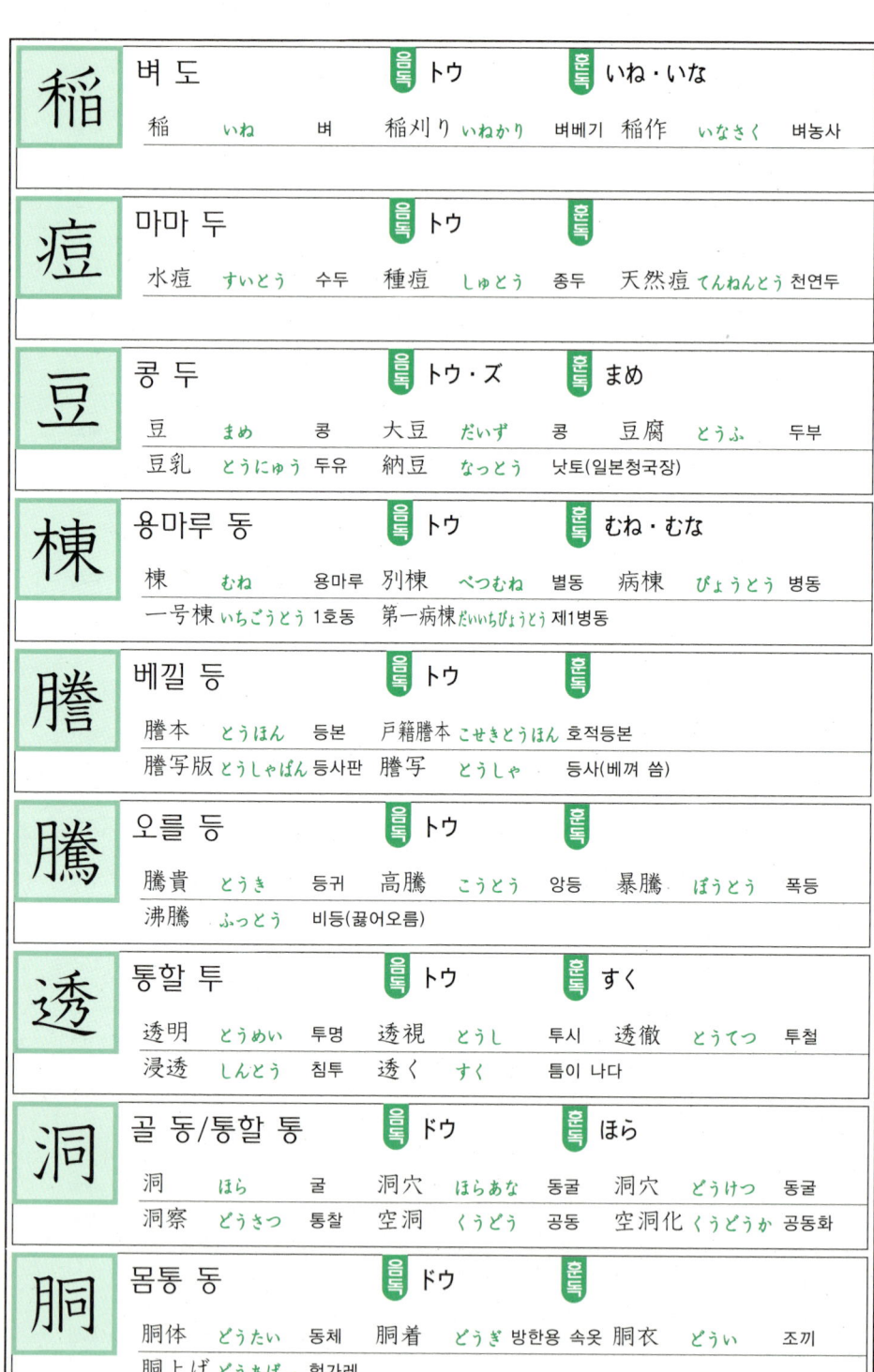

稲	벼 도	음독 トウ	훈독 いね・いな

稲　いね　벼　　稲刈り いねかり 벼베기　稲作　いなさく　벼농사

痘	마마 두	음독 トウ	훈독

水痘　すいとう　수두　　種痘　しゅとう　종두　　天然痘 てんねんとう 천연두

豆	콩 두	음독 トウ・ズ	훈독 まめ

豆　まめ　콩　　大豆　だいず　콩　　豆腐　とうふ　두부
豆乳　とうにゅう　두유　　納豆　なっとう　낫토(일본청국장)

棟	용마루 동	음독 トウ	훈독 むね・むな

棟　むね　용마루　別棟　べつむね　별동　　病棟　びょうとう　병동
一号棟 いちごうとう 1호동　第一病棟 だいいちびょうとう 제1병동

謄	베낄 등	음독 トウ	훈독

謄本　とうほん　등본　　戸籍謄本 こせきとうほん 호적등본
謄写版 とうしゃばん 등사판　謄写　とうしゃ　등사(베껴 씀)

騰	오를 등	음독 トウ	훈독

騰貴　とうき　등귀　　高騰　こうとう　앙등　　暴騰　ぼうとう　폭등
沸騰　ふっとう　비등(끓어오름)

透	통할 투	음독 トウ	훈독 すく

透明　とうめい　투명　　透視　とうし　투시　　透徹　とうてつ　투철
浸透　しんとう　침투　　透く　すく　틈이 나다

洞	골 동/통할 통	음독 ドウ	훈독 ほら

洞　ほら　굴　　洞穴　ほらあな　동굴　　洞穴　どうけつ　동굴
洞察　どうさつ　통찰　　空洞　くうどう　공동　　空洞化 くうどうか 공동화

胴	몸통 동	음독 ドウ	훈독

胴体　どうたい　동체　　胴着　どうぎ 방한용 속옷　胴衣　どうい　조끼
胴上げ どうあげ 헹가레

峠	일본한자 고개	음독		훈독 とうげ

峠　とうげ　고개　　峠道　とうげみち　고갯길

徳	은혜 덕	小5 음독 トク	훈독

道徳　どうとく　도덕　　美徳　びとく　미덕　　徳目　とくもく　덕목
徳性　とくせい　덕성　　徳行　とっこう　덕행　　功徳　くどく　공덕

督	감독할 독	음독 トク	훈독

督促　とくそく　독촉　　督励　とくれい　독려　　監督　かんとく　감독
総督　そうとく　총독　　総監督　そうかんとく　총감독

篤	도타울 독	음독 トク	훈독

篤志　とくし　독지　　篤志家　とくしか　독지가　　危篤　きとく　위독
篤実　とくじつ　독실　　篤学　とくがく　학문에 열심임

凸	볼록할 철	음독 トツ	훈독

凸面　とつめん　볼록면　　凹凸　おうとつ　울퉁불퉁
凸版　とっぱん　볼록판　　凸レンズ　とつレンズ　볼록렌즈

屯	모일 둔	음독 トン	훈독

屯営　とんえい　주둔　　駐屯　ちゅうとん　주둔
駐屯地　ちゅうとんち　주둔지

豚	돼지 돈	음독 トン	훈독 ぶた

豚　ぶた　돼지　　豚肉　ぶたにく　돼지고기　子豚　こぶた　새끼돼지
養豚　ようとん　양돈

弐	두 이	음독 ニ	훈독

弐百　にひゃく　이백　　弐千　にせん　이천　　弐万　にまん　이만

尼	여승 니	음독 ニ	훈독 あま

尼　あま　비구니(여승)　　尼寺　あまでら　여승 절　尼僧　にそう　여승

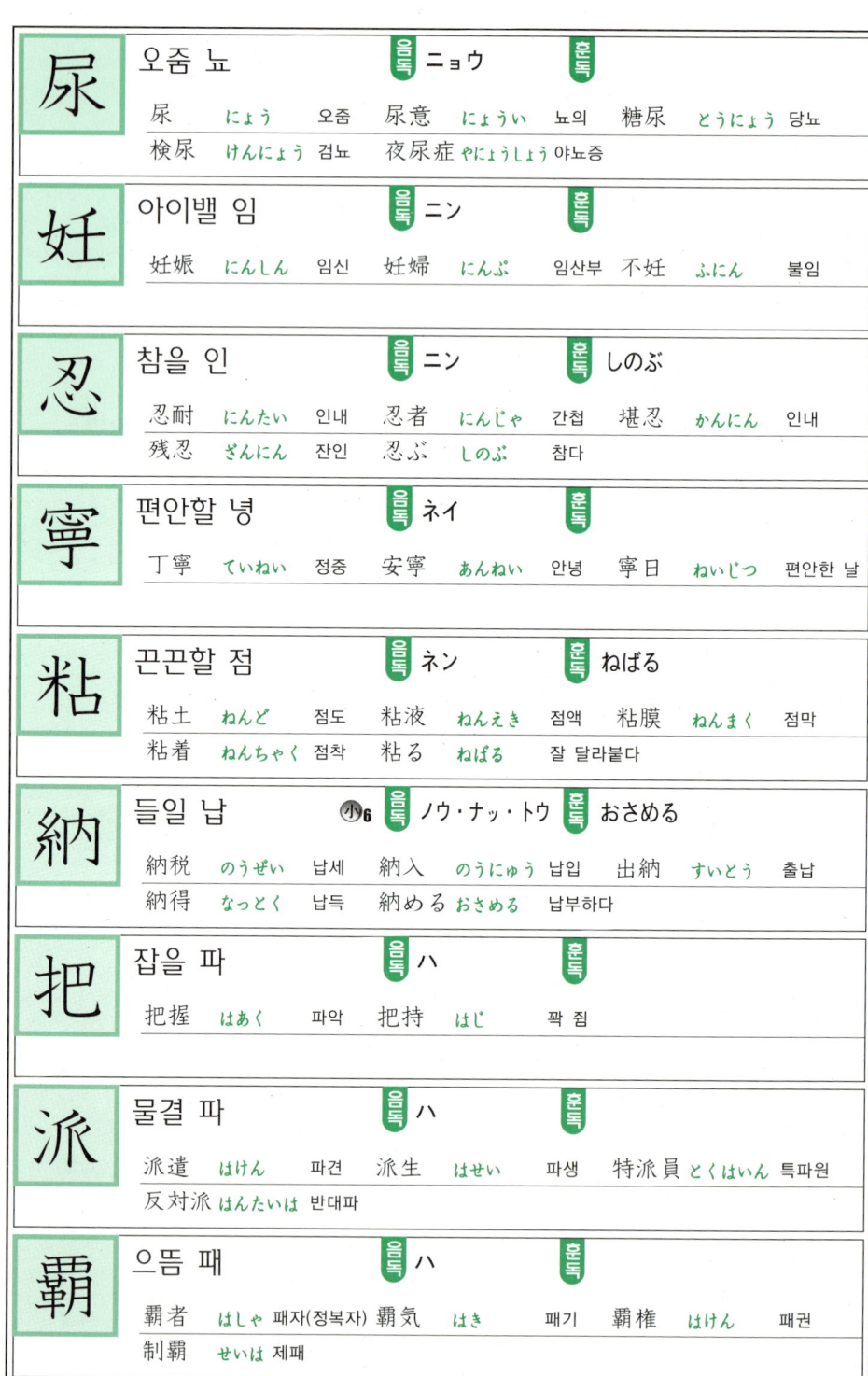

尿	오줌 뇨	음독 ニョウ	훈독
	尿 にょう 오줌	尿意 にょうい 뇨의	糖尿 とうにょう 당뇨
	検尿 けんにょう 검뇨	夜尿症 やにょうしょう 야뇨증	

妊	아이밸 임	음독 ニン	훈독
	妊娠 にんしん 임신	妊婦 にんぷ 임산부	不妊 ふにん 불임

忍	참을 인	음독 ニン	훈독 しのぶ
	忍耐 にんたい 인내	忍者 にんじゃ 간첩	堪忍 かんにん 인내
	残忍 ざんにん 잔인	忍ぶ しのぶ 참다	

寧	편안할 녕	음독 ネイ	훈독
	丁寧 ていねい 정중	安寧 あんねい 안녕	寧日 ねいじつ 편안한 날

粘	끈끈할 점	음독 ネン	훈독 ねばる
	粘土 ねんど 점도	粘液 ねんえき 점액	粘膜 ねんまく 점막
	粘着 ねんちゃく 점착	粘る ねばる 잘 달라붙다	

納	들일 납	小6 음독 ノウ・ナッ・トウ	훈독 おさめる
	納税 のうぜい 납세	納入 のうにゅう 납입	出納 すいとう 출납
	納得 なっとく 납득	納める おさめる 납부하다	

把	잡을 파	음독 ハ	훈독
	把握 はあく 파악	把持 はじ 꽉 쥠	

派	물결 파	음독 ハ	훈독
	派遣 はけん 파견	派生 はせい 파생	特派員 とくはいん 특파원
	反対派 はんたいは 반대파		

覇	으뜸 패	음독 ハ	훈독
	覇者 はしゃ 패자(정복자)	覇気 はき 패기	覇権 はけん 패권
	制覇 せいは 제패		

俳	광대 배		음독 ハイ	훈독
	俳句 はいく 하이쿠		俳優 はいゆう 배우	

排	물리칠 배		음독 ハイ	훈독
	排気 はいき 배기	排気ガス はいきガス 배기가스	排水 はいすい 배수	
	排撃 はいげき 배격	排斥 はいせき 배척		

肺	부아 패 小6		음독 ハイ	훈독
	肺 はい 허파	肺炎 はいえん 폐렴	肺癌 はいがん 폐암	
	肺結核 はいけっかく 폐결핵	肺活量 はいかつりょう 폐활량		

廃	폐할 폐		음독 ハイ	훈독 すたれる
	廃止 はいし 폐지	廃物 はいぶつ 폐물	廃棄 はいき 폐기	
	廃品 はいひん 폐품	廃れる すたれる 쇠퇴하다		

輩	무리 배		음독 ハイ	훈독
	先輩 せんぱい 선배	後輩 こうはい 후배	同輩 どうはい 동급생	
	輩出 はいしゅつ 배출			

梅	매화 매		음독 バイ	훈독 うめ
	梅 うめ 매화	梅酒 うめしゅ 매실주		
	梅雨 ばいう 장마	梅雨 つゆ 장마		

培	북돋을 배		음독 バイ	훈독 つちかう
	栽培 さいばい 재배	培養 ばいよう 배양	培う つちかう 배양하다	

陪	도울 배		음독 バイ	훈독
	陪審 ばいしん 배심	陪席 ばいせき 배석	陪食 ばいしょく 배식	

賠	배상할 배		음독 バイ	훈독
	賠償 ばいしょう 배상			

367

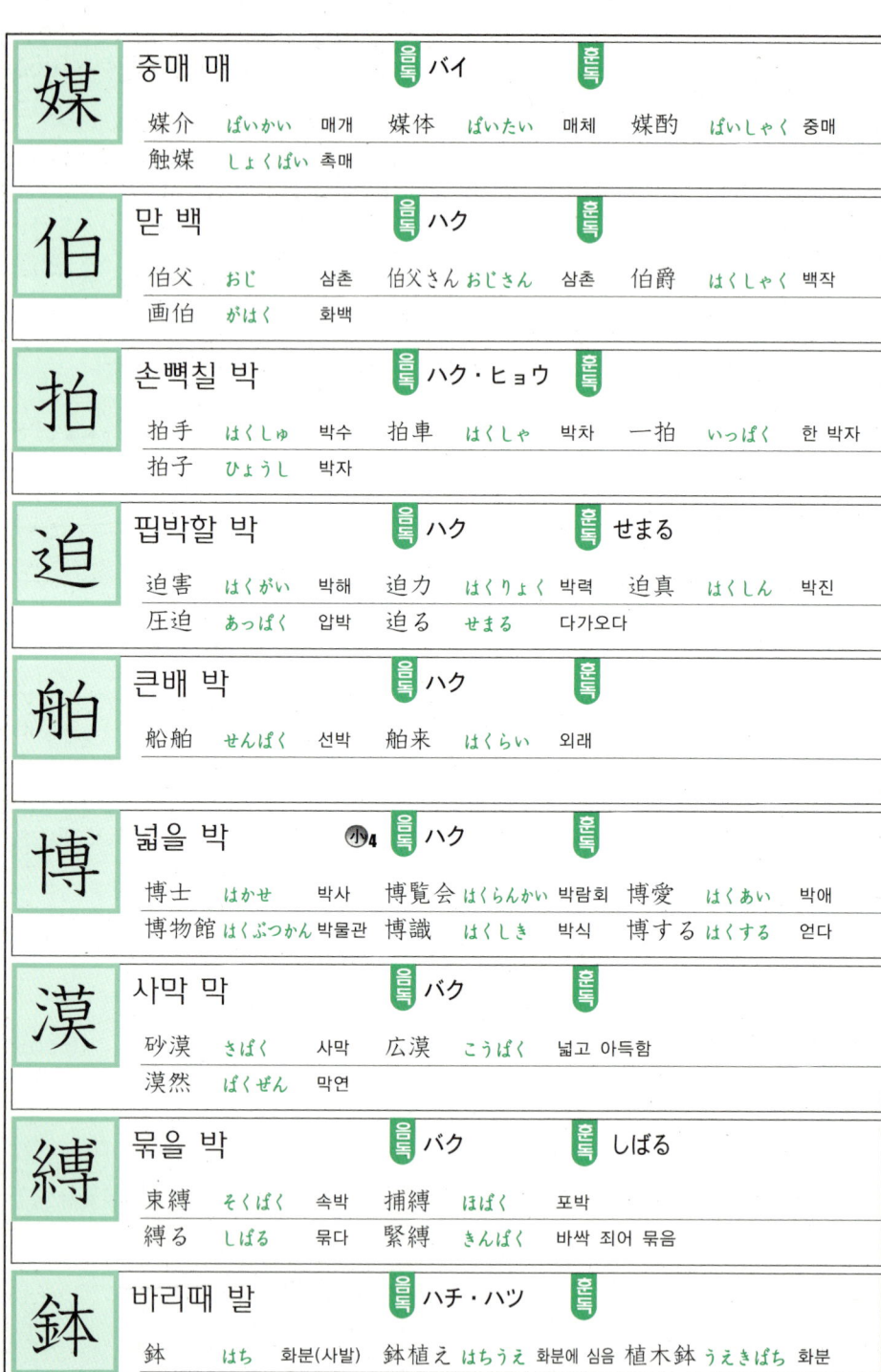

媒	중매 매	음독 バイ	훈독
	媒介 ばいかい 매개	媒体 ばいたい 매체	媒酌 ばいしゃく 중매
	触媒 しょくばい 촉매		

伯	맏 백	음독 ハク	훈독
	伯父 おじ 삼촌	伯父さん おじさん 삼촌	伯爵 はくしゃく 백작
	画伯 がはく 화백		

拍	손뼉칠 박	음독 ハク・ヒョウ	훈독
	拍手 はくしゅ 박수	拍車 はくしゃ 박차	一拍 いっぱく 한 박자
	拍子 ひょうし 박자		

迫	핍박할 박	음독 ハク	훈독 せまる
	迫害 はくがい 박해	迫力 はくりょく 박력	迫真 はくしん 박진
	圧迫 あっぱく 압박	迫る せまる 다가오다	

舶	큰배 박	음독 ハク	훈독
	船舶 せんぱく 선박	舶来 はくらい 외래	

博	넓을 박	小4 음독 ハク	훈독
	博士 はかせ 박사	博覧会 はくらんかい 박람회	博愛 はくあい 박애
	博物館 はくぶつかん 박물관	博識 はくしき 박식	博する はくする 얻다

漠	사막 막	음독 バク	훈독
	砂漠 さばく 사막	広漠 こうばく 넓고 아득함	
	漠然 ばくぜん 막연		

縛	묶을 박	음독 バク	훈독 しばる
	束縛 そくばく 속박	捕縛 ほばく 포박	
	縛る しばる 묶다	緊縛 きんばく 바싹 죄어 묶음	

鉢	바리때 발	음독 ハチ・ハツ	훈독
	鉢 はち 화분(사발)	鉢植え はちうえ 화분에 심음	植木鉢 うえきばち 화분
	火鉢 ひばち 화로		

伐	칠 벌	음독 バツ	훈독
	伐木 ばつぼく 벌목　伐採 ばっさい 벌채　征伐 せいばつ 정벌
	討伐 とうばつ 토벌

閥	문벌 벌	음독 バツ	훈독
	派閥 はばつ 파벌　学閥 がくばつ 학벌　財閥 ざいばつ 재벌
	門閥 もんばつ 가문

罰	벌줄 벌	음독 バツ・バチ	훈독
	罰金 ばっきん 벌금　罰則 ばっそく 벌칙　処罰 しょばつ 처벌
	刑罰 けいばつ 형벌

伴	짝 반	음독 ハン・バン	훈독 ともなう
	伴奏 ばんそう 반주　同伴 どうはん 동반　随伴 ずいはん 수반
	伴う ともなう 동반하다　相伴 しょうばん 대접 받음

畔	물가 반	음독 ハン	훈독
	湖畔 こはん 호반　河畔 かはん 강가

班	나눌 반　小6	음독 ハン	훈독
	班長 はんちょう 반장　班別 はんべつ 반별
	研究班 けんきゅうはん 연구반

帆	돛 범	음독 ハン	훈독 ほ
	帆 ほ 돛　白帆 しらほ 흰 돛　帆船 はんせん 범선
	帆走 はんそう 범주　出帆 しゅっぱん 출범

範	법 범	음독 ハン	훈독
	範囲 はんい 범위　範例 はんれい 범례　模範 もはん 모범
	規範 きはん 규범

繁	번성할 번	음독 ハン	훈독
	繁栄 はんえい 번영　繁盛 はんじょう 번성　繁殖 はんしょく 번식
	繁華 はんか 번화　繁華街 はんかがい 번화가

1급

일본어 한자

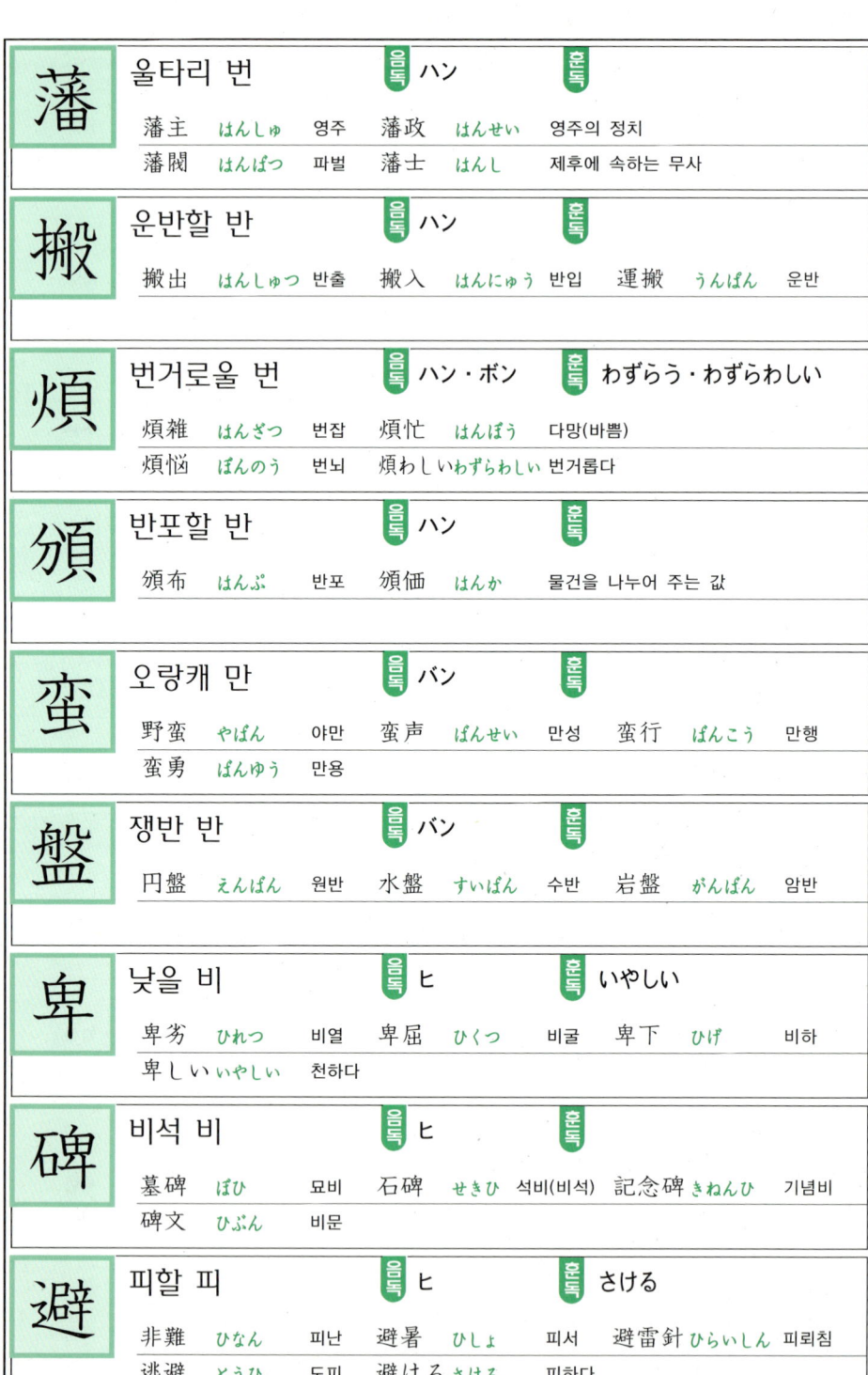

藩	울타리 번	음독 ハン	훈독				
	藩主	はんしゅ	영주	藩政	はんせい	영주의 정치	
	藩閥	はんばつ	파벌	藩士	はんし	제후에 속하는 무사	

搬	운반할 반	음독 ハン	훈독				
	搬出	はんしゅつ	반출	搬入	はんにゅう	반입	運搬　うんぱん　운반

煩	번거로울 번	음독 ハン・ボン	훈독 わずらう・わずらわしい			
	煩雑	はんざつ	번잡	煩忙	はんぼう	다망(바쁨)
	煩悩	ぼんのう	번뇌	煩わしい　わずらわしい　번거롭다		

頒	반포할 반	음독 ハン	훈독		
	頒布	はんぷ	반포	頒価	はんか　물건을 나누어 주는 값

蛮	오랑캐 만	음독 バン	훈독				
	野蛮	やばん	야만	蛮声	ばんせい	만성	蛮行　ばんこう　만행
	蛮勇	ばんゆう	만용				

盤	쟁반 반	음독 バン	훈독				
	円盤	えんばん	원반	水盤	すいばん	수반	岩盤　がんばん　암반

卑	낮을 비	음독 ヒ	훈독 いやしい				
	卑劣	ひれつ	비열	卑屈	ひくつ	비굴	卑下　ひげ　비하
	卑しい　いやしい　천하다						

碑	비석 비	음독 ヒ	훈독				
	墓碑	ぼひ	묘비	石碑	せきひ	석비(비석)	記念碑　きねんひ　기념비
	碑文	ひぶん	비문				

避	피할 피	음독 ヒ	훈독 さける				
	非難	ひなん	피난	避暑	ひしょ	피서	避雷針　ひらいしん　피뢰침
	逃避	とうひ	도피	避ける　さける　피하다			

妃	왕비 비		음독 ヒ	훈독	
	王妃 おうひ 왕비	妃殿下 ひでんか 왕비전하	貴妃 きひ		

罷	파할 파		음독 ヒ	훈독	
	罷免 ひめん 파면	罷業 ひぎょう 파업	罷官 ひかん		

肥	살찔 비	小5	음독 ヒ	훈독 こえる	
	肥料 ひりょう 비료	肥大 ひだい 비대	肥満 ひまん 비만		
	肥沃 ひよく 비옥	施肥 せひ 비료를 줌	肥える こえる 살찌다		

披	펼 피		음독 ヒ	훈독	
	披露 ひろう 피로	披露宴 ひろうえん 피로연	披見 ひけん 서류를 봄		

扉	문짝 비		음독 ヒ	훈독 とびら	
	扉 とびら 문짝	門扉 もんぴ 문짝	開扉 かいひ 문짝을 엶		

秘	숨길 비	小6	음독 ヒ	훈독 ひめる	
	秘密 ひみつ 비밀	秘書 ひしょ 비서	秘伝 ひでん 비전		
	神秘 しんぴ 신비	秘める ひめる 숨기다			

尾	꼬리 미		음독 ビ	훈독 お	
	尾 お 꼬리	尾行 びこう 미행	尾翼 びよく 꼬리 날개		
	首尾 しゅび 처음과 끝	末尾 まつび 끝			

微	작을 미		음독 ビ	훈독	
	微妙 びみょう 미묘	微力 びりょく 미력	微細 びさい 미세		
	軽微 けいび 경미				

泌	분비할 비		음독 ヒツ・ヒ	훈독	
	分泌 ぶんぴつ 분비	泌尿器 ひにょうき 비뇨기			

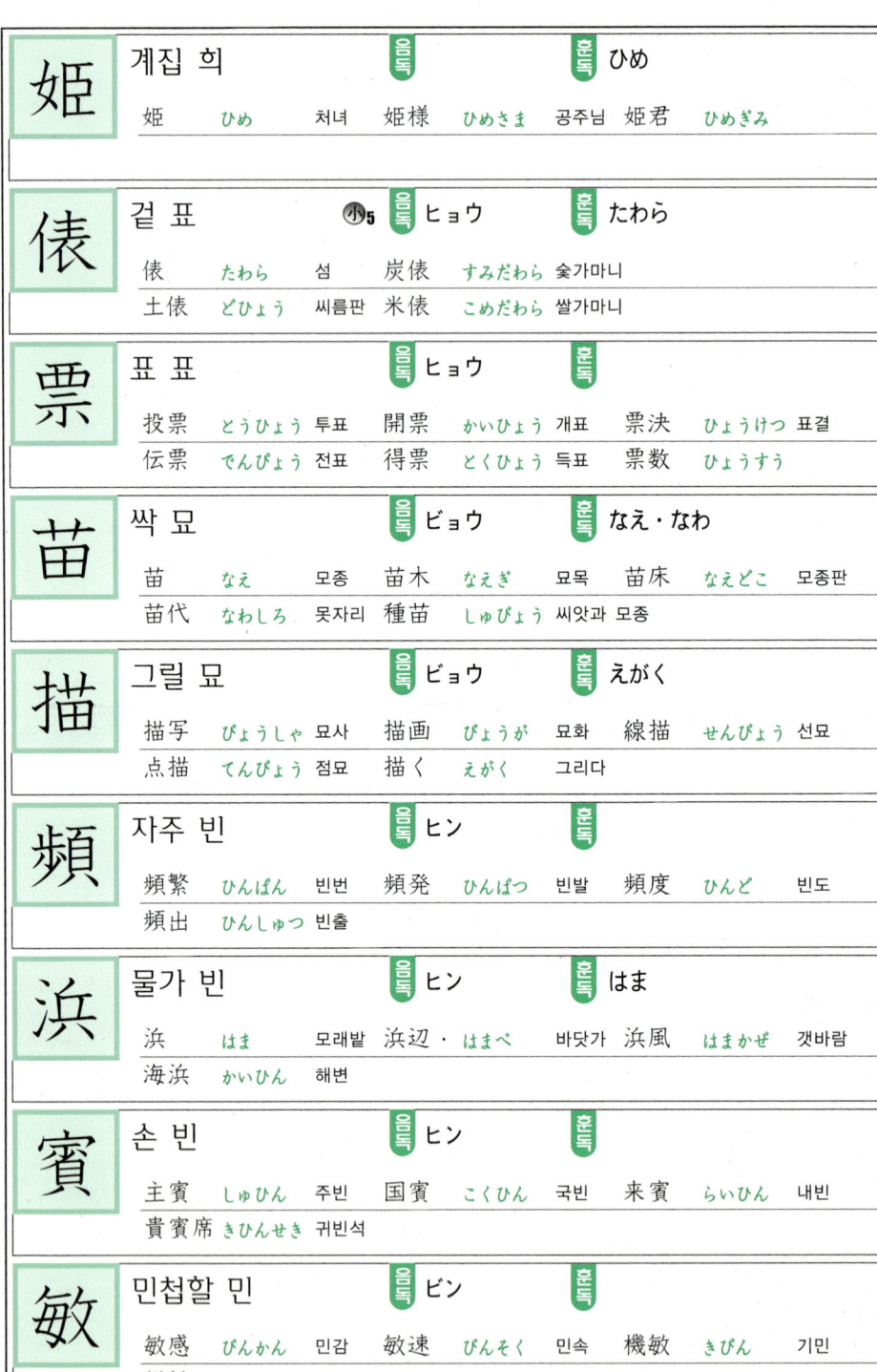

姫	계집 희	음독	훈독 ひめ
	姫 ひめ 처녀	姫様 ひめさま 공주님	姫君 ひめぎみ

俵	겉 표 小5 음독 ヒョウ	훈독 たわら
	俵 たわら 섬	炭俵 すみだわら 숯가마니
	土俵 どひょう 씨름판	米俵 こめだわら 쌀가마니

票	표 표 음독 ヒョウ	훈독
	投票 とうひょう 투표	開票 かいひょう 개표	票決 ひょうけつ 표결
	伝票 でんぴょう 전표	得票 とくひょう 득표	票数 ひょうすう

苗	싹 묘 음독 ビョウ	훈독 なえ・なわ
	苗 なえ 모종	苗木 なえぎ 묘목	苗床 なえどこ 모종판
	苗代 なわしろ 못자리	種苗 しゅびょう 씨앗과 모종	

描	그릴 묘 음독 ビョウ	훈독 えがく
	描写 びょうしゃ 묘사	描画 びょうが 묘화	線描 せんびょう 선묘
	点描 てんびょう 점묘	描く えがく 그리다	

頻	자주 빈 음독 ヒン	훈독
	頻繁 ひんぱん 빈번	頻発 ひんぱつ 빈발	頻度 ひんど 빈도
	頻出 ひんしゅつ 빈출		

浜	물가 빈 음독 ヒン	훈독 はま
	浜 はま 모래밭	浜辺・はまべ 바닷가	浜風 はまかぜ 갯바람
	海浜 かいひん 해변		

賓	손 빈 음독 ヒン	훈독
	主賓 しゅひん 주빈	国賓 こくひん 국빈	来賓 らいひん 내빈
	貴賓席 きひんせき 귀빈석		

敏	민첩할 민 음독 ビン	훈독
	敏感 びんかん 민감	敏速 びんそく 민속	機敏 きびん 기민
	鋭敏 えいびん 예민		

瓶	병 병	음독 ビン	훈독	
	瓶	ぴん	병	花瓶	かぴん	꽃병
	土瓶	どびん	질주전자	瓶詰	びんづめ	병에 넣음

附	붙일 부	음독 フ	훈독	
	附近	ふきん	부근	附属	ふぞく	부속	附着	ふちゃく	부착

腐	썩을 부	음독 フ	훈독 くさる	
	腐敗	ふはい	부패	腐食	ふしょく	부식	腐心	ふしん	고심
	陳腐	ちんぷ	진부	腐る	くさる	썩다

赴	다다를 부	음독 フ	훈독 おもむく	
	赴任	ふにん	부임	単身赴任	たんしんふにん	단신부임
	赴く	おもむく	향해 가다

譜	계보 보	음독 フ	훈독	
	楽譜	がくふ	악보	年譜	ねんぷ	연보	系譜	けいふ	계보
	棋譜	きふ	기보

敷	깔 부	음독 フ	훈독 しく	
	敷布	しきふ	시트	敷石	しきいし	포석	屋敷	やしき	저택
	敷設	ふせつ	부설	敷く	しく	깔다

賦	구실 부	음독 フ	훈독	
	天賦	てんぷ	천부	月賦	げっぷ	월부	賦課	ふか	부과
	賦税	ふぜい	부세

扶	도울 부	음독 フ	훈독	
	扶養	ふよう	부양	扶育	ふいく	도와서 양육함
	扶助	ふじょ	부조	扶桑	ふそう	부상(중국의 전설 나무)

侮	업신여길 모	음독 ブ	훈독 あなどる	
	侮辱	ぶじょく	모욕	軽侮	けいぶ	경멸	侮る	あなどる	없신여기다

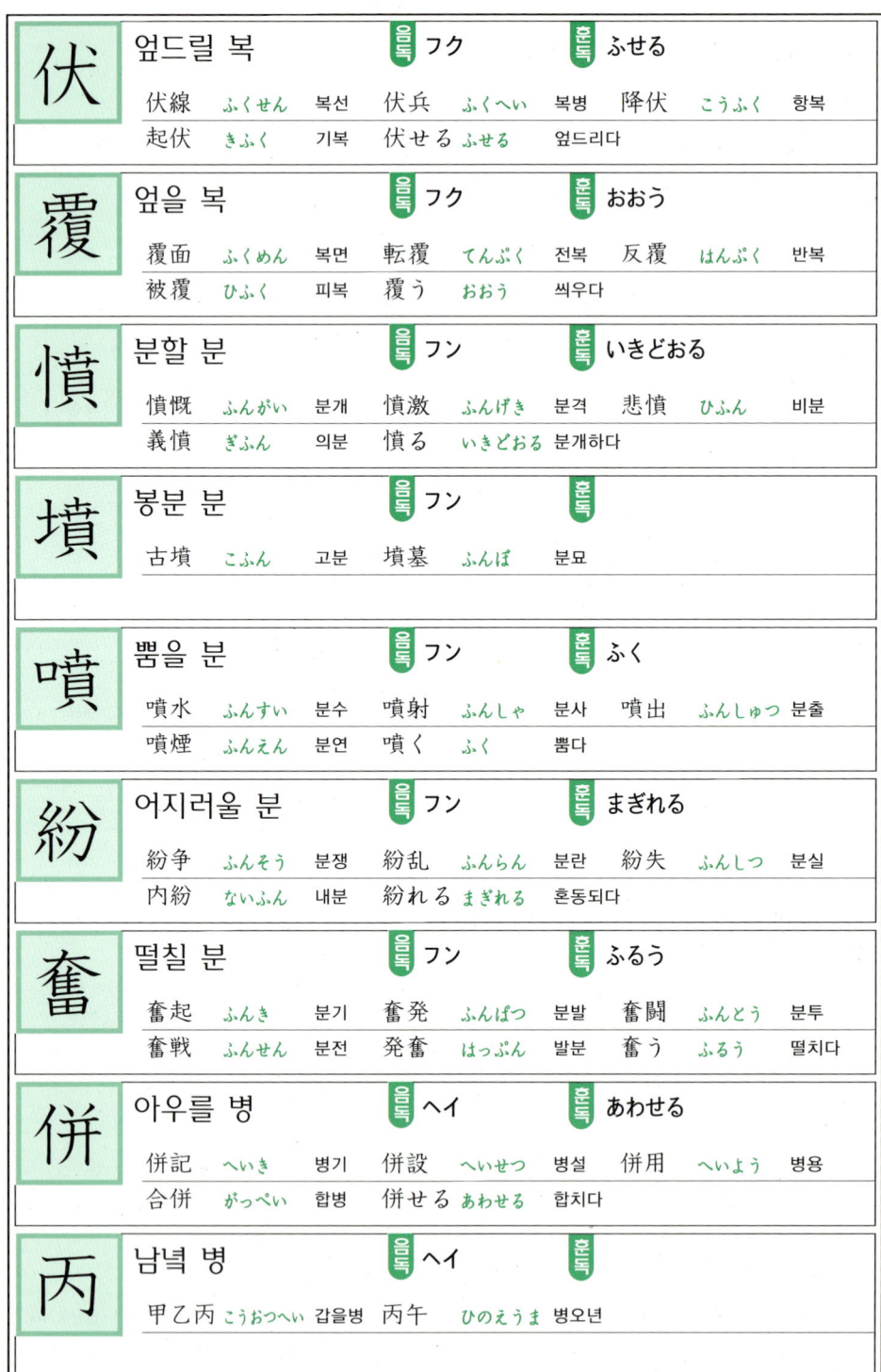

伏	엎드릴 복	음독 フク	훈독 ふせる				
	伏線 ふくせん 복선	伏兵 ふくへい 복병	降伏 こうふく 항복
	起伏 きふく 기복	伏せる ふせる 엎드리다	

覆	엎을 복	음독 フク	훈독 おおう				
	覆面 ふくめん 복면	転覆 てんぷく 전복	反覆 はんぷく 반복
	被覆 ひふく 피복	覆う おおう 씌우다	

憤	분할 분	음독 フン	훈독 いきどおる				
	憤慨 ふんがい 분개	憤激 ふんげき 분격	悲憤 ひふん 비분
	義憤 ぎふん 의분	憤る いきどおる 분개하다	

墳	봉분 분	음독 フン	훈독				
	古墳 こふん 고분	墳墓 ふんぼ 분묘	

噴	뿜을 분	음독 フン	훈독 ふく				
	噴水 ふんすい 분수	噴射 ふんしゃ 분사	噴出 ふんしゅつ 분출
	噴煙 ふんえん 분연	噴く ふく 뿜다	

紛	어지러울 분	음독 フン	훈독 まぎれる				
	紛争 ふんそう 분쟁	紛乱 ふんらん 분란	紛失 ふんしつ 분실
	内紛 ないふん 내분	紛れる まぎれる 혼동되다	

奮	떨칠 분	음독 フン	훈독 ふるう				
	奮起 ふんき 분기	奮発 ふんぱつ 분발	奮闘 ふんとう 분투
	奮戦 ふんせん 분전	発奮 はっぷん 발분	奮う ふるう 떨치다

併	아우를 병	음독 ヘイ	훈독 あわせる				
	併記 へいき 병기	併設 へいせつ 병설	併用 へいよう 병용
	合併 がっぺい 합병	併せる あわせる 합치다	

丙	남녘 병	음독 ヘイ	훈독				
	甲乙丙 こうおつへい 갑을병	丙午 ひのえうま 병오년	

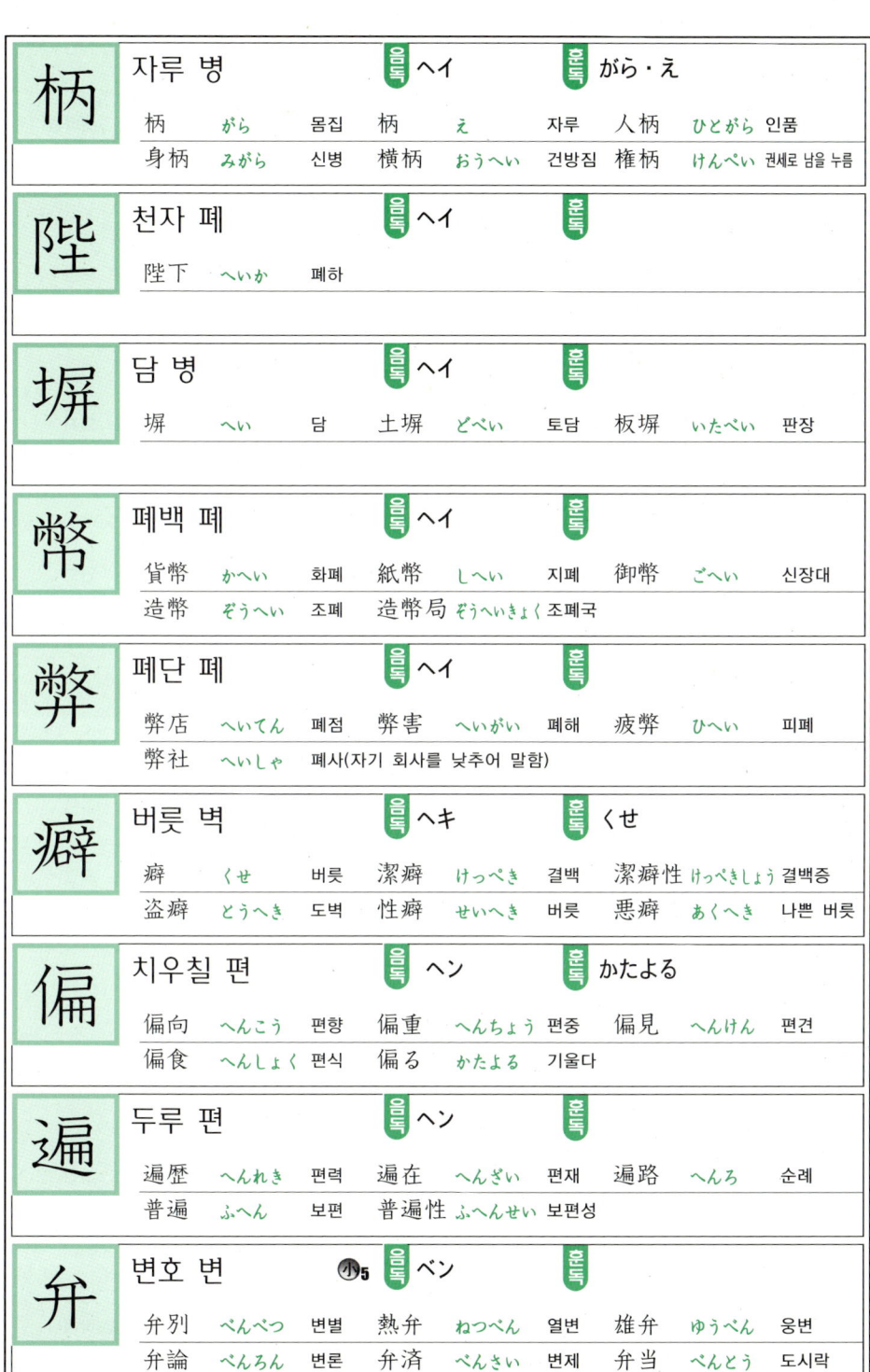

柄	자루 병	음독 ヘイ	훈독 がら・え				
	柄	がら	몸집	柄	え	자루	人柄	ひとがら	인품
	身柄	みがら	신병	横柄	おうへい	건방짐	権柄	けんぺい	권세로 남을 누름

陛	천자 폐	음독 ヘイ	훈독
	陛下	へいか	폐하

塀	담 병	음독 ヘイ	훈독
	塀	へい	담	土塀	どべい	토담	板塀	いたべい	판장

幣	폐백 폐	음독 ヘイ	훈독
	貨幣	かへい	화폐	紙幣	しへい	지폐	御幣	ごへい	신장대
	造幣	ぞうへい	조폐	造幣局	ぞうへいきょく	조폐국

弊	폐단 폐	음독 ヘイ	훈독
	弊店	へいてん	폐점	弊害	へいがい	폐해	疲弊	ひへい	피폐
	弊社	へいしゃ	폐사(자기 회사를 낮추어 말함)

癖	버릇 벽	음독 ヘキ	훈독 くせ
	癖	くせ	버릇	潔癖	けっぺき	결백	潔癖性	けっぺきしょう	결백증
	盗癖	とうへき	도벽	性癖	せいへき	버릇	悪癖	あくへき	나쁜 버릇

偏	치우칠 편	음독 ヘン	훈독 かたよる
	偏向	へんこう	편향	偏重	へんちょう	편중	偏見	へんけん	편견
	偏食	へんしょく	편식	偏る	かたよる	기울다

遍	두루 편	음독 ヘン	훈독
	遍歴	へんれき	편력	遍在	へんざい	편재	遍路	へんろ	순례
	普遍	ふへん	보편	普遍性	ふへんせい	보편성

弁	변호 변 小5	음독 ベン	훈독
	弁別	べんべつ	변별	熱弁	ねつべん	열변	雄弁	ゆうべん	웅변
	弁論	べんろん	변론	弁済	べんさい	변제	弁当	べんとう	도시락

1급

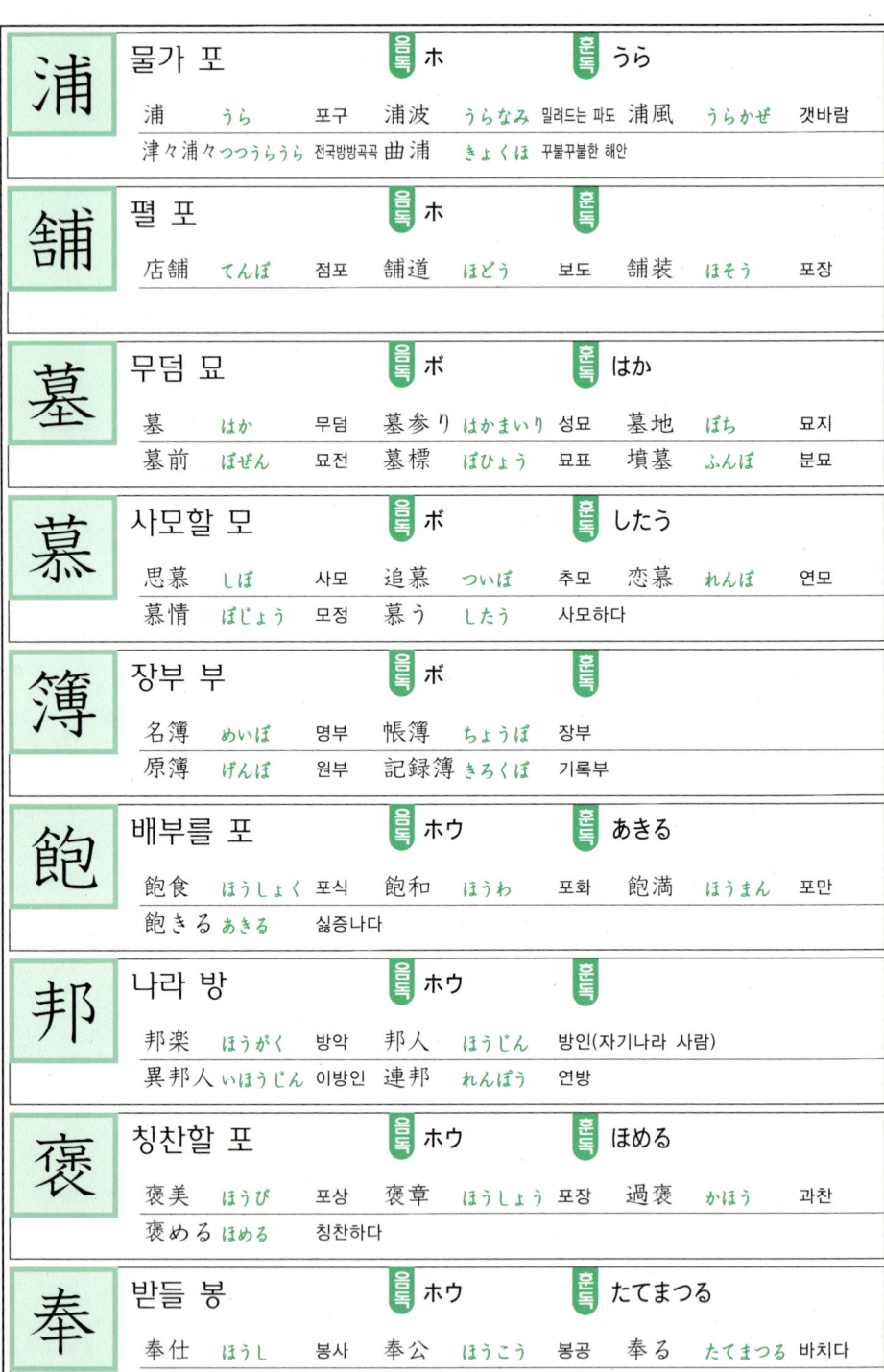

浦	물가 포	음독 ホ			훈독 うら		
	浦	うら	포구	浦波	うらなみ	밀려드는 파도	浦風 うらかぜ 갯바람
	津々浦々	つつうらうら	전국방방곡곡	曲浦	きょくほ	꾸불꾸불한 해안	

舗	펼 포	음독 ホ			훈독		
	店舗	てんぽ	점포	舗道	ほどう	보도	舗装 ほそう 포장

墓	무덤 묘	음독 ボ			훈독 はか		
	墓	はか	무덤	墓参り	はかまいり	성묘	墓地 ぼち 묘지
	墓前	ぼぜん	묘전	墓標	ぼひょう	묘표	墳墓 ふんぼ 분묘

慕	사모할 모	음독 ボ			훈독 したう		
	思慕	しぼ	사모	追慕	ついぼ	추모	恋慕 れんぼ 연모
	慕情	ぼじょう	모정	慕う	したう	사모하다	

簿	장부 부	음독 ボ			훈독		
	名簿	めいぼ	명부	帳簿	ちょうぼ	장부	
	原簿	げんぼ	원부	記録簿	きろくぼ	기록부	

飽	배부를 포	음독 ホウ			훈독 あきる		
	飽食	ほうしょく	포식	飽和	ほうわ	포화	飽満 ほうまん 포만
	飽きる	あきる	싫증나다				

邦	나라 방	음독 ホウ			훈독		
	邦楽	ほうがく	방악	邦人	ほうじん	방인(자기나라 사람)	
	異邦人	いほうじん	이방인	連邦	れんぽう	연방	

褒	칭찬할 포	음독 ホウ			훈독 ほめる		
	褒美	ほうび	포상	褒章	ほうしょう	포장	過褒 かほう 과찬
	褒める	ほめる	칭찬하다				

奉	받들 봉	음독 ホウ			훈독 たてまつる		
	奉仕	ほうし	봉사	奉公	ほうこう	봉공	奉る たてまつる 바치다
	奉納	ほうのう	봉납	信奉	しんぽう	신봉	

俸	녹봉 봉	음독 ホウ	훈독
	俸給 ほうきゅう 봉급	年俸 ねんぽう 연봉	本俸 ほんぽう 본봉

峰	봉우리 봉	음독 ホウ	훈독 みね
	峰 みね 봉우리	連峰 れんぽう 연봉	
	靈峰 れいほう 영봉	孤峰 こほう 고봉	

縫	꿰맬 봉	음독 ホウ	훈독 ぬう
	縫合 ほうごう 봉합	裁縫 さいほう 재봉	
	縫い目 ぬいめ 솔기	縫う ぬう 꿰매다	

泡	물거품 포	음독 ホウ	훈독 あわ
	泡 あわ 거품	水泡 すいほう 수포	気泡 きほう 기포
	発砲 はっぽう 발포		

砲	대포 포	음독 ホウ	훈독
	砲丸 ほうがん 포환	砲弾 ほうだん 포탄	砲撃 ほうげき 포격
	大砲 たいほう 대포		

胞	태보 포	음독 ホウ	훈독
	胞子 ほうし 포자	細胞 さいぼう 세포	同胞 どうほう 동포

芳	꽃다울 방	음독 ホウ	훈독 かんばしい
	芳香 ほうこう 방향	芳香剤 ほうこうざい 방향제	芳志 ほうし 남의 친절
	芳紀 ほうき 방년	芳名 ほうめい 방명	芳しい かんばしい 향기롭다

崩	산무너질 붕	음독 ホウ	훈독 くずす・くずれる
	崩落 ほうらく 붕괴	崩れ くずれ 붕괴	雪崩れ なだれ 산사태
	崩す くずす 무너뜨리다	崩れる くずれる 무너지다	

某	아무개 모	음독 ボウ	훈독
	某月 ぼうげつ 모월	某日 ぼうにち 모일	某所 ぼうしょ 모처
	某国 ぼうこく 모국	某氏 ぼうし 모씨	

377

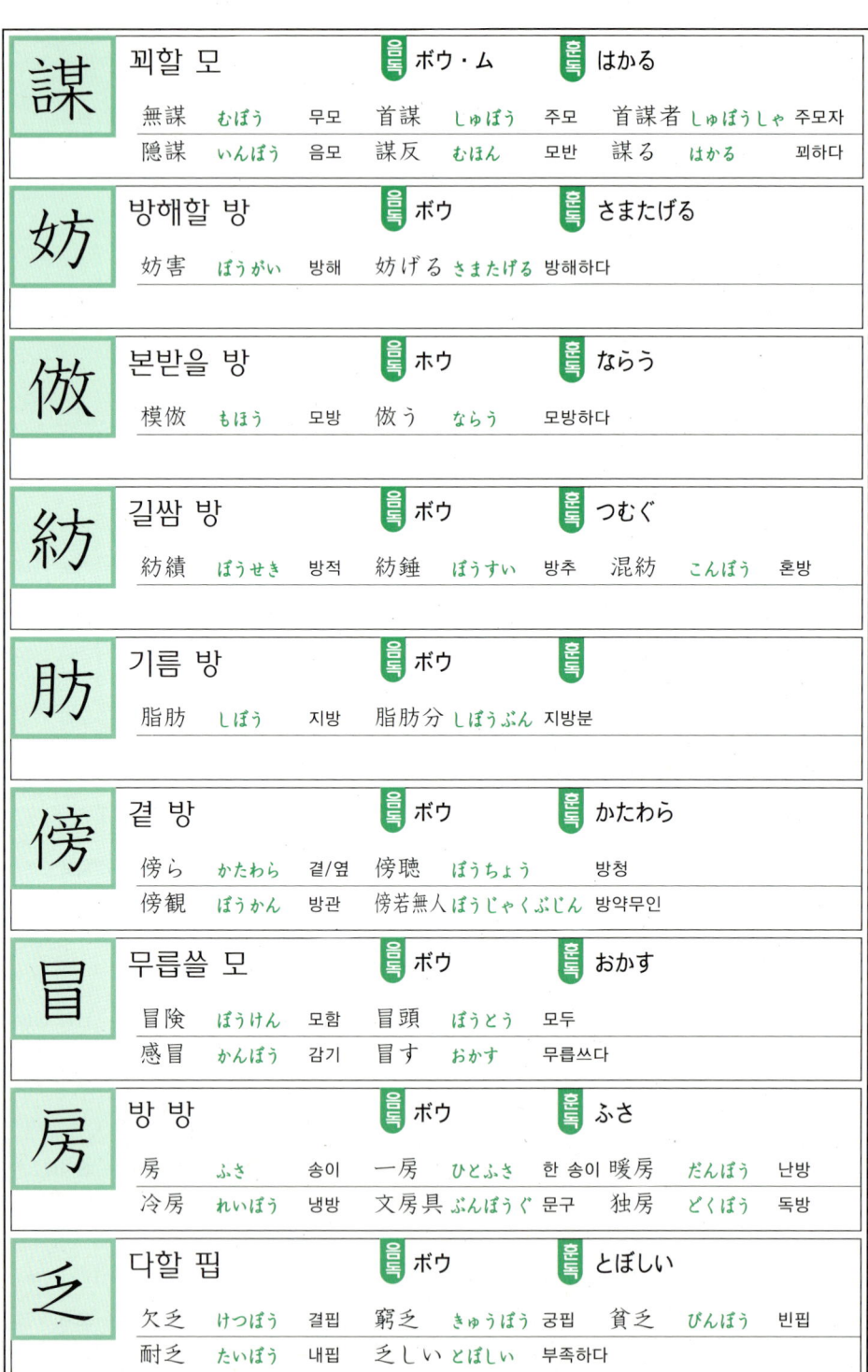

謀	꾀할 모	음독 ボウ・ム	훈독 はかる
	無謀 むぼう 무모	首謀 しゅぼう 주모	首謀者 しゅぼうしゃ 주모자
	隠謀 いんぼう 음모	謀反 むほん 모반	謀る はかる 꾀하다

妨	방해할 방	음독 ボウ	훈독 さまたげる
	妨害 ぼうがい 방해	妨げる さまたげる 방해하다	

倣	본받을 방	음독 ホウ	훈독 ならう
	模倣 もほう 모방	倣う ならう 모방하다	

紡	길쌈 방	음독 ボウ	훈독 つむぐ
	紡績 ぼうせき 방적	紡錘 ぼうすい 방추	混紡 こんぼう 혼방

肪	기름 방	음독 ボウ	훈독
	脂肪 しぼう 지방	脂肪分 しぼうぶん 지방분	

傍	곁 방	음독 ボウ	훈독 かたわら
	傍ら かたわら 곁/옆	傍聴 ぼうちょう 방청	
	傍観 ぼうかん 방관	傍若無人 ぼうじゃくぶじん 방약무인	

冒	무릅쓸 모	음독 ボウ	훈독 おかす
	冒険 ぼうけん 모험	冒頭 ぼうとう 모두	
	感冒 かんぼう 감기	冒す おかす 무릅쓰다	

房	방 방	음독 ボウ	훈독 ふさ
	房 ふさ 송이	一房 ひとふさ 한 송이	暖房 だんぼう 난방
	冷房 れいぼう 냉방	文房具 ぶんぼうぐ 문구	独房 どくぼう 독방

乏	다할 핍	음독 ボウ	훈독 とぼしい
	欠乏 けつぼう 결핍	窮乏 きゅうぼう 궁핍	貧乏 びんぼう 빈핍
	耐乏 たいぼう 내핍	乏しい とぼしい 부족하다	

剖	쪼갤 부	음독 ボウ	훈독
	解剖　かいぼう　해부		

朴	순박할 박	음독 ボク	훈독
	素朴　そぼく　소박　純朴　じゅんぼく　순박		
	質朴　しつぼく　순박　朴直　ぼくちょく　박직		

牧	기를 목　4	음독 ボク	훈독 まき
	牧　まき　목장　牧場　ぼくじょう　목장　牧畜　ぼくちく　목축		
	牧牛　ぼくぎゅう　목우　放牧　ほうぼく　방목　牧師　ぼくし　목사		

僕	종 복	음독 ボク	훈독
	僕　ぼく　나　忠僕　ちゅうぼく　충복		
	公僕　こうぼく　공복　家僕　かぼく　가복		

撲	두드릴 박	음독 ボク	훈독
	撲滅　ぼくめつ　박멸　撲殺　ぼくさつ　박살　打撲　だぼく　타박		
	打撲傷　だぼくしょう　타박상　相撲　すもう　스모(일본 씨름)		

墨	먹 묵	음독 ボク	훈독 すみ
	墨　すみ　먹　墨絵　すみえ　묵화　水墨　すいぼく　수묵		
	白墨　はくぼく　분필　筆墨　ひつぼく　필묵		

没	빠질 몰	음독 ボツ	훈독
	没頭　ぼっとう　몰두　埋没　まいぼつ　매몰		
	出没　しゅつぼつ　출몰　沈没　ちんぼつ　침몰		

堀	굴 굴	음독	훈독 ほり
	堀　ほり　도랑　堀端　ほりばた　도랑가		
	外堀　そとぼり　바깥 해자　釣堀　つりぼり　유료 낚시터		

奔	달아날 분	음독 ホン	훈독
	奔放　ほんぼう　분망　奔走　ほんそう　분주　狂奔　きょうほん　광분		
	東奔西走　とうほんせいそう　동분서주		

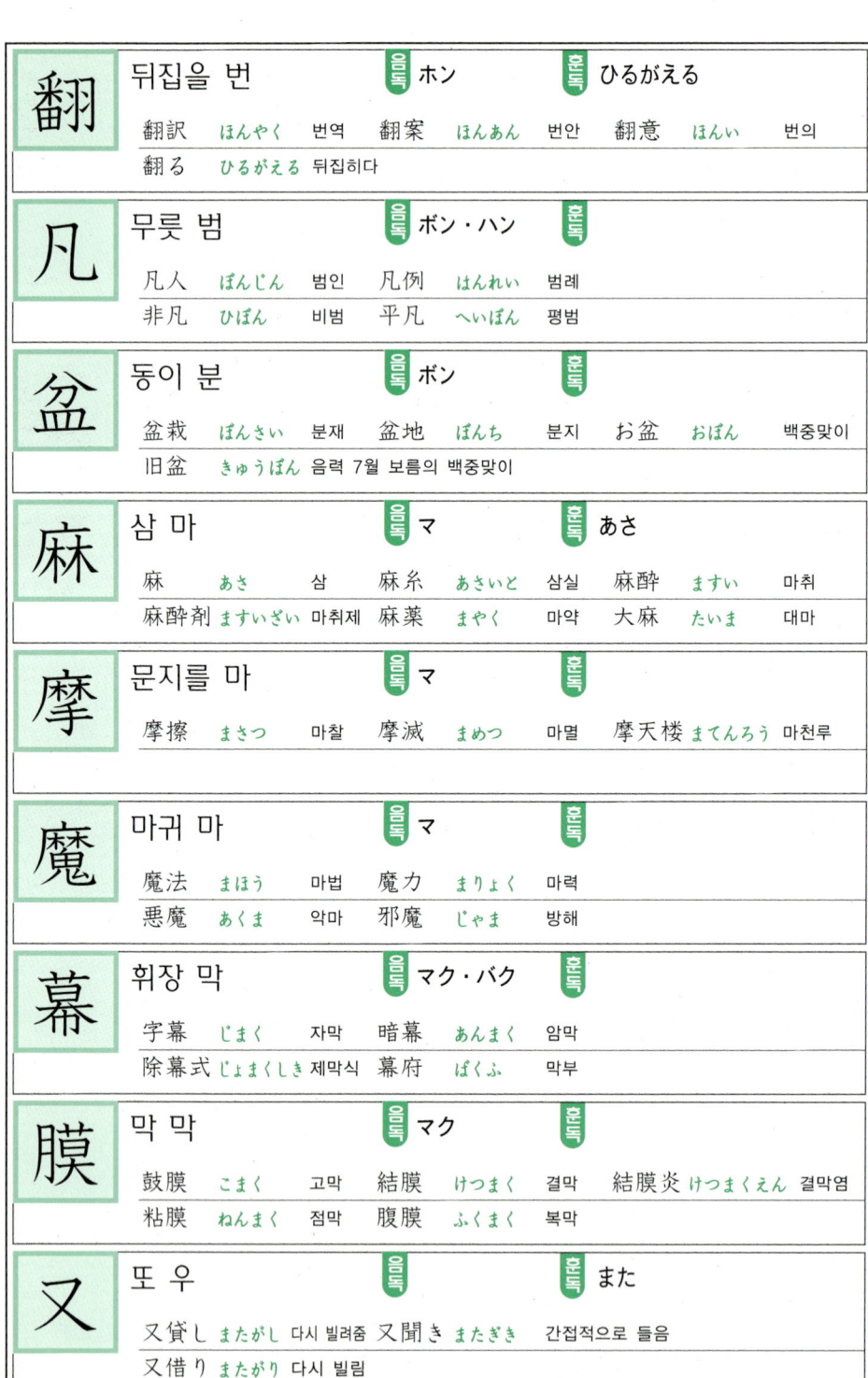

翻	뒤집을 번	음독 ホン	훈독 ひるがえる

翻訳 ほんやく 번역　翻案 ほんあん 번안　翻意 ほんい 번의

翻る ひるがえる 뒤집히다

凡	무릇 범	음독 ボン・ハン	훈독

凡人 ぼんじん 범인　凡例 はんれい 범례

非凡 ひぼん 비범　平凡 へいぼん 평범

盆	동이 분	음독 ボン	훈독

盆栽 ぼんさい 분재　盆地 ぼんち 분지　お盆 おぼん 백중맞이

旧盆 きゅうぼん 음력 7월 보름의 백중맞이

麻	삼 마	음독 マ	훈독 あさ

麻 あさ 삼　麻糸 あさいと 삼실　麻酔 ますい 마취

麻酔剤 ますいざい 마취제　麻薬 まやく 마약　大麻 たいま 대마

摩	문지를 마	음독 マ	훈독

摩擦 まさつ 마찰　摩滅 まめつ 마멸　摩天楼 まてんろう 마천루

魔	마귀 마	음독 マ	훈독

魔法 まほう 마법　魔力 まりょく 마력

悪魔 あくま 악마　邪魔 じゃま 방해

幕	휘장 막	음독 マク・バク	훈독

字幕 じまく 자막　暗幕 あんまく 암막

除幕式 じょまくしき 제막식　幕府 ばくふ 막부

膜	막 막	음독 マク	훈독

鼓膜 こまく 고막　結膜 けつまく 결막　結膜炎 けつまくえん 결막염

粘膜 ねんまく 점막　腹膜 ふくまく 복막

又	또 우	음독	훈독 また

又貸し またがし 다시 빌려줌　又聞き またぎき 간접적으로 들음

又借り またがり 다시 빌림

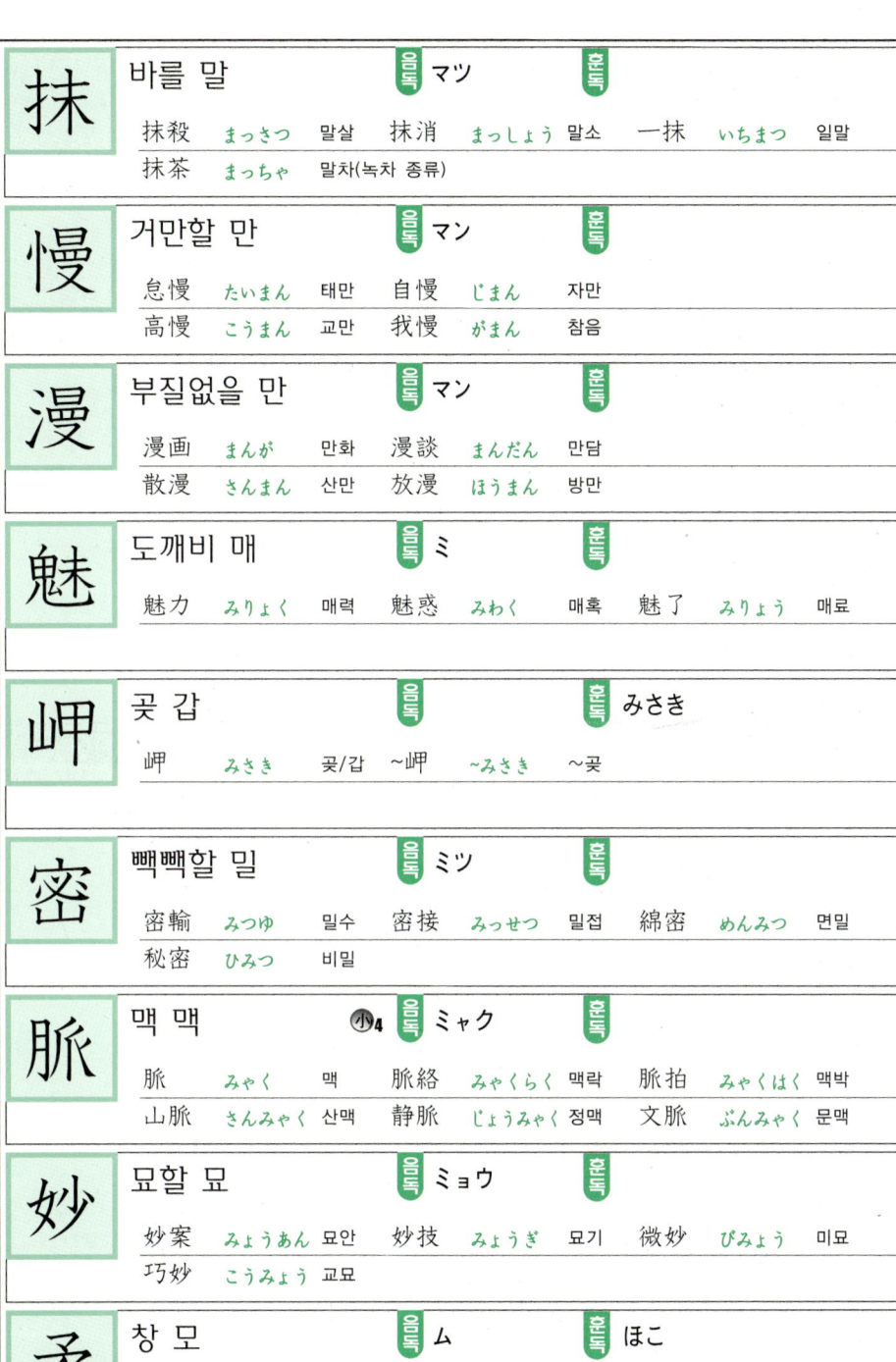

抹	바를 말	음독 マツ	훈독				
	抹殺 まっさつ 말살	抹消 まっしょう 말소	一抹 いちまつ 일말				
	抹茶 まっちゃ 말차(녹차 종류)						

慢	거만할 만	음독 マン	훈독				
	怠慢 たいまん 태만	自慢 じまん 자만					
	高慢 こうまん 교만	我慢 がまん 참음					

漫	부질없을 만	음독 マン	훈독				
	漫画 まんが 만화	漫談 まんだん 만담					
	散漫 さんまん 산만	放漫 ほうまん 방만					

魅	도깨비 매	음독 ミ	훈독				
	魅力 みりょく 매력	魅惑 みわく 매혹	魅了 みりょう 매료				

岬	곶 갑	음독	훈독 みさき				
	岬 みさき 곶/갑	~岬 ~みさき ~곶					

密	빽빽할 밀	음독 ミツ	훈독				
	密輸 みつゆ 밀수	密接 みっせつ 밀접	綿密 めんみつ 면밀				
	秘密 ひみつ 비밀						

脈	맥 맥 小4	음독 ミャク	훈독				
	脈 みゃく 맥	脈絡 みゃくらく 맥락	脈拍 みゃくはく 맥박				
	山脈 さんみゃく 산맥	静脈 じょうみゃく 정맥	文脈 ぶんみゃく 문맥				

妙	묘할 묘	음독 ミョウ	훈독				
	妙案 みょうあん 묘안	妙技 みょうぎ 묘기	微妙 びみょう 미묘				
	巧妙 こうみょう 교묘						

矛	창 모	음독 ム	훈독 ほこ				
	矛 ほこ 창	矛先 ほこさき 창끝	矛盾 むじゅん 모순				

1급

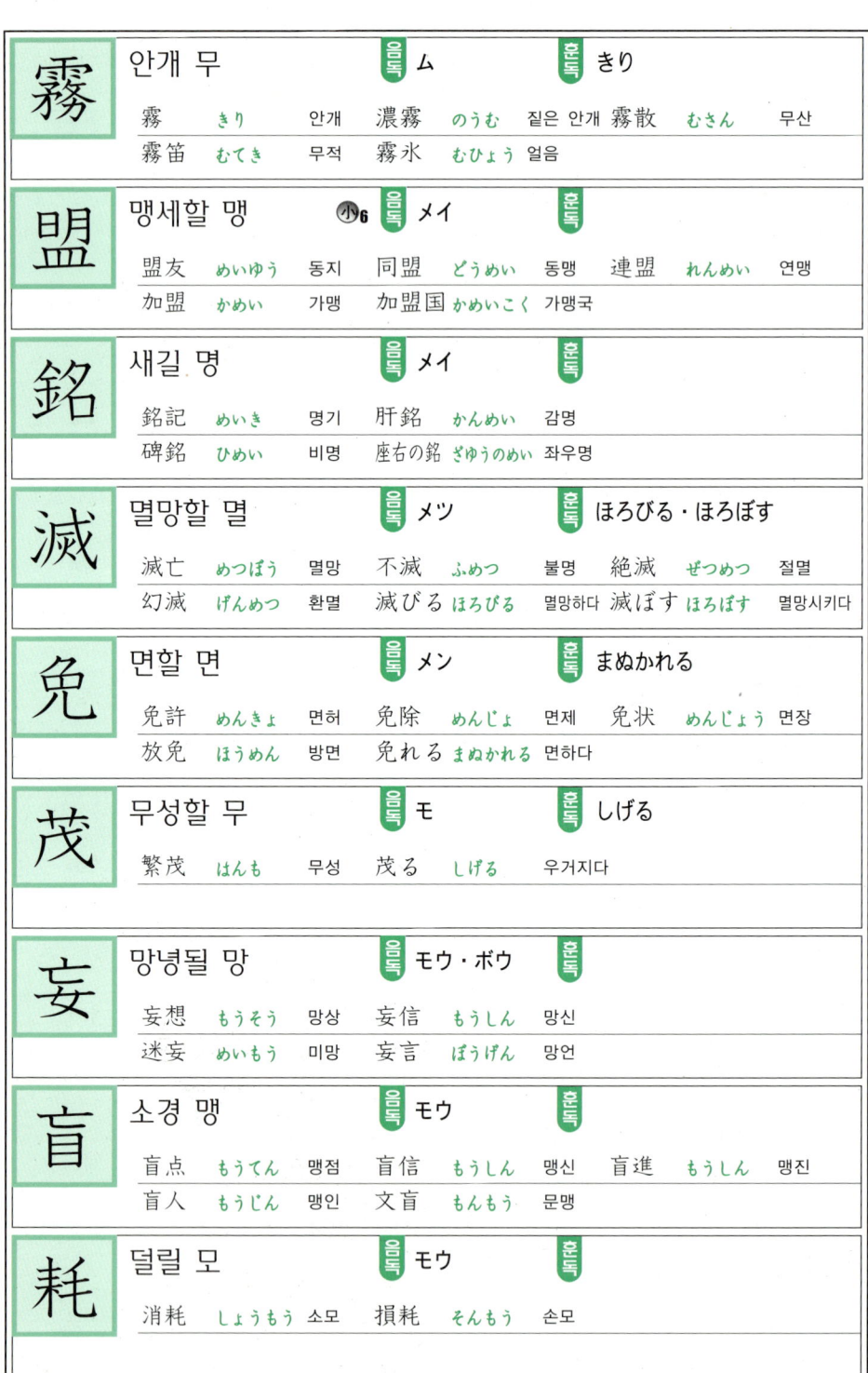

霧	안개 무	음독 ム		훈독 きり		
	霧 きり 안개	濃霧 のうむ 짙은 안개		霧散 むさん 무산		
	霧笛 むてき 무적	霧氷 むひょう 얼음				

盟	맹세할 맹 小6	음독 メイ		훈독		
	盟友 めいゆう 동지	同盟 どうめい 동맹		連盟 れんめい 연맹		
	加盟 かめい 가맹	加盟国 かめいこく 가맹국				

銘	새길 명	음독 メイ		훈독		
	銘記 めいき 명기	肝銘 かんめい 감명				
	碑銘 ひめい 비명	座右の銘 ざゆうのめい 좌우명				

滅	멸망할 멸	음독 メツ		훈독 ほろびる・ほろぼす		
	滅亡 めつぼう 멸망	不滅 ふめつ 불멸		絶滅 ぜつめつ 절멸		
	幻滅 げんめつ 환멸	滅びる ほろびる 멸망하다		滅ぼす ほろぼす 멸망시키다		

免	면할 면	음독 メン		훈독 まぬかれる		
	免許 めんきょ 면허	免除 めんじょ 면제		免状 めんじょう 면장		
	放免 ほうめん 방면	免れる まぬかれる 면하다				

茂	무성할 무	음독 モ		훈독 しげる		
	繁茂 はんも 무성	茂る しげる 우거지다				

妄	망녕될 망	음독 モウ・ボウ		훈독		
	妄想 もうそう 망상	妄信 もうしん 망신				
	迷妄 めいもう 미망	妄言 ぼうげん 망언				

盲	소경 맹	음독 モウ		훈독		
	盲点 もうてん 맹점	盲信 もうしん 맹신		盲進 もうしん 맹진		
	盲人 もうじん 맹인	文盲 もんもう 문맹				

耗	덜릴 모	음독 モウ		훈독		
	消耗 しょうもう 소모	損耗 そんもう 손모				

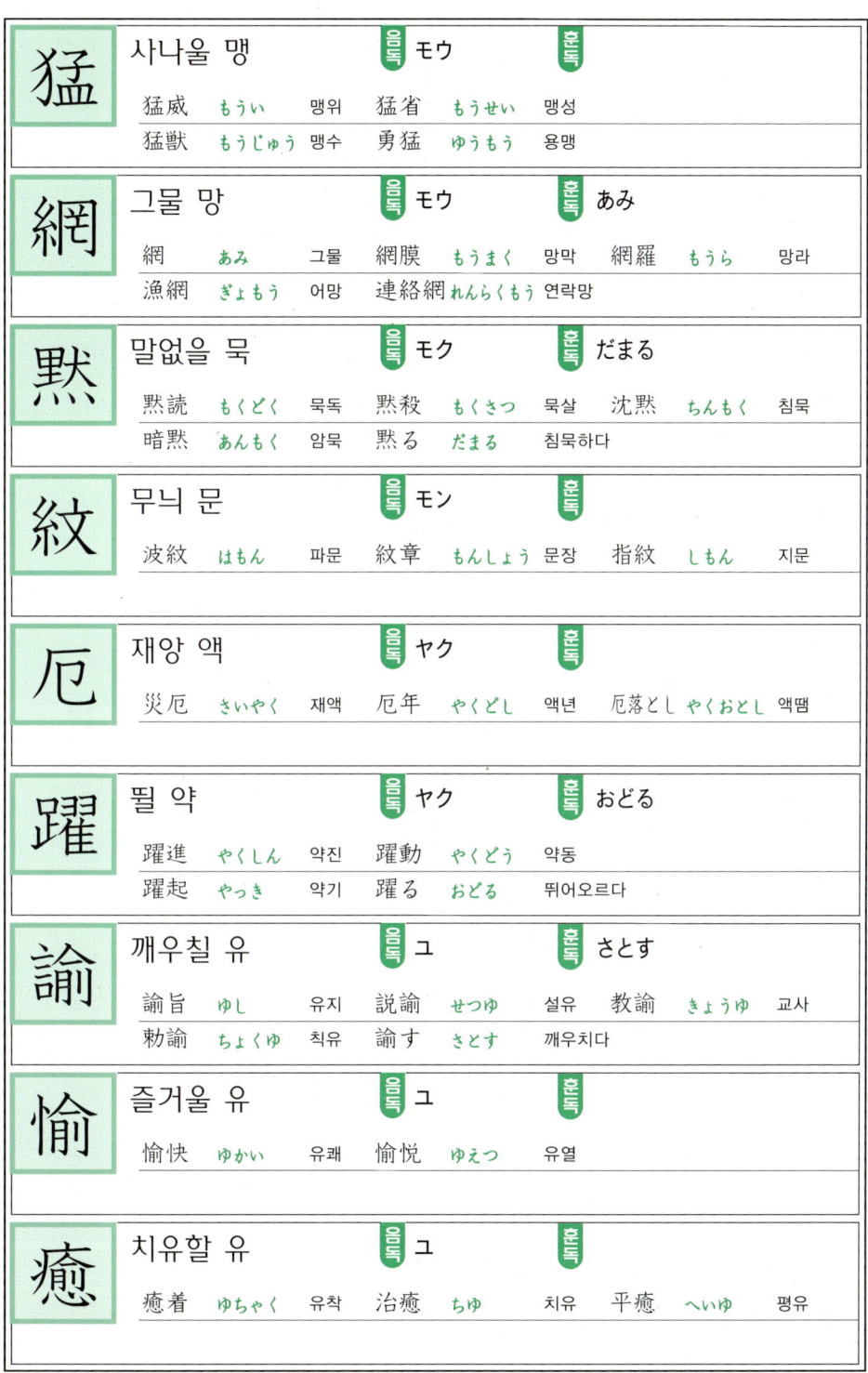

猛	사나울 맹	음독 モウ	훈독		
	猛威 もうい 맹위	猛省 もうせい 맹성			
	猛獣 もうじゅう 맹수	勇猛 ゆうもう 용맹			

網	그물 망	음독 モウ	훈독 あみ		
	網 あみ 그물	網膜 もうまく 망막	網羅 もうら 망라		
	漁網 ぎょもう 어망	連絡網 れんらくもう 연락망			

黙	말없을 묵	음독 モク	훈독 だまる		
	黙読 もくどく 묵독	黙殺 もくさつ 묵살	沈黙 ちんもく 침묵		
	暗黙 あんもく 암묵	黙る だまる 침묵하다			

紋	무늬 문	음독 モン	훈독		
	波紋 はもん 파문	紋章 もんしょう 문장	指紋 しもん 지문		

厄	재앙 액	음독 ヤク	훈독		
	災厄 さいやく 재액	厄年 やくどし 액년	厄落とし やくおとし 액땜		

躍	뛸 약	음독 ヤク	훈독 おどる		
	躍進 やくしん 약진	躍動 やくどう 약동			
	躍起 やっき 약기	躍る おどる 뛰어오르다			

諭	깨우칠 유	음독 ユ	훈독 さとす		
	諭旨 ゆし 유지	説諭 せつゆ 설유	教諭 きょうゆ 교사		
	勅諭 ちょくゆ 칙유	諭す さとす 깨우치다			

愉	즐거울 유	음독 ユ	훈독		
	愉快 ゆかい 유쾌	愉悦 ゆえつ 유열			

癒	치유할 유	음독 ユ	훈독		
	癒着 ゆちゃく 유착	治癒 ちゆ 치유	平癒 へいゆ 평유		

1급

唯	오직 유	음독 ユイ	훈독
	唯一 ゆいいつ 유일	唯物 ゆいぶつ 유물	唯我 ゆいが 유아
	唯心 ゆいしん 유심	唯物論 ゆいぶつろん 유물론	

幽	깊을 유	음독 ユウ	훈독
	幽玄 ゆうげん 유현	幽谷 ゆうこく 유곡	
	幽界 ゆうかい 유계	幽霊 ゆうれい 유령	

悠	멀 유	음독 ユウ	훈독
	悠々 ゆうゆう 유유	悠久 ゆうきゅう 유구	悠遠 ゆうえん 유원
	悠然 ゆうぜん 유연	悠々自適 ゆうゆうじてき 유유자적	

猶	오히려 유	음독 ユウ	훈독
	猶予 ゆうよ 유예		

裕	넉넉할 유	음독 ユウ	훈독
	裕福 ゆうふく 유복	余裕 よゆう 여유	富裕 ふゆう 부유

雄	수컷 웅	小6 음독 ユウ	훈독 お・おす
	雄 おす 수컷	雄壮 ゆうそう 웅장	雄大 ゆうだい 웅대
	雄弁 ゆうべん 웅변	英雄 えいゆう 영웅	

誘	꾈 유	음독 ユウ	훈독 さそう
	誘導 ゆうどう 유도	誘惑 ゆうわく 유혹	誘発 ゆうはつ 유발
	勧誘 かんゆう 권유	誘う さそう 권유하다	

憂	근심 우	음독 ユウ	훈독 うれい・うれえる
	憂い うれい 근심	憂慮 ゆうりょ 우려	憂愁 ゆうしゅう 우수
	憂える うれえる 걱정하다	物憂い ものうい 어쩐지 몸이 나른하고 내키지 않다	

融	녹을 융	음독 ユウ	훈독
	融和 ゆうわ 융화	融資 ゆうし 융자	融通 ゆうずう 융통
	金融 きんゆう 금융		

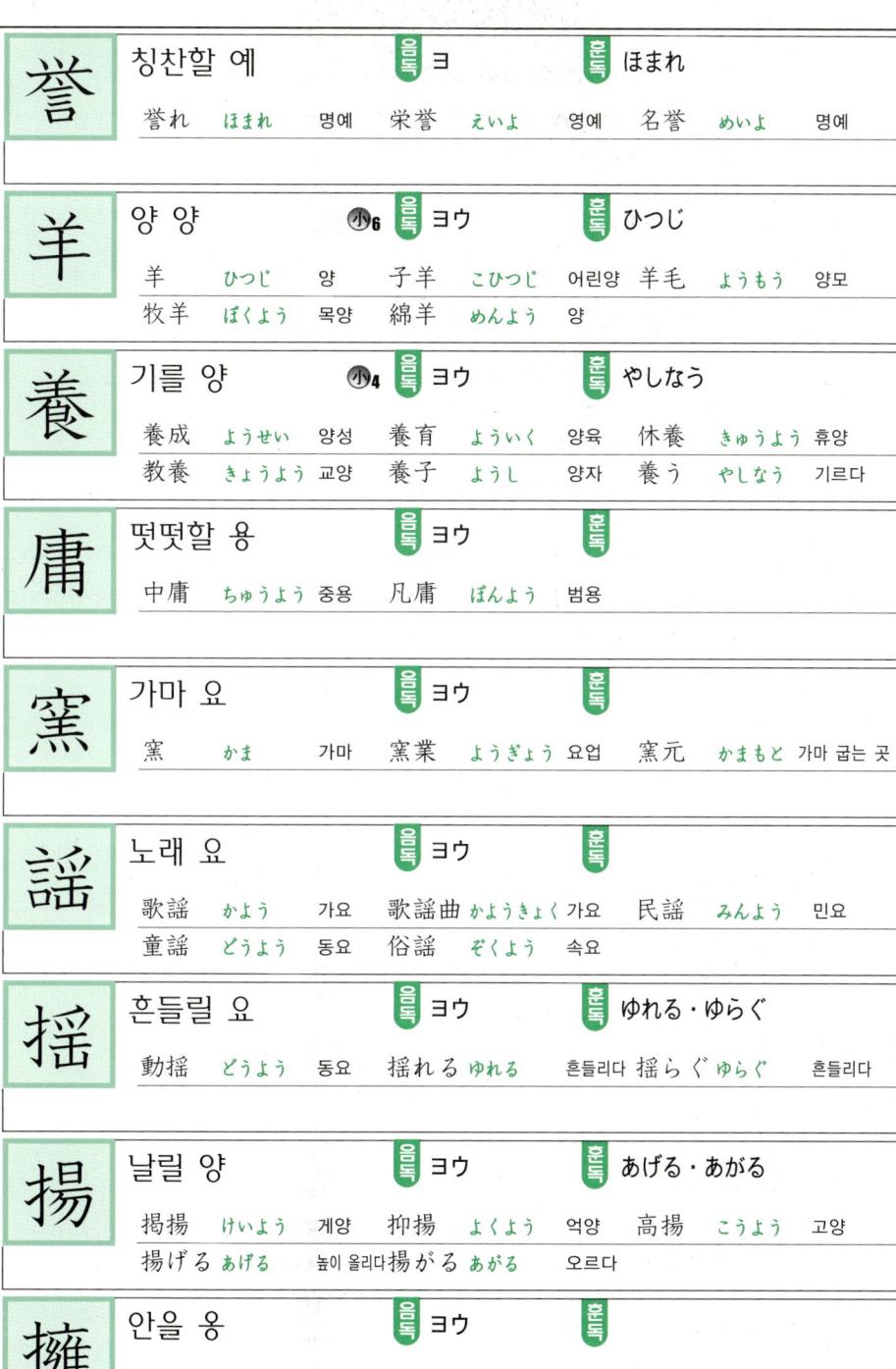

誉	칭찬할 예	음독 ヨ	훈독 ほまれ				
	誉れ	ほまれ	명예	栄誉 えいよ 영예	名誉 めいよ 명예		

羊	양 양 小6	음독 ヨウ	훈독 ひつじ				
	羊	ひつじ	양	子羊 こひつじ 어린양	羊毛 ようもう 양모		
	牧羊	ぼくよう	목양	綿羊 めんよう 양			

養	기를 양 小4	음독 ヨウ	훈독 やしなう				
	養成	ようせい	양성	養育 よういく 양육	休養 きゅうよう 휴양		
	教養	きょうよう	교양	養子 ようし 양자	養う やしなう 기르다		

庸	떳떳할 용	음독 ヨウ	훈독				
	中庸	ちゅうよう	중용	凡庸 ぼんよう 범용			

窯	가마 요	음독 ヨウ	훈독				
	窯	かま	가마	窯業 ようぎょう 요업	窯元 かまもと 가마 굽는 곳		

謡	노래 요	음독 ヨウ	훈독				
	歌謡	かよう	가요	歌謡曲 かようきょく 가요	民謡 みんよう 민요		
	童謡	どうよう	동요	俗謡 ぞくよう 속요			

揺	흔들릴 요	음독 ヨウ	훈독 ゆれる・ゆらぐ				
	動揺	どうよう	동요	揺れる ゆれる 흔들리다	揺らぐ ゆらぐ 흔들리다		

揚	날릴 양	음독 ヨウ	훈독 あげる・あがる				
	掲揚	けいよう	게양	抑揚 よくよう 억양	高揚 こうよう 고양		
	揚げる	あげる	높이 올리다	揚がる あがる 오르다			

擁	안을 옹	음독 ヨウ	훈독				
	擁護	ようご	옹호	抱擁 ほうよう 포옹	擁立 ようりつ 옹립		

1급

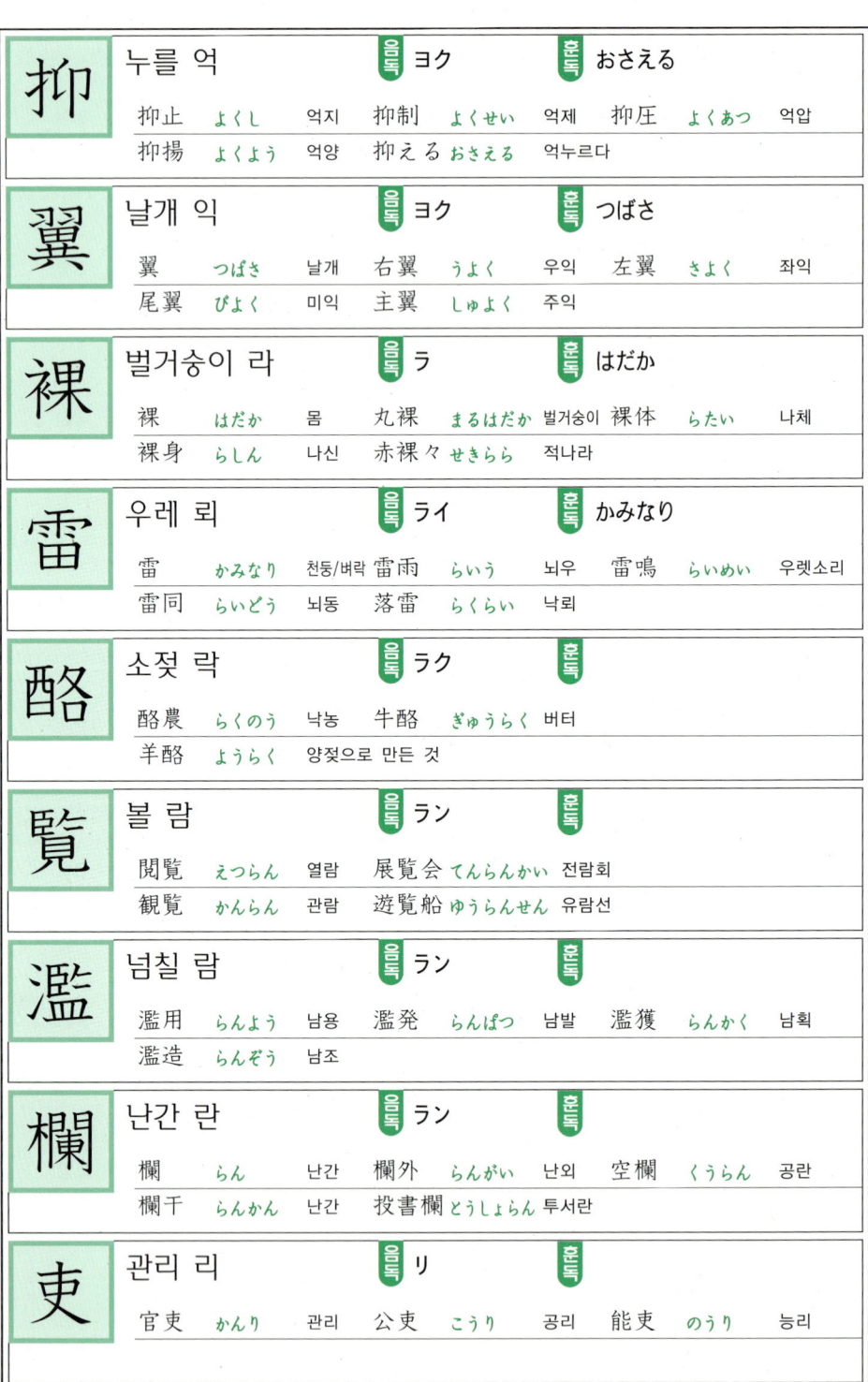

抑	누를 억	음독 ヨク	훈독 おさえる

| 抑止 | よくし | 억지 | 抑制 | よくせい | 억제 | 抑圧 | よくあつ | 억압 |
| 抑揚 | よくよう | 억양 | 抑える | おさえる | 억누르다 | | | |

翼	날개 익	음독 ヨク	훈독 つばさ

| 翼 | つばさ | 날개 | 右翼 | うよく | 우익 | 左翼 | さよく | 좌익 |
| 尾翼 | びよく | 미익 | 主翼 | しゅよく | 주익 | | | |

裸	벌거숭이 라	음독 ラ	훈독 はだか

| 裸 | はだか | 몸 | 丸裸 | まるはだか | 벌거숭이 | 裸体 | らたい | 나체 |
| 裸身 | らしん | 나신 | 赤裸々 | せきらら | 적나라 | | | |

雷	우레 뢰	음독 ライ	훈독 かみなり

| 雷 | かみなり | 천둥/벼락 | 雷雨 | らいう | 뇌우 | 雷鳴 | らいめい | 우렛소리 |
| 雷同 | らいどう | 뇌동 | 落雷 | らくらい | 낙뢰 | | | |

酪	소젖 락	음독 ラク	훈독

| 酪農 | らくのう | 낙농 | 牛酪 | ぎゅうらく | 버터 |
| 羊酪 | ようらく | 양젖으로 만든 것 | | | |

覧	볼 람	음독 ラン	훈독

| 閲覧 | えつらん | 열람 | 展覧会 | てんらんかい | 전람회 |
| 観覧 | かんらん | 관람 | 遊覧船 | ゆうらんせん | 유람선 |

濫	넘칠 람	음독 ラン	훈독

| 濫用 | らんよう | 남용 | 濫発 | らんぱつ | 남발 | 濫獲 | らんかく | 남획 |
| 濫造 | らんぞう | 남조 | | | | | | |

欄	난간 란	음독 ラン	훈독

| 欄 | らん | 난간 | 欄外 | らんがい | 난외 | 空欄 | くうらん | 공란 |
| 欄干 | らんかん | 난간 | 投書欄 | とうしょらん | 투서란 | | | |

吏	관리 리	음독 リ	훈독

| 官吏 | かんり | 관리 | 公吏 | こうり | 공리 | 能吏 | のうり | 능리 |

里	마을 리 ⑨小2 음독 リ			훈독 さと		
	里 さと 마을	村里 むらざと 마을	郷里 ふるさと 고향
	里帰 さとがえり 귀성	郷里 きょうり 향리	里子 さとご 수양아들(딸)

痢	이질 리 음독 リ			훈독		
	赤痢 せきり 이질	下痢 げり 설사	疫痢 えきり 이질

履	신 리 음독 リ			훈독 はく		
	履行 りこう 이행	履歴書 りれきしょ 이력서	弊履 へいり 폐리
	履く はく 신다	履物 はきもの 신발

離	떠날 리 음독 リ			훈독 はなれる・はなす		
	離脱 りだつ 이탈	離別 りべつ 이별	距離 きょり 거리
	隔離 かくり 격리	離れる はなれる 떨어지다	離す はなす 떼다

竜	용 룡 음독 リュウ			훈독 たつ		
	竜 たつ 용	竜 りゅう 용	竜灯 りゅうとう 용등
	竜宮 りゅうぐう 용궁	竜巻 たつまき 회오리바람

隆	높을 륭 음독 リュウ			훈독		
	隆起 りゅうき 융기	隆盛 りゅうせい 융성	隆運 りゅううん 융운
	興隆 こうりゅう 융성

硫	유황 류 음독 リュウ			훈독		
	硫酸 りゅうさん 황산	硫安 りゅうあん 유안	硫黄 いおう 유황

柳	버들 류 음독 リュウ			훈독 やなぎ		
	柳 やなぎ 버드나무	柳腰 やなぎごし 미인의 가는 허리
	柳眉 りゅうび 유미	川柳 せんりゅう 5/7/5조로 이루어진 시

虜	사로잡을 로 음독 リョ			훈독		
	虜囚 りょしゅう 포로	捕虜 ほりょ 포로

慮	생각할 려	음독 リョ	훈독

考慮　こうりょ　고려　　配慮　はいりょ　배려　　思慮　しりょ　사려
遠慮　えんりょ　사양

猟	사냥할 렵	음독 リョウ	훈독

猟師　りょうし　사냥꾼　　猟銃　りょうじゅう　엽총　　狩猟　しゅりょう　수렵
禁猟　きんりょう　사냥금지

陵	언덕 릉	음독 リョウ	훈독

陵墓　りょうぼ　능묘　　丘陵　きゅうりょう　구릉

寮	기숙사 료	음독 リョウ	훈독

寮　　りょう　기숙사　　寮生活　りょうせいかつ　기숙사 생활
寮生　りょうせい　기숙생　　独身寮　どくしんりょう　독신자 기숙사

僚	동료 료	음독 リョウ	훈독

同僚　どうりょう　동료　　官僚　かんりょう　관료　　僚友　りょうゆう　동료

糧	약식 량	음독 リョウ・ロウ	훈독

食糧　しょくりょう　식량　　兵糧　ひょうろう　병사의 식량

厘	리 리	음독 リン	훈독

一厘　いちりん　1리　　厘毛　りんもう　극소

倫	인륜 륜	음독 リン	훈독

倫理　りんり　윤리　　倫理学　りんりがく　윤리학　　人倫　じんりん　인륜
不倫　ふりん　불륜

臨	임할 림	음독 リン	훈독 のぞむ

臨時　りんじ　임시　　臨終　りんじゅう　임종　　君臨　くんりん　군림
臨床　りんしょう　임상　　臨む　のぞむ　임하다

隣	이웃 린	음독 リン		훈독 となり		
	隣	となり	이웃	隣人	りんじん	이웃사람
				隣席	りんせき	옆자리
	隣接	りんせつ	인접	両隣	りょうどなり	양쪽 이웃집

塁	진 루	음독 ルイ		훈독		
	満塁	まんるい	만루	盗塁	とうるい	도루
				残塁	ざんるい	잔루
	本塁	ほんるい	본루			

累	여러 루	음독 ルイ		훈독		
	累計	るいけい	누계	累進	るいしん	누진
				累積	るいせき	누적
	係累	けいるい	누계			

励	힘쓸 려	음독 レイ		훈독 はげむ・はげます		
	激励	げきれい	격려	奨励	しょうれい	장려
				勉励	べんれい	열심히 힘씀
	励む	はげむ	힘쓰다	励ます	はげます	격려하다

鈴	방울 령	음독 レイ・リン		훈독 すず		
	鈴	すず	방울	鈴リン	すずリン	방울
				鈴	りん	방울
	風鈴	ふうりん	풍경	呼び鈴	よびりん	초인종
				電鈴	でんれい	초인종

霊	신령 령	음독 レイ・リョウ		훈독 たま		
	霊	たま	넋	霊魂	れいこん	영혼
				霊感	れいかん	영감
	霊長	れいちょう	영장	悪霊	あくりょう	악령

麗	고울 려	음독 レイ		훈독 うるわしい		
	美麗	びれい	미려	壮麗	そうれい	장려
	麗しい	うるわしい	곱다	美辞麗句	びじれいく	미사여구

暦	책력 력	음독 レキ		훈독 こよみ		
	暦	こよみ	달력	旧暦	きゅうれき	음력
	新暦	しんれき	양력	陽暦	ようれき	양력

劣	용렬할 렬	음독 レツ		훈독 おとる		
	劣等	れっとう	열등	劣等感	れっとうかん	열등감
				優劣	ゆうれつ	우열
	卑劣	ひれつ	비열	劣勢	れっせい	열세
				劣る	おとる	못하다

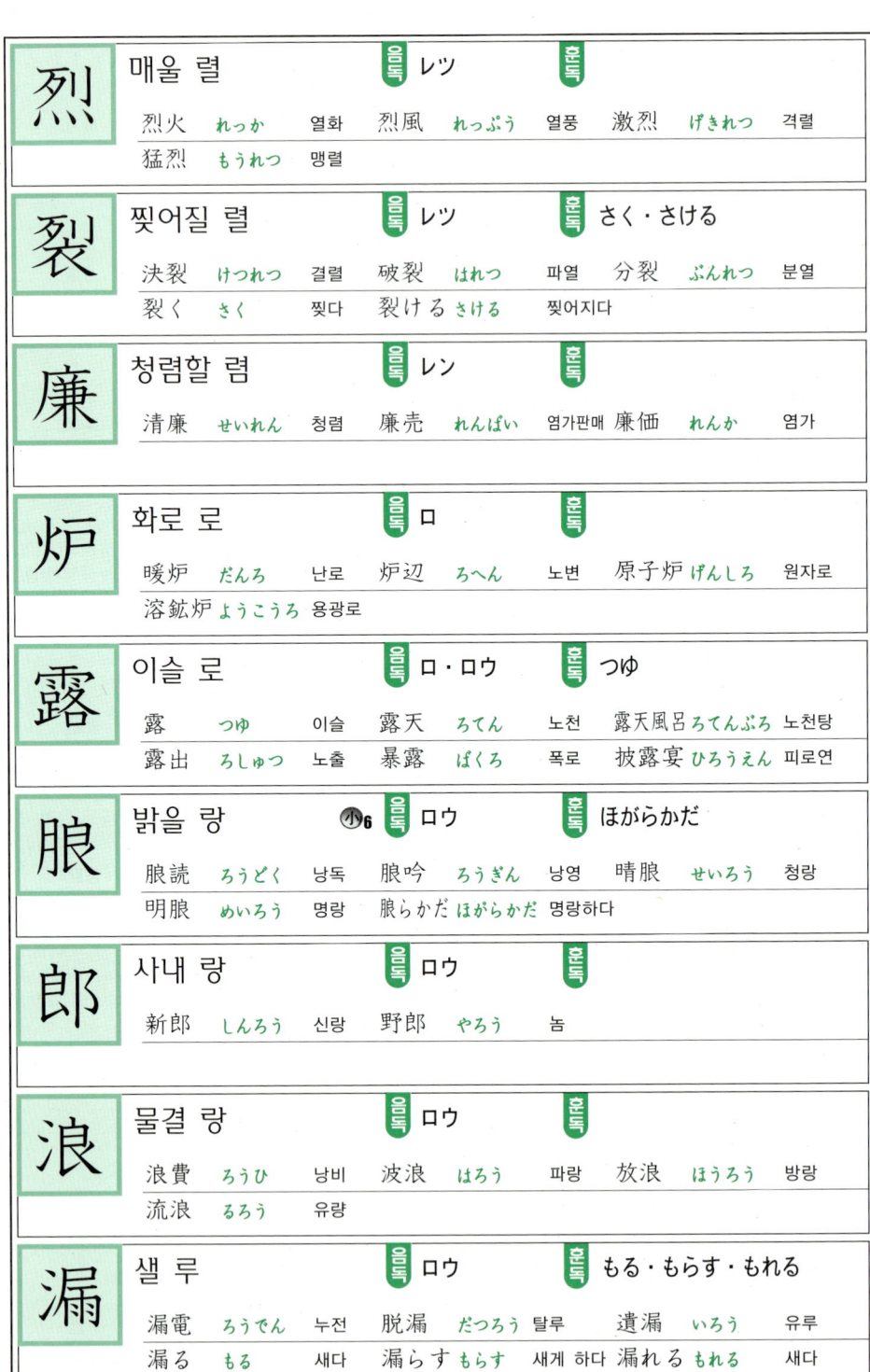

烈	매울 렬	음독 レツ	훈독				
	烈火 れっか 열화	烈風 れっぷう 열풍		激烈 げきれつ 격렬			
	猛烈 もうれつ 맹렬						

裂	찢어질 렬	음독 レツ	훈독 さく・さける				
	決裂 けつれつ 결렬	破裂 はれつ 파열		分裂 ぶんれつ 분열			
	裂く さく 찢다	裂ける さける 찢어지다					

廉	청렴할 렴	음독 レン	훈독				
	清廉 せいれん 청렴	廉売 れんばい 염가판매		廉価 れんか 염가			

炉	화로 로	음독 ロ	훈독				
	暖炉 だんろ 난로	炉辺 ろへん 노변		原子炉 げんしろ 원자로			
	溶鉱炉 ようこうろ 용광로						

露	이슬 로	음독 ロ・ロウ	훈독 つゆ				
	露 つゆ 이슬	露天 ろてん 노천		露天風呂 ろてんぶろ 노천탕			
	露出 ろしゅつ 노출	暴露 ばくろ 폭로		披露宴 ひろうえん 피로연			

朗	밝을 랑	小6 음독 ロウ	훈독 ほがらかだ				
	朗読 ろうどく 낭독	朗吟 ろうぎん 낭영		晴朗 せいろう 청랑			
	明朗 めいろう 명랑	朗らかだ ほがらかだ 명랑하다					

郎	사내 랑	음독 ロウ	훈독				
	新郎 しんろう 신랑	野郎 やろう 놈					

浪	물결 랑	음독 ロウ	훈독				
	浪費 ろうひ 낭비	波浪 はろう 파랑		放浪 ほうろう 방랑			
	流浪 るろう 유랑						

漏	샐 루	음독 ロウ	훈독 もる・もらす・もれる				
	漏電 ろうでん 누전	脱漏 だつろう 탈루		遺漏 いろう 유루			
	漏る もる 새다	漏らす もらす 새게 하다		漏れる もれる 새다			

楼	다락 루	ロウ	

楼閣	ろうかく	누각	楼門	ろうもん	누문	楼上	ろうじょう 누상
鐘楼	しょうろう	종루					

賄	뇌물 회	ワイ	まかなう

賄賂	わいろ	뇌물	贈賄	ぞうわい	뇌물을 줌	収賄	しゅうわい 수뢰
賄う	まかなう	조달하다					

惑	미혹할 혹	ワク	まどう

疑惑	ぎわく	의혹	当惑	とうわく	당혹	迷惑	めいわく	폐
誘惑	ゆうわく	유혹	惑う	まどう	당혹하다			

枠	일본한자 테두리		わく

枠	わく	테두리	枠内	わくない	테두리 안	窓枠	まどわく	창틀
枠組み	わくぐみ	틀을 짬						

訳	통역할 역	ヤク	わけ

訳	わけ	뜻	訳	やく	번역	言い訳	いいわけ	번역
通訳	つうやく	통역	訳	ほんやく	번역	訳者	やくしゃ	번역자

強い人間は自分の運命を嘆かない。

若いとき我・は学び、年をとって我・は理解する。

未来はすでに始まっている。

カツ	喝	꾸짖을 갈	301
カツ	渇	목마를 갈	301
カツ	割	나눌 할	123
カツ	滑	미끄러질 활	301
カツ	褐	굵은 베옷 갈	301
カツ	轄	다스릴 할	301
かぶ	株	그루 주	301
かる	刈	풀벨 예	301
カン	干	방패 간	123
カン	刊	간행 간	124
カン	甘	달 감	124
カン	汗	땀 한	124
カン	缶	두레박 관	302
カン	完	완전할 완	124
カン	肝	간 간	304
カン	官	관청 관	125
カン	冠	갓 관	302
カン	巻	책 권	125
カン	看	볼 간	125
カン	陥	빠질 함	303
カン	乾	마를 건	125
カン	勘	헤아릴 감	302
カン	患	근심 환	302
カン	貫	꿸 관	303
カン	寒	추울 한	61
カン	喚	부를 환	302
カン	堪	견딜 감	303
カン	換	바꿀 환	126
カン	敢	감히 감	304
カン	棺	관 관	303
カン	款	조목 관	303
カン	間	사이 간	31
カン	閑	한가할 한	302
カン	勧	권할 권	302
カン	寛	너그러울 관	303
カン	幹	줄기 간	302
カン	感	감정 감	126
カン	漢	한나라 한	62
カン	慣	익숙할 관	126
カン	管	대롱 관	126
カン	関	관계 관	127
カン	歓	기뻐할 환	302
カン	監	볼 감	304
カン	緩	느릴 완	303
カン	還	돌아올 환	303
カン	館	집 관	62
カン	環	고리 환	127
カン	簡	편지 간	127
カン	観	볼 관	127
カン	艦	싸움배 함	303
カン	鑑	거울 감	304
ガン	丸	둥글 환	128
ガン	含	머금을 함	128
ガン	岸	언덕 안	128
ガン	岩	바위 암	128
ガン	眼	눈 안	304
ガン	顔	얼굴 안	62
ガン	願	바랄 원	129
ガン	頑	완고할 완	304

キ

キ	企	꾀할 기	304
キ	危	위험 위	129
キ	机	책상 궤	129
キ	気	기운 기	31
キ	岐	가닥나뉠 기	305
キ	希	바랄 희	129
キ	忌	꺼릴 기	305
キ	汽	김 기	305
キ	奇	기이할 기	306
キ	祈	빌 기	130
キ	季	계절 계	130
キ	軌	굴레 궤	304
キ	既	이미 기	304
キ	記	적을 기	130
キ	起	일어날 기	62
キ	飢	굶주릴 기	305
キ	鬼	도깨비 귀	305
キ	帰	돌아갈 귀	63
キ	基	기초 기	132
キ	寄	더불어 살 기	130
キ	規	법규 규	131
キ	喜	기쁠 희	131
キ	幾	몇 기	305
キ	揮	휘두를 휘	306
キ	期	기약 기	131
キ	棋	바둑 기	305
キ	貴	귀할 귀	305
キ	棄	버릴 기	305
キ	旗	기 기	306
キ	器	그릇 기	131
キ	機	기계 기	132
キ	騎	말탈 기	306
キ	紀	벼리 기	306
キ	輝	빛날 휘	306
ギ	技	기술 기	132
ギ	宜	마땅할 의	306
ギ	偽	거짓 위	306
ギ	欺	속일 기	306
ギ	義	옳을 의	307
ギ	疑	의심 의	132
ギ	儀	거동 의	307
ギ	戯	희롱할 희	307
ギ	擬	비길 의	307
ギ	犠	희생 희	307
ギ	議	의논 의	133
キク	菊	국화 국	307
キチ	吉	길할 길	307
キツ	喫	마실 끽	133
キツ	詰	힐난할 힐	133
キャク	却	물리칠 각	307

ケイ	系	이을 계	313	ケン	件	사건 건	148	ゲン	厳	엄할 엄	316
ケイ	径	지름길 경	313	ケン	見	볼 견	33				
ケイ	茎	줄기 경	313	ケン	券	권 권	149	**ㄱ**			
ケイ	係	관계 계	145	ケン	肩	어깨 견	149	コ	己	몸 기	316
ケイ	型	모양 형	145	ケン	建	세울 건	67	コ	戸	문 호	152
ケイ	契	맺을 계	314	ケン	研	연구 연	67	コ	古	예 고	34
ケイ	計	셈할 계	66	ケン	県	고을 현	67	コ	呼	부를 호	152
ケイ	恵	은혜 혜	146	ケン	倹	검소할 검	314	コ	固	딱딱할 고	152
ケイ	啓	열 계	312	ケン	兼	겸할 겸	315	コ	孤	외로울 고	317
ケイ	掲	높이 들 게	313	ケン	剣	칼 검	315	コ	弧	나무활 호	317
ケイ	渓	시내 계	313	ケン	軒	추녀 헌	149	コ	故	연고 고	154
ケイ	経	경과 경	145	ケン	健	건강 건	150	コ	枯	마를 고	152
ケイ	蛍	개똥벌레 형	313	ケン	険	험할 험	149	コ	個	낱 개	153
ケイ	敬	공경 경	145	ケン	圏	우리 권	315	コ	庫	창고 고	153
ケイ	景	경치 경	146	ケン	嫌	혐의할 혐	315	コ	湖	호수 호	153
ケイ	軽	가벼울 경	66	ケン	献	드릴 헌	315	コ	雇	품팔 고	153
ケイ	傾	기울어질 경	146	ケン	絹	비단 견	315	コ	誇	자랑할 과	317
ケイ	携	가질 휴	314	ケン	権	권세 권	150	コ	鼓	북 고	317
ケイ	継	이을 계	313	ケン	憲	법 헌	315	コ	顧	돌아볼 고	317
ケイ	憩	쉴 게	313	ケン	堅	굳을 견	316	ゴ	五	다섯 오	34
ケイ	警	경계할 경	146	ケン	検	검사 검	150	ゴ	互	서로 호	154
ケイ	鶏	닭 계	312	ケン	賢	어질 현	150	ゴ	午	낮 오	34
ゲイ	芸	예술 예	147	ケン	謙	겸손할 겸	315	ゴ	呉	오나라 오	317
ゲイ	迎	맞을 영	147	ケン	繭	고치 견	316	ゴ	後	뒤 후	34
ゲイ	鯨	고래 경	314	ケン	顕	나타날 현	316	ゴ	娯	즐거워할 오	318
ゲキ	劇	연극 극	147	ケン	験	경험 험	67	ゴ	悟	깨달을 오	317
ゲキ	撃	칠 격	314	ケン	懸	매달 현	315	ゴ	碁	바둑 기	317
ゲキ	激	과격할 격	314	ゲン	元	으뜸 원	68	ゴ	語	말씀 어	35
ケツ	欠	부족할 결	147	ゲン	幻	허깨비 환	316	ゴ	誤	그르칠 오	154
ケツ	穴	구멍 혈	314	ゲン	玄	검을 현	316	ゴ	護	보호할 호	317
ケツ	血	피 혈	148	ゲン	言	말씀 언	33	コウ	口	입 구	35
ケツ	決	정할 결	148	ゲン	弦	활시위 현	316	コウ	工	장인 공	68
ケツ	結	맺을 결	148	ゲン	限	한정할 한	151	コウ	公	공공 공	160
ケツ	傑	뛰어날 걸	314	ゲン	原	들판 원	151	コウ	孔	구멍 공	318
ケツ	潔	깨끗할 결	314	ゲン	現	나타날 현	151	コウ	功	공 공	321
ゲツ	月	달 월	33	ゲン	減	뺄 감	151	コウ	巧	공교로울 교	318
ケン	犬	개 견	66	ゲン	源	근원 원	316	コウ	広	넓을 광	68

読	漢字	뜻	쪽	読	漢字	뜻	쪽	読	漢字	뜻	쪽
ショ	諸	모든 제	184	ショウ	硝	초석 초	338	ジョウ	譲	사양할 양	339
ジョ	女	여자 녀	40	ショウ	粧	단장할 장	338	ジョウ	醸	술빚을 양	339
ジョ	如	같을 여	335	ショウ	詔	고할 조	337	ショク	色	색 색	79
ジョ	助	도울 조	184	ショウ	証	증거 증	337	ショク	食	먹을 식	41
ジョ	序	차례 서	335	ショウ	象	코끼리 상	188	ショク	植	심을 식	190
ジョ	叙	펼 서	335	ショウ	渉	건널 섭	339	ショク	殖	번식할 식	340
ジョ	徐	천천히 할 서	335	ショウ	傷	상처 상	336	ショク	飾	꾸밀 식	340
ジョ	除	없앨 제	184	ショウ	奬	권할 장	338	ショク	触	닿을 촉	191
ショウ	小	작을 소	40	ショウ	照	비칠 조	188	ショク	嘱	부탁할 촉	340
ショウ	少	적을 소	41	ショウ	詳	자세할 상	337	ショク	織	짤 직	340
ショウ	召	부를 소	185	ショウ	彰	밝을 창	337	ショク	職	일 직	191
ショウ	升	되 승	335	ショウ	障	막힐 장	337	ジョク	辱	욕 욕	340
ショウ	匠	장인 장	335	ショウ	衝	부딪칠 충	338	シン	心	마음 심	79
ショウ	床	평상 상	185	ショウ	賞	상줄 상	188	シン	申	아뢸 신	191
ショウ	抄	베낄 초	336	ショウ	償	보상할 상	337	シン	伸	펼 신	191
ショウ	肖	같을 초	336	ショウ	礁	암초 초	338	シン	身	몸 신	192
ショウ	尚	오히려 상	336	ショウ	鐘	쇠북 종	338	シン	辛	매울 신	192
ショウ	招	초대 초	185	ショウ	将	장수 장	186	シン	侵	침범할 침	340
ショウ	承	이을 승	185	ショウ	消	끌 소	186	シン	信	믿을 신	192
ショウ	昇	오를 승	186	ジョウ	上	위 상	41	シン	津	나루 진	341
ショウ	松	솔 송	336	ジョウ	丈	어른 장	339	シン	神	신 신	193
ショウ	昭	밝을 소	338	ジョウ	冗	쓸데없는 용	339	シン	唇	입술 순	341
ショウ	宵	밤 소	336	ジョウ	条	조목 조	190	シン	振	떨칠 진	341
ショウ	症	병세 증	336	ジョウ	状	모양 상	189	シン	深	깊을 심	193
ショウ	祥	상서로울 상	337	ジョウ	乗	탈 승	78	シン	真	진실 진	79
ショウ	称	일컬을 칭	337	ジョウ	城	재 성	189	シン	針	바늘 침	193
ショウ	笑	웃을 소	186	ジョウ	浄	깨끗할 정	340	シン	紳	신사 신	341
ショウ	唱	노래 창	336	ジョウ	剰	남을 잉	339	シン	進	나아갈 진	80
ショウ	商	상업 상	187	ジョウ	常	항상 상	189	シン	森	삼림 삼	80
ショウ	章	장 장	187	ジョウ	情	정 정	189	シン	診	진찰할 진	341
ショウ	紹	이을 소	187	ジョウ	場	장소 장	79	シン	寝	잘 침	193
ショウ	訟	송사할 송	337	ジョウ	畳	거듭할 첩	190	シン	慎	삼갈 신	341
ショウ	勝	이길 승	187	ジョウ	蒸	찔 증	190	シン	新	새로울 신	41
ショウ	掌	손바닥 장	338	ジョウ	縄	밧줄 승	340	シン	審	살필 심	341
ショウ	晶	맑을 정	336	ジョウ	壌	부드러울 양	339	シン	震	진동할 진	194
ショウ	焼	태울 소	188	ジョウ	嬢	계집애 양	339	シン	親	친할 친	80
ショウ	焦	그을릴 초	338	ジョウ	錠	신선로 정	340	シン	浸	적실 침	341

タイ	滞	막힐 체	353	ダン	段	층계 단	216	チュウ	忠	충성 충	357
タイ	態	태도 태	353	ダン	断	끊을 단	217	チュウ	鋳	부어만들 주	357
タイ	隊	군대 대	353	ダン	暖	따뜻할 난	217	チュウ	抽	뽑을 추	357
タイ	耐	견딜 내	353	ダン	談	상담 담	217	チュウ	衷	정성 충	357
ダイ	大	클 대	44	ダン	弾	탄알 탄	356	チョ	貯	저축 저	220
ダイ	代	대신 대	85	ダン	壇	제터 단	356	チョ	著	나타날 저	357
ダイ	台	토대 대	85					チョウ	丁	장정 정	360
ダイ	題	제목 제	86	**チ**				チョウ	長	길 장	45
ダイ	第	차례 제	214	チ	地	땅 지	86	チョウ	町	마을 정	88
たき	滝	폭포 롱	354	チ	池	연못 지	86	チョウ	鳥	새 조	88
タク	宅	집 택	214	チ	知	알 지	87	チョウ	朝	아침 조	88
タク	濯	씻을 탁	215	チ	値	값 치	217	チョウ	張	베풀 장	221
タク	卓	높을 탁	354	チ	恥	부끄러울 치	218	チョウ	頂	꼭대기 정	221
タク	沢	못 택	354	チ	遅	늦을 지	218	チョウ	超	넘을 초	221
タク	択	가릴 택	354	チ	置	둘 치	218	チョウ	調	고를 조	221
タク	拓	열 척	354	チ	致	이를 치	356	チョウ	兆	조 조	222
タク	託	부탁할 탁	354	チ	痴	어리석을 치	356	チョウ	弔	조상할 조	357
ダク	諾	대답할 낙	354	チ	稚	어릴 치	356	チョウ	釣	낚을 조	358
ダク	濁	흐릴 탁	354	チク	竹	대나무 죽	218	チョウ	腸	장 장	358
タツ	達	이룰 달	215	チク	畜	기를 축	219	チョウ	潮	조수 조	358
ダツ	脱	벗을 탈	354	チク	築	세울 축	219	チョウ	聴	들을 청	358
ダツ	奪	빼앗을 탈	355	チク	蓄	쌓을 축	356	チョウ	澄	맑을 징	358
たな	棚	선반 붕	355	チク	逐	쫓을 축	356	チョウ	挑	돋울 도	358
タン	短	짧을 단	86	チツ	秩	차례 질	356	チョウ	眺	바라볼 조	358
タン	担	멜 담	215	チツ	窒	막을 질	357	チョウ	跳	뛸 도	358
タン	単	홀로 단	215	チャ	茶	차 차	87	チョウ	帳	휘장 장	358
タン	炭	석탄 탄	216	チャク	着	도착할 착	87	チョウ	彫	새길 조	359
タン	探	찾을 탐	216	チャク	嫡	정실 적	357	チョウ	徴	부를 징	359
タン	丹	붉을 단	355	チュウ	中	가운데 중	45	チョウ	懲	징계할 징	359
タン	淡	묽을 담	355	チュウ	注	부을 주	87	チョク	直	곧을 직	222
タン	胆	쓸개 담	355	チュウ	昼	낮 주	88	チョク	勅	칙서 칙	359
タン	嘆	탄식할 탄	355	チュウ	虫	벌레 충	219	チン	沈	잠길 침	222
タン	端	끝 단	355	チュウ	仲	버금갈 중	222	チン	珍	보배 진	223
タン	誕	태어날 탄	355	チュウ	宙	집 주	219	チン	賃	품삯 임	223
タン	鍛	단련할 단	355	チュウ	柱	기둥 주	220	チン	陳	베풀 진	359
ダン	男	사내 남	44	チュウ	駐	머무를 주	220	チン	鎮	진압할 진	359
ダン	団	덩어리 단	216	チュウ	沖	화할 충	357				

급수별
일본어
한자
제대로 끝내기

2018년 1월 10일 초판 14쇄 발행

지은이   _봉영아
펴낸이   _배경태
펴낸곳   _제일어학
주 소   _서울시 마포구 공덕동 463, 1728
            _전화 02-3471-8080
            _팩스 02-6008-1965
출판등록   _1993년 4월 1일 제 21-429호

ISBN 89-5621-033-9   13730
값 13,000원